전정 제2판

경찰행정법

서정범 저

세창출판사

::: 제2판 서문 :::

30년에 걸친 저자의 경찰행정법 연구를 집약한다는 마음으로 2020년 하반기에 본서의 초판을 발간하였었는데, 불과 1년여 만에 전정 제2판을 발간하게 되었다. 초판에 쏟아진 독자들의 많은 사랑에도 불구하고 이처럼 전정 제2판을 출간하게 된 것은 초판의 발간 이후 경찰행정법의 내용을 이루는 핵심적 법률들의 제정 및 개정이 있었던 것, 그리고 그로 인하여 초판의 내용이 현행법과 상당한 수준의 괴리를 갖게 되었다는 것에 기인한다.

특히 경찰행정법의 근간을 이루는 「경찰관 직무집행법」과 「경찰법」의 개정은 경찰행정법의 이론과 실제에 있어 근본적 변화를 가져 왔는바, 이들 문제를 약술하면 다음과 같다.

첫째, 경찰작용에 관한 일반법적 지위에 있다고 볼 수 있는 「경찰관 직무집행법」이 2020년 10월에 개정되면서 경찰의 개인정보 수집·작성·배포에 관한 권한규범이 동법에 규정되기에 이르렀다. 이로 인하여 현대 경찰행정법에서 중핵적 지위를 차지하고 있어서 본서에서의 서술 분량 또한 적지 않은 경찰의 개인정보의 수집·처리에 관하여 전면 개고가 불가피하게 되었다.

둘째, 우리나라의 경찰조직은 건국 이래 70여 년 동안 중앙집권적인 국가경찰조직으로 일원화되어 있었다. 그러나 2021년 「경찰법」 개정법률의 형태로 「국가경찰과 자치경찰의 조직 및 운영에 관한 법률」의 제정과 더불어 자치경찰제가 전면적으로 시행되면서, 경찰조직에도 대대적인 변화가 일어나게 되었다. 이러한 변화는 경찰조직에 관한 서술은 물론이고, 본서의 곳곳에서 수정 내지 가필을 필요하게 만들었다.

한편 이러한 내용면에서의 수정 내지 가필 작업과 함께, 서술방식이나 편집 스타일 등에 있어서도 약간의 정비작업을 행하였다. 이런 과정을 거쳐 본서는 새롭게 태어나게 되었는바, 이러한 사정을 고려하여 이번 개정판을 '전정 제2판'이라고 부르게 되었다. 이번의 전정 제2판의 발간 역시 많은 분들의 도움이 있었기에 가능했는바, 먼저 어려운 출판여건하에서 재고 등의 부담을 감수하시고 본서의 출간을 선뜻 허락하여 주신 세창출판사 이방원 사장님께 감사의 말을 전한다. 또한 전정판 출간의 실질적 원동력이 되어 주었던 본서의 독자분들께도 충심으로 감사의 말을 전한다. 여러 경로를 통하여 본서의 내용과 서술방식에 대한 문제점을 지적하고, 개선방안을 제시해 준 독자분들이 없었다면 전정판의 탄생은 불가능했을 것이다. 앞으로도 개정법률이나 판례를 신속하게 반영하고, 새로운 이론들을 소개하여 독자분들에게 살아 있는 경찰행정법을 보여 줄 것을 약속드리며 출간의 변에 대하기로 한다.

2022년 2월

저 자

::: 서문 :::

“경찰행정법 교과서 출간을 계기로 경찰행정법 학자로 걸어 온 길을 돌아본다.”

행정법각론을 구성하고 있는 여러 영역 가운데 경찰행정법은 행정법의 일반이론이 가장 잘 녹아들어 있는 영역이라고 할 수 있다. 이는 경찰행정법이 행정법의 일반이론에 입각하여 각론적 문제를 공부하기에 가장 좋은 영역이란 것을 의미한다. 경찰행정법이 이러한 성격을 가지게 된 것은 우리나라 행정법 이론의 기본 골격 형성에 가장 많은 영향을 미쳤던 독일의 행정법이 경찰행정법 중심으로 발전되어 온 것과 밀접한 관련이 있다. 이러한 사정으로 인해 오늘날 독일의 모든 법과대학에서는 경찰행정법이 거의 예외 없이 기본과목으로 개설되고 있으며, 법과대학의 많은 학생들이 경찰행정법 강의를 수강하고 있다. 또한 독일의 경우 경찰행정법 이론은 그저 강의실에서 강의되는 것에 그치지 않고, 현대 사회가 마주치는 많은 문제에 대하여 경찰행정법적 시각에 기초한 해결방안을 모색하여 가시적 성과를 내고 있다. 실제로 2020년 전 세계를 공포속으로 몰아 넣은 COVID-19 사태에 대한 대응에 있어서도 독일의 경우 철저하게 경찰행정법 이론에 입각한 조치를 취하고 있다. 이러한 과정에서 알 수 있듯이 독일의 경찰행정법 이론은 실로 눈부신 발전을 거듭하고 있다. 그런데 눈을 돌려 우리나라의 현실을 바라보면, 우리나라의 경찰행정법 이론은 여전히 일본에서 생성·발전된 구시대적인 경찰행정법 이론에 매몰되어 있으며, 이로 인해 하루가 다르게 발전하는 현대의 경찰행정법 이론을 전혀 받아들이지 못하고 있는 실정이다. 그리고 그로 인한 경찰행정법의 후진성(後進性)은 극복 불가능한 수준으로 치닫고 있으며, 그 결과 – 극히 일부 학자들의 몇몇 저술을 제외하면 – 변변한 경찰행정법 교과서 한 권 제대로 없는 지경에 이르고 있다. 이러한 서술은 단순히 국내 경찰행정법 학계를 비판하고자 함이 아니며, 명색이 경찰행정법 학자를 자처하면서도 이제껏 경찰행정법 교과서 한 권 저술하지 못한 나 자신을 책망하고자 함이다.

저자가 처음으로 경찰행정법에 관심을 갖게 된 것은 고려대학교 대학원 박사

과정에 재학 중이던 1988년에 경찰행정법 강좌를 수강하면서부터였다. 천편일률적인 낡은 우리의 경찰행정법 이론이 이론적 체계도 허술하기 그지없고, 현실의 문제에도 전혀 답하고 있지 못함에 답답해 하던 저자에게 독일의 경찰행정법 이론은 그야말로 신세계를 열어 보여 주었다. 그러나 독일의 교과서 수준의 글만으로는 만족하지 못하게 되면서, 독일의 경찰행정법 이론에 끝갈 데 없이 빠져들기 시작했다. 경찰행정법이 재미있고 역동적이며, 현실의 문제에 적극적으로 반응하는 법영역이란 것을 자각하게 된 것이다. 그 결과 박사논문의 주제를 경찰행정법 분야로 택하면서 체계적으로 경찰행정법을 공부하기 시작하였는데, 그때가 박사과정의 Coursework을 마친 1990년이었으니 지금으로부터 꼭 30년 전의 일이다. 그로부터 다시 2년여의 시간에 걸친 공부 끝에 1992년에 "경찰권 발동의 요건과 효과"라는 제목의 박사논문을 제출하기에 이르렀으며, 그 후 지금까지 경찰행정법학자로서의 외길을 걸어왔다.

30년에 걸친 세월동안 비록 부끄러운 수준이지만 경찰행정법에 관한 나름의 학문적 성과를 이루기도 하였는바, 1998년에 Wolf Rüdiger Schenke 교수의 경찰행정법 교과서를 『독일경찰법론』(세창출판사, 1998)이란 제목으로 번역하여 출간한 것이 그 첫걸음이었다. 그 후 저자 자신의 이름을 내걸고 경찰행정법 교과서를 쓸 능력의 부족을 절감하면서 저자 자신의 경찰행정법 교과서의 저술을 뒤로 한 채, 독일의 앞선 경찰행정법 이론을 번역을 통해 국내에 소개하는 일에 진력하였다. 그러한 작업의 결과물은 다음과 같다:

(1) Franz Ludwig Knemeyer 교수의 문답식 경찰법 교과서인 *Polizei- und Ordnungsrecht*(Prüf dein Wissen 시리즈)를 번역하여 출간한 『경찰법 사례연습』(Book+, 2006).

(2) 독일 기본법의 연방주의적 개혁 이래 가장 먼저 집회법을 제정한 바이에른주의 집회법 해설서인 Scheidler 박사의 *Bayerisches Versammlungsgesetz*(2. Aufl., 2010)를 번역하여 출간한 『바이에른 집회법』(세창출판사, 2010).

(3) 베를린 경찰대학의 Clemens Arzt 교수의 *Versammlungsfreiheit in Italien*(2008)을 번역하여 출간한 『이탈리아에서의 집회의 자유』(도서출판 상상나눔, 2014).

(4) 독일 연방경찰대학원(DHPol) Dieter Kugelmann 교수의 *Polizei- und Ordnungsrecht*(2. Aufl., 2012) 전반부를 제주대학교 행정학과 박병욱 교수와 공역으

로 번역하여 출간한 『쿠겔만의 독일경찰법』(세창출판사, 2015).

(5) Dieter Kugelmann 교수의 *Polizei- und Ordnungsrecht*(2. Aufl., 2012) 후반부를 제주대학교 행정학과 박병욱 교수와 공역으로 번역하여 출간한 『EU 경찰법』(세창출판사, 2017).

(6) 독일에서 집회법의 제정권한이 사실상 각 주에 귀속되면서 각 주의 집회법이 일치하지 않게 될 가능성이 발생하였다. 이에 독일의 저명한 집회법학자들(Enders, Hoffmann-Riem, Kniesel, Poscher, Schulze-Fielitz)로 구성된 워킹그룹(Arbeitgruppe)이 각 주의 집회법에 공통적으로 담겨야 할 최소한의 내용을 담아 모범초안(Musterentwurf)을 작성하고, 그에 대한 상세한 해설을 덧붙인 *Musterentwurf eines Versammlungsgesetzes*(2010)를 출간하였다. 저자는 이 책은 비록 우리와 독일의 법률여건, 집회에 대한 국민의 법의식 내지 법감정 등에 상당한 차이가 있지만 우리나라에서의 집회법 개정에 많은 시사점을 던져 줄 수 있을 것이라고 생각하였다. 이에 동서(同書)를 군산대학교 법학과 박원규 교수와 공역으로 번역하여 출간하기에 이르렀는바, 그것이 올해 3월에 출간된 『독일 집회법 모범초안』이다(세창출판사, 2020).

저자 개인의 생각이지만 일본의 경찰행정법학은 ― 적어도 다무라 마사히로(田村正博)에 의한 전면적 개혁이 있기 전까지는 ― 오랫동안 20세기 초에 생성된 다나카 지로(田中二郞)의 이론을 답습하는 수준에 머물러 있었다고 해도 과언이 아니다. 또한 다무라 마사히로가 다나카 지로의 경찰행정법 이론에 대한 전면적 수정을 주창하였다고는 하나, 저자의 소견으로는 그 역시 일본 경찰행정법 학자로서의 한계를 완전히 탈피하지는 못한 면이 있다. 이런 이유로 저자는 일본의 경찰법 이론에 대하여는 그다지 많은 관심을 기울이지 않았었다. 그러나 근자에 접하게 된 논문집 형태의 저서인 『社會の安全と法』(대표저자: 大澤秀介 · 佐久間修 · 荻野徹, 立花書房, 2013)은 이전의 일본의 경찰법 관련 저서들과는 차원을 달리하는 내용을 담고 있어 시사하는 바가 크다고 생각되었다. 이에 동서(同書)를 국립 부경대학교 법학과 김혁 교수, 계명대학교 경찰행정학과 장응혁 교수와 공역으로 『사회안전과 법』이란 제목으로 번역하여 출간하였는데(경찰대학교 출판부, 2016), 이들 젊은 교수와의 공역작업이 원만히 이루어질 수 있었던 것을 참으로 기쁘게 생각한다. 한편 정보공개의 문제는 행정법 전반에 걸친 문제로서 경찰행정법 영역에서도 중요한 의미를 갖는다. 이에 정보공개 및 정보보호에 관한 한 일본 최고의 권위를 갖고 있으며, 동경대학교 교수로 재직 중 작년에 일본 최고재판소 판사로 자리를 옮긴 우가 카츠야(宇賀克也) 교수의 『新・情報公開法の逐条解説 行政機関情報公開法・独立行政法人等情報公開法』을 『신정보공개법의 축조 해설』이란 이름으로 번역하여 출간한 바 있다(세창출판사, 2013).

이들 번역서의 출간을 통하여 독일과 일본의 경찰행정법 이론을 소개한 것은 그 나름대로 의미를 갖는다고 생각한다. 그러나 아쉽게도 저자 자신의 이름으로 출간한 저서(보고서 포함)는 그리 많지 않은데, 우선 시의성 있는 주제에 관한 각종 보고서 중 저자의 이름으로 단행본으로 출간된 것을 소개하면 다음과 같다:

(1) 『스위스의 경찰제도와 수사구조에 관한 연구』(치안연구소, 2000)
(2) 『경찰관 직무집행법의 개정방향에 관한 연구』(치안연구소, 2003)
(3) 『집회 및 시위에 관한 법률의 개정방향에 관한 연구』(치안연구소, 2009)
(4) 『정보공개법제에 관한 비교법적 연구 — 독일』(한국법제연구원, 2015)

그 수가 많지는 않지만 보고서 이외의 학술서 또한 몇 권을 출간하였는바, 2011년에 세창출판사에서 출간한 『행정법 총론』이 첫 번째 저서이다. 저자의 학문적 관심이 경찰행정법에 편중된 면은 있지만 스스로 저자 자신의 학문적 근간이 행정법에 있음을 망각한 적은 단 한 번도 없었다. 따라서 행정법 교과서의 출간을 매양 염두에 두고 있었던바, 그러한 관심이 결실을 맺게 된 것이 바로 앞에서 언급한 『행정법 총론』이다. 한편 동서(同書)는 한국해양대학교 해양행정학과 박상희 교수와의 협업을 통하여 출간하였으며, 2011년 초판이 출간된 이래 개정법령과 새로운 판례 등을 반영한 가필을 통해 현재 제3판(2017년)이 출간되어 있다. 그리고 『행정법 각론』은 행정법 각론의 내용을 형성하고 있는 개별 법영역에 정통한 학자들과 공저의 형태로 출간하기 위한 작업을 현재 진행하고 있다(박영사, 2021년 출간예정).

부끄럽게도 저자의 이름으로 출간된 경찰행정법 관련 저서는 2권에 그치고 있는데, 그중의 하나는 2012년에 출간한 『경찰비용법』(도서출판 TOP)이다. 동서(同書)는 경찰비용의 개념조차 제대로 정립되어 있지 않은 당시의 상황에서 경찰비용의 개념 정립을 모색하고 경찰비용의 유형에 대한 탐구를 행하였을 뿐만 아니라, 경찰비용의 개인에의 전가가능성을 전방위적으로 논하였다는 점에서 그 나름의 학문적 의미를 갖는다고 생각한다. 그리고 다른 한 권은 공저자들이 저술한 논문들을 집대성한 형태를 취하고 있기는 하지만 본서가 출간될 때까지 사실상 경찰법 교과서의 기능을 수행하여 왔던 『경찰법연구』이다. 이는 저자와 김연태, 이기춘 교수의 협업을 통하여 세상에 태어나게 되었는바, 2009년에 출간된 초판은 같은 해 대한민국 학술원에 의해 행정법 분야 우수도서로 선정되는 등 학계로부터 긍정적 평가를 받았으며, 현재 제3판(2018년)까지 출간되어 있다. 이들 저서 이외에 경찰행정법과 관련하여서는 수십 편의 논문을 저술하였다.

경찰행정법에 관심을 가진 1990년부터 저자는 학문적으로 2가지 열망을 품어 왔다. 그 하나는 후학들에게 경찰행정법을 효과적으로 공부하는 방법론을 알려 주어 저자가 경찰행정법을 공부하면서 겪었던 시행착오를 되풀이하지 않도록 하는 것이었는데, 그러한 열망은 2019년 「행정법학」에 "경찰행정법학, 어떻게 할 것인가 – 2019, 어느 경찰행정법학자의 개강사"라는 글을 발표함으로써 어느 정도는 성취를 보았다. 다른 하나는 – 저자가 오랜기간 동안 품어 왔고, 가장 크게 열망했었던 – 바로 저자의 이름으로 경찰행정법 교과서를 출간하는 일이었다. 그러나 경찰행정법 교과서의 출간은 열망만으로 할 수 있는 일이 아니었으며, 그를 저술할 능력과 시간을 필요로 하는 일이었기에 경찰행정법 교과서의 출간은 언제나 저자의 마음 깊은 곳에 열망으로만 남아 있었다. 본서는 바로 그러한 열망을 실현하고자 하는 차원에서 저술되었다. 물론 저자 스스로 자평하건대, 저자는 여전히 경찰행정법 교과서를 저술할 충분한 능력을 갖고 있지는 못하다. 그럼에도 불구하고 용기를 내어 본서를 출간하게 된 배경은 지금까지 공부해 온 것을 경찰행정법 교과서 형태로 출간하고, 추후 개정작업을 통하여 보다 완비된 경찰행정법 교과서로서의 모습을 갖추어 나가는 것 또한 의미있는 일이라고 생각하였기 때문이다.

경찰행정법 교과서 출간을 계획하면서 가장 먼저 고민한 것은 '서술의 방향성'이었는데, 이미 『경찰법연구』라는 논문집 형태의 심도 있는 저서가 출간되어 있음을 고려하여 이번 작업은 철저하게 경찰행정법 교과서 수준으로 서술하는 것을 지향하였다. 그러나 서술의 전 과정에서 독자들로 하여금 보다 발전된 시각에서 경찰행정법의 전모를 바라볼 수 있도록 해야 된다는 것을 한시도 잊어 본 적은 없었다. 결론적으로 풍부함과 간결함을 동시에 갖춘 경찰행정법 교과서가 될 수 있도록 하기 위하여 서술의 범위와 깊이를 조절하는 것에 진력하였다.

두 번째로 고민했던 것은 '서술의 방식'이었다. 이러한 고민은 SNS를 통하여 짧은 문장에 익숙해진 학생들의 독서경향에 상응하는 교과서의 필요성을 인식한 것과 밀접한 관련이 있다. 그 결과 전통적인 법학 교과서의 서술형태, 즉 지루한 서론에 장황한 본론이 이어지는 방식에서 탈피하여 처음부터 바로 직접 문제의 본질을 터치하는 서술 방식을 취하고자 하였는바, 그러한 고민의 산물이 바로 본서가 택하고 있는 문답식 서술이었다. 먼저 질문을 던져 독자로 하여금 무엇이 문제되는지를 생각하게 해 보고, 그 다음에 답을 제시하는 문답식 서술이야말로 독자들이 긴장을 유지하며 문제의 핵심으로 바로 들어갈 수 있도록 하는 서술방식이라고 생각한 것이다.

본서가 이러한 형태로 출간될 수 있었던 것은 실로 많은 분들의 도움이 있었기에 가능했던바, 이곳에 열거하여 지면상으로나마 그 고마움을 표하기로 한다. 가장 먼저 떠오르는 분은 두말할 것도 없이 저자에게 독일의 경찰행정법 이론이란 새로운 세계를 보여 주시고, 저자를 경찰행정법 학자의 길로 이끌어 주신 김남진 교수님이다. 김남진 교수님은 저자의 박사 아버지(Doktorvater)이시기도 한데, 이 자리를 빌려 다시금 감사의 인사를 드린다. 다음으로는 저자와의 교류를 통하여 저자가 독일 경찰행정법 교과서 등을 번역 출간할 수 있도록 해 주고, 수차례에 걸친 저자의 독일에서의 연구를 가능케 해 주었던 독일의 교수분들이 떠오르는데, 이 가운데 특히 Wolf Rüdiger Schenke, Dieter Kugelmann, Ralf Poscher 교수를 거명하여 고마운 마음을 표한다.

한편 저자의 경찰행정법 연구는 전적으로 같은 길을 걸어온 동료, 선후배 학자들의 선행연구가 있었기에 가능했었는바, 척박한 연구환경하에서 경찰행정법학에 천착하였던 이분들이 없었다면 저자의 지금의 학문적 성취는 절대적으로 불가능하였을 것이다. 이에 김연태(고려대학교 법학전문대학원), 김성태(홍익대학교 법학과), 이기춘(부산대학교 법학전문대학원), 김용주(초당대학교 국가보안학과), 이성용(계명대학교 경찰행정학과), 손재영(경찰대학교 법학과), 성홍재(영남대학교 행정학과), 박병욱(제주대학교 행정학과), 박원규(군산대학교 법학과) 교수를 거명하여 이 자리를 빌려 감사의 말씀을 전한다.

또한 상업성이 결여된 저자의 많은 저서를 지금까지 출간하여 주셨을 뿐만 아니라 본서의 출간 또한 흔쾌하게 허락하여 주신 세창출판사 이방원 사장님에게도 고마운 마음을 전한다. 아울러 꼼꼼한 교정과 제작을 통하여 본서의 출간에 커다란 힘을 더하여 주신 임길남 상무님, 그리고 까다롭기만 한 저자의 요구를 무리없이 반영하여 본서의 완성도를 높여 주신 편집부 직원들께도 지면상으로나마 심심한 감사를 표한다.

끝으로 세상을 살아가는 능력이라곤 전혀 찾아볼 수 없는 저자를 오랜 기간 묵묵히 옆에서 지켜보아 주고, 끊임없는 에너지를 불어넣어 준 사랑하는 나의 가족들에게도 그동안 많이 고마웠음을 전하기로 한다.

이 책을 저자를 세상에 내셨지만, 유명을 달리하시어 이제는 불러 볼 수도 없게 된 내 사랑했던 부모님께 바친다.

2020년 5월
다시 새로운 시작의 길에 서서
저 자

차 례

제 1 편 | 경찰행정법의 기초이론

제 2 편 | 경찰권발동의 근거

제 3 편 | 경찰권발동의 요건

제 4 편 | 경찰권발동의 대상

제 7 편 | 정보와 관련된 경찰의 권한 및 임무

제 8 편 | 경찰의무의 이행확보 수단

제 9 편 | 경찰상의 손해전보와 비용상환

::: 약어표

a.a.O.	am angegebenen Ort
Abs.	Absatz
ASOG Bln	Allgemeines Gesetz zum Schutz der öffentlichen Sicherheit und Ordnung in Berlin
AöR	Archiv des öffentlichen Rechts
ASOG	Allgemeines Sicherheits- und Ordnungsgesetz
Aufl.	Auflage
BayPAG	Gesetz über die Aufgaben und Befugnisse der Bayerischen Staatlichen Polizei
BayVBl.	Bayerische Verwaltungsblätter
BayVGH	Bayerische Verwaltungsgerichtshof
Beibl.	Beiblatt; Beiblätte
BGH	Bundesgerichtshof
BGHZ	Entscheidungen des Bundesgerichtshofes in Zivilsachen
BPolG	Bundespolizeigesetz
BremPolG	Bremisches Polizeigesetz
BRS	Baurechtssammlung
BVerfG	Bundesverfassungsgericht
BVerfGE	Amtliche Sammlung der Entscheidungen des Bundesverfassungsgerichts
BVerwG	Bundesverwaltungsgericht
BVerwGE	Amtliche Entscheidungssammlung des Bundesverwaltungsgerichts
BW	Baden-Württemberg
ders.	derselbe
Diss.	Dissertation
DÖV	Die öffentliche Verwaltung
DVBl.	Deutsches Verwalrungsblatt
DVP	Deutsche Verwaltungspraxis

f.	folgend(e)
ff.	fortfolgende
FS	Festschrift
GewArch	Gewerbearchiv
GG	Grundgesetz
hans.	hanseatisch
HessSOG	Hessisches Gesetz über die öffentliche Sicherheit und Ordnung
Hrsg., hrsg.	Herausgeber, herausgegeben
JA	Juristische Arbeitsblätter
JuS	Juristische Schulung
Kap.	Kapitel
LSASOG	Gesetz über die öffentliche Sicherheit und Ordnung des Landes Sachsen-Anhalt
LG	Landgericht
LKV	Landeskontrollverband
MEPolG	Musterentwurf eines einheitlichen Polizeigesetz des Bundes und Länder
MinBl.	Ministerialblatt
MV	Mecklenburg-Vorpommern
Nds.SOG	Niedersächsisches Gesetz über die öffentliche Sicherheit und Ordnung
NJW	Neue Juristische Wochenschrift
Nr.	Nummer
NVwZ	Neue Zeitschrift für Verwaltungsrecht
NVwZ-RR	Neue Zeitschrift für Verwaltungsrecht – Rechtsprechungs-Report
NW	Nordrhein-Westfalen
OLG	Oberlandesgericht
OVG	Oberverwaltungsgericht

OVGE	Entscheidungen der Oberverwaltungsgerichte für das Land Nordrhein-Westfalen in Münster so wie für die Länder Niedersachsen und Schleswig-Holstein in Lüneburg
OWiG	Gesetz über Ordnungswidrigkeiten
Pr.ALR	Preußisches Allgemeines Landrecht
Pr.OVG	Preußisches Oberverwaltungsgericht
Pr.OVGE	Entscheidungen des Preußischen Oberverwaltungsgerichts
Pr.PVG	Preußisches Polizeiverwaltungsgesetz
Pr.VO	Preußisches Verwaltungsordnung
Rn.	Randnummer(n)
RP	Rheinland-Pfalz
S.	Seite(n)
SächsPolG	Polizeigesetz des Freistaates Sachsen
SH	Schleswig-Hollstein
StPO	Strafprozeßordnung
usw.	und so weiter
VBlBW	Verwaltungsblätter Baden-Württemberg
VerwArch.	Verwaltungsarchiv
VG	Verwaltungsgericht
VGH	Verwaltungsgerichtshof
vgl.	vergleiche
VVDStRL	Veröffentlichungen der Vereinigung der Deutschen Staatsrechtslehrer
VwGO	Verwaltungsgerichtsordnung
VwVfG	Verwaltungsverfahrensgesetz
VwVG	Verwaltungs-Vollstreckungsgesetz
VwZG	Verwaltungszustellungsgesetz
ZRP	Zeitschrift für Rechtspolitik

::: 참고문헌 약어 색인

김남진/김연태(Ⅰ)	김남진/김연태, 『행정법 Ⅰ』, 제25판, 법문사, 2021.
김남진/김연태(Ⅱ)	김남진/김연태, 『행정법 Ⅱ』, 제25판, 법문사, 2021.
김동희	김동희, 『행정법 Ⅱ』, 제25판, 박영사, 2019.
김유환	김유환, 『현대 행정법강의』, 제5판, 법문사, 2020.
류지태/박종수	류지태/박종수, 『행정법신론』, 제17판, 박영사, 2019.
박균성(하)	박균성, 『행정법론(하)』, 제18판, 박영사, 2020.
박균성/김재광	박균성/김재광, 『경찰행정법』, 제4판, 2019.
서정범/김연태/이기춘	서정범/김연태/이기춘, 『경찰법연구』, 제3판, 세창출판사, 2018.
서정범/박상희	서정범/박상희, 『행정법총론』, 제3판, 세창출판사, 2017.
손재영	손재영, 『경찰법』, 제4판, 박영사, 2018.
정하중	정하중, 『행정법개론』, 제12판, 법문사, 2018.
정형근	정형근, 『행정법』, 제8판, 피앤씨미디어, 2020.
하명호	하명호, 『행정법』, 제3판, 박영사, 2021.
홍정선(입문)	홍정선, 『신경찰행정법 입문』, 초판, 2019.
홍정선(하)	홍정선, 『행정법원론(하)』, 27판, 2019.

Drews/Wacke/Vogel/Martens	Drews/Wacke/Vogel/Martens, *Gefahrenabwehr*, 9. Aufl., 1986.
Erbguth/Mann/Schubert,	Erbguth/Mann/Schubert, *Besonderes Verwaltungsrecht: Kommunalrecht, Polizei- und Ordnungsrecht, Baurecht*, 13. Aufl., 2020.
Götz/Geis	Götz/Geis, *Allgemeines Polizei- und Ordnungs-recht*, 17. Aufl., 2020.
Gusy	Gusy, *Polizei- und Ordnungsrecht*, 10. Aufl., 2017.
Jellinek	Jellinek, *Verwaltungsrecht*, 3. Aufl., 1931.

Knemeyer	Knemeyer, *Polizei- und Ordnungsrecht*, 11. Aufl., 2007.
Knemeyer/Schmidt	Knemeyer/Schmidt, *Polizei- und Ordnunngsrecht*, 4. Aufl., 2016.
Kugelmann	Kugelmann, *Polizei- und Ordnungsrecht*, 2. Aufl., 2012.
Lisken/Denninger	Lisken/Denninger, *Handbuch des Polizeirechts*, 4. Aufl., 2007.
Pieroth/Schlink/Kniesel	Pieroth/Schlink/Kniesel, *Polizei- und Ordnungsrecht*, 8. Aufl., 2014.
Schenke	Schenke, *Polizei- und Ordnungsrecht*, 10. Aufl., 2018.
Schoch	Schoch, Polizei- und Ordnungsrecht, in: Schmidt -Aßmann(Hrsg.), *Besonderes Verwaltungsrecht*, 12. Aufl., 2003.
Wolff/Bachof(I)	Wolff/Bachof, *Verwaltungsrecht I*, 9. Aufl., 1978
Wolff/Bachof(III)	Wolff/Bachof, *Verwaltungsrecht III*, 4. Aufl., 1978.
Würtenberger/Hekmann/Tanneberger	Würtenberger/Hekmann/Tanneberger, *Polizeirecht in Baden-Württemberg*, 7. Aufl., 2017.

경찰행정법

제 1 편

경찰행정법의 기초이론

제1편

개 관

본서는 독자들이 경찰행정법에 보다 쉽게 접근하여 그 내용을 이해할 수 있도록 하고자 하는 목적의식을 가지고 쓰여졌다. 그리고 제1편 「경찰행정법의 기초이론」은 본서가 추구하는 이러한 목적, 즉 경찰행정법 내용의 효과적 이해를 위하여 필요한 경찰행정법의 기초이론을 제공하는 것을 그 내용으로 한다. 제1편의 구체적 내용은 다음과 같다.

먼저 Chapter 1. 「경찰의 개념」에서는 경찰의 개념을 정립할 필요성의 문제를 시작으로 경찰개념의 다양성(조직적 의미의 경찰, 형식적 의미의 경찰 및 실질적 의미의 경찰), 그리고 학문적으로 가장 중요한 의미를 갖는 실질적 의미의 경찰에 관해 논하고 있다. 아울러 근래의 경찰행정법 이론에 비추어 볼 때 많은 문제점을 안고 있는 (전통적인) 실질적 의미의 경찰 개념을 최근의 경찰행정법 이론을 토대로 재조명해 보고, 그러한 문제점을 고려하여 오늘날의 사회적 법치국가 시대에 적합한 새로운 실질적 의미의 경찰 개념의 정립을 모색해 보기로 한다.

다음으로 Chapter 2. 「경찰 개념의 역사적 발전」에서는 경찰행정법의 대상이 되는 경찰의 개념이 어떠한 역사적 과정을 거쳐 변화·발전되어 왔는지에 대한 고찰을 행한다. 이처럼 경찰 개념의 역사적 발전과정, 즉 경찰 개념의 발전사를 공부하여야 하는 이유는 경찰 개념의 발전사에는 경찰국가로부터 법치국가로의 발전이 잘 반영되어 있으며, 법을 통한 국가권력의 약화에 대한 모델이 제시되어 있기 때문이다.

이어서 Chapter 3. 「경찰의 종류」에서는 경찰을 여러 가지 기준을 통하여 구분해 보고자 하는바, 그 가운데 가장 중요한 것은 물론 행정경찰과 사법경찰의 구분이다. 특히 본서에서는 양자의 개념이나 구분실익 등의 전통적 논의를 소개하는 것 이외에, 사법경찰작용 위주의 사고패턴을 지양하고 행정경찰작용의 필요성을 인식하는 방향으로 경찰작용의 패러다임이 변화되어야 한다는 점을 실례를 들어 설명하고 있다. 그리고 이러한 인식을 바탕으로 하여 행정경찰작용 일반에 관한 개괄적 고찰을 행하는바, 이러한 일련의 작업은 경찰행정법의 이론적 독자성을 구축하기 위한 전제를 이룬다. 또한 행정경찰과 사법경찰의 구분 다음으로 중요한 예방경찰과 진압경찰의 문제의 구분에 관하여서도 상세하게 논한다. 한편 Chapter 3.에서는 위의 두가지 분류방법에 비하여 중요도는 떨어지지만 경찰행정법의 효과적 이해를 위하여서는 알아 두어야 할 경찰의 그 밖의 분류방법에 대해서도 설명을 행한다. 한편 2021년 7월부터 시행된「국가경찰과 자치경찰의 조직과 운영에 관한 법률」에 따라 전면 시행되기에 이른 자치경찰제는 대한민국 건국 이래 70여 년을 유지해 온 중앙집권적 국가경찰 조직에 근본적 변화를 가져오게 되었는바, 이로 인해 근래 우리나라에서 핫 이슈로 떠오른 자치경찰의 문제에 관하여도 간단하게나마 언급한다.

한편 Chapter 4.「경찰의 조직」의 내용은 경찰작용을 중심으로 이론적 전개가 이루어지는 경찰행정법의 이론적 체계에 있어 그리 중요한 문제는 아니다. 그러나 경찰행정법의 내용을 효과적으로 이해하기 위하여서는 경찰의 조직에 관한 최소한의 이해가 선행되어야 하는 경우가 많다. 이 같은 사정을 고려하여 Chapter 4.에서는 경찰의 조직에 대해서 간단히 알아보기로 한다.

마지막으로 Chapter 5.「경찰행정법」에서는 경찰행정법의 의의와 범위, 그리고 규율원리를 탐구해 본다. 특히 경찰행정법의 규율원리와 관련하여 헌법이 경찰권을 발동함에 있어서도 규율원리로 기능한다는 점을 명확하게 적시하고, 이를 토대로 헌법이 경찰행정법 이론에 있어 구체적으로 어떻게 기능하는지를 탐구하고자 한다. 또한 Chapter 5.에서는 경찰행정법에 관한 전통적 논의를 소개하는 것에 그치지 않고, 그로부터 진일보하여 우리나라 경찰행정법(학)을 지배하고 있는 전통적 경찰행정법의 이론적 체계가 갖고 있는 문제점을 역사적, 이론적 관점에서 적시한다. 한편 전통적 경찰행정법의 이론적 체계는 경찰행정법 전역에서 거의 전방위적(全方位的)이라고 해도 좋을 만큼 심대한 문제를 드러내고 있으므로, 그러한 전통적 경찰행정법의 이론적 체계는 더 이상 유지되어서는 안된다고 생각한다. 따라서 경찰행정법의 이론적 체계 자체를 전면적으로 재구축할 것이 요망되는데, Chapter 5.에서는 시론적(試論的)으로나마 저자가 구상하고 있는 경찰행정법의 새로운 이론적 체계를 제시해 보고자 한다.

일러두기: Chapter 5.의 내용 중 전통적 경찰행정법의 이론적 체계의 문제점과 그를 극복하기 위한 새로운 이론적 체계에 관한 내용은 경찰행정법 전반에 대한 이해가 선행되지 않고는 사실상 이해할 수 없는 측면이 많다. 따라서 경찰행정법을 처음으로 공부하는 초학자들이라면, 이 부분은 경찰행정법의 이론 전반에 대한 이해가 있은 후에 읽어 볼 것을 권한다.

본서를 통하여 경찰행정법에 관한 흥미가 생겨나서 경찰행정법을 조금 더 깊게 공부해 보고 싶다면 저자가 김연태·이기춘 교수와 공저로 출간한 『경찰법연구』, 제3판(세창출판사, 2017)를 정독해 볼 것을 권한다. 그리고 여기에서 한 걸음 더 나아가 경찰행정법을 학문적으로 공부하고 싶은 열망이 생긴다면, 경찰행정법학을 학문적으로 접근하고자 할 때 길라잡이가 될 수 있는 저자의 논문[서정범, "경찰행정법학, 어떻게 할 것인가 — 2019, 어느 경찰행정법학자의 개강사?", 행정법학, 제17호 (2019), 249쪽 아래; 서정범/김용주, "경찰행정법의 새로운 이론적 체계 구축과 경찰행정법의 위상 재정립", 고려법학, 101권 (2021), 45쪽 아래]을 일독해 볼 것을 권한다.

Chapter 1.
경찰의 개념

§ 1. 경찰개념의 정립 필요성

경찰의 개념을 정립하여야 할 필요성은 어디에서 찾을 수 있을까?

경찰행정법은 '경찰'에 관한 법이다. 따라서 경찰행정법을 올바르게 이해하기 위하여서는 무엇보다도 그의 대상인 경찰의 개념을 적확하게 이해하여야 한다. 이하에서 보듯이 경찰의 개념이 다양성을 갖고 있고, 그에 따라 경찰이란 단어가 말하는 사람에 따라 달리 사용되는 현상이 경찰행정법학 자체의 발전에 장해가 될 정도에 이르고 있는 오늘날의 사정을 고려해 보면, 경찰의 개념을 올바르게 정립할 필요성은 쉽게 인정될 수 있다.

특히 경찰행정법의 대상을 이루는 행정경찰을 – 경찰행정법 이론에 따를 때 학문적으로 경찰의 개념에 포섭되지도 않는 – 사법경찰과 혼동함으로써 야기되는 문제점은 경찰행정법학의 체계 구축 내지 발전을 가로막는 가장 큰 장해가 되고 있다. 따라서 경찰행정법에 대한 이해와 경찰행정법학의 학문적 체계 구축을 위해서는 무엇보다도 경찰행정법의 대상인 경찰의 개념을 명확히 할 필요가 있다.

§ 2. 경찰개념의 다양성

1. 제도적 의미의 경찰, 형식적 의미의 경찰, 실질적 의미의 경찰을 구분할 필요성은 어디에서 찾을 수 있을까?

경찰행정법의 내용을 이해하기 위하여서는 제도적 의미의 경찰, 형식적 의미의 경찰, 실질적 의미의 경찰을 분명하게 구분하여야 한다. 경찰의 개념을 이렇게 3가지 측면에서 구분하는 것은 다음과 같은 점에서 법 이론적으로나 실무적으로 중요한 의미를 갖는다. 즉, 이들의 구분은

① 경찰과 질서행정청 간의 권한을 획정하고,

② 경찰과 질서행정청이 개입하기 위한 실질적 전제조건을 확정할 뿐만 아니라

③ 관련 법률의 해석에도 중대한 영향을 미친다[Vgl. Schoch, “Grundfälle zum Polizei- und Ordnungsrecht”, JuS 1994, 391 ff. (393)].

2. 제도적 의미의 경찰은 무엇을 의미하는 것일까?

제도적 의미의 경찰(Polizei im institutionellen Sinn) 개념을 규정함에 있어서는 그 작용을 담당하는 행정청이 경찰행정청인지 여부가 결정적 기준이 된다. 결국 ‘제도적으로 경찰이라고 불리는 조직영역에 속하는 모든 행정기관’이 제도적 의미의 경찰에 해당한다. 제도적 의미의 경찰의 범위는 경찰의 조직에 관하여 규정하고 있는 「국가경찰과 자치경찰의 조직과 운영에 관한 법률」(이하 「경찰법」이라고 한다) 제2조에 의하여 정해진다.

이렇게 볼 때 자치경찰은 제도적 의미의 경찰에 해당하지만, 민간경비원 또는 민간경비업체는 제도적 의미의 경찰에 해당하지 않는다.

3. 형식적 의미의 경찰은 무엇을 의미하는 것일까?

(1) 형식적 의미의 경찰의 의의

형식적 의미의 경찰이란 ‘그때그때의 실정법상 명시적으로 경찰이라고 표현되어 있는 행정기관(즉, 보통경찰기관)이 관장하는 모든 행정작용’을 의미하며, 그 작용의 성질 여하를 불문한다. 형식적 의미의 경찰의 범위를 어떻게 규정할 것인지의 문제는 전적으로 그 나라의 입법정책에 속하는 문제인데, 우리나라에서의 형식적 의미의 경찰의 범위는 경찰관의 직무집행에 관하여 실질적으로 일반법에 준하는 지위에 있는 「경찰관 직무집행법」 제2조가 규정하고 있다.

(2) 「경찰관 직무집행법」 제2조에 따른 경찰관의 직무의 범위

① 국민의 생명·신체 및 재산의 보호,

② 범죄의 예방·진압 및 수사,

③ 범죄피해자 보호

④ 경비·주요 인사(人士) 경호 및 대간첩·대테러 작전 수행,

⑤ 치안정보의 수집·작성 및 배포,

⑥ 교통 단속과 교통 위해의 방지,

⑦ 외국 정부기관 및 국제기구와의 국제협력,

⑧ 그 밖에 공공의 안녕과 질서 유지

4. 학문적으로 가장 중요한 의미를 갖는 실질적 의미의 경찰 개념은 어떤 것을 그 내용으로 하는 것일까?

실질적 의미의 경찰은 그 작용을 담당하는 행정기관 여하에 관계없이 행정작용의 성질을 표준으로 하여 학문적 의미에서 정립된 개념을 말한다. 실질적 의미의 경찰은 전통적으로 목적, 권력의 기초, 수단 및 내용의 4가지 요소에 착안하여 「공공의 안녕 또는 질서에 대한 위험을 방지하기 위하여(목적) 일반통치권에 근거하여(권력의 기초) 국민에게 명령·강제함으로써(수단) 국민의 자연적 자유를 제한하는(내용) 작용」이라고 정의되어 왔다.

5. 그 작용이 추구하는 목적에 착안할 때, 실질적 의미의 경찰과 구별해야 할 개념으로는 어떤 것이 있을까?

경찰은 사회공공의 안녕 또는 질서의 유지를 직접적 목적으로 한다. 그리고 이러한 점에 주목하면, 다음과 같은 것들은 실질적 의미의 경찰에 해당하지 않는다.

(1) 국가목적적 행정

경찰은 '사회공공의 안녕 또는 질서의 유지'를 목적으로 하는 사회목적적 행정이다(경찰의 사회목적성). 따라서 같은 명령·강제작용이라고 하여도 그 목적을 달리하는 국가목적적 행정(예: 재무, 외무, 군사, 사법행정)은 실질적 의미의 경찰이 아니다.

(2) 복리행정

경찰은 '소극적으로' 사회공공의 안녕 또는 질서의 유지를 목적으로 한다.(경찰의 소극목적성). 따라서 같은 사회목적적 행정이라고 하여도 '적극적으로' 공공복리의 증진을 목적으로 하는 복리행정, 그중에서도 특히 명령·강제를 그의 수단으로 하는 공용부담 및 규제행정은 실질적 의미의 경찰이 아니다.

(3) 사법작용(司法作用)

경찰은 사회공공의 안녕 또는 질서의 유지를 '직접적인' 목적으로 한다. 따라서 개인 상호 간의 법률관계에 관한 법적 질서의 유지를 직접적 목적으로 하는 민사사법작용은 실질적 의미의 경찰이 아니며, 과거의 범죄에 대한 응보 내지 교정적 제재로서 형벌을 과하는 것을 직접적 목적으로 하는 형사사법작용 또한 실질적 의미의 경찰이 아니다.

6. 그 작용이 어떠한 권력에 기초하고 있는지라는 관점에서 볼 때, 실질적 의미의 경찰과 구별해야 할 개념으로는 어떤 것이 있을까?

전통적 경찰법 이론은 경찰은 일반통치권에 기초를 둔 작용이라는 점에서 소위 포괄적 특별권력에 근거하여 명령·강제하는 작용, 예컨대 국회의 질서를 유지하기 위하여 의장이 행하는 명령·강제작용인 의원경찰(議院警察)이나 법정의 질서를 유지하기 위하여 재판장이 행하는 명령·강제작용인 법정경찰(法廷警察)과는 구별된다는 점을 강조하여 왔다[김남진/김연태(II), 299쪽].

이처럼 경찰은 국가의 일반통치권에 의한 작용이므로, 국가의 일반통치권에 복종하는 자는 자연인·법인, 내국인·외국인을 막론하고 경찰권에 복종하여야 한다. 한편 경찰이 다른 행정기관 내지 행정주체에 대하여 경찰권을 발동할 수 있는지의 문제를 여기서 설명하는 경찰의 권력적 기초와 관련하여 논하는 경우가 있는데(김동희, 197쪽), 이는 고권력주체의 경찰책임에 관한 문제로서 별론하는 것이 타당하다고 생각하므로 여기서는 설명을 약하기로 한다.

7. 경찰의 개념이 이처럼 조직적, 형식적, 실질적 의미로 다양하게 사용하게 된 배경은 어디에 있을까?

오늘날 경찰개념이 다양성을 띠게 된 것은 실질적 의미의 경찰개념에 해당하는 경찰작용인 공공의 안녕 또는 질서에 대한 위험방지, 즉 경찰의 실질적 직무범위와 그러한 과제를 수행하도록 조직된 기구인 경찰(행정청)이 더 이상 일치하지 않게 된 것에서 그 이유를 찾을 수 있다. 한편 이처럼 양자가 일치하지 않는 현상은 공공의 안녕 또는 질서에 대한 위험방지의 직무가 더 이상 경찰(행정청)에게만 맡겨져 있는 것이 아니라 그 밖의 다른 행정청에게도 맡겨져 있으며, 경찰(행정청)의 직무가 위험방지에 국한되지 않고 그를 넘어서 다른 기능에까지 확대되어 있다는 것에 근거한다(Drews/Wacke/Vogel/Martens, S. 33).

§ 3. (전통적인) 실질적 의미의 경찰개념의 문제점

참고문헌: 최영규, "경찰의 개념과 경찰법의 범위 —실질적 경찰개념의 유용성 검토", 행정법연구 25호(2009), 351쪽 아래; Stober, "Police-Private-Partnership aus juristisher Sicht", DÖV 2000, 261 ff.; Sung Yong Lee, "Die Privatiesierung der Inneren Sicherheit durch das Bewachungsgewerbe", Diss. 2007; 田村正博,『警察行政法の基本的な考え方』, 立花書房, 平成 14년.

1. 오늘날 (전통적인) 실질적 의미의 경찰개념은 그대로 유지되기 곤란하다는 지적이 나타나고 있는데, 그 이유는 어디에서 찾을 수 있을까?

앞에서 설명한 (전통적인) 실질적 의미의 경찰 개념은 오랫동안 우리나라의 경찰행정법학계에서 지지를 받아 왔다. 그러나 이러한 (전통적인) 실질적 의미의 경찰개념은 근래의 경찰행정법 이론에 비추어 보면 다음과 같은 문제점을 안고 있다.

(1) 수단과 내용 중심의 개념 정립의 문제점

(전통적인) 실질적 의미의 경찰 개념은 주로 경찰의 활동형태(즉, 수단)와 내용에

착안한 것으로, 경찰 개념의 주된 요소로 국민에게 "명령·강제하여" "국민의 자유를 제한"한다는 점을 들고 있다. 그러나 이러한 전통적인 경찰 개념은 수단과 내용을 지나치게 강조한 나머지 경찰의 목적 내지 본래의 임무가 어디까지나 개인을 '보호'하는 것에 있음을 간과하고 있다. 즉, 경찰작용은 개인의 자유를 제한하는 것이 아니라 그를 보호해 주는 작용이라는 점을 간과하고 있는 것이다. 이런 점을 고려하여 오늘날 일본에서는 경찰이 '국민의 자유와 권리의 옹호자'라는 점이 강조되고 있다(田村正博, 『警察行政法の基本的な考え方』, 立花書房, 平成 14년, 1쪽 아래).

한편 독일의 경우 이러한 문제점에 대한 인식은 이미 1970년대부터 나타났는데, "법치국가에 있어서의 경찰은 국민의 자유를 제한하기 위한 도구가 아니라, 국민의 자유를 침해하는 위험 및 장해의 방지·제거를 통하여 국민의 자유를 유지하는 법적 도구이다. 그러므로 그것은 약화되어서는 안 되며, 강화되어야 한다"라는 서술은 그러한 경향을 잘 나타내 주고 있다[Wolff/Bachof(Ⅲ), S. 16].

(2) 권력독점사상에 근거한 개념 정립의 문제점

(전통적인) 실질적 의미의 경찰 개념은 권력독점(Gewaltmonopol)의 사상을 바탕으로 경찰작용의 주체는 국가라는 것을 전제로 하고 있다. 그러나 20세기 후반부터 위험방지작용이 민간경비업체에 의하여 광범위하게 행해지게 되면서 위험방지라는 국가적 과제의 수행에 있어 민간이 점차적으로 중요한 역할을 수행하게 되었다. 또한 21세기의 이른바 협조적 행정국가(kooperativer Verwaltungsstaat)의 발전과정에서 '민경협력(民警協力, Police-Private-Partnership)이 경찰과제의 수행에 있어 새로운 모델로 제시되고 있다(이러한 점에 관하여 자세한 것은 vgl. Kugelmann, 5. Kap. Rn. 204 ff.; Pitschas, "Neues Verwaltungsrecht im partnerschaftlichen Rechtsstaat?", DÖV 2004, 231 ff.). 따라서 경찰을 '일반통치권에 근거하여' 국민에게 명령·강제함으로써 국민의 자연적 자유를 제한하는 작용으로 이해하는 (전통적인) 실질적 의미의 경찰 개념은 그대로 유지되기 곤란하다.

2. (전통적인) 실질적 의미의 경찰개념이 갖고 있는 문제점을 고려할 때, 오늘날 통용될 수 있는 실질적 의미의 경찰개념은 무엇일까?

(전통적인) 실질적 의미의 경찰 개념이 안고 있는 문제점을 고려할 때, 실질적 의

미의 경찰 개념의 재정립이 필요하다. 즉, 실질적 의미의 경찰 개념을 규정함에 있어 수단(명령/강제), 내용(자연적 자유의 제한) 및 권력의 기초(일반통치권)를 강조하여서는 아니 된다. 이런 점을 고려한다면 실질적 의미의 경찰 개념은 「공공의 안녕 또는 질서에 대한 위험을 방지하고 장해를 제거하거나, 위험에 대한 사전배려를 통하여 공중과 개인을 보호하는 활동」이라고 정의하는 것이 타당하다고 생각한다(私見).

§ 4. 형식적 의미의 경찰개념과 실질적 의미의 경찰개념의 관계

1. 형식적 의미의 경찰개념과 실질적 의미의 경찰개념은 어떤 관계에 있는 것일까?

형식적 의미의 경찰개념과 실질적 의미의 경찰개념은 언제나 일치하는 것은 아니며, 양자는 '부분적으로 중첩하는' 2개의 영역을 형성하고 있다(Knemeyer/Schmidt, S. 1).

2. 형식적 의미의 경찰개념과 실질적 의미의 경찰개념이 '부분적으로 중첩하는' 2개의 영역을 형성하고 있다는 것은 구체적으로 어떤 의미를 갖는 것일까?

설문과 같은 명제는 다음과 같은 것을 의미한다. 즉,

(1) 제도적 의미의 경찰이 공공의 안녕 또는 질서에 대한 위험방지라는 실질적 의미의 경찰작용을 행하는 경우에는 양자가 일치한다.

(2) 제도적 의미의 경찰이 공공의 안녕 또는 질서에 대한 위험방지라는 직무 이외에 다른 직무(예: 범죄수사 등)를 담당하거나(순수한 형식적 의미의 경찰활동), 이와 반대로 제도적 의미의 경찰에 속하지 않는 일반 행정기관이 실질적 의미의 경찰작용인 공공의 안녕 또는 질서에 대한 위험방지라는 직무를 행하는 경우(순수한 실질적 의미의 경찰활동)에는 양자는 일치하지 않는다.

Chapter 2.
경찰개념의 역사적 발전

참고문헌: 서정범, "경찰개념의 역사적 발전에 관한 고찰", 중앙법학 제9권 제3호(2007), 129쪽 아래; Harnischmacher/Semerak, *Deutsches Polizeigeschichte*, 1986; Knemeyer, "Polizeibegriffe in Gesetzen des 15 bis 18 Jahrhunderten", AöR 92, 153 ff.; Preu, *Polizeibegriff und Staatszwecklehre*, 1983; Weber, *Die Reichspolizeiordnung von 1530, 1548 und 1577*, 2002.

§ 1. 경찰개념의 역사적 발전과 관련하여 품게 되는 2가지 의문

1. 경찰행정법에 대한 공부를 시작함에 있어 경찰 개념의 역사적 발전과정을 공부해야만 하는 이유는 무엇일까?

'경찰'이란 용어 자체는 오래전부터 사용되어 왔지만 경찰의 개념은 – 추상적·선험적으로 확정되는 고정적인 것이 아니라 – 역사의 흐름에 따른 국가의 기능과 본질에 대한 이해, 또는 헌법상황의 변화에 따라 많은 변천을 겪어 왔다. 이러한 경찰개념의 변천, 즉 경찰 개념의 발전사에는 경찰국가로부터 법치국가로의 발전이 잘 반영되어 있으며, 법을 통한 국가권력의 약화에 대한 모델이 제시되어 있다. 따라서 오늘날의 경찰의 개념 및 그에 기초한 경찰행정법을 올바르게 이해하기 위하여서는 먼저 '경찰'이란 명칭이 부여되어 있는 국가작용이 시대에 따라 어떻게 변천하여 왔는지의 문제, 즉 경찰개념의 발전사에 대한 인식이 불가피하다.

2. 경찰 개념의 역사적 발전에 관한 설명에서 우리나라의 경찰행정법 교과서들은 어떤 이유로 유럽, 특히 독일에서의 경찰 개념의 발전사를 상세하게 설명하고 있을까?

우리나라에서 경찰행정법을 공부하는 경우 다른 나라에서의 경찰 개념의 발전사를 고찰하기에 앞서 우리나라에서 경찰 개념이 어떻게 발전되어 왔는지에 대한 고찰을 하여야 할 것이다. 그런데 우리나라의 경찰행정법 교과서들은 경찰 개념의 발전사를 설명함에 있어 예외 없이 유럽, 특히 독일에서의 경찰 개념의 발전사를 중심으로 서술하고 있다. 그 이유는 무엇일까?

이러한 사정은 우리나라의 불행한 경찰 역사, 즉 일본에 의하여 주도된 1894년의 갑오개혁을 통해 포도청(捕盜廳)이 폐지되고 내무아문(內務衙門) 소속하에 경무청(警務廳)이 신설되면서 우리나라 경찰의 전통이 역사적 단절을 경험하게 된 것과 밀접한 관련이 있다[이에 관하여는 김남진/김연태(II), 296쪽 참조]. 갑오개혁 이후 일본은 우리나라를 침탈해 가는 과정에서 향후 우리나라에 대한 식민통치를 용이하게 하려는 목적으로 자신들의 법과 제도를 우리나라에 이식시켰다. 이 과정에서 일본의 경찰제도, 즉 경찰의 개념 및 조직 또한 함께 우리나라에 이식되었다. 그런데 당시의 일본이 경찰에 관하여는 유럽(특히 독일)의 영향을 많이 받고 있었기 때문에 결국 일본을 매개자로 하여 유럽(특히 독일)의 근대적 의미의 경찰 개념[1)]이 우리나라에 도입되었고, 그러한 경찰 개념이 우리나라의 경찰행정법을 지배하게 되었다. 이 때문에 우리나라 고유의 경찰 개념은 오늘날의 경찰행정법 이론과 사실상 아무런 관련이 없게 되었는바, 이러한 사정으로 인하여 우리나라의 경찰행정법 교과서들은 경찰 개념의 발전사를 설명함에 있어 유럽(특히, 독일)에서의 경찰 개념의 발전사를 중심으로 서술하고 있는 것이다.

---

1) 여기서 근대적 의미의 경찰이란 경찰조직에 경찰이란 공식적인 명칭이 부여되고, 적어도 법치주의에 입각하여 모든 경찰활동이 법령에 근거하여 행해지는 경찰을 의미한다(박범래, 『한국경찰사』, 경찰대학, 1990, 123쪽).

§ 2. 절대국가 이전의 경찰개념

1. '경찰'이란 단어는 그 어원(語源)을 어디에서 찾을 수 있으며, 그것은 무엇을 의미하는 것이었을까?

경찰이란 단어는 그의 어원을 그리스어의 폴리테이아(*πολιτεια*)에 두고 있는바, 그리스어의 *πολιτεια*는 '도시국가의 헌법 및 질서 있는 공동사회'를 의미하였다. 한편 *πολιτεια*는 로마어에는 politia로 받아들여졌으며, 로마어의 politia는 '공화국의 헌법과 그를 지지하는 행정활동 전체'를 의미하는 것이었다.

2. 우리나라의 경찰행정법 이론에 많은 영향을 미치고 있는 독일의 경우 경찰이란 개념은 어떤 과정을 거쳐 실정법에 정착되기에 이르렀을까?

독일에서 경찰 개념이 나타나게 된 것은 15세기 후반이며, 이러한 경찰 개념이 실정법에 확고하게 받아들여진 것은 1530년에 아우그스부르크(Augsburg) 제국의회에서 제정되고 1548년과 1577년에 개정된 제국경찰법(Reichspolizeiordnung)에서이다.

한편 제국경찰법상의 '경찰(gute Policey)'은 '공동체의 질서 있는 상태' 또는 '공동체의 질서 있는 상태를 유지하기 위한 모든 활동'을 의미하였다. 다만 이 시대의 경찰개념에는 오늘날 경제행정의 영역에 속하는 사항들(독점, 관세, 도량형, 가격 등)과 종교, 도덕도 포함되었으며, 나아가서 오늘날 순수하게 사법적(私法的)으로 규율되는 영역(계약법, 후견법, 부동산법, 상속법 등)까지도 포함되어 있었다(Götz/Geis, § 2 Rn. 2).

§ 3. 절대국가시대의 경찰의 개념

1. 절대국가 초기의 경찰 개념

(1) 18세기에 발달한 경찰학은 절대국가 초기의 경찰 개념 성립에 어떠한 영향을 미쳤을까?

18세기에 발달한 경찰학(Polizeiwissenschaft)[2)]의 영향으로 '공동체의 질서 있는 상태를 유지하기 위한 모든 활동'이라고 광범위하게 이해되어 온 경찰로부터 개별적인 국가활동이 분리되기 시작한다. 즉, 우선 경찰로부터 외무행정·재무행정 및 군사행정이 분리되었고, 이어서 통치의 개념이 독립한 후에, 끝으로 사법(司法)이 경찰로부터 독립하게 된다. 그 결과 경찰의 범위는 일단 양적으로는 축소되었다.

그러나 경찰의 범위 내지 권한은 질적으로는 오히려 강화되어 절대국가 시대 초기의 경찰 개념에는 공공복리의 증진까지 포함되게 된다. 따라서 이 시기에 있어서 경찰은 '모든 臣民의 공공복리의 증진(Wohlfahrtspflege)을 위한 권한을 포함한 내무행정의 전 영역'을 의미하였다.

(2) 절대국가 초기의 경찰 개념은 어떤 것을 그 특징으로 하였을까?

경찰학의 영향을 통해 절대국가시대의 경찰 개념이 이처럼 변화하게 된 결과, 절대국가시대 초기에 있어서 경찰은 사실상 아무런 제한을 받지 않는 군주의 행정수단으로 전락하고 말았다. 즉, 이 시대의 경찰개념의 특징은 아무런 법적 제한을 받지 않는 경찰의 효력영역이 인정되었다는 것에서 찾을 수 있다.[3)] 그리하여 경찰은 '만능(萬能)의 대명사'(eine Art Generaltitel für alles Mögliche)로 인식되기에 이르렀다.

2. 프로이센 일반란트법의 제정과 그로 인한 경찰 개념의 변화

(1) 국법학자(國法學者) 퓌터(J. S. Pütter)의 주장은 경찰 개념의 발전사에 있어 어떤 의미를 가질까?

---

2) '경찰학(Polizeiwissenschaft)'이란 용어는 독일의 관방학자인 Justi의 저서인 *Grundsätze der Polizeiwissenschaft*에 처음 등장한다. 다만 이 시기의 경찰학은 절대국가에 있어서 국가목적의 실천에 필요한 절대주의 국가권력을 기초짓는 학문으로 성립된 것으로서, 오늘날의 사회적 법치국가에 있어서의 경찰학(Police Science)과는 그 원류를 전혀 달리하며, 양자 간에는 적용범위 · 목적 · 내용 등에 있어 현격한 차이가 존재한다(이운주, 『경찰학개론』, 1990, 경찰대학, 49쪽).

3) 절대국가 초기에 이와 같이 군주에게 포괄적인 경찰권을 인정한 것에 대하여 볼프(C. Wolff)는 "우매한 신민들은 그들의 권리와 재산을 인식할 수 없다"고 하여 그의 정당성을 인정한 바 있다[이러한 사정에 관하여는 vgl. Wolff/Bachof(Ⅲ), S. 3].

Johann Stephan Pütter

계몽주의 사상의 영향을 받은 괴팅겐(Göttingen)의 국법학자 퓌터(J. S. Pütter, 1725~1807)는 "교양 있는 국민은 더 이상 국가, 즉 경찰의 후견에 의하여 강제받아서는 안 되며, 따라서 경찰의 고유한 직무는 복지증진에 대한 배려가 아니라 장래의 악행을 방지하는 것이다"라는 주장을 통하여 절대적 군주권력, 특히 경찰권력의 축소를 제창하였다(Johann S. Pütter, *Institutiones juris publici Germanci*, 1770, S.330 ff.). 이러한 Pütter의 주장은 복리증진을 위한 경찰의 권한배제를 내용으로 하는 프로이센 일반란트법(Preußisches Allgemeines Landrecht: Pr. ALR)이란 근대적 법규의 성립을 위한 이론적 기초를 제공하였다.

(2) 「프로이센 일반란트법」에서 추론할 수 있는 경찰 개념은 경찰 개념의 발전사에 있어 어떤 의미를 갖는 것일까?

라이프치히 제국법원건물 외벽의 Svarez 동상

Pütter의 제자였던 슈바레즈(Carl G. Svarez, 1746~1798)가 「프로이센 일반란트법(Pr. ALR)」의 입법 기초위원으로 참여하면서 경찰권력의 축소를 내용으로 하는 조항이 동법 제2장 제17절 제10조에 명문으로 규정되게 되는바, 동조는 (복리증진과 위험방지를 명백히 구분하는 것을 전제로) 다음과 같이 규정하고 있었다: "공공의 평온, 안녕과 질서를 유지하고, 공중 또는 개개의 구성원에 대한 현존하는 위험을 방지하기에 적합한 조직이 경찰이다."

이 같은 「프로이센 일반란트법」 제2장 제17절 제10조의 제정으로 인하여 경찰의 업무는 공공의 안녕 또는 질서에 대한 위험방지에 국한되게 되었으며, 복리증진을 위한 경찰의 강제권한이 배척되는 결과를 가져왔다.

3. 「프로이센 일반란트법」의 폐지와 그로 인한 경찰 개념의 변화

(1) 「프로이센 일반란트법」이라는 진보적 법규가 오래 유지되지 못한 원인은 어디에서 찾을 수 있을까?

경찰의 강제권한을 공공의 안녕 또는 질서에 대한 위험방지에 국한시켰던 「프로이센 일반란트법」은 오래 유지되지 못하였는데, 그 이유는 무엇보다도 프랑스 혁명 사상에 대한 보수적인 공무원계급의 두려움과 정치적 복구가 존재하던 19세기 전반의 보수반동기간 중에 제정되어, 복리경찰적 경찰개념의 부활을 가져온 일련의 법규들 때문이었다. 즉, 1795년과 1797년의 「프로이센 복무규정」과 1802년의 「프로이센 행정명령(Pr. VO)」에 의하여 「프로이센 일반란트법」 제2장 제17절 제10조의 법적 효력이 명시적으로 폐지되기에 이르렀다.

(2) 「프로이센 일반란트법」의 폐지는 경찰 개념에 어떠한 변화를 가져왔을까?

「프로이센 일반란트법」이 명시적으로 폐지된 이후 제정된 일련의 법규들은 경찰이 공공의 안녕 또는 질서에 대한 위험방지뿐만 아니라 공공복리의 증진에 대해서도 권한을 갖는다는 것을 명문으로 규정하였으며(1808년의 「프로이센 지방관청, 경찰관청 및 재무관청의 정비에 관한 명령」 제3조 등), 이를 통하여 경찰의 영역이 소극적인 공공의 안녕 또는 질서의 유지에 국한되는 것이 아니라는 것이 분명하게 되었다. 결국 이러한 일련의 과정을 통하여 경찰의 개념은 다시 절대국가시대 초기의 경찰 개념으로 회귀하기에 이르게 되었다.

§ 4. 자유주의적 법치국가시대의 경찰의 개념

참고문헌: Pr.OVGE 9, 353 ff.(Neudruck DVBl. 1985, 219 ff.); Kroeschell, “Das Kreuzberg-Urteil”, VBlBW 1993, 268 ff.; Rott, “100 Jahre, Kreuzberg-Urteil des Pr.OVG”, NVwZ 1982, 364 ff.; Vogel, “Über die Herkunft des Polizeirechts aus der liberalen Staatstheorie", FS Wacke, 1972, S. 375 ff.

1. 절대국가 시대를 지배하던 경찰 개념은 자유주의적 법치국가(Der liberale Rechtsstaat)시대에 이르게 되면 어떻게 변모하는가?

정치적으로 자유주의적 · 시민적 법치국가가 성립됨에 따라서 경찰권 또한 정치적으로 제한을 받게 되었다. 이에 따라 절대국가 시대를 지배했던 경찰의 개념 또한 다시 축소되어 복리증진을 위한 경찰의 강제권한이 배척되고, 경찰권의 발동은 소극적으로 공공의 안녕 또는 질서유지에 국한되게 된다.

2. 크로이츠베르크 판결(Kreuzberg-Urteil)이 경찰 개념의 발전사에 있어 갖는 의미는 무엇일까?

자유주의적 법치국가시대에 들어서면서 경찰의 개념은 절대국가 시대의 경찰 개념과 달리 (다시) 소극적인 질서유지에 국한되게 되는바, 이러한 변화의 전환점을 형성한 것이 바로 1882년 6월 14일 프로이센 상급행정법원(Pr. OVG)의 크로이츠베르크 판결(Kreuzberg-Urteil)이다.

(1) 사 안

Kreuzberg 판결에서는 1879년 당시 베를린 경찰국장이 발한 "베를린 외곽의 Kreuzberg에 있는 전승기념비 주위의 건축구역에서는 기념비 하단에서 도시와 그 주위를 조망하는 것이 방해받지 않고, 또 도시에서 전승기념비[4]를 전망하

---

4) 여기서 말하는 전승기념비는 유럽 여러 나라가 동맹하여 나폴레옹 체제를 타파한 전쟁을 말하는 해방전쟁(Befreiungskrieg)에서의 전승(戰勝) 기념비를 말하는바, 해방전쟁이란 이름은 나폴레옹에 의해 인위적으로 결성된 독일의 라인동맹이 붕괴하여 각국이 모두 나폴레옹의 군사지배로부터

는 것이 침해받지 않는 정도의 고도 내에서만 건축이 허용된다"는 내용의 경찰명령(Polizeiverordnung)에 근거하여 전승기념비 주위의 건축구역 내에서 건축물(주거용 4층)의 건축허가 발급이 거부된 것이 문제가 되었다.

(2) 주문(主文)

위 사안과 관련하여 프로이센 상급행정법원은 전승기념비 주위의 건축구역 내에서의 건축허가 발급 거부처분을 위법이라고 판시하였다. 한편 동 법원은 그 이유로 "「프로이센 일반란트법」 제2장 제17절 제10조에 따를 때 경찰은 위험방지의 권한만을 가지며, 미적인 이익을 추구할 권한은 없기 때문에 Kreuzberg에 있는 해방전쟁(Befreiungskrieg)에서의 전승기념비에 대한 조망을 해치지 않게 하기 위하여 도로상의 건축물의 고도를 제한하는 경찰명령은 무효"라는 것을 제시하였다.

(3) **크로이츠베르크 판결의 의의**

이 판결을 통하여 경찰의 개념은 다시 공공의 안녕 또는 질서의 유지에 국한되게 된다. 그리고 오늘날 경찰 개념을 둘러싸고 다양한 논의가 전개되고 있지만, 그들 논의 역시 근본적으로는 이러한 입장을 기본으로 하고 있다.

3. 크로이츠베르크 판결 이후 경찰의 개념은 소극적으로 공공의 안녕 또는 질서의 유지에 국한되는데, 이러한 경찰 개념을 받아들인 대표적 입법으로는 어떤 것이 있을까?

크로이츠베르크 판결 이후에 프로이센 상급행정법원은 「프로이센 일반란트법」 제2장 제17절 제10조에 근거한 경찰법의 체계를 완성시키고자 노력하였다. 그리고 그런 노력의 결과 결국 소극적인 경찰의 개념은 입법을 통해 법전 속에 받아들여지게 되었는바, 이러한 입장을 반영한 대표적 입법으로는 "경찰행정청은 공공의 안녕

벗어났다는 사실 때문에 붙여지게 되었다. 총 12개의 면으로 되어 있는 전승기념비는 당시 프로이센 제국의 왕 빌헬름 3세의 명을 받은 당대의 유명건축가 쉥켈이 1821년에 축조하였다. 현재 이 기념비는 독일문화재로 지정되었고, 크로이츠베르크는 해방전쟁에서의 승리를 상징하는 의미에서 1830년 빅토리아(승리의 여신) 공원으로 조성되었다. 왼쪽 사진이 전승기념비의 모습이며, 오른쪽 사진은 빅토리아 공원입구에서 바라본 전승기념비의 모습이다.

과 질서를 위협하는 위험으로부터 공중 및 개인을 보호하기 위하여 실정법의 범위 내에서 의무적합적 재량에 따라 필요한 조치를 취하여야 한다"고 규정하였던 1931년의 「프로이센 경찰행정법」(Preußisches Polizeiverwalzungsgesetz: Pr.PVG) 제14조가 있다.

§ 5. 사회적 법치국가시대의 경찰의 개념

1. 오늘날의 사회적 법치국가의 국가관이 자유주의적 법치국가시대에 정립된 경찰 개념에 변화를 가져올 수 있을까?

경찰의 개념은 그때그때의 헌법상황이나 국가관에 따라 변천을 해왔는데, 이는 오늘날의 사회적 법치국가(Der sozialistische Rechtastaat)의 국가관으로 인하여 자유주의적 법치국가의 국가관에 기초하여 정립된 종래의 경찰 개념에 변화가 생겨날 수도 있다는 것을 의미한다. 이러한 경찰개념의 변화가능성은 다음과 같은 두 가지 관점에서 찾아볼 수 있다.

(1) 급부국가로의 발전

19세기를 지배했던 자유주의적 국가관에 따르면 국가의 임무는 내외의 적으로부터 안전을 보장하는 것에 국한되었다. 따라서 이 시대에는 위험방지를 임무로 하는 경찰이 국가의 가장 중요한 기능이었다. 그러나 오늘날의 사회적 법치국가는 단순한 위험방지만으로는 만족하지 않는다. 즉, 사회적 법치국가는 사회적 경제적 발전을 적극적으로 형성하여야 할 사회국가적 의무를 지며, 이에 따라서 급부국가(給付國家, Leistungsstaat)로 발전되게 된다.

한편 이러한 국가기능의 발전으로 위험방지와 급부행정을 하나의 제도로 파악하려는 시도가 행해진 바 있는데, 이러한 과정에서 공공복리의 증진이라는 적극목적을 위한 권력작용을 경찰의 개념 속에 포함시키는 견해(예컨대, 土屋正三, "給付行政の主體としての警察," 警察硏究, 1979. 12)가 등장하게 되었다. 다만 경찰행정과 급부행정 간에는 근본적 성격이나 그에 적용될 법원칙에 차이가 존재하므로 그러한 입장은 받아들이기 곤란하다(同旨: Drews/Wacke/Vogel/Martens, S. 41).

(2) 위험의 사전배려

오늘날의 사회국가의 특색을 보여 주는 행정은 '위험의 사전배려(Gefahren-vorsorge)'로 표현될 수 있는데, 이는 국가가 위험의 성립을 장기간에 걸쳐 예방할 과제가 있다는 것을 의미한다. 이러한 사정으로 인하여 오늘날의 사회적 법치국가에 있어서 경찰의 개념을 이야기할 때에는 전통적 기능인 위험방지 외에 위험의 사전배려 또한 언급해야 한다는 시각이 등장하고 있다.

2. 사회주의적 법치국가의 국가관을 고려할 때, 사회주의적 법치국가 시대의 경찰의 개념은 어떻게 정의될 수 있을까?

전술한 바와 같은 사회적 법치국가에 있어서의 국가관을 고려할 때, 사회주의적 법치국가 시대의 경찰의 개념은 "사회공공의 안녕 또는 질서에 대한 위험을 방지하거나 위험에 대한 사전배려를 통하여 공중과 개인을 보호하는 국가활동"을 의미하는 것이라고 정의될 수 있다.[5)]

3. 독일의 통일경찰법모범초안 제1조에 따른 경찰 개념은 경찰에 대한 오늘날의 시대적 요청을 잘 반영하고 있는 것으로 평가받고 있는데, 그 이유는 무엇일까?

독일의 통일경찰법모범초안(統一警察法模範草案, Musterentwurf eines einheitlichen Polizeigeseztes: MEPolG) 제1조는 경찰의 직무와 관련하여 "경찰은 공공의 안녕 또는 질서에 대한 위험을 방지하는 것을 그의 직무로 한다. 경찰은 이러한 직무의 범위 내에서 범죄행위에 대한 수사를 하기 위한 준비를 하고 범죄행위를 예방하여야 하며(범죄행위에 대한 예방적 대처, vorbeugende Bekämpfung von Straftaten), 장래의 위험을 방지하기 위한 준비를 하여야 한다(위험방지의 준비, Vorbereitung auf die Gefahrenabwehr)"라고 규정하고 있다. 이는 경찰에 대한 오늘날의 시대적 요청을 잘

5) 이러한 경찰 개념의 정의는 사회적 법치국가시대의 국가관으로 경찰의 개념에 변화를 가져올 수 있는 2가지 관점 중 두 번째 관점인 '위험의 사전배려'와 관련된 논의를 반영한 것이다. 이에 반해 첫 번째 관점은 직접적으로는 경찰 개념의 변화에 영향을 미치지 못한다는 것이 지배적 견해이므로 경찰의 개념 정의에 반영되지 않았다.

반영하고 있는 탁월한 입법례로 평가받고 있는데, 그 이유는 다음과 같다.

(1) 동조는 경찰의 개념을 이미 발생한 위험의 방지에 국한시키지 않고 위험방지를 위한 사전준비적 활동에까지 확대시킴으로써 사회적 법치국가시대의 새로운 시대적 요청인 위험의 사전배려를 경찰의 개념에 포함시키고 있다.

(2) 동조는 범죄가 발생한 이후에 그에 대한 수사와 피의자체포는 사법경찰의 영역이지만, 범죄행위에 대한 예방적 차원에서의 대처활동은 경찰의 개념에 포함될 수 있다는 점을 잘 지적하고 있다.

Chapter 3.
경찰의 종류

§ 1. 행정경찰과 사법경찰

참고문헌: 서정범, "행정경찰에의 초대 – 경찰작용의 Paradigm Shift", 경찰학연구 제12권 제4호(2012), 193쪽 아래; 이진수, "경찰권의 확대·집중 경향과 이에 대한 법치주의적 전제 – 행정경찰과 사법경찰 구별론의 관점에서", 법학논집 제21권 제3호(2017), 143쪽 아래.

기본사례: 27세의 여성 A는 자신을 스토킹 하는 남성 M으로 인해 정신적 고통을 겪어 왔던바, 근래에 들어서는 M은 자신을 만나주지 않으면 자신이 어떠한 일을 벌일지 자신도 모르겠다는 등의 발언도 서슴지 않고 있다. 그런데 어느 날 M이 A의 집 앞에 나타나서 전화로 다시 그러한 협박성의 말을 하게 되자, 공포에 질린 A는 112에 신고를 하게 되고, 이에 근거하여 경찰관 P가 현장에 출동하였다. 현장에 출동한 P는 어떠한 방식으로 이러한 상황에 대처할 수 있겠는가?

1. 행정경찰과 사법경찰, 어떻게 다른 것일까?

경찰은 그 직접적 목적을 기준으로 행정경찰과 사법경찰로 구분된다. 행정경찰은 행정작용의 일부로서의 경찰, 즉 공공의 안녕 또는 질서에 대한 위험방지작용을 의미한다. 이에 반해 사법경찰은 범죄의 수사, 피의자의 체포 등을 목적으로 하는 (형사사법)작용을 말한다.

2. 행정경찰과 사법경찰, 도대체 언제부터 구분해 온 것일까?

우리나라에서 행정경찰과 사법경찰을 언제부터 구분했는지는 분명하지 않으나, 갑오개혁(1894년)을 전후해서 양자의 구분이 행해진 것으로 보인다. 그러한 추측을 가능케 하는 사료(史料)로는 1895년에 출간된 유길준(兪吉濬, 1856~1914)의 『서유견문(西遊見聞)』이 있는바, 특히 유길준의 다음과 같은 서술은 주목을 요한다.

"경찰제도를 두 가지로 구별해 보면 첫째는 행정경찰이요, 둘째는 사법경찰이다. 행정경찰은 적당한 조치를 취해서 재앙과 피해를 미연에 방지하여 국민들로 하여금 죄를 짓지 않도록 한다. 사법경찰은 이미 죄지은 범인을 수색하거나 체포해서 국민들의 환난을 제거하는 일을 한다. … 비유 하나를 들어 보자. 어떤 사람이 남의 집 울타리를 넘어가려고 할 때 이를 막는 것은 행정경찰이고, 그가 한 발이라도 울타리 위로 넘어가면 무고히 남의 집에 침입하는 잡범이니 사법경찰의 직분에 귀속되며 형법의 처단을 받게 된다. 그러므로 사실은 행정경찰과 사법경찰이 표리관계를 이루는 셈이다[유길준, 『서유견문』, 交詢社, 1895. 허경진(역), 『서유견문: 조선지식인 유길준 – 서양을 번역하다』, 서해문집, 2005, 293쪽].

3. 행정경찰과 사법경찰의 구분 실익: 행정경찰과 사법경찰을 구분하는 것은 어떤 실익을 갖는 것일까?

(1) 대륙법계 국가의 경우

독일이나 프랑스와 같은 대륙법계 국가의 경우 행정경찰과 사법경찰을 구분하는 가장 큰 이유는 재판관할의 문제에서 찾을 수 있다. 즉, 그들 국가에서는 행정경찰작용은 행정작용이므로 행정법원의 관할에 속하지만, 사법경찰작용은 일반법원의 관할에 속한다.

(2) 우리나라의 경우: 적용법규 및 법원리의 상이성(相異性) 등

그렇다면 행정경찰작용과 사법경찰작용이 모두 일반법원의 관할에 속하는 우리나라의 경우는 행정경찰과 사법경찰을 왜 구분하는 것일까? 그것은 양자에 적용될 법규 내지 법원리가 전혀 다르기 때문이다. 즉, 행정경찰은 행정법규 내지 법원리의 적용을 받으며, 사법경찰은 형사법규 내지 형사법원리의 적용을 받기 때문이다.

현실적으로는 사법경찰작용은 그에 대한 검찰의 지휘가능성을 둘러싼 논란이 있는 것에 반하여, 행정경찰작용은 경찰 고유의 작용이므로 처음부터 검찰의 지휘 가능성이 배제되는 면이 있다는 점에서도 차이를 발견할 수 있다. 이러한 점은 검경(檢警) 간의 갈등이 존재하는 우리나라에서는 나름 의미를 갖는다.

4. 행정경찰과 사법경찰의 구분에 대한 인식이 결여되어 있는 경우에 발생할 수 있는 문제점을 기본사례를 가지고 설명해 볼 수 있을까?

(1) 종래의 대처방안

가) 우리나라에서의 사례해결: 기본사례의 경우 사례에 제시된 정도만으로는 형법상의 협박죄의 구성요건을 충족한다고 판단하기에는 미흡한 면이 있으므로 협박죄의 성립을 전제로 한 현행범 체포는 여의치 않다. 그 결과 경찰관 P가 사법경찰작용을 통한 대처만을 생각한다면, 위의 사례의 경우 P는 아무런 조치도 취할 수 없다. 따라서 기본사례의 경우처럼 형법상의 협박죄가 성립하지 않는 경우에는 행정경찰작용을 통한 대처(예컨대 보호조치 등)를 고려할 수 있을 뿐인데, 이 경우에도 현장에 출동한 경찰관 P는 그들 대처방안 중 가장 강력한 조치인 「경찰관 직무집행법」 제4조에 따른 보호조치를 취할 수는 없었다. 왜냐하면 「경찰관 직무집행법」 제4조의 보호조치규정(특히 제1항)에 따를 때 동법상의 보호조치는 정신착란자나 주취자, 자살을 시도하는 사람, 미아·병자·부상자 등과 같이 보호를 필요로 하는 자, 즉 구호대상자의 구호를 위해서만 행할 수 있기 때문이다. 따라서 기본사례의 경우 개괄적 수권조항(Generalklausel)에 따른 조치가 고려될 수 있을 뿐이었다.

나) 비교법적 고찰: 독일의 경우 보호조치에는 학설상 ① 보호조치의 대상이 되는 자 자신의 생명과 신체의 보호를 위한 보호조치, 즉 협의의 보호조치(Schutzgewahrsam)와 ② 범죄행위나 중대한 위험을 초래하는 질서위반행위가 목전에 행해지거나 계속되는 것을 저지하기 위한 보호조치, 즉 제지를 위한 보호조치(Sicherheitsgewahrsam, 또는 Verhütungsgewahrsam)의 2종류가 있을 수 있음이 인정되어 왔다. 그리고 실제로 독일의 실정법에도 이들 2종류의 보호조치가 명문으로 규정되어 있다[독일의 통일경찰법모범초안(MEPolG) 제13조 참조]. 따라서 독일의 경우 위의 사례와 같은 상황이 벌어지게 되면 현장에 출동한 경찰관은 '제지를 위한 보호조치'

를 취할 수 있다.

실무적 차원에서 볼 때 진정으로 보호조치가 취하여질 필요가 있는 경우로 논의되어야 할 것은 (기본사례에서와 같은) 스토커, 가정폭력의 성향이 있는 자, 아동성범죄자 등으로부터 그 대상이 되는 자들을 보호하기 위한 보호조치, 즉 '제지를 위한 보호조치'가 요구되는 경우이다.[6] 그런데 독일과 달리 우리나라의 경우 이러한 유형의 보호조치에 대해서는 「경찰관 직무집행법」 등에 명문의 규정이 존재하지 아니하였으며, 따라서 경찰은 기본 사례의 경우 — 개괄적 수권조항에 따른 조치 이외에는 — 아무런 조치를 취할 수 없었다. 따라서 입법을 통한 보완이 시급히 요구되었다.

(2) 현재의 대처방안

스토킹과 관련된 위와 같은 문제점은 2021년 3월 「스토킹 범죄의 처벌 등에 관한 법률」이 시행됨으로써 해결되었다고 할 수 있다. 즉, 동법이 시행됨으로 인하여 종래 「경범죄 처벌법」으로만 규율해 왔던 스토킹 범죄에 대하여 최대 5년 이하의 징역이나 5,000만원 이하의 벌금에 처할 수 있게 됨으로써(동법 제18조 제2항) 스토킹 범죄에 대한 일반예방적 효과를 기대할 수 있게 되었으며, 현행범 체포의 가능성 또한 한층 높아졌다(형사법적 해결). 뿐만 아니라 동법은 스토킹 행위에 대한 신고가 있는 경우 경찰이 100m 이내 접근금지 등의 긴급조치를 한 후 지방법원 판사의 사후승인을 청구할 수 있도록 함으로써(제4조~제5조) 저자가 언급하고 있는 '제지를 위한 보호조치'에 준하는 효과를 기하고 있다.

다만 「스토킹 범죄의 처벌 등에 관한 법률」의 제정에도 불구하고 '제지를 위한 보호조치'를 「경찰관 직무집행법」에 도입할 필요성은 여전히 남아 있다고 생각한다. 왜냐하면 사후적 처벌의 강화는 스토킹이 행해지는 현장에서의 조치와는 무관하며, 제지를 위한 보호조치의 필요성이 인정되는 영역은 스토킹에만 국한되는것이 아니기 때문이다.

---

6) 경찰 실무에 있어서 '빈도'면에서 볼 때 가장 중요한 것은 주취자에 대한 보호조치인데, 이와 관련된 문제를 여기서의 제지를 위한 보호조치라는 관점에서 접근하고 있는 것으로는 김용주, "주취자 보호조치에 대한 경찰법적 검토 – 제지를 위한 보호조치를 중심으로", 안암법학 제43호 (2014), 589쪽 아래.

5. 사법경찰과 대비되는 행정경찰은 "공공의 안녕 또는 질서에 대한 위험 방지"를 내용으로 하는바, 행정경찰의 핵심적 개념을 이루는 공공의 안녕, 공공의 질서 및 위험은 어떤 의미를 갖는 것일까?

(1) 공공의 안녕

공공의 안녕(öffentliche Sicherheit)이란 "개인의 생명·신체(건강)·명예·자유와 재산과 같은 개인적 법익, 객관적인 성문의 법질서, 국가의 존속과 국가 및 그 밖의 공권력주체의 제도 및 행사와 같은 국가적 법익이 아무런 장해도 받지 않고 있는 상태"를 말한다.

(2) 공공의 질서

공공의 질서(öffentliche Ordnung)란 "그때그때의 지배적인 윤리·가치관에 따를 때 그를 준수하는 것이 인간의 원만한 공동생활을 위한 불가결의 전제조건이라고 간주되는, 공중 속에서 인간의 행위에 대한 불문규율의 총체"를 말한다.

(3) 위 험

경찰행정법학에서 위험은 – 일반 사회생활에서 말하는 위험과는 다른 – 특수한 의미를 갖는데, 경찰권 발동의 전제조건을 이루는 공공의 안녕 또는 질시에 대한 '구체적 위험(konkrete Gefahr)'이란 "어떤 사실의 정상적인 진행을 방치하게 되면, 가까운 장래에 어떤 상태 또는 행위가 공공의 안녕 또는 질서에 손해를 가져올 충분한 개연성이 있는 경우"를 말한다.

§ 2. 예방경찰과 진압경찰

참고문헌: 박병욱/황문규, "위험예방을 위한 경찰법과 범죄진압을 위한 형사법의 목적·수단상 몇 가지 차이점: 경찰의 활동을 중심으로", 형사정책연구 제23권 제3호(2012), 199쪽 아래; Gärditz, *Strafprozeß und Prävention*, 2003; Rieger, *Die Abgrenzung doppelfunktionaler Maßnahmen der Polizei*, 1994; Schoch, "Doppelfunktionale Maßnahmen der Polizei", Jura 2013, 1115 ff.

기본사례: 순찰차의 추적을 받고 있는 은행강도 A가 공포에 빠져 제멋대로 총기를 난사하고 있다. 이에 경찰관 P가 A의 도주를 저지함과 아울러 A의 총기난사로 인하여 행인이 총상을 입을 위험을 방지하기 위하여, 총을 쏘아 A의 다리를 맞혔다.

1. 예방경찰과 진압경찰은 무엇을 의미하는 것일까?

예방경찰은 아직 법익 침해가 발생하기 이전에 위험을 방지하기 위하여 예방적으로(präventiv)으로 행해지는 경찰작용을 의미하며, 진압경찰은 주로 이미 행해진 범죄를 전제로 하여 범죄수사와 소추를 위하여 진압적으로(repressiv) 행해지는 경찰작용을 말한다. 다만 진압경찰이 반드시 범죄를 전제로 하는 것은 아니다. 예컨대 ─ 범죄를 전제로 하지 않는 경우라 할지라도 ─ 법익에 대한 침해가 이미 발생한 경우, 즉 경찰행정법적 의미의 장해가 존재하는 경우에 그를 제거하기 위하여 경찰권이 발동된다면, 그것은 진압경찰에 해당한다.

2. 전통적으로 예방경찰과 진압경찰의 구분은 무엇을 기준으로 구분하여 왔을까?

(1) 경찰권 발동의 '시점(時點)'

예방경찰과 진압경찰의 개념을 고려하면, 경찰권 발동의 '시점(時點)'이라는 기준이 양자를 구분하는 출발점이 된다.

(2) 경찰조치의 목적

다만 독일의 학자들은 경찰권 발동의 시점이 예방경찰과 진압경찰을 구분하는 유일한 기준이 되는 것은 아니며, 조치의 '목적'이 양자의 구분에 있어 중요한 요소로 기능한다는 것을 강조하는 것이 일반적이다. 이러한 입장에 따르면 어떤 조치의 목적이 그 조치를 예방경찰 또는 진압경찰 중 어느 하나에 귀속시키게 한다 (Kugelmann, 1. Kap. Rn. 48; Würtenberger/Hekmann/Tanneberger, § 4 Rn. 68 ff.).

한편 경찰이 취하는 조치가 어떤 것을 목적으로 하는 것인지를 판단함에 있어서는 전체적인 측면에서 보아 그 사안의 '전체적인 인상(Gesamteindruck)'이 기준이 된다. 이는 정상적인 판단에 따를 때 일반인에게 그 사안이 어떻게 보이는지가 기준이 된다는 것을 의미한다. 즉, 경찰조치의 목적이 '객관적으로(objektiv)' 볼 때 어디에 놓여 있는지, 조치의 목적 중 어느 것이 객관적으로 우선하는지가 기준이 된다는 것이다(Drews/Wacke/Vogel/Martens, S. 139). 따라서 경찰공무원의 의도는 단지 객관적 목적을 판단함에 있어서 고려될 수 있는 구성요소의 하나로 고려될 뿐이다(Pieroth/Schlink/Kniesel, § 2 Rn. 14).

3. 이중기능적(二重機能的) 조치란 무엇을 말하는 것일까?

소위 이중기능적 조치(sog. doppelfunktionelle Maßnahmen)란 예방경찰작용(위험방지)뿐만 아니라 진압경찰작용(형사소추) 또한 목적으로 하는 경찰의 조치를 말한다. 경찰의 조치가 이중기능적 성격을 갖는 것으로 볼 수 있는 상황은 일반적으로 주거침입죄와 같은 계속범(Dauerdelikten)과 관련하여 발생한다. 즉, 주거침입에 대한 수사과정에서의 경찰이 취하는 조치는 이미 행해진 범죄와 관련해서는 진압경찰작용(형사소추)이지만, 그 범죄행위가 장래에 향하여 계속되는 것과 관련해서는 예방경찰작용이 될 수 있는 것이다(이러한 설명에 대하여는 Kugelmann, 1. Kap. Rn. 54 f.).

4. 이중기능적 조치가 예방경찰작용과 진압경찰작용 중 어느 영역에 귀속되는지는 무엇을 기준으로 판별하여야 하는 것일까?

이중기능적 조치는 예방(위험방지)과 진압(형사소추)의 목적을 모두 가지므로 (목적을 기준으로 해서는) 해당 조치가 예방경찰작용과 진압경찰작용 중 어느 영역에 귀속되는지를 판단할 수 없다. 이 때문에 독일의 학설들은 이중기능적 조치의 성격은 이른바 중점이론(重點理論, Schwerpunkttheorie)을 가지고 판단할 것을 요구하고 있다. 즉, 이중기능적 조치의 경우는 조치의 중점(重點, Schwerpunkt)이 어디에 놓여 있는지를 기준으로 그 귀속이 정해지게 되며, 조치의 중점은 '전체적인 인상(Gesamteindruck)'에 따라 탐구되어야 한다는 것이다(Knemeyer, Rn. 122; Pieroth/Schlink/Kniesel, § 2, Rn. 15; Würtenberger/Hekmann/Tanneberger, § 4 Rn. 68). 독일의 경우 판례 또한 같은 입장을 취하고 있다[BVerwGE 47, 255 (262 f.); VGH BW DÖV 1989, 171; BayVBl. 1993, 429 (430)].

5. 이중기능적 조치까지 고려할 때, 결국 예방경찰작용과 진압경찰작용은 과연 어떻게 구분하여야 하는 것일까?

(1) 예방경찰작용과 진압경찰작용의 구분에 관한 결론

지금까지의 논의를 토대로 어떤 경찰활동이 예방경찰작용과 진압경찰작용 중 어느 것에 귀속되는지의 문제에 대하여는 다음과 같이 결론을 내릴 수 있다. 즉,

① 범죄행위가 존재하지 않고 오로지 공공의 안녕 또는 질서에 대한 위험방지 차원에서 경찰권발동이 문제되는 경우: 예방경찰작용,

② 범죄행위가 종료되어 범인이 체포되어야 할 뿐, 그로부터 새로운 공공의 안녕 또는 질서에 대한 위험발생의 문제가 없는 경우: 진압경찰 작용.

③ 범죄행위가 이미 행해졌지만, 범죄 이후에도 공공의 안녕질서에 대한 위험이 계속되고 있는 경우: 그 경찰조치의 목적을 기준으로 구분.

④ 진압적 목적과 예방적 목적이 공존하는 경우: 중점이론에 따라 해결

(2) 기본사례의 해결

기본사례의 경우는 A의 도주저지라는 진압적 목적과 A의 총기난사로 인하여 행인이 총상을 입을 위험방지라는 예방적 목적이 공존한다. 따라서 중점이론에 따른 해결을 도모하여야 한다. 이 경우 경찰관 P가 A의 다리를 쏜 행위의 중점이 어디에 놓여 있는지가 중요하다. 한편 경찰조치의 중점을 판단함에 있어서는 객관적 평가가 행하여져야 하며(Knemeyer, Rn. 122), 결국 이 경우에도 이익형량이 요구된다고 생각된다. 즉, 범죄행위의 수사(A의 도주저지)와 시민들의 생명과 같은 법익에 대한 위험방지 간의 이익형량이 필요한바, 저자는 기본사례에 있어서 경찰관 P가 A의 다리를 쏜 행위는 예방적 목적에 그 중점이 있다고 생각한다.

6. 경찰의 어떤 조치가 예방적 성격을 갖는지 진압적 성격을 갖는지를 구분하는 실익은 무엇일까?

예방경찰작용과 진압경찰작용의 구분에 관한 지금까지의 논의에서 알 수 있듯이, 경찰의 구체적 조치가 예방적 성격을 갖는지 아니면 진압적 성격을 갖는지를 결정하는 것은 결코 쉬운 문제가 아니다. 그러나 이런 어려움에도 불구하고 양자

는 구조적 관점에서 구분될 필요가 있다는 점이 강조되고 있는바(대표적인 것으로는 Denninger, in: Lisken/Denninger, E Rn. 157/192), 양자를 구분할 필요성으로는 다음과 같은 것을 생각해 볼 수 있다.

(1) 쟁송수단

예방적 조치와 진압적 조치의 구분이 갖는 가장 중요한 법적 효과는 쟁송수단에 관한 것이다(Gusy, Rn. 484 f.; Schenke, Rn. 509). 즉, 예방적 조치가 문제되는 경우에는 행정소송법에 따른 행정소송절차가 개시되는 것에 반하여, 진압적 조치가 문제되는 경우에는 형사법원의 관할에 속하게 된다.

(2) 기본원리

예방적 조치와 진압적 조치는 그를 지배하는 기본원리를 달리하는바, 이 또한 양자를 구분하는 실익이 된다. 즉, 예방적 조치의 경우에는 경찰법규정에 명시적으로 표현되어 있는 편의주의(便宜主義, Opportunitätsprinzip)의 원칙이 지배하며, 따라서 경찰은 경찰권의 발동 여부에 대하여 결정재량(Entschließungsermessen)을 갖는다. 이에 반하여 형사소추를 위주로 하는 진압적 조치의 경우에는 합법주의(合法主義, Legalitätsprinzip)가 지배하며, 따라서 경찰은 범죄가 발생하면 범죄행위를 수사 '하여야만 한다.'

(3) 경찰과 검찰의 관계

예방적 조치와 진압적 조치의 구분은 경찰과 검찰의 관계에도 영향을 미친다. 즉, 예방적 조치가 문제되는 경우에는 해당 조치에 대하여 경찰관청이 지휘권을 갖는다. 그러나 형사소추와 관련하여서는 어떠한 형태로든 검찰의 관여가 행해질 가능성이 존재한다(근래 들어 다시 핫이슈로 떠오른 사법경찰과 검찰의 관계를 역사적으로 고찰한 것으로는 김용주, "사법경찰과 검찰의 관계에 대한 역사적 고찰", 고려대학교 대학원 박사논문, 2011).

7. 예방경찰·진압경찰의 구분과 행정경찰·사법경찰의 구분은 어떠한 관계에 있는 것일까?

우리나라에서는 종래 예방경찰과 진압경찰을 행정경찰과 사법경찰에 대응되는 개념으로 이해하여 왔다. 이에 따르면 예방경찰과 진압경찰의 구분은 대체로 행정경찰과 사법경찰의 구분과 일치한다. 다만 사법경찰이 모두 진압경찰인 것과 달리, 행정경찰의 경우는 그 안에서 다시 예방경찰과 진압경찰의 구분이 행해질 수 있다.

한편 근래에는 이러한 전통적 견해와 달리 예방경찰과 진압경찰을 행정경찰작용에 있어서의 경찰권 발동의 시점을 기준으로 한 분류로 이해하여야 한다는 견해가 주장되고 있다(정하중, 1101쪽).

§ 3. 기타의 분류

1. 행정경찰작용은 다시 보안경찰작용과 협의의 행정경찰작용으로 분류되는데, 이들은 어떤 것을 그 내용으로 하는 것일까?

'보안경찰작용'이란 공공의 안녕 또는 질서를 유지하기 위하여 다른 행정작용에 수반함이 없이 그것 자체가 독립하여 행해지는 경찰작용을 말하며, 이런 점에서 경찰이란 이름이 붙지 않은 행정기관에 의한 위해방지작용을 의미하는 '협의의 행정경찰작용'과 구분된다[이러한 설명에 관하여는 김남진/김연태(II), 300쪽].

2. 경찰은 유지권한과 책임의 소재에 따라 국가경찰과 자치경찰로 분류되는데, 자치경찰과 국가경찰은 어떤 것을 내용으로 하는 것일까?

(1) 국가경찰과 자치경찰의 의의

경찰은 유지권한과 책임의 소재를 기준으로 국가가 유지권한 및 책임을 가지는 국가경찰과 지방자치단체가 유지권한 및 책임을 가지는 자치경찰로 분류되는바, 우리나라의 경찰조직은 종래 (제주특별자치도의 자치경찰을 제외하면) 중앙집권적인 국가경찰조직으로 일원화되어 있었다. 그러나 2021년 7월에 「국가경찰과 자치경찰의 조직 및 운영에 관한 법률」의 시행으로 자치경찰제가 전면적으로 시행되기에 이르렀으며, 그 결과 현재 우리나라의 경찰조직은 국가경찰과 자치경찰로 (불완전하지만) 이원화되어 있다.

(2) 자치경찰의 장점

경찰조직이 중앙집권적인 국가경찰로 일원화되어 있던 우리나라에서 자치경찰이 도입되게 된 배경은 자치경찰이 다음과 같은 장점을 갖고 있기 때문이었다. 즉,

① 인권보장과 민주성이 보장되어 주민의 지지를 받기 쉽다.

② 각 지방의 특성에 적합한 경찰행정이 행해질 수 있다.

③ 지방별로 독립된 조직이므로 조직·운영의 개혁이 용이하다.

(3) 자치경찰제 도입의 배경

전술한 자치경찰제도의 장점이 우리나라에 자치경찰제도가 도입된 배경에 해당한다. 다만 우리나라에 도입된 자치경찰제도의 경우는 (전술한 자치경찰의 장점에 관한 고려 이외에) 국가경찰에의 권력집중화를 막기 위한 것에 주안점을 두고 있었다고 할 수 있다.

3. 경찰은 그에 의해 보호되는 법익을 기준으로 고등경찰과 보통경찰로 구분되는데, 양자는 어떤 것을 그 내용으로 하는 것일까?

보통경찰은 공공의 안녕·질서의 유지를 위한 통상의 경찰작용을 말하며, 고등경찰(또는 정치경찰)은 국가의 안전을 보호하는 경찰을 의미하는 것으로 이해되어 왔다. 이러한 구분은 실질적으로 큰 의미를 갖지는 않는데, 고등경찰을 담당하는 기관으로는 각 경찰서 내의 정보과나 국가정보원 등을 생각해 볼 수 있다.

Chapter 4.
경찰의 조직

§ 1. 개 관

우리나라의 경찰조직은 건국 이래 – 제주특별자치도의 자치경찰을 제외하면 – 중앙집권적인 국가경찰조직으로 이루어져 있음을 그 특색으로 하였다. 그러나 2021년 7월에 「국가경찰과 자치경찰의 조직 및 운영에 관한 법률」의 시행과 더불어 자치경찰제가 전면적으로 시행됨에 따라 현재 우리나라의 경찰조직은 국가경찰과 자치경찰로 (불완전하지만) 이원화되어 있다.

§ 2. 보통경찰기관

1. 보통경찰행정청이란 무엇을 말하며, 보통경찰행정청에는 어떠한 것이 있을까?

보통경찰기관이란 직접 보안경찰작용을 담당하고 있는 경찰기관을 말하는바, 이 가운데 보통경찰행정청이란 "경찰에 관한 국가 또는 지방자치단체의 의사를 결정·표시할 수 있는 권한을 가진 경찰기관"을 말한다. 한편 현행법상 보통경찰행정청으로 볼 수 있는 것으로는 다음과 같은 것이 있다.

(1) 경찰청장

경찰청장은 최상급의 보통경찰행정청으로서 국가경찰사무를 총괄하고 경찰청 업무를 관장하며, 소속공무원 및 각급 국가경찰기관의 장을 지휘·감독한다. 경찰청장은 치안총감으로 보하며, 국가경찰위원회의 동의를 받아 행정안전부장관의 제청으로 국무총리를 거쳐 대통령이 임명한다. 이 경우 국회의 인사청문을 거쳐야 한다. 경찰청장의 임기는 2년으로 하고, 중임할 수 없다. 한편 경찰청장이 그 직무를 집행하면서 헌법이나 법률에 위배하였을 때에는 국회는 탄핵소추를 의결할 수 있다(「국가경찰과 자치경찰의 조직 및 운영에 관한 법률」 제14조).

(2) 시·도경찰청장

시·도경찰청장은 국가경찰사무에 대해서는 경찰청장의 지휘·감독을, 자치경찰사무에 대해서는 시·도자치경찰위원회의 지휘·감독을 받아 관할구역의 소관 사무를 관장하고 소속 공무원 및 소속 경찰기관의 장을 지휘·감독한다. 다만, 수사에 관한 사무에 대해서는 국가수사본부장의 지휘·감독을 받아 관할구역의 소관 사무를 관장하고 소속 공무원 및 소속 경찰기관의 장을 지휘·감독한다.

시·도경찰청장은 치안정감·치안감 또는 경무관으로 보하며, 경찰청장이 시·도자치경찰위원회와 협의하여 추천한 사람 중에서 행정안전부장관의 제청으로 국무총리를 거쳐 대통령이 임용한다(동법 제28조).

(3) 경찰서장

경찰서장은 시·도경찰청장의 지휘·감독을 받아 관할구역의 소관 사무를 관장하고 소속 공무원을 지휘·감독한다. 경찰서장은 경무관, 총경 또는 경정으로 보한다(동법 제30조).

(4) 해양경찰청장 등[7)]

해양에서의 경찰 및 오염방제에 관한 사무를 관장하게 하기 위하여 해양수산부장관 소속으로 해양경찰청을 둔다. 해양경찰청에 청장 1명과 차장 1명을 두되, 청장 및 차장은 경찰공무원으로 보한다(「정부조직법」 제43조 제2항·제3항)

7) 지방경찰청장과 경찰서장이 보통경찰행정청의 성격을 갖는 점을 고려하면 지방해양경찰청장과 해양경찰서장 역시 보통경찰행정청으로 보아야 할 것이다.

2. 국가경찰위원회(Ⅰ)—국가경찰위원회의 성격과 권한: 국가경찰위원회는 (행정조직법 이론에 따를 때) 어떠한 성격을 가지며, 어떠한 권한을 행사할까?

(1) 국가경찰위원회의 성격

국가경찰위원회는 국가경찰행정에 관한 일정한 사항을 심의·의결하기 위하여 행정안전부에 두는 것으로, 그 성격은 경찰의결기관으로 보는 것이 지배적 견해이다[김남진/김연태(Ⅱ), 306쪽].

(2) 국가경찰위원회의 권한

가) 경찰청장의 임명에 대한 동의권(「국가경찰과 자치경찰의 조직 및 운영에 관한 법률」 제14조 제2항)

나) 경찰의 주요정책 등에 관한 심의·의결권(동법 제10조): 국가경찰위원회의 심의·의결 사항은 다음과 같다. 즉,

① 국가경찰사무에 관한 인사, 예산, 장비, 통신 등에 관한 주요정책 및 경찰 업무 발전에 관한 사항
② 국가경찰사무에 관한 인권보호와 관련되는 경찰의 운영·개선에 관한 사항
③ 국가경찰사무 담당 공무원의 부패 방지와 청렴도 향상에 관한 주요 정책사항
④ 국가경찰사무 외에 다른 국가기관으로부터의 업무협조 요청에 관한 사항
⑤ 제주특별자치도의 자치경찰에 대한 경찰의 지원·협조 및 협약체결의 조정 등에 관한 주요 정책사항
⑥ 시·도자치경찰위원회 위원 추천, 자치경찰사무에 대한 주요 법령·정책 등에 관한 사항, 시·도자치경찰위원회 의결에 대한 재의 요구에 관한 사항
⑦ 제2조에 따른 시책 수립에 관한 사항
⑧ 비상사태 등 전국적 치안유지를 위한 경찰청장의 지휘·명령에 관한 사항
⑨ 그 밖에 행정안전부장관 및 경찰청장이 중요하다고 인정하여 국가경찰위원회의 회의에 부친 사항

3. 국가경찰위원회(Ⅱ)—국가경찰위원회의 구성: 국가경찰위원회는 어떻게 구성될까?

국가경찰위원회는 위원장 1명을 포함한 7명의 위원으로 구성되는바, 위원장 및 5명의 위원은 비상임, 1명의 위원은 상임(常任)으로 한다. 이 경우 상임위원은 정무직으로 한다(동법 제7조).

4. 국가경찰위원회(Ⅲ)—국가경찰위원의 임명절차 등: 「국가경찰과 자치경찰의 조직 및 운영에 관한 법률」은 (1) 국가경찰위원의 임명절차와 (2) 국가경찰위원의 임기 및 신분보장에 관하여 어떻게 규정하고 있을까?

(1) 국가경찰위원의 임명절차

국가경찰위원회의 위원은 행정안전부장관의 제청으로 국무총리를 거쳐 대통령이 임명하는데, 행정안전부장관은 위원 임명을 제청할 때 경찰의 정치적 중립이 보장되도록 하여야 한다. 또한 위원 중 2명은 법관의 자격이 있는 사람이어야 하며, 위원은 특정 성(性)이 10분의 6을 초과하지 아니하도록 노력하여야 한다(동법 제19조).

(2) 국가경찰위원의 임기 및 신분보장

국가경찰위원회의 위원의 임기는 3년으로 하며, 연임(連任)할 수 없다. 이 경우 보궐위원의 임기는 전임자 임기의 남은 기간으로 한다. 또한 위원은 중대한 신체상 또는 정신상의 장애로 직무를 수행할 수 없게 된 경우를 제외하고는 그 의사에 반하여 면직되지 아니한다(동법 제9조).

5. 시·도자치경찰위원회(Ⅰ)—시·도자치경찰위원회의 성격과 권한: 시·도자치경찰위원회는 (행정조직법 이론에 따를 때) 어떠한 성격을 가지며, 어떠한 권한을 행사할까?

(1) 시·도자치경찰위원회의 성격

「국가경찰과 자치경찰의 조직과 운영에 관한 법률」의 시행과 더불어 시·도자치경찰위원회가 새로이 탄생하게 되었는바, 그의 성격에 관하여는 아직 이론이 확립되지 않은 면이 있다. 다만 경찰 내부적으로는 국가경찰위원회에 준하는 것으로 보아 경찰의결기관으로 이해하고 있는 것으로 보인다.

그러나 시·도자치경찰위원회는 국가경찰위원회와는 여러 가지 면에서 상이성을 보이며, 따라서 그의 성격을 단순한 의결기관이라고 규정하는 것은 문제가 있다. 왜냐하면 「국가경찰과 자치경찰의 조직과 운영에 관한 법률」 제18조 제2항은 시·도자치경찰위원회가 '합의제 행정기관'으로서 그 권한에 속하는 업무를 독립적으로 수행한다고 규정하고 있기 때문이다.[8] 뿐만 아니라 동법 제28조 제1항은 자치경찰사무에 대해서는 시·도자치경찰위원회가 시·도경찰청장을 지휘·감독하도록 하고 있는바, 단순한 의결기관이 경찰행정청을 지휘·감독한다는 것은 있을 수 없는 일이기 때문이다.[9]

(2) 시·도자치경찰위원회의 권한

가) (자치경찰사무와 관련하여) 시·도경찰청장에 대한 지휘·감독

나) 「국가경찰과 자치경찰의 조직과 운영에 관한 법률」 제24조 4항이 정하는 사항에 대한 심의·의결권(동법 제25조 제1항).

6. 시·도자치경찰위원회(II)—시·도자치경찰위원회의 구성: 시·도자치경찰위원회는 어떻게 구성될까?

시·도자치경찰위원회는 위원장 1명을 포함한 7명의 위원으로 구성하되, 위원장과 1명의 위원은 상임으로 하고, 5명의 위원은 비상임으로 한다. 이 경우 위원은 특정 성(性)이 10분의 6을 초과하지 아니하도록 노력하여야 하며, 위원 중 1명은 인권문제에 관하여 전문적인 지식과 경험이 있는 사람이 임명될 수 있도록 노력하여야 한다(「국가경찰과 자치경찰의 조직과 운영에 관한 법률」 제19조).

---

8) 우리나라에서 법조문에서 합의제 행정기관이라고 하는 경우, 그것은 보통 합의제 '행정청'을 의미하는 것으로 이해되고 있다.

9) 문제는 그렇다고 하여 시·도자치경찰위원회가 합의제 행정청의 성격을 갖는다고 단언하기 어려운 점(조직, 회의 등)이 존재한다는 것이다. 생각건대 이 문제에 대해서는 향후 학계에서의 논의와 법률정비를 통하여 비로소 확인될 수 있는 부분이라고 생각되므로, 여기서는 문제제기 선에서 논의를 약하기로 한다.

7. 시·도자치경찰위원회(Ⅲ)－시·도자치경찰위원의 임명절차 등: 「국가경찰과 자치경찰의 조직 및 운영에 관한 법률」은 (1) 시·도자치경찰위원의 임명절차와 (2) 시·도자치경찰위원의 임기 및 신분보장에 관하여 어떻게 규정하고 있을까?

(1) 시·도자치경찰위원의 임명절차

시·도자치경찰위원회의 위원은 시·도지사가 임명하는바, 상임위원은 시·도자치경찰위원회의 의결을 거쳐 위원 중에서 위원장의 제청으로 시·도지사가 임명한다. 이 경우 위원장과 상임위원은 지방자치단체의 공무원으로 한다(동법 제20조 제1항·제3항).

(2) 시·도자치경찰위원의 임기 및 신분보장

시·도자치경찰위원회 위원장과 위원의 임기는 3년으로 하며, 연임할 수 없다. 보궐위원의 임기는 전임자 임기의 남은 기간으로 하되, 전임자의 남은 임기가 1년 미만인 경우 그 보궐위원은 제1항에도 불구하고 한 차례만 연임할 수 있다(동법 제25조 제1항·제2항).

또한 위원은 중대한 신체상 또는 정신상의 장애로 직무를 수행할 수 없게 된 경우를 제외하고는 그 의사에 반하여 면직되지 아니한다(동법 제23조 제3항).

8. 보통경찰집행기관은 어떻게 구분될 수 있을까?

보통경찰기관 가운데 보통경찰행정청의 명을 받아 경찰에 관한 국가 또는 지방자치단체의 의사를 실력으로 집행하는 기관을 보통경찰집행기관이라고 하는바, 보통경찰집행기관은 그의 직무의 일반성 여하에 따라 일반경찰집행기관과 특별경찰집행기관으로 구분된다.

(1) 일반경찰집행기관

일반경찰집행기관이란 경찰업무 일반에 관한 집행기관을 말한다. 한편 우리나라의 대다수 교과서들은 "경찰집행기관으로는 치안총감·치안정감·치안감·경무관·총경·경정·경감·경위·경사·경장·순경 등이 있다"라고 서술하고 있는데[김남진/김연태(II), 310쪽; 정하중, 1103쪽], 이러한 설명은 문제가 있다고 생각된다. 왜냐하면 치안총감 · 치안정감 · 치안감 · 경무관 · 총경 · 경정 · 경감 · 경위 · 경사 · 경장 · 순경은 단지 계급을 의미할 뿐이며, 같은 계급에 있는 경찰공무원이라도 보직에 따라서 보통경찰행정청이 되거나 보통경찰집행기관이 될 수 있기 때문이다. 즉, 예컨대 같은 총경의 계급에 있어도 경찰서장은 보통경찰행정청이 되지만, 경찰청 등의 과장직에 있는 총경은 보통경찰집행기관이 되는 것이다. 다만 치안총감으로 보해지는 것은 현재 경찰청장밖에 없으므로 치안총감은 사실상 보통경찰행정청에 해당한다.

(2) 특별경찰집행기관

특별경찰집행기관이란 특별한 분야의 경찰작용에 관한 집행기관을 말하는바, 특별경찰집행기관에는 다음과 같은 것이 있다. 즉,

① 소방, 즉 화재를 예방 · 진압 · 경계하는 업무에 종사하는 소방공무원

② 군사 및 군인·군무원에 관한 경찰집행기관인 군사경찰

③ 간첩의 침투거부 등 대간첩작전을 수행하고 치안업무를 보조하는 의무경찰대(「의무경찰대 설치 및 운영에 관한 법률」제1조 이하).[10]

§ 3. 특별경찰기관

> 1. (1) 특별경찰기관이란 무엇을 의미하며, (2) 보통경찰기관 이외에 특별경찰기관을 따로이 설치하는 이유는 어디에서 찾을 수 있을까?

(1) 특별경찰기관의 의의

특별경찰기관이란 보통경찰기관에 대립되는 관념으로 협의의 행정경찰작용과 비상경찰작용을 담당하는 경찰기관을 말하는바, 특별경찰기관은 보통경찰기관의 내용을 이루는 특별경찰집행기관(예: 소방공무원, 군사경찰, 의무경찰대 등)과는 다르다는 점에 유의하여야 한다.

---

10) 다만 정부가 2022년부터 의무경찰을 더 이상 모집하지 않는 것으로 방침을 정하였으므로, 2021년 12월 입대자들이 전역하는 2023년 6월 이후에는 의무경찰대는 더 이상 존재하지 않게 된다.

(2) 특별경찰기관의 설치 이유

특별경찰기관을 설치하는 이유로는 특별한 내용이나 특정지역에서의 경찰사무는 기술적·전문적 견지에서 볼 때 보통경찰기관과는 별개의 전문적 기관에 맡기는 것이 편리하다는 것이 들어진다.

2. 특별경찰기관에는 어떠한 것이 있을까?

특별경찰기관에는 협의의 행정경찰기관과 비상경찰기관이 있다.

(1) 협의의 행정경찰기관

협의의 행정경찰기관이란 행정경찰작용, 즉 다른 행정작용에 부수하여, 그 영역에서 일어나는 공공의 안녕 또는 질서에 대한 위험을 방지하기 위한 작용을 담당하는 기관을 말한다(예: 위생경찰, 산림경찰 등). 따라서 주된 행정작용을 관장하는 행정기관이 협의의 행정경찰기관이 되며, 이들은 대부분 사법경찰관리로서의 신분을 아울러 가진다(「형사소송법」 제197조; 「사법경찰관리의 직무를 수행할 자와 그 직무범위에 관한 법률」 제5조).

(2) 비상경찰기관

비상경찰기관이란 보통경찰기관의 힘만으로는 치안을 유지할 수 없는 비상사태에서 병력으로써 치안을 담당하는 기관을 말한다. 비상경찰기관의 예로는 ①「헌법」 제77조에 따라 계엄이 선포되었을 때 병력으로 당해 지역내의 경찰사무를 수행하는 계엄사령관(「계엄법」 제7조 내지 제8조)을 들 수 있다.

참고 위수령(衛戍令)에 따른 병력출동

비상경찰기관의 예로 종래 계엄사령관 외에 「위수령」에 따른 병력출동 시의 위수사령관이 들어져 왔다.
그러나 「위수령」이 군이 질서유지 및 군기유지, 군사시설물의 보호라는 본래 목적 이외로 악용되는 사례가 있는데다가 상위 법률의 부재로 위험의 소지가 많다는 점이 지적되면서 2018년 9월 「위수령」은 폐지되었다. 따라서 이제는 위수사령관이란 것은 더 이상 존재하지 않는다.

§ 4. 청원경찰과 경비업

1. 청원경찰(Ⅰ)—청원경찰의 의의와 성격: (1) 청원경찰이란 무엇을 말하며, (2) 청원경찰을 실질적 의미의 경찰로 볼 수 있을까?

(1) 청원경찰의 의의

청원경찰이란 특정한 기관이나 사업자가 소요경비를 부담할 것을 조건으로 관할 지방경찰청장에게 경찰의 배치를 신청하는 경우에, 그의 기관·시설 또는 사업장의 경비를 위하여 배치하는 경찰을 말한다(「청원경찰법」 제2조 참조).

(2) 청원경찰의 성격

청원경찰은 형식적 의미의 경찰에는 속하지만, 실질적 의미의 경찰이라고 할 수는 없다. 왜냐하면 청원경찰은 직접으로는 사회공공의 안녕 또는 질서의 유지와 관련이 없으며, 단지 특정한 기관이나 개인을 위한 작용에 불과하기 때문이다.

2. 청원경찰(Ⅱ)—청원경찰의 임용권자 등: 청원경찰의 임용권자 및 청원경찰의 직무수행에 대한 감독권자는 누가 되는 것일까?

청원경찰은 청원주가 임용하되, 임용에 있어서는 미리 시·도경찰청장의 승인을 받아야 한다(「청원경찰법」 제5조). 한편 청원경찰은 청원주(請願主)와 관할 경찰서장의 감독을 받아 그 경비구역 안의 경비를 목적으로 필요한 범위에서 「경찰관 직무집행법」에 따른 경찰관의 직무를 수행한다(「청원경찰법」 제3조).

3. 청원경찰(Ⅲ)－청원경찰의 근무관계의 성질: 국가나 지방자치단체에 근무하는 청원경찰의 근무관계는 공법관계로 보아야 할까, 아니면 사법관계로 보아야 할까?

청원경찰의 근무관계의 성격 일반에 대하여는 학설상 많은 논의가 행하여지 않고 있다. 다만 국가나 지방자치단체에 근무하는 청원경찰의 근무관계에 대하여 판례는 그를 공법관계로 보고 있다.

관련판례: "국가나 지방자치단체에 근무하는 청원경찰은 국가공무원법이나 지방공무원법상의 공무원은 아니지만, 다른 청원경찰과는 달리 그 임용권자가 행정기관의 장이고, 국가나 지방자치단체로부터 보수를 받으며, 산업재해보상보험법이나 근로기준법이 아닌 공무원연금법에 따른 재해보상과 퇴직급여를 지급받고, 직무상의 불법행위에 대하여도 민법이 아닌 국가배상법이 적용되는 등의 특질이 있으며 그외 임용자격, 직무, 복무의무 내용 등을 종합하여 볼 때, 그 근무관계를 사법상의 고용계약관계로 보기는 어려우므로 그에 대한 징계처분의 시정을 구하는 소는 행정소송의 대상이지 민사소송의 대상이 아니다"(대판 1993. 7. 13, 92다47564).

4. 경비업을 경찰조직과는 무관한 것으로 보는 이유는 어디에 있을까?

경비업이란 시설경비업무, 호송경비업무, 신변보호업무, 기계경비업무, 특수경비업무의 전부 또는 일부를 도급받아 행하는 영업을 말한다(「경비업법」 제2조). 한편 경비업은 어디까지나 개인이 경영하는 '사기업'에 불과하므로 경찰조직과는 무관하다. 경비업은 시·도경찰청장의 허가를 받은 법인이 아니면 이를 영위할 수 없다(「경비업법」 제3조, 제4조).

Chapter 5.
경찰행정법

§ 1. 경찰행정법의 의의

1. 경찰행정법이란 무엇을 의미하는 것일까?

경찰행정법이란 "경찰작용에 관한 규율을 내용으로 하는 행정법"을 말한다.[11] 한편 이러한 경찰행정법의 정의로부터 경찰행정법이 경찰작용을 대상으로 하는 '행정법의 일 부문(部門)'으로서의 성격을 갖는다는 결론이 도출된다.

2. 경찰행정법의 의미를 명확히 하는 것은 어떤 의미가 있는 것일까?

경찰행정법의 의의와 성격을 올바르게 이해하는 것이야말로 경찰행정법 공부의 시작이자 (동시에) 끝이다. 왜냐하면 경찰행정법의 의의로부터 경찰행정법의 범위가 분명하게 획정될 뿐만 아니라(§ 2. 경찰행정법의 범위), 경찰행정법의 기본원리가 어떻게 구성되는지의 문제 또한 명확하게 밝혀지기 때문이다(§ 3. 경찰행정법의 규율원리). 또한 경찰행정법학의 이론적 체계 역시 경찰행정법의 의의 및 성격과 밀접한 관련이 있다(§ 4. 경찰행정법의 이론적 체계).

---

11) 행정법이 "행정에 관한 조직, 작용, 구제에 관한 국내공법"이라고 정의되는 것을 고려하면(서정범/박상희, 14쪽), 경찰행정법은 경찰행정에 관한 조직, 작용, 구제에 관한 법으로 이해하는 것이 타당함은 물론이다. 그러나 경찰행정에 관한 조직이나 구제는 행정 일반에 관한 그것과 다를 바가 없으므로, '경찰행정법'이란 이름으로 특별히 그들 문제를 따로 다룰 실익은 그리 크지 않다. 따라서 본서에서는 '경찰행정법'을 그 작용에 초점을 맞추어 "경찰작용에 관한 규율을 내용으로 하는 행정법"이라고 정의하기로 한다.

§ 2. 경찰행정법의 범위

참고문헌: 최영규, "경찰의 개념과 경찰법의 범위 — 실질적 경찰개념의 유용성 검토", 행정법연구 25호(2009), 351쪽 아래.

1. 경찰행정법의 의의를 고려할 때, 경찰작용 중 어떤 것이 경찰행정법의 규율대상이 되는 것일까?

경찰행정법을 경찰작용에 관한 규율을 내용으로 하는 '행정법'이라고 이해하면, 이로부터 경찰행정법의 범위가 명확해진다. 즉, 행정경찰과 사법경찰을 구분하는 것을 전제로 할 때 경찰행정법은 '행정경찰작용'을 규율하는 것이다. 따라서 사법경찰작용을 지배하는 형사법(특히 형사소송법)에 관한 논의는 경찰행정법과는 전혀 무관하다. 그러므로 경찰행정법적 문제를 고찰함에 있어 형사법적 논리를 끌어들여서는 아니 된다. 그럼에도 불구하고 우리나라의 경우 보통경찰기관이 양자 모두를 수행하고 있는 것 때문에 학자들(특히 형사법학자들) 조차도 행정경찰과 사법경찰의 구분을 인식하지 못하고 논의를 전개하여 왔는바, 이러한 접근방식이야말로 경찰행정법학의 발전에 가장 커다란 걸림돌이 되어 왔다.

2. 경찰행정법 문헌들이 행정경찰의 임무와 관련하여 공공의 안녕 또는 질서에 대한 "위험방지"를 강조해 온 이유는 무엇일까?

행정경찰은 종래 ① 공공의 안녕 또는 질서에 대한 위험방지 및 ② 이미 발생한 장해의 제거를 목적으로 하는 국가적 활동을 의미하는 것으로 이해되어 왔다. 그럼에도 불구하고 많은 경찰행정법 문헌들은 경찰의 임무를 설명할 때, 공공의 안녕 또는 질서에 대한 '위험방지'만을 강조하는 경향이 있다.[12] 이는 위험은 가까운 장래에 손해가 발생할 충분한 개연성이 존재하는 것을 의미하므로 (아직 손해가 발생하

---

12) Vogel과 Martens가 경찰법의 고전이라고 일컬어지는 Drews/Wacke의 '『일반경찰법(Allgemeines Polizeirecht)』'이란 책의 신판의 제목을 위험방지(Gefahrenabwehr)라고 한 것(Drews/Wacke/Vogel/Martens, 『Gefahrenabwehr』, 9. Aufl., 1986) 또한 이 같은 사정에 기인한 것이라고 할 수 있다(Knemeyer, Rn. 1).

지 않고 있는 상태에서) 경찰이 위험방지를 위하여 개입할 수 있는지의 문제를 놓고 다툼이 있었던 것에 비하여, 장해는 손해가 이미 발생한 것이어서 그를 제거하기 위하여 경찰권을 발동할 수 있다는 것에 관하여는 이론(異論)이 없어서 특별히 그를 논할 실익이 없기 때문이었다.

3. 경찰의 위험방지의 기능이 국가와의 관계에 있어 갖는 의미는 어떻게 설명할 수 있을까?

경찰은 본질적으로 공공의 안녕 또는 질서에 대한 '위험방지'를 그의 임무로 하는바, 이러한 경찰의 위험방지 기능은 모든 국가에 있어 필요적 근본기능이다 (Wolff, "Die Gestaltung des Polizei- und Ordnungsrechts in der britischen Besatzungszone", VVDStRL 9, 134 ff., 156). 한편 옐리네크(Jellinek)는 이런 사정을 "그것 없이는 국가를 생각할 수조차 없는 권한이 존재하는바, 경찰이 이에 속한다"라고 기술하고 있다(Jellinek, S. 427).

§ 3. 경찰행정법의 규율원리

참고문헌: 서정범, "경찰권 발동의 규율원리로서의 헌법", 공법학연구 제11권 제4호(2010), 219쪽 아래; Kniesel, "Innere Sicherheit und Grundgesetz", ZRP 1996, 482 ff.; Mayer, *Deutsches Verwaltungsrecht I*, 3. Aufl., 1920; Werner, "Verwaltungsrecht als konkretisiertes Verfassungsrecht", DVBl. 1959, 527 ff.

1. 헌법과 행정법의 관계를 오토 마이어(O. Mayer)와 프릿츠 베르너(F. Werner)는 각각 어떻게 이해하고 있었을까?

(1) O. Mayer의 견해

독일 행정법의 아버지라고 불리우는 O. Mayer가 헌법과 행정법의 관계를 어떻게 이해하고 있었는지는 그가 남긴 "헌법은 사라져도 행정법은 남아 있다" (Verfassungsrecht vergeht, Verwaltungsrecht besteht)"라는 명제에 잘 나타나 있다. 그리고 오랫동안 행정법학계에서는 이러한 명제에 기초하여 행정법의 기술성(技術性)[13]을 강조하여 왔다.

(2) F. Werner의 견해

1958년에 독일 연방행정재판소장에 오른 F. Werner는 헌법과 행정법의 관계에 관하여 "구체화된 헌법으로서의 행정법(Verwaltungsrecht als konkretisiertes Verfassungsrecht)"이라는 제목의 논문을 통하여 행정법이 '헌법의 집행법'으로서의 성격을 갖는다는 점을 강조하였다. F. Werner의 이러한 주장은 헌법과 행정법과의 관계를 O. Mayer의 명제와 같이 이해하던 당시의 인식에 근본적 전환을 가져온 것으로 평가되며, 오늘날은 이러한 F. Werner의 견해가 지배적 사고의 지위를 점하고 있다.

2. F. Werner의 주장에 따르면 행정법은 "헌법의 집행법"으로서의 성격을 갖는바, 이것은 갖는 중요한 의미는 무엇일까?

행정법이 헌법의 집행법 내지 구체화법의 성격을 갖는다는 것은 행정법은 헌법으로부터 자유로울 수 없다는 것, 즉 행정법의 해석·적용 및 이론 전개에 있어서 행정법은 헌법의 기본원리에 구속을 받을 수밖에 없다는 것을 의미한다. 이러한 사정은 행정법의 일 부분(部門)을 형성하고 있는 경찰행정법의 경우 또한 마찬가지이다. 따라서 경찰행정법의 해석·적용 및 이론 전개에 있어서 행정법은 헌법의 기본원리에 구속을 받으며, 헌법은 경찰권발동의 규율원리로서 기능하게 된다.

3. 경찰행정법을 공부하기 위하여는 행정법의 기본원리에 대한 이해가 반드시 필요한 것일까?

경찰행정법은 '행정법'의 일 부문으로서의 성격을 갖는다. 따라서 행정법의 기본원리는 경찰행정법에서도 당연히 통용된다. 이는 (행정법총론에서 설명되는) 행정

---

13) 행정법의 기술성이란 "행정법은 행정목적을 실현하기 위한 수단을 정한 것으로서, 이 목적에 보다 잘 봉사하기 위한 기술성을 가지고 있다"는 것을 그 내용으로 한다(서정범/박상희, 24쪽).

법의 기본원리에 대한 이해가 선행되지 않으면 경찰행정법을 효과적으로 학습하는 것이 힘들다는 것을 의미한다. 특히 법률유보의 원칙과 법률우위의 원칙을 내용으로 하는 법치행정의 원리에 대한 이해는 반드시 필요하다. 한마디로 행정법의 일반원리에 대한 기본적 이해 없이 경찰행정법을 공부하는 것은 모래 위에 누각(樓閣)을 짓는 것과 다를 바가 없다.

§ 4. 경찰행정법의 이론적 체계

참고문헌: 서정범, "경찰행정법의 새로운 이론적 체계의 구축", 홍익법학 제18권 제1호(2017), 547쪽 아래; 서정범/김용주, "경찰행정법의 새로운 이론적 체계 구축과 경찰행정법의 위상 재정립", 고려법학, 101권 (2021), 45쪽 아래; 大澤秀介 · 佐久間修 · 荻野徹 외, 김혁/장응혁/서정범(공역), 『사회안전과 법』, 경찰대학교 출판부, 2016; 田村正博, 황순평/김혁(공역), 『경찰행정법』, 도서출판 그린, 2017; 田村正博, 『警察行政法の基本的な考え方』, 立花書房, 2002; 田村正博, 『全訂 警察行政法 解說』, 第2版, 2013.

1. 전통적인 경찰행정법 이론의 체계(Ⅰ)－일본의 (전통적) 경찰행정법 이론: 다나카 지로(田中二郞)에 의해 체계화된 일본의 전통적인 경찰행정법 이론의 핵심을 이루는 내용은 어떤 것이었을까?

메이지(明治) 헌법하에서 시작된 논의를 기초로 하여 다나카 지로(田中二郞)에 의해 체계화된 일본의 전통적인 경찰행정법 이론의 중점은 '경찰권의 한계'에 관한 논의에 두어져 있다. 이러한 경찰권의 한계에 관한 논의에 있어 핵심은 경찰권의 '조리상의' 한계에 관한 것이었는데, 종래 그러한 조리상의 한계로는 경찰소극의 원칙, 경찰공공의 원칙, 경찰책임의 원칙 및 경찰비례의 원칙 등이 열거되어 왔다(일본에서의 경찰권의 조리상의 한계에 관한 다나카 지로의 이론에 대하여는 田中二郞, 『行政法下卷』, 全訂第2版, 弘文堂, 1983 참조).

2. 전통적인 경찰행정법 이론의 체계(II)—田中二郎의 경찰행정법 이론에 대한 비판: 田中二郎의 경찰행정법 이론에 대한 일본 내에서의 비판론은 어떠한 것을그 내용으로 하였을까?

田中二郎의 경찰행정법 이론, 그 가운데에서도 중핵적 지위를 점하고 있던 경찰권의 한계론에 대하여는 일찍이 스기무라 도시마사(杉村敏正) 등에 의한 비판이 있었다(杉村敏正, 『憲法・行政法からみた警察權の理論的限界』, 戒能通孝 編, 警察權, 岩波書店, 1960 참조). 그러나 이러한 비판론의 논의를 발전적으로 계승하여 일본의 전통적인 경찰권의 한계이론에 대하여 가장 체계적이고 통렬한 비판을 행한 것은 다무라 마사히로(田村正博)[14]이다. 이처럼 田中二郎의 이론은 그 이론이 태동한 일본에서조차 田村正博을 비롯한 수많은 학자들에 의해 비판의 십자포화(十字砲火)를 받기에 이르렀으며, 결국 경찰행정법 이론으로서의 생명을 다하고 역사의 뒤안길로 사라져 버렸다.

3. 전통적인 경찰행정법 이론의 체계(III): 전통적인 경찰행정법의 이론적 체계를 논하면서 일본의 경찰행정법 이론의 생성과 발전에 관하여 먼저 언급하는 이유는 무엇일까?

우리나라의 전통적인 경찰행정법의 이론적 체계를 설명하기에 앞서 일본의 경찰행정법 이론의 생성과 발전을 논하는 이유는 우리나라의 경찰행정법 이론이 메이지 유신을 거치며 경찰국가에서 자유주의적 법치국가로 진화하는 과정에서 성립된 田中二郎의 이론을 바탕으로 하여 그 체계가 형성되었기 때문이다. 뿐만 아니라 우리나라의 대다수의 경찰행정법 문헌들은 아직도 여전히 田中二郎에 의해 정립되었던 – 그러나 막상 일본에서는 이미 극복되어 사라져 버린 – 경찰행정법의 이론적 체계를 마치 금과옥조처럼 떠받들고 있기 때문이다.

---

14) 田村正博는 경찰관으로 출발하여 일본 경찰대학교장을 거쳐 현재 교토산업대학 법학부 교수로 재직 중인데, 개인보호를 위한 경찰권행사라는 관점에 입각한 새로운 경찰행정법 이론을 제창하였다(이러한 田村正博의 사고는 田村正博, 『警察行政法の基本的な考え方』, 立花書房, 平成 14年에 잘 나타나 있다). 이로 인해 田村正博은 일본경찰법의 이론적 체계를 새로이 구축하여 일본의 경찰법 이론 발전에 획기적 전기를 가져온 인물로 평가받고 있다.

4. 4개의 기둥이론(Ⅰ)－제안이유: 경찰행정법의 이론적 체계의 새로운 구축을 위해 '4개의 기둥이론'을 제안하는 이유는 어디에 있을까?

저자는 우리나라 경찰행정법을 여전히 지배하고 있는 田中二郎의 경찰행정법 이론이야말로 우리나라 경찰행정법 이론의 발전을 가로막는 가장 커다란 요소이며, 따라서 그를 극복하는 것이 우리나라 경찰행정법 이론의 발전을 위한 선결과제라고 생각한다.

경찰행정법 이론은 결국 어떠한 경우에 경찰의 활동이 적법한 것으로서 승인될 수 있는 것인가?라는 질문에 답하는 것을 그 목적으로 하는바, 이러한 문제에 관하여는 "경찰권발동의 근거, 요건, 대상, 정도라는 4가지 관점에서 요구되는 원칙이 모두 준수되었을 때 비로소 경찰활동이 적법한 것으로 평가될 수 있다"고 답할 수 있다고 생각한다. 그러므로 저자는 우리나라의 경찰행정법의 이론적 체계를 이러한 관점에서 전면적으로 재구성하여야 한다고 생각하며, 이러한 내용의 이론적 체계를 '4개의 기둥이론'이라고 명명(命名)하고 있는 것이다.[15] (다만 4개의 기둥이론에 관한 서술은 경찰행정법학계에서 일반적으로 통용되는 이론이 아니라 전적으로 저자의 사견에 기초한 것임을 밝혀 둔다. 따라서 경찰행정법 초학자라면 이 부분은 건너뛰어도 무방하다).

5. 4개의 기둥이론(Ⅱ)－내용: '4개의 기둥이론'은 어떠한 것을 그 내용으로 하는 것일까?

4개의 기둥이론에 따를 때, 경찰권발동이 적법하다는 판단을 받으려면 다음과 같은 4가지 관점에서 요구되는 원칙들이 모두 준수되어야 한다.

(1) 경찰권 발동의 근거

경찰권발동이 적법하다는 판단을 받으려면 먼저 경찰권의 발동이 법률에 근거

---

15) 저자가 생각하는 이론적 체계를 '4개의 기둥이론'이라고 명명하는 이유는 경찰권발동의 근거, 요건, 대상, 정도라는 4가지 관점에서 요구되는 원칙들 중 어느 것 하나라도 준수되지 않으면 경찰권발동은 위법하다는 판단을 면하기 어려운 사정이 건축물을 떠받치는 4개의 기둥 중 어느 것 하나라도 무너지면 건축물 자체가 붕괴되고 마는 것과 일맥상통하는 면이 있다고 생각하기 때문이다.

한 것이어야 한다. 이 경우 개별적 수권조항(Spezialermächtigung)에 근거하는 경우는 물론, 개괄적 수권조항(Generalklausel)에 근거하는 경우도 부정시할 필요는 없다.

(2) 경찰권 발동의 요건

다음으로 경찰권 발동의 요건을 갖추고 있어야 한다. 이 경우 개별적 수권조항에 근거하는 경우라면 개별 법률이 정하는 요건을 구비하였는지 여부를 판단하는 것으로 충분하며, 그러한 판단과 관련하여 경찰행정법 고유의 법 이론이 정립될 가능성은 존재하지 않는다. 그러나 개괄적 수권조항에 근거하여 경찰권을 발동하는 경우에는 '공공의 안녕 또는 질서에 대한 위험'의 존재 여부를 판단하여야 하는데, 공공의 안녕이나 공공의 질서 그리고 위험의 개념은 모두 불확정적 요소를 안고 있어 그의 해석을 둘러싼 경찰행정법 고유의 법 이론이 성립되게 된다.

(3) 경찰권 발동의 대상

경찰권발동의 요건이 갖추어졌다면 다음으로 고려하여야 할 것은 경찰권을 누구에게 발동하여야 경찰활동이 적법한 것이 될 수 있는가의 문제인데, 경찰권은 경찰권발동의 대상이 되기에 적합한 지위에 있는 자(경찰책임자)에게만 발동되어야 하는 것이 원칙이다. 이 경우 개별적 수권조항에 근거하는 경우라면 개별 법률에 그 대상자가 규정되어 있으므로 별다른 문제가 없다. 그러나 개괄적 수권조항에 근거하는 경우에는 행위책임과 상태책임의 구분, 행위책임의 귀속, 상태책임의 한계, 다수의 경찰책임자의 문제, 경찰긴급권 등과 같은 복잡한 문제가 발생한다.

(4) 경찰권 발동의 정도

마지막으로 경찰권 발동이 적법하다는 판단을 받으려면 경찰권 발동의 정도에 관한 원칙인 비례의 원칙 또는 과잉금지의 원칙(Übermaßverbot)이라고 불리우는 원칙에 따른 요구가 충족되어야 한다. 물론 과소금지의 원칙(Untermaßverbot) 또한 준수되어야 한다.

제 2 편

경찰권발동의 근거

제2편

개 관

행정법의 기본원리인 법치행정의 원리(또는 행정의 법률적합성의 원칙)란 「행정권도 헌법과 법률에 의해 행해져야 하며, 만일에 행정권이 국민에게 피해를 주는 경우에는 재판 등을 통한 구제제도가 마련되어 있어야 한다」는 것을 의미한다. 이러한 법치행정의 원리는 '법률우위의 원칙'과 '법률유보의 원칙'을 핵심적 내용으로 하는바, 여기서 법률유보의 원칙이라고 함은 행정권을 발동하기 위하여서는 법률에 근거가 있어야 한다는 것을 의미한다. 한편 법률우위의 원칙이 행정의 모든 영역에서 예외 없이 적용되는 것과 달리, 법률유보원칙의 적용범위에 대하여는 학설이 나뉘어져 있다. 그러나 적어도 국민의 기본권을 침해하는 행정활동의 경우에 동 원칙이 적용된다는 것에 대해서는 학설이 완전히 일치되어 있다. 따라서 조세행정과 함께 침해행정의 전형을 이루는 경찰권의 발동은 국민의 기본권을 침해하는 경우가 많은데, 그러한 경우 경찰권을 발동하기 위해서는 반드시 법률에 근거가 있어야 한다. 법률유보의 원칙과 관련된 이러한 문제를 다루고 있는 제2편 「경찰권발동의 근거」의 내용은 다음과 같다. 즉,

먼저 Chapter 1. 「경찰권발동의 근거에 관한 일반이론」에서는 경찰권발동의 근거에 관한 기본적 논의를 다음과 같은 순서로 다루고자 한다. 즉, ① 먼저 경찰권발동의 근거가 되는 규범은 어떠한 규범형태로 존재하여야 하는지의 문제를 고찰한 후, ② 다음으로 그것이 권한규범을 의미한다고 할 때 경찰권발동의 근거가 되는 권한규범의 유형에는 어떠한 것이 있는지를 살펴보기로 한다. 그런 연후에 ③ 끝으로 개별적 수권조항과 개괄적 수권조항의 관계에 관하여 간략히 언급하기로 하겠다.

다음으로 Chapter 2. 「개괄적 수권조항에 근거한 경찰권 발동」에서는 개괄적 수권조항(Generalklausel)에 근거한 경찰권발동을 둘러싼 문제를 총합적으로 다루고 있는데, Chapter 2.의 구체적 내용은 다음과 같다. 즉,

(1) 경찰권발동의 근거가 되는 권한규범의 유형에는 개별적 수권조항(Spezialermächtigung)과 개괄적 수권조항이 있다. 이 경우 경찰이 개별적 수권조항에 근거하여 경찰권을 발동할 수 있는 것에 대하여는 이론(異論)이 없다. 이에 반하여 경찰이 개괄적 수권조항에 근거하여 경찰권을 발동할 수 있는지에 대하여는 종래 학설의 대립이 있어 왔다. 따라서 Chapter 2.에서는 먼저 개괄적 수권조항의 인정 여부를 둘러싼 긍정설과 부정설의 내용과 그 논거를 알아 본다. 아울러 우리나라의 판례의 입장, 특히 판례를 통하여 개괄적 수권조항에 근거한 경찰권 발동이 인정된 예가 있는지에 대해서도 언급하기로 한다.

(2) 개괄적 수권조항에 근거한 경찰권 발동을 인정할 것인지의 여부에 관하여는 그를 긍정하는 것이 오늘날의 지배적 견해라고 할 수 있다. 그런데 우리나라의 경찰관련 법률, 특히 「경찰관 직무집행법」에는 독일식의 전형적인 개괄적 수권조항에 정확하게 부합하는 규정이 존재하지 않는다. 따라서 과연 우리나라의 「경찰관 직무집행법」 규정 중 어떠한 조항을 개괄적 수권조항으로 볼 수 있는지가 문제된다. 이 문제에 관하여는 현재 학설이 첨예하게 대립하고 있는 실정인데, 아직까지 그들 학설 중 어느 것을 지배적 견해라고 단언할 수는 없는 실정이다. 따라서 각각의 학설의 내용 및 문제점 등을 자세하게 알아 두어야 한다.

(3) 다시 한번 말하지만 우리나라에서 (2)와 같은 논의, 즉 우리나라의 「경찰관 직무집행법」 규정 중 어떠한 조항을 개괄적 수권조항으로 볼 수 있는지의 문제에 관한 논의가 행해지는 이유는 우리나라의 「경찰관 직무집행법」에는 전형적인 개괄적 수권조항이라고 볼 수 있는 조항이 없는 사정에 기인한다. 따라서 개괄적 수권조항의 전형으로 간주되고 있는 독일 경찰법상의 개괄적 수권조항의 내용과 그에 대한 논의를 탐구하고, 그러한 독일에서의 논의가 우리나라에 가져다 주는 시사점을 고찰해 보기로 한다. 한편 이러한 고찰은 입법론적으로는 개괄적 수권조항의 도입 여부에 관한 논의와 연결되어 있다.

Chapter 1.
경찰권발동의 근거에 관한 일반이론

§ 1. 법치행정의 원리

1. (경찰)행정법을 지배하는 법치행정의 원리란 무엇을 의미하는 것일까?

법치행정의 원리란 "행정권도 헌법과 법률에 의해 행해져야 하며, 만일 행정권이 국민에게 피해를 주는 경우에는 재판 등을 통한 구제제도가 마련되어 있어야 한다는 것"을 의미하며, 행정의 법률적합성의 원칙이라고도 한다.

헌법상의 권력분립에 관한 규정(제40조, 제66조 제4항, 제101조), 기본권보장 조항(제10조 이하), 사법심사에 관한 규정(제107조) 및 그들 규정을 구체화하고 있는 많은 법률들이 법치행정의 원리의 근거를 이룬다.

2. 법치행정의 원리는 어떤 것을 내용으로 하는 것일까?

(1) 개 관

법치행정의 원리는 종래 법률의 법규창조력(法規創造力),[16] 법률우위(法律優位)의 원칙 및 법률유보(法律留保)의 원칙을 내용으로 하는 것으로 이해되어 왔다. 다만 법규명령과 같이 법률의 형식을 취하지 않음에도 불구하고 '법규'의 성질을 가질 수 있다는 것이 인정되면서, 오늘날에는 법률의 법규창조력은 그 의미를 잃어가고 있다. 따라서 본서에서는 법치행정의 원리 가운데 법률우위의 원칙과 법률유보의

---

16) 법률의 법규창조력이란 의회가 정립한 법률만이 국민의 권리 · 의무에 대한 구속력을 가지는 법규범, 즉 법규로서 구속력을 갖는다는 것을 의미한다.

원칙에 대해서만 설명을 하기로 한다.

(2) 법률우위의 원칙

법률우위의 원칙이란 헌법과 법률이 행정 및 행정에 관한 그 밖의 규율에 우선한다는 것을 의미한다, 따라서 행정은 헌법과 법률에 위반하여서는 아니 되는바, 이러한 법률우위의 원칙은 행정의 '모든' 영역에서 적용된다.

(3) 법률유보의 원칙

법률유보의 원칙은 행정활동은 법률에 근거하여 행하여져야만 한다는 것을 의미한다. 이러한 법률유보의 원칙은 ① 법치국가의 원리, ② (의회)민주주의의 원리 및 ③ 기본권 보장의 원리에서 그 근거를 찾을 수 있다.

3. 법률유보의 원칙과 관련된 2가지 의문(Ⅰ)－법률유보원칙의 적용범위 개관: 법률유보의 원칙은 어떠한 행정영역에 적용되는 것일까?

법률우위의 원칙이 행정의 모든 영역에서 적용된다는 것에 대하여는 다툼이 없다. 이에 반하여 법률유보의 원칙이 어떠한 행정영역에 적용되는지의 문제, 즉 법률유보원칙의 적용범위에 관하여는 후술하는 바와 같은 학설의 대립이 있다. 다만 우리나라의 학설의 대부분은 법률유보의 적용범위에 관한 학설 중 어느 한 견해를 취하는 방식을 피하고, 구체적인 행정작용의 성질에 따라 법률유보의 원칙의 적용여부를 논하는 방식을 취하고 있다.

4. 법률유보의 원칙과 관련된 2가지 의문(Ⅱ)－경찰권 발동의 법적 근거: 경찰권 발동은 반드시 법률에 근거하여야 한다는 것이 강조되고 있는데, 그 이유는 어디에서 찾을 수 있을까?

법률유보의 원칙의 적용범위에 관하여는 어느 학설이 다수설이라고 할 수 없을 만큼 다양한 학설이 전개되고 있음은 전술한 바와 같다. 그럼에도 불구하고 경찰권을 발동하기 위해서는 반드시 법률에 근거하여야 한다는 것에 관한 한 학설이 거의 일치하고 있는바, 그 이유는 경찰행정은 침해행정의 전형으로서 경찰의 (강제적) 조치는 국민의 권리를 필연적으로 침해하게 된다는 것에서 찾을 수 있다. 즉, 경찰의 모든 조치는 침해유보로서의 법률유보의 원칙에 따라 법적 근거를 필요로 한다.

5. 심화학습: 법률유보원칙의 적용범위에 관한 학설로는 어떤 것이 있을까?

(1) (전통적) 침해유보설

개인의 자유나 권리를 침해하거나 의무를 부과하는 침해행정의 경우에는 반드시 법률의 근거를 요한다는 견해로, 자유권적 기본권이 기본권의 전부로 인식되던 19세기 후반에 확립된 이론이다.

(2) 사회유보설(급부행정유보설)

침해행정의 경우는 물론 급부행정에도 법률유보의 원칙이 적용되어야 한다는 견해로, 현대국가에 있어서는 자유가 국가의 급부에 대한 공평한 참여와 그에 따른 수익을 의미한다는 것을 그 논거로 한다.

(3) 전부유보설

국민주권주의 및 의회민주주의의 입장에 입각하여 원칙적으로 행정의 모든 영역에 법률유보의 원칙이 적용되어야 한다는 견해이다.

(4) 본질사항유보설(중요사항유보설)

독일 연방헌법재판소의 판례를 통해 발전된 이론으로, 본질사항 내지 중요사항은 반드시 법률의 근거를 요하지만, 비본질사항 내지 비중요사항에 대해서는 법률의 근거 없이도 행정권을 발동할 수 있다는 견해이다. 본질사항유보설에 따르면 문제되는 행정활동이 '기본권실현'과 관련있는지 여부가 중요한 판단기준이 된다. 헌법재판소 또한 텔레비전방송 수신료에 관한 결정을 통하여 본질사항유보설에 따르고 있음을 밝힌 바 있다(이하의 판례 참조).

"오늘날 법률유보원칙은 단순히 행정작용이 법률에 근거를 두기만 하면 충분한 것이 아니라, 국가공동체와 그 구성원에게 기본적이고도 중요한 의미를 갖는 영역,

특히 국민의 기본권실현과 관련된 영역에 있어서는 국민의 대표자인 입법자가 그 본질적 사항에 대해서 스스로 결정하여야 한다는 요구까지 내포하고 있다(의회유보원칙). 그런데 텔레비전방송수신료는 대다수 국민의 재산권 보장의 측면이나 한국방송공사에게 보장된 방송자유의 측면에서 국민의 기본권실현에 관련된 영역에 속하고, 수신료금액의 결정은 납부의무자의 범위 등과 함께 수신료에 관한 본질적인 중요한 사항이므로 국회가 스스로 행하여야 하는 사항에 속하는 것임에도 불구하고 한국방송공사법 제36조 제1항에서 국회의 결정이나 관여를 배제한 채 한국방송공사로 하여금 수신료금액을 결정해서 문화관광부장관의 승인을 얻도록 한 것은 법률유보원칙에 위반된다"(헌재결 1999. 5. 27, 98헌바70).[17)]

(5) 권력행정유보설

행정작용의 침익성·수익성을 불문하고 모든 권력적 행정작용은 법률의 근거를 요한다는 견해이다.

§ 2. 직무규범과 권한규범의 구분

1. 직무규범과 권한규범의 구분의 문제에 관심을 기울여야 하는 이유는 어디에 있을까?

경찰권발동의 근거와 관련된 논의를 직무규범(Aufgabennorm)과 권한규범(Befugnisnorm)의 구분으로부터 시작하는 이유는 이러한 구분이 경찰권발동의 근거에 관한 논의의 출발점이 되기 때문이다. 즉, 직무규범과 권한규범의 구분이 경찰이 경찰권을 발동하기 위해서는 직무규범의 존재로 충분한 것인지, 아니면 그와 같은 직무규범 외에 별도의 권한규범이 필요한 것인지?라는 경찰권 발동의 근거에 관한 근원적 문제를 고찰하기 위한 전제가 되기 때문이다.

---

17) 同旨 판례: 국가유공자 등 단체의 대의원의 정수 및 선임방법 등을 정관으로 정하도록 규정하고 있는 「국가유공자 등 단체설립에 관한 법률」 제11조가 문제되었던 헌재결 2006. 3. 30, 2005헌바31.

2. 독일의 경찰행정법 이론은 직무규범과 권한규범의 구분에 관하여 어떠한 입장을 취하고 있을까?

독일의 경우에는 공공의 안녕 또는 질서에 대한 위험방지의 직무를 경찰에게 부여하고 있는 통일경찰법모범초안(MEPolG) 제1조 제1항을 직무규범, 경찰은 의무적합적 재량에 따라 필요한 조치를 취한다고 규정하고 있는 동 초안 제8조를 권한규범으로 보아 직무규범과 권한규범의 구분을 인정하고 있다. 그리고 이러한 구분을 전제로 하여 경찰권을 발동하기 위하여서는 직무규범 외에 별도의 권한규범이 필요하다는 것이 긍정되어 왔다.

다만 오늘날에는 이러한 설명에 대하여 異論이 없는 관계로, 독일의 경찰행정법 문헌들은 직무규범과 권한규범의 구분이 갖는 의의에 관해서 거의 논하지 않고 있다.

3. 우리나라의 경찰행정법 이론은 직무규범과 권한규범의 구분에 관하여 어떻게 답하고 있을까?

독일의 경우와 달리 우리나라의 경우에는 이 문제에 관하여 학설의 대립이 있었다. 즉, ① 직무규범은 당해 행정청 내지 그 구성원인 공무원의 권한을 일반적·포괄적으로 규정하는 것이 보통이며, 행정청의 활동에는 직무규범 외에 구체적인 작용을 위한 수권을 요하게 하는 데에 법률유보원칙의 의의가 있다는 것에 근거하여 경찰권을 발동하기 위하여서는 특별한 권한규범이 필요하다는 견해와 ② 경찰이 대외적 활동을 하기 위해서는 직무규범 외에 별도의 권한규범을 필요로 함이 원칙이지만, 직무규범에만 근거하여 활동할 수 있는 경우를 완전히 배제할 수는 없다는 견해의 대립이 그것이다.

생각건대 법치행정의 원리, 특히 법률유보의 원칙이 행정권을 발동하기 위하여 직무규범 이외에 권한규범에 근거할 것을 그 내용으로 한다는 점을 고려할 때 전자의 견해가 법치국가의 원리의 요청에 충실한 것임은 의문의 여지가 없다. 물론 이러한 논의는 경찰권 발동이 침해적 성격을 갖는 경우에 관한 것이다. 경찰의 활동 가운데 비권력적 활동, 즉 직접적으로 국민의 자유나 권리를 침해하는 요소가 없는 경우라면 별도의 권한규범이 없어도 경찰활동이 이루어질 수 있다.

§ 3. 경찰권 발동의 법적 근거가 되는 권한규범의 존재형태

경찰권 발동의 법적 근거로 권한규범의 존재가 요구된다고 할 때, 그 존재 형태로는 개괄적 수권조항과 개별적 수권조항을 생각할 수 있다. 독일의 경우 예로부터 개괄적 수권조항과 개별적 수권조항이 병렬적으로 적용되어 왔으며, 이론상으로는 개괄적 수권조항에 중점이 놓여 왔다.

1. 경찰권 발동의 법적 근거가 되는 개별적 수권조항이란 무엇을 의미하며, 그 대표적 예로는 어떤 것이 있을까?

개별적 수권조항(특별조항, Spezialermächtigung)이란 입법자가 미리 경찰권이 발동되어야 할 경우를 예상하여 경찰권 발동의 요건, 대상, 정도 등을 개별적으로 규정하고 있는 경우를 말한다. 쉽게 말해 후술하는 개괄적 수권조항 이외의 일체의 경찰법상의 수권조항을 말한다.

개별적 수권조항의 대표적 예로는「경찰관 직무집행법」 제3조(불심검문) 이하부터 제10조의4(무기사용)까지의 규정을 들 수 있는데,[18] 경찰권 발동에 관한 개별적 수권조항 중「경찰관 직무집행법」 제3조 이하의 규정은 특별한 의미를 갖는다. 왜냐하면 실질적 의미의 경찰작용 가운데 전형적인 직무행위에 해당하는 것들이 그곳에 모여 있기 때문이다. 독일의 각 주의 경찰법들 역시 우리의「경찰관 직무집행법」 제3조 이하의 규정에 상응하는 규정들을 갖고 있는바, 독일의 학자들은 이들 조항에 의거한 경찰작용이 경찰의 전형적인 직무행위라는 점에 착안하여 그들 경찰작용을 '표준적 직무조치(Standardmaßnahme)'라고 부르고 있다.

2. 경찰권 발동의 법적 근거가 되는 개괄적 수권조항은 무엇을 의미하며, 그 전형적 예는 어디서 찾아볼 수 있을까?

개괄적 수권조항(일반조항, Generalklausel)이란 경찰권 발동의 근거를 포괄적으로

---

18) 다만 후술하는 바와 같이 제5조 제1항이나 제6조에 대하여는 그들 조항을 개괄적 수권조항으로 보아야 한다는 견해가 유력하며, 제9조의 유치장에 관한 조항은 사실상 개괄적 수권조항과 아무런 관련이 없다.

규정하는 것을 말하는바, 개괄적 수권조항의 전형으로서는 "경찰행정청은 현행법의 범위 안에서 공공의 안녕 또는 질서를 위협하는 위험으로부터 공중 또는 개인을 보호하기 위하여 의무적합적 재량에 따라 필요한 조치를 취하여야만 한다"라고 규정하였던 1931년의 「프로이센 경찰행정법(Pr.PVG)」 제14조 제1항의 전통을 이어받아 "경찰은 공공의 안녕 또는 질서에 대한 위험을 방지하기 위하여 필요한 조치를 취할 수 있다"고 규정했던 통일경찰법모범초안(MEPolG) 제8조를 들 수 있다.

3. 경찰권 발동의 법적 근거가 되는 권한규범을 개별적 수권조항과 개괄적 수권조항으로 나누어 설명해 온 이유는 어디에 있었을까?

개별적 수권조항에 의거하여 경찰권을 발동하는 경우 그 한계는 일차적으로 개개조항의 해석을 통하여 얻어질 수 있으며, 개괄적 수권조항에 근거하여 경찰권을 발동하는 경우에 적용되는 법원칙이 포괄적으로 적용되지는 않는다. 즉, 개별적 수권조항에 의거한 경찰권 발동의 경우에도 그의 발동요건의 존재 여부에 관한 판단여지 또는 경찰권 발동 여부에 관한 재량이 문제될 수 있지만, 그 문제는 판단여지 및 재량의 올바른 이해를 통해 해결될 수 있는 것이지 개괄적 수권조항에 근거한 경찰권 발동에 적용되는 법원칙이 포괄적으로 적용되는 것은 아니다. 바로 여기에 개괄적 수권조항에 근거하여 경찰권이 발동되는 경우와 개별적 수권조항에 근거하여 경찰권이 발동되는 경우를 구분할 실익이 있다.

4. 개별적 수권조항과 개괄적 수권조항, 경찰권발동의 법적 근거가 되는 이 2가지의 권한규범은 어떠한 관계에 있을까?

개별적 수권조항과 개괄적 수권조항은 특별법과 일반법의 관계에 있다고 할 수 있다. 따라서 개별적 수권조항과 개괄적 수권조항이 경합하는 경우에는 '특별법 우선의 원칙(lex specialis derogat legi generali)'에 따라 언제나 개별적 수권조항이 개괄적 수권조항에 우선하여 적용된다. 즉, 경찰법상의 개괄적 수권조항은 개별적 수권조항이 존재하지 않을 때에 한해서만 적용되는데 이를 '개괄적 수권조항의 보충성(Subsidiarität)'이라고 한다. 즉, 개괄적 수권조항은 예외적으로 다음과 같은 경우에 한하여 단지 '보충적'으로만 적용된다.

① 관련 개별적 수권조항이 명시적 또는 묵시적으로 특별히 그의 적용을 허용한 때,
② 개별적 수권조항이 관련된 사안에 있어서 경찰이 개입하기 위한 요건과 허용되는 조치를 남김없이 규율하고 있지 못할 때,
③ 개괄적 수권조항이 구체적인 경우를 내용상 분명하게 파악하거나, 일정한 경우를 규율하기 위하여서는 개괄적 수권조항에 의존하는 것이 불가피할 때

5. 경찰법 문헌에 나타나는 개괄적 수권조항의 '이중적 보충성(doppelte Subsidiarität)'이란 어떤 것을 의미할까?

경찰권에 근거하여 개인의 권리를 침해하기 위하여서는 법적 근거가 있어야 하는데, 이 경우 경찰법 영역에서 경찰권 발동의 법적 근거가 될 수 있는 것으로는 ① 개괄적 수권조항, ② 경찰법상의 개별적 수권조항 및 ③ 경찰관계법 이외의 법률상의 개별적 수권조항이 있다.

(1) 개괄적 수권조항의 비경찰법적 규율에 대한 보충성

탈경찰화(脫警察化, Entpolizeilichung)[19]가 이루어져 일정한 영역에서의 위험방지가 경찰행정청 이외의 다른 행정청에게 할당되어 있는 경우, 그들 영역 내에서의 위험방지가 문제가 되는 경우에는 경찰은 원칙적으로 개입할 수 없다. 경찰행정청은 단지 원래 권한 있는 행정청이 적시에 개입할 수 없고, 목전에 급박한 위험을 방지하기 위하여 긴급한 조치가 필요불가결한 경우에 한하여 예외적으로 탈경찰화된 영역에서 활동할 수 있을 뿐이다.

---

19) 독일 경찰법의 역사에 있어 탈경찰화는 3차례에 걸쳐 있었던바, 먼저 경찰의 개념에서 복리증진이 탈락되어 가는 과정을 제1차 '탈경찰화'(Entpolizeilichung)라고 한다. 한편 제2차 탈경찰화는 2차 대전 이후 영국과 미국의 점령 지역이었던 바이에른 등에서 경찰행정청과 일반 질서행정청의 구분을 전제로 양자가 모두 위험방지를 위하여 활동하는 과정에서 경찰권한의 축소를 가져오게 된 과정을 의미한다. 그리고 제3차 탈경찰화는 1990년대 이래 위험방지의 영역에서 국가가 경찰권을 독점하던 것이 깨어지고 종래 경찰의 직무로 간주되어 오던 영역의 일부가 사인에 의해 행사되게 되어가는 과정, 즉 이른바 경찰의 민영화(또는 私化, Privatisierung)를 말한다. 독일 경찰법 역사에 있어 탈경찰화가 이루어지는 과정에 관하여 자세한 것은 vgl. Knemeyer, Rn. 6, 10, 16.

(2) 개괄적 수권조항의 경찰관계법률에 대한 보충성

개괄적 수권조항은 경찰관계 법률상의 개별적 수권조항(이는 이른바 표준적 직무조치의 형태로 존재하는 경우가 많다)에 대해서도 보충성을 갖는다.

(3) 이중적 보충성

결국 개괄적 수권조항은 비경찰법적 규율에 대하여서, 또 경찰법상의 개별적 수권조항에 대하여서도 보충성을 갖는바, 이를 '이중적 보충성'이라고 한다. 이상의 설명을 도표화하면 다음과 같다.

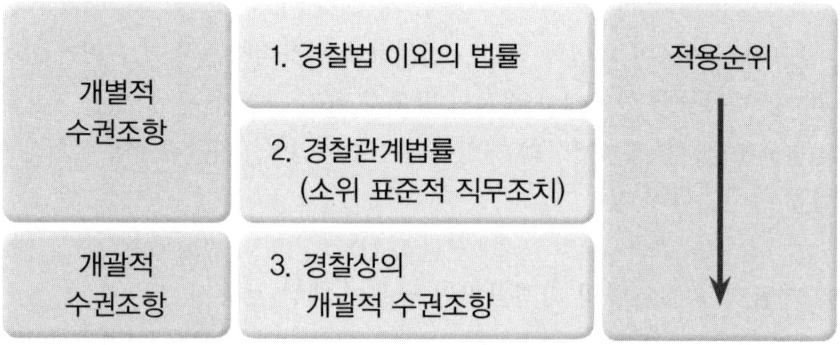

Chapter 2.
개괄적 수권조항에 근거한 경찰권 발동

참고문헌: 문병효, "경찰권발동의 근거와 한계에 관한 소고(小考) – 차벽과 물포 사용 등 공권력 행사와 관련하여", 강원법학 제48권(2016), 275쪽 아래; 서정범, "경찰권의 발동 – 개괄적 수권조항을 중심으로", 중앙법학 제8권 제1호(2006), 165쪽 아래; 송시강, "경찰작용과 법률유보 – 일반수권조항에 관한 논의의 재론(再論)", 홍익법학 제18권 제1호(2017), 555쪽 아래; 이기춘, "독일경찰질서법상 개괄적 수권조항 혹은 경찰일반조항의 고찰과 시사점의 도출", 법학연구 제59권 제1호(2018), 201쪽 아래; Butzer, "Flucht in die polizeiliche Generalklausel. Überlegungen zur Konkurrenz von polizeilichen Befugnisnormen", VerwArch 2002, 506 ff.; von Mutius, "Die Generalklausel im Polizei- und Ordnugsrecht", Jura 1986, 649 ff.

§ 1. 개괄적 수권조항의 인정여부

경찰행정법 이론상 개별적 수권조항에 근거하여 경찰권을 발동할 수 있다는 것은 의문의 여지가 없다. 이에 반하여 경찰법의 영역에서 '개괄적 수권조항'의 존재를 인정할 수 있는지 여부, 즉 개괄적 수권조항에만 근거하여 경찰권을 발동할 수 있는지 여부에 관하여는 그를 긍정하는 견해와 부정하는 견해의 다툼이 있었다.

1. 개괄적 수권조항의 존재를 부정하는 견해는 어떠한 내용을 담고 있는 것일까?

개괄적 수권조항의 존재를 부정하는 견해는 경찰권을 발동하기 위하여서는 개괄적 수권조항의 존재만으로는 불충분하다는 것, 즉 법률유보의 원칙상 경찰권을 발동하기 위하여서는 개별적인 작용법에 의한 구체적인 법적 수권을 필요로 한다는 것을 그 내용으로 한다. 이러한 견해는 경찰작용의 영역이 법률유보의 본령(本領)이었다는 것을 주된 논거로 한다.

2. 개괄적 수권조항에 근거한 경찰권 발동을 긍정하는 견해는 어떠한 것을 그 논거로 하고 있을까?

(1) 개괄적 수권조항 긍정설의 논거

개괄적 수권조항의 필요성을 긍정하는 견해(다수설)의 논거는 다음과 같다[이하의 내용은 주로 김남진/김연태(II), 315쪽의 내용을 참고한 것이다].

가) 기술혁신과 사회상황·가치관의 변화를 고려할 때, 발생가능한 모든 위험상태를 법률에 포함시키고, 그에 적당한 결과를 결부시키는 것은 사실상 불가능하다. 따라서 개괄적 수권조항을 인정하지 않는다면, 국가의 위험방지업무체계에 중대한 흠결이 존재할 수밖에 없게 된다(이러한 점을 강조하고 있는 것으로는 정하중, 1108쪽).

나) 개괄적 수권조항의 내용을 이루는 불확정 법개념(공공의 안녕, 질서, 위험 등)은 학설과 판례에 의하여 어느 정도 상세하게 정해질 수 있으므로, 개괄적 수권조항의 내용·목적 및 범위가 충분히 특정될 수 있다.

다) 개괄적 수권조항에 근거하여 경찰권을 발동하는 경우에 적용될 법원칙(우리나라에서 말해지고 있는 경찰권의 조리상의 한계)이 충분히 발달되어 있다. 한편 나)와 다)의 내용을 고려하면 법치주의적 관점에서 바라보아도 개괄적 수권조항에 근거한 경찰권 발동은 문제될 것이 없다.

라) 개괄적 수권조항의 확대해석, 그에 근거한 경찰권 남용 등은 사법심사의 대상이 된다.

(2) 사견(私見)

개괄적 수권조항은 '공공의 안녕 또는 질서에 대한 위험'이라는 막연한 요건하에 경찰권을 발동할 수 있게 함으로써 일견 경찰권 발동이 남용될 소지를 제공하고 있는 것처럼 보인다. 그러나 개괄적 수권조항은 어디까지나 (개별적 수권조항이 없는 경우에) 제2차적·보충적으로만 적용되며, 또한 학설과 판례를 통하여 개괄적 수권조항의 내용·목적·범위가 충분히 상세화되고 그 의미도 분명해졌다. 따라서 불확정 법개념을 사용하고 있는 개괄적 수권조항에 근거하여 경찰권을 발동하는 것이 법치국가의 원칙, 특히 법률유보의 원칙에 반하는 것이라고 볼 수는 없다. 더욱이 입법보다 앞서가는 기술의 진보, 사회의 변화 및 위험발생 상황의 다양성 등이 엄존함을 고려할 때 경찰행정법 이론에 있어 개괄적 수권조항이 포기될 수는 없다.

3. 우리나라의 판례상 개괄적 수권조항에 근거한 경찰권 발동을 긍정한 사례가 있을까(헌법재판소의 결정을 포함한다)?

(1) 대법원의 입장

우리나라의 대법원이 개괄적 수권조항에 근거한 경찰권 발동을 명시적으로 인정한 사례는 존재하지 않는다. 다만 개괄적 수권조항에 근거한 경찰권발동을 긍정하는 견해 중 일부가 창고를 주택으로 개축하는 것을 청원경찰관이 단속한 사례에 관한 이하의 판례를 자신들의 견해를 뒷받침하는 판례로 들고 있을 뿐이다.

관련판례: "청원경찰법 제3조는 청원경찰은 청원주와 배치된 기관, 시설 및 사업장 등의 구역을 관할하는 경찰서장의 감독을 받아 그 경비구역 내에 한하여 경찰관직무집행법에 의한 직무를 행한다고 정하고 있고, 한편 경찰관직무집행법 제2조에 의하면 경찰관은 범죄의 예방진압 및 수사, 경비·요인경호 및 대간첩작전수행, 치안정보의 수집·작성 및 배포, 교통의 단속과 위해의 방지, 기타 공공의 안녕과 질서의 유지 등을 그 직무의무로 하고 있는 터이므로 경상남도 양산군 도시과 단속요원으로 근무하고 있는 청원경찰관인 공소외 김창성 및 이성주가 … 허가 없이 창고를 주택으로 개축하는 것을 단속한 것은 그들의 정당한 직무집행에 속한다고 할 것이므로 이를 폭력으로 방해한 판시 소위를 공무집행방해죄로 다스린 원심조치는 정당하고 이에 소론과 같은 위법이 있다고 할 수 없다"(대판 1986. 1. 28, 85도2488).

(2) 헌법재판소의 입장

이러한 사정은 헌법재판소 역시 마찬가지인데, 단지 서울특별시 서울광장의 통행 저지행위에 대한 위헌성이 문제가 되었던 사건에서 이동흡/박한철 두 재판관이 반대의견을 개진하면서 개괄적 수권조항(일반적 수권조항)에 근거한 경찰권 발동을 인정한 바 있을 뿐이다.

> "가. 이 사건 통행제지행위는 경찰관직무집행법 제5조 제2항에서 말하는 소요사태 진압을 위한 국가중요시설에 대한 접근 또는 통행제한에 해당하지 않을 뿐만 아니라, 법 제6조 제1항의 범죄 예방을 위한 사전 경고나, 범죄행위를 실행할 행위자에 대한 범죄행위의 제지로 볼 수도 없으므로, 위 조항들을 이 사건 통행제지행위의 법적인 근거로 삼기는 어렵다 할 것이다.
> 나. 이 사건 통행제지행위는 '공공의 안녕과 질서유지'를 위하여 일반시민의 공물에 대한 자유로운 이용행위를 제한한 것으로서, 경찰법 제3조 및 경찰관직무집행법 제2조에서 그 법적인 근거를 찾을 수 있다. … 경찰관직무집행법 제2조는 '직무의 범위'라는 제목하에 경찰관의 직무를 제1호 내지 제5호에 나열하고 있고, 그중 제5호는 '기타 공공의 안녕과 질서유지'를 경찰관의 직무 내용의 하나로 규정하고 있는바, 위 조항들은 경찰의 임무 또는 경찰관의 직무에 관한 규정들이면서, 동시에 경찰의 임무의 하나로서 '기타 공공의 안녕과 질서유지'를 규정한 '일반적 수권조항'으로 해석할 수 있다.
> 다. 이러한 일반적 수권조항이 경찰권 발동의 법적인 근거가 되는지에 관하여 보건대, 복잡다기하고 변화가 많은 현대사회에서는 경찰권 발동의 요건이나 효과를 빠짐없이 개별적 수권조항으로 규정하는 것이 입법기술상 불가능한 점, … 오늘날에는 경찰소극목적의 원칙, 경찰공공의 원칙, 경찰비례의 원칙, 경찰책임의 원칙, 경찰평등의 원칙 등 경찰권 발동에 관한 조리상의 원칙이 충분히 발달되어 있어 일반적 수권조항이 남용될 우려가 크지 않은 점, 설령 일반적 수권조항의 확대 해석이나 이에 기한 권력남용이 발생하더라도 이는 법원에 의해 충분히 억제될 수 있다는 점 등에 비추어 보면, 일반적 수권조항 역시 경찰권 발동의 법적 근거가 된다고 봄이 상당하다"(헌재결 2011. 6. 30, 2009헌마406, 이동흡/박한철 재판관의 반대의견).[20]

---

20) 서울광장통행 저지행위에 대한 헌법재판소의 결정에 있어 두 재판관의 반대의견이 있었음을 적시하면서, 동 결정을 통하여 헌법재판소는 "재판관들 사이에서 이 문제에 대한 엇갈린 의견을 가지고 있음을 노정시켰을 뿐이다"라는 평가가 행해지고 있기도 하다(김유환, 680쪽).

§ 2. 우리나라에서의 개괄적 수권조항

참고문헌: 박정훈, 『사권보호를 위한 경찰권발동의 연구 – 경찰공공의 원칙에 대한 비판적 검토』, 치안연구소 연구보고서, 2001, 22쪽 아래; 손재영, "경찰법상의 개괄적 수권조항," 법학논고 제31집(2009), 523쪽 아래; 이기춘, "위험방지를 위한 협력의무로서 경찰책임의 귀속에 관한 연구," 고려대학교 박사학위논문, 2002, 42쪽 아래; 정하중, "독일경찰법의 체계와 한국경찰관직무집행법의 개선방향(상)," 사법행정 1994. 2, 10쪽 아래; 홍준형, 『경찰통합법에 관한 연구』, 치안연구소 연구보고서, 1997, 196쪽 아래.

우리나라의 경우 학설상 개괄적 수권조항에 근거한 경찰권 발동을 긍정하는 것이 다수설이다. 그런데 이러한 다수설에 따르는 경우에도 우리나라의 현행법 가운데 과연 어떤 규정을 개괄적 수권조항으로 볼 것인지의 문제는 그대로 남아 있게 된다. 현재 이 문제와 관련하여서는 어느 것이 다수설이라고 할 수 없을 만큼 학설의 대립이 심각하다. 따라서 각 학설의 내용과 그들 학설이 안고 있는 문제점을 잘 이해해 둘 것이 요구된다.

1. 「경찰관 직무집행법」 제2조를 개괄적 수권조항으로 보는 견해는 (1) 어떠한 것을 그 내용으로 하며, (2) 이러한 견해의 문제점은 무엇일까?

(1) 「경찰관 직무집행법」 제2조, 그 가운데 특히 경찰의 직무 중 하나로 "그 밖에 공공의 안녕과 질서 유지"를 규정하고 있는 제7호를 우리나라에서의 개괄적 수권조항의 대표적 예로 보는 견해이다[김남진/김연태(II), 316쪽; 하명호, 815쪽 등]. 이러한 견해는 그 논거로 과거 독일에서 「프로이센 일반란트법(Pr.ALR)」상의 직무규범으로부터 개괄적 수권조항을 도출하기도 하였다는 역사적 측면을 들고 있다.[21] 한편 이러한 견해는 위의 대법원판례(대판 1986. 1. 28, 85도2488)를 이러한 자신들의 입장을 받아들인 것으로 이해하고 있다.

21) 특히 후자의 논거에 관한 설명으로는 정하중, "독일경찰법의 체계와 한국경찰관직무집행법의 개선방향(상)," 사법행정 1994. 2, 10쪽 아래 참조.

참고 「경찰관 직무집행법」 제2조(직무의 범위): 경찰관은 다음 각 호의 직무를 수행한다.
1. 국민의 생명·신체 및 재산의 보호
2. 범죄의 예방·진압 및 수사
2의2. 범죄피해자 보호
3. 경비·주요 인사(人士)경호 및 대간첩·대테러 작전 수행
4. 치안정보의 수집·작성 및 배포
5. 교통 단속과 교통 위해(危害)의 방지
6. 외국 정부기관 및 국제기구와의 국제협력
7 그 밖에 공공의 안녕과 질서 유지

(2) 「경찰관 직무집행법」 제2조, 특히 제7호를 개괄적 수권조항으로 보는 견해는 "경찰권을 발동하기 위해서 법적 근거를 요한다고 할 때, 그 법적 근거는 단순한 직무규범을 의미하는 것이 아니라 권한규범을 의미하는 것"이라는 통설의 내용과 배치된다. 왜냐하면 「경찰관 직무집행법」 제2조는 근본적으로 (권한규범이 아니라) 직무규범의 성격을 가지고 있을 뿐이기 때문이다(이러한 점을 강조하고 있는 것으로는 정하중, 1109쪽). 또한 독일에서 프로이센 시대에 직무규범으로부터 권한규범을 도출하였다는 역사적 배경을 「경찰관 직무집행법」 제2조 제7호를 개괄적 수권조항으로 보는 유일한 근거로 원용할 수는 없다.[22]

2. 「경찰관 직무집행법」 제5조 제1항을 개괄적 수권조항으로 보는 견해는 (1) 어떠한 것을 그 내용으로 하며, (2) 이러한 견해는 어떤 문제점을 안고 있을까?

(1) 「경찰관 직무집행법」 제5조 제1항을 개괄적 수권조항으로 보는 견해는 다

22) 같은 맥락에서 "경찰의 임무는 다음 각 호와 같다"고 규정하고 있는 「국가경찰과 자치경찰의 조직 및 운영에 관한 법률」 제3조를 개괄적 수권조항으로 보는 견해 또한 받아들일 수 없음은 자명하다.

음과 같은 것을 논거로 한다. 즉, 이러한 견해는 ①「경찰관 직무집행법」 제5조 제1항이 「~ 조치를 할 수 있다」고 규정하여 권한규범의 형태를 취하고 있다는 것, ② 경찰권발동의 요건으로 '그 밖의 위험한 사태'와 같은 포괄적인 용어를 사용하고 있다는 것 그리고 ③ 제3호에서 그러한 요건이 갖추어져 있는 경우에 '위해를 방지하기 위하여 필요하다고 인정되는 조치'를 취할 수 있다고 하여 경찰이 취할 수 있는 조치를 특정하고 있지 않다는 것에 착안하고 있다.

참고 「경찰관 직무집행법」 제5조(위험발생의 방지 등) 제1항:
「경찰관은 사람의 생명 또는 신체에 위해를 끼치거나 재산에 중대한 손해를 끼칠 우려가 있는 천재, 사변, 인공구조물의 파손이나 붕괴, 교통사고, 위험물의 폭발, 위험한 동물 등의 출현, 극도의 혼잡, 그 밖의 위험한 사태가 있을 때에는 다음 각 호의 조치를 할 수 있다.
1. 그 장소에 모인 사람, 사물(事物)의 관리자, 그 밖의 관계인에게 필요한 경고를 하는 것
2. 매우 긴급한 경우에는 위해를 입을 우려가 있는 사람을 필요한 한도에서 억류하거나 피난시키는 것
3. 그 장소에 있는 사람, 사물의 관리자, 그 밖의 관계인에게 위해를 방지하기 위하여 필요하다고 인정되는 조치를 하게 하거나 직접 그 조치를 하는 것」

(2) 다만 「경찰관 직무집행법」 제5조 제1항을 독일식의 완벽한 개괄적 수권조항으로 볼 수는 없다. 왜냐하면 동 조항은 공공의 안녕 또는 질서라는 보호법익을 빠짐없이 규율하고 있지 못하기 때문이다. 경찰이 보호대상으로 하는 공공의 안녕이라는 보호법익은 개인적 법익(개인의 생명·자유·재산 등)뿐만 아니라 사회적 법익(객관적인 성문의 법질서) 및 국가적 법익(국가의 제도·기능)이 침해받지 않고 있는 상태를 의미한다. 그런데 동 조항은 "사람의 생명 또는 신체에 위해를 끼치거나 재산에 중대한 손해를 끼칠 우려가 있는" 경우에만 경찰권발동을 인정함으로써 결과적으로 경찰권발동을 개인적 법익에 대한 위험에만 국한시키고 있는데, 이것이 동 조항을 개괄적 수권조항으로 보는 것에 걸림돌이 되고 있다.

한편 이 같은 문제점은 이러한 견해를 주장하는 학자들 스스로가 잘 인식하고 있으며, 이들은 이 문제를 "개인적 법익에 대한 위험의 존재가 인정되는 때에 위해를 방지하기 위하여 필요하다고 인정되는 조치에 대한 수권규정을 사회적 법익이나 국가적 법익에 대한 위험이 존재하는 경우에도 유추할 수 있다"라는 설명을 통하여 유추의 방법으로 해결하려고 한다(이기우, "경찰작용법의 체계", 수사연구, 1990. 2, 98쪽; 이기춘, "위험방지를 위한 협력의무로서 경찰책임의 귀속에 관한 연구," 고려대학교 박사학위논문, 2002, 43쪽; 홍준형, 『경찰통합법에 관한 연구』, 치안연구소 연구보고서, 1997, 197쪽). 그러나 경찰권의 발동은 그 직접적 상대방에 대해 침익적 효과를 가져오는 것이 일반적이므로, 「경찰관 직무집행법」 제5조 제1항을 유추를 통하여 사회적 법익이나 국가적 법익에 대한 위험방지를 위한 경찰권 발동의 근거로 보는 것은 국민에게 불이익한 방향으로의 유추를 금지하는 행정법상의 원칙에 반하는 문제가 있다.

3. 「경찰관 직무집행법」 제2조 제7호 · 제5조 제1항 · 제6조를 개괄적 수권조항으로 보는 견해는 (1) 어떠한 것을 그 구체적 내용으로 하며, (2) 이러한 견해에는 어떤 문제점이 있을까?

(1) 이러한 견해는 개인적 법익에 대한 위험의 존재가 인정되는 때에 위해를 방지하기 위하여 필요하다고 인정되는 조치에 대한 수권규정(「경찰관 직무집행법」 제5조 제1항)이 개괄적 수권조항의 성격을 갖는 점은 인정하지만, 동 규정을 사회적 법익이나 국가적 법익에 대한 위험이 존재하는 경우에도 유추적용할 수는 없다는 인식을 논리적 기초로 삼고 있다.

그리고 그러한 인식에 기초하여 사회적 법익이나 국가적 법익에 대한 위험이 존재하는 경우에는 그러한 원인을 제공하는 행위가 ① 범죄를 구성할 가능성과 결부되는 경우에는 「경찰관 직무집행법」 제6조를 또 하나의 개괄적 수권조항으로 보면서, ② 범죄를 구성할 가능성이 없는 경우에는 불가피하게 「경찰관 직무집행법」 제2조 제7호를 종국적 의미의 개괄적 수권조항으로 보고 있다. 이러한 견해는 위의 설명방식에 착안하여 「경찰관 직무집행법」 제2조 제7호를 제1의 개괄적 수권조항, 동법 제5조 제1항을 제2의 개괄적 수권조항, 동법 제6조를 제3의 개괄적 수권조항이라고 부른다(박정훈, 『사권보호를 위한 경찰권발동의 연구 – 경찰공공의 원칙에 대한 비판적 검토』, 치안연구소 연구보고서, 2001, 22쪽 아래).

> **참고** 「경찰관 직무집행법」 제6조(범죄의 예방과 제지): 경찰관은 범죄행위가 목전(目前)에 행하여지려고 하고 있다고 인정될 때에는 이를 예방하기 위하여 관계인에게 필요한 경고를 하고, 그 행위로 인하여 사람의 생명·신체에 위해를 미치거나 재산에 중대한 손해를 끼칠 우려가 있는 긴급한 경우에는 그 행위를 제지할 수 있다.

(2) 이러한 견해는 「경찰관 직무집행법」 제5조 제1항을 개괄적 수권조항으로 보는 견해가 갖고 있는 문제점에 효과적으로 대처하는 방안의 하나가 될 수 있다. 그러나 「경찰관 직무집행법」 제2조 제7호를 종국적 의미의 개괄적 수권조항으로 보고 있는 점에서 전술한 「경찰관 직무집행법」 제2조 제7호를 개괄적 수권조항으로 보는 견해에 대한 비판이 그대로 타당할 수 있다. 한편 이러한 견해는 「경찰관 직무집행법」 제2조 제7호를 제1의 개괄적 수권조항, 동법 제5조 제1항을 제2의 개괄적 수권조항, 동법 제6조를 제3의 개괄적 수권조항이라고 부르고 있는데, 제1/제2/제3의 개괄적 수권조항이란 용어례는 그 자체가 개괄적 수권조항이란 의미와 완전히 부합하기 어려운 면이 있다.

4. 우리나라에는 독일식의 완전한 개괄적 수권조항으로 볼 조항은 없으며, 따라서 입법이 필요하다는 견해(입법필요설)는 어떠한 문제점을 안고 있을까?

입법필요설은 개괄적 수권조항의 필요성은 인정하지만 현행법상 개괄적 수권조항은 인정되지 아니하며, 따라서 입법적으로 권한규범의 성격을 갖는 개괄적 수권조항을 두어 개괄적 수권조항이 필요한 현실에 대응하는 것이 요청된다는 것을 내용으로 한다[박균성/김재광, 182쪽; 홍정선(입문), 111쪽].

그러나 이러한 견해는 독자적 학설로 보기 곤란한 문제가 있다. 왜냐하면 여기서의 논의는 개괄적 수권조항이 마련되기 전까지 어떤 조항을 해석론상 우리나라에서 개괄적 수권조항으로 볼 수 있는지에 관한 것이고, 입법론으로는 위에서 소개한 견해를 주장하는 학자들 모두 입법이 필요하다는 것에 동의하고 있기 때문이다.

뿐만 아니라 입법필요설은 실질적 관점에서 도저히 받아들일 수 없는 이론이다. 왜냐하면 입법필요설과 같이 "현행법상 개괄적 수권조항은 없으며 따라서 입법이 필요하다"라는 선에서 논의를 맺게 되면, (개괄적 수권조항이 입법화되기 전까지) 경찰기관이 취하는 조치 중 개별적 수권조항에 근거하지 않는 많은 조치들은 모두 법적 근거의 결여로 인하여 탈법의 영역에 방치되는 결과가 되어 버리기 때문이다.

5. 심화학습: 개괄적 수권조항의 문제, 어떻게 해결하여야 할까?

(1) 입법론적 고찰

위에서 소개한 이론들이 갖는 문제점들은 모두 우리나라의 실정법에 독일식의 적확한 개괄적 수권조항이 없다는 것 때문에 발생하는 것이다. 따라서 그러한 문제를 근원적으로 해결하는 방법은 우리의 실정법(예컨대 「경찰관 직무집행법」 등)에 개괄적 수권조항을 마련하는 것이다.

다만 개괄적 수권조항을 입법화하는 경우에는 개괄적 수권조항에 따른 경찰권 발동을 인정할 때 발생할 수 있는 경찰권 남용의 문제를 차단할 수 있는 다른 장치들(예컨대 경찰책임의 원칙, 경찰비례의 원칙 등)이 함께 마련되어야 한다는 점에 유의하여야 한다. 만일 이러한 원칙 등을 규정함이 없이 개괄적 수권조항만을 규정하게 되면, 자칫 무제한적인 경찰권 발동으로 인하여 국민의 기본권이 과도하게 침해될 문제가 발생할 수 있다.

(2) 해석론적 고찰

현행법 체계하에서는 독일식의 적확한 의미의 개괄적 수권조항은 존재하지 않는다. 그러나 그렇다고 하여 "우리나라의 현행법하에서 개괄적 수권조항이 없다"라는 선에서 논의를 그치는 것은 바람직한 해결방법이 아니다. 왜냐하면 무엇보다도 경찰의 많은 조치를 더 이상 법적 근거조차 없는 탈법의 영역에 머무르게 할 수 없기 때문이다. 따라서 현행법하에서 개괄적 수권조항으로 볼 수 있는 조항을 찾아서 경찰의 활동에 근거를 제공하여야 한다. 그런데 문제는 지금까지 제시된 학설들이 모두 약간씩은 문제점을 안고 있다는 것이다. 그렇다면 상대적으로 문제가 적은 학설을 택하고, 해당 학설이 안고 있는 문제점을 최소화하는 이론을 가지고 문제점을 보완하는 방식에 의할 수밖에 없을 것이다.

(3) 사 견

전술한 바와 같이 입법필요설은 해석론상으로는 의미가 전혀 없다. 또한 어떠한 형태로든 직무규범인 「경찰관 직무집행법」 제2조 제7호를 개괄적 수권조항으로 보는 것은 법률유보의 원칙의 내용과 배치되어 받아들일 수 없다[동지: 홍정선(입문), 110쪽]. 따라서 일단 권한규범의 형태를 취하고 있는 「경찰관 직무집행법」 제5조 제1항을 개괄적 수권조항으로 고려할 수밖에 없다. 그러나 동법 제5조 제1항은 문언상 사회적 법익과 국가적 법익에 대한 위해방지를 위한 경찰권 발동의 근거가 될 수 없다는 문제를 안고 있다.

그렇다면 이러한 문제를 어떻게 해결할 것인가? 이러한 문제를 해결하기 위한 방법으로는 ① 동법 제5조 제1항의 유추를 통해 해결하는 방법과 ② 「경찰관 직무집행법」 제2조 제7호와 결합한 동법 제5조 제1항을 개괄적 수권조항으로 보는 방법을 생각해 볼 수 있다 그러나 ①의 방법은 국민에게 불이익한 유추를 금지하는 원칙에 반하며, ②의 방법은 비록 '제5조 제1항과의 결합'을 강조하고 있기는 하지만 직무규범인 「경찰관 직무집행법」 제2조 제7호를 언급하고 있는 문제가 있다.

제 3 편

경찰권발동의 요건

제3편

개 관

경찰은 공공의 안녕 또는 질서에 대한 위험을 방지하는 것을 그의 책무로 한다. 이는 "공공의 안녕 또는 질서에 대한 위험"의 존재가 경찰권을 발동하기 위한 전제조건을 이룬다는 것을 의미한다. 제3편에서는 이러한 문제를 「경찰권발동의 요건」이란 제하에서 상세하게 다루고자 한다. 따라서 제3편은 경찰권 발동의 요건을 구성하고 있는 핵심적 개념들인 공공의 안녕, 공공의 질서 및 위험에 관한 논의를 그 내용으로 하는바, 그 구체적 내용은 다음과 같다.

경찰은 공공의 안녕과 공공의 질서, 이 두 가지를 보호법익으로 하고 있다. Chapter 1. 「공공의 안녕」은 이 가운데에서 경찰활동과 관련하여 더 중핵적 영역을 차지하고 있는 공공의 안녕의 개념에 관한 고찰을 행한다. 주지하고 있듯이 공공의 안녕은 종래 "개인의 생명·신체(건강)·명예·자유·재산과 같은 주관적 권리와 법익, 객관적인 성문의 법질서, 국가의 존속·국가 및 그 밖의 공권력주체의 제도 및 행사가 아무런 장해도 받고 있지 않은 상태"를 의미하는 것으로 이해되어 왔다. Chapter 1.에서는 이러한 공공의 안녕 개념을 바탕으로 하여 공공의 안녕의 구성요소를 이루고 있는 요소들, 즉 개인의 주관적 권리와 법익, 객관적인 성문법질서, 그리고 국가 등 공권력주체의 제도와 기능과 같은 국가적 법익을 나누어 고찰해 보기로 한다.

다음으로 Chapter 2. 「공공의 질서」에서는 공공의 질서에 관하여 상세한 논의를 전개하고자 한다. 공공의 질서는 종래 "그때그때의 지배적인 (헌법상의 가치척도에 따른) 윤리관·가치관에 따를 때 그를 준수하는 것이 인간의 원만한 공동생활을 위한 불가결의 전제조건이라고 간주되는, 공중 속에서 인간의 행위에 대한 불문규율의 총체"를 의미하는 것으로 이해되어 왔다. 이러한 공공의 질서와 관련하여서는 과연 공공의 질서 개념에 입각하여 경찰권을 발동하는 것이 긍정될 수 있는지 여부에 관한 학설과 판례의 대립이 심각한데, Chapter 2.는 이러한 문제에 대한 학설과 판례의 입장을 상세히 소개하고 있다. 한편 근래 들어 우리나라에서도 단순히 공공의 질서 개념에 입각한 경찰권발동의 가능성에 관한 논의를 넘어서서, 공공의 질서의 개념을 재설정하고자 하는 시도가 나타나고 있다. 이러한 사정을 고려하여 공공의 질서 개념의 재설정을 둘러싼 논의에 관하여도 간단하게나마 언급하고자 한다.

경찰권 발동의 요건과 관련된 개념 중 가장 중요한 개념은 (구체적) 위험이라고 할 수 있다. 이처럼 위험이 강조되는 이유는 위험은 경찰이 활동할 수 있는 영역을 열어 주는 역할을 하기 때문이다. 즉, 경찰은 위험이 존재하여야 비로소 개입할 수 있고, 위험이 더 이상 존재하지 않게 되면 경찰의 권한 또한 사라지게 된다. 따라서 위험의 문제에 대한 상세한 고찰이 필요한데, 위험을 둘러싼 이러한 논의를 제3편에서는 두 개의 Chapter로 나누어 고찰하고자 한다. 즉,

먼저 Chapter 3.「위 험(Ⅰ)－전통적 논의를 중심으로」에서는 구체적 위험의 개념을 전제로 하여 그에 관한 논의를 전개하고 있는바, 종래 구체적 위험이란 "어떤 사실의 정상적인 진행을 방치하게 되면, 가까운 장래에 어떤 상태 또는 행위가 공공의 안녕 또는 질서에 손해를 가져올 충분한 개연성이 있는 경우"를 의미하는 것이라고 정의되어 왔다. 이러한 구체적 위험 개념에 대한 이해에 있어서는 "가까운 장래", "손해" 및 손해발생의 "충분한 개연성" 등의 의미를 잘 이해하여야 하므로 이같은 개념적 요소에 대한 상세한 고찰을 행한다. 뿐만 아니라 Chapter 3.에서는 위험의 개념 이외에도 위험의 유형, 위험 개념의 발전과정 및 구체적 위험의 존재 여부가 다투어지는 한계상황에 대한 논의까지도 다루어 위험 개념을 둘러싼 근래의 경찰행정법상의 논의 전반에 관한 이해를 도모하고자 한다.

한편 9·11 테러를 기점으로 하여 이러한 전통적인 구체적 위험 개념을 가지고서는 경찰의 활동, 특히 9.11테러 이후에 요구되는 경찰의 정보활동을 설명하기 곤란한 문제가 생겨났다. 이러한 상황의 변화로 인하여 구체적 위험 개념에 커다란 변화가 일어나기 시작했는바, 이러한 사정을 학자들은 "위험의 개념이 위험

에 빠졌다"라는 식으로 표현하고 있는 실정이다. Chapter 4.「위 험(II)－전통적인 경찰법상 위험 개념의 변화 내지 종언(終焉)」에서는 바로 이러한 문제, 즉 구체적 위험개념의 변화 내지 약화의 문제에 관해 상세히 논하고자 한다. 특히 이른바 '무작위적 신원확인(Schleierfahndung)'이나 '온라인 수색(Online-Durchsuchung)' 등과 같이 비교적 새로이 등장한 문제를 위험개념의 변화 내지 약화와 관련지어 설명하고자 한다.

Chapter 1.
공공의 안녕

§ 1. 개 설 – 공공의 안녕의 의의

서정범, "경찰법에 있어서의 공공의 안녕의 개념", 공법학연구 제9권 제2호(2008), 331쪽 아래; 이호용, "독일경찰법상 '경찰' 및 '공공의 안녕'의 개념의 역사적 전개에 관한 연구", 치안정책연구 제23호(2009), 1쪽 아래.

1. 경찰은 무엇보다도 공공의 안녕에 대한 위험방지를 그 직무로 하는바, 여기서 공공의 안녕이란 무엇을 의미하는 것일까?

경찰법에서 공공의 안녕(öffentliche Sicherheit)이란 종래 "개인의 생명·신체(건강)·명예·자유·재산과 같은 주관적 권리와 법익, 객관적인 성문의 법질서, 국가의 존속·국가 및 그 밖의 공권력주체의 제도 및 행사가 아무런 장해도 받고 있지 않은 상태"를 의미하는 것으로 이해되어 왔다.[23]

즉, 공공의 안녕의 개념은 다음과 같은 3가지 요소로 구성되어 있다.

① 개인의 주관적 권리와 법익(§ 2),

② 객관적 법질서(§ 3),

③ 국가의 존속, 국가 및 그 밖의 공권력주체의 제도와 행사(국가적 법익, § 4).

---

23) 다만 이들 3가지 보호법익(에 대한 침해)은 중첩되는 경우가 많다. 예컨대 신체에 대한 상해가 있게 되면 개인의 주관적 법익의 불가침성만이 문제되는 것이 아니라 객관적 법질서의 불가침성도 문제가 된다. 왜냐하면 이 경우에 있어 상해를 가하는 행위는 형법 제257조의 상해죄의 구성요건을 충족하게 되기 때문이다.

2. 경찰의 보호법익인 공공의 안녕과 공공의 질서, 이 두 개념은 어떠한 관계에 있을까?

참고문헌: 손재영, "경찰법상의 보호법익," 법학논고 제36집(2011), 323쪽 아래; Schoch, "Die Schützgüter der polizei- und ordnungsrechtlichen Generalklausel", Jura 2003, 177 ff.; Waechter, "Die Schützgüter des Polizeirechts", NVwZ 1997, 729 ff.

경찰이 보호법익으로 삼는 공공의 안녕과 공공의 질서(öffentliche Ordnung)의 관계를 어떻게 이해할 것인가에 관하여 종래의 경찰행정법 이론은 양 개념은 부가적으로(additiv/kumulativ) 적용되는 것이 아니라 '양자택일적으로(alternativ)' 적용되어야 한다는 점을 강조하여 왔다. 이는 개괄적 수권조항에 근거하여 경찰권을 발동하기 위하여서는 단지 공공의 안녕 '또는' 공공의 질서에 대한 위험이 존재하는 것으로 충분하다는 것을 의미한다.

한편 경찰의 개입을 허용하는 위험상황이 공공의 안녕 '또는' 공공의 질서에 대한 위험이라고는 하지만, 실제로는 양자 중에서 공공의 안녕에 대한 위험의 방지가 양적으로나 질적으로나 훨씬 더 중요하다.

§ 2. 개인의 주관적 권리와 법익

1. 개인의 주관적 권리와 법익 개관

(1) 공공의 안녕이란 보호법익은 '개인의 주관적 권리와 법익'을 그 첫 번째 요소로 하는바, 개인의 주관적 권리와 법익은 무엇을 의미하는 것일까?

개인의 주관적 권리와 법익이란 인간의 작위·부작위, 동물, 자연현상에 의하여 위협을 받는 개인적 이익(예: 생명·건강·자유·재산·명예 등)을 말한다. 헌법상의 기본권, 특히 제3자에 의한 침해로부터 보호되어야 할 기본권(예: 집회의 자유 등) 또한 이에 속하므로 그 역시 위험방지를 임무로 하는 경찰활동의 중요한 보호영역에 속한다. 또한 여기서의 개인의 주관적 권리와 법익에는 공법에 의하여 인정되는 법익은 물론이고, 사법에 의하여 보호되는 법익 또한 포함된다(Kugelmann,[24] 5. Kap. Rn. 36; Götz/Geis, § 2 Rn. 18).

(2) 개인의 주관적 권리와 법익은 구체적으로 어떠한 것을 그 내용으로 할까?

개인의 주관적 권리와 법익은 구체적으로 다음과 같은 것을 그 내용으로 한다. 즉, 개인의 주관적 권리와 법익에는 헌법질서 내에서 지고(至高)의 가치를 갖는 인간의 생명은 물론이고, 인간의 건강 또한 포함된다. 오늘날에는 현대적인 생활방식에 뒤따르는 수많은 위험(예: 악취, 소음 등 각종의 Immission)으로부터 인간의 건강을 보호하는 것이 공공의 안녕과 관련하여 점차 중요한 의미를 갖게 되었다.

또한 기본권의 행사에 아무런 장해가 없는 상태를 의미하는 개인의 자유, 그리고 개인의 재산 역시 여기서의 개인의 주관적 권리와 법익에 속하며, 따라서 공공의 안녕의 보호법익으로 볼 수 있다.

(3) 개인의 주관적 권리와 법익이 공공의 안녕의 첫 번째 요소라는 것은 어떤 의미를 갖는 것일까?

개인의 주관적 권리와 법익이 공공의 안녕의 일부를 형성하고 있다는 사실은 경찰은 공중에 대한 위험뿐만 아니라 개인에 대한 위험도 방지하여야 한다는 것, 나아가 개인의 주관적 권리와 법익의 보호야말로 경찰의 책무 중에서도 가장 중요한 것임을 의미한다(이러한 점을 강조한 것으로는 Kugelmann, 1. Kap. Rn. 1; Martens, Der "Schutz des einzelnen im Polizei- und Ordnungsrecht", DÖV 1976, 457 ff.).

---

24) Kugelmann의 경찰법 교과서(『Polizei- und Ordnungsrecht』, 2. Aufl., 2011)는 저자와 박병욱 교수와의 공역으로 국내에 번역본이 출간되어 있다(쿠겔만, 서정범/박병욱(역), 『쿠겔만의 독일 경찰법』, 세창출판사, 2015).

2. 사권보호를 위한 경찰개입의 제한

(1) 개인의 주관적 권리와 법익의 보호를 위하여 경찰이 '사법(私法)관계'에 개입하는 것은 허용될 수 있을까?

전술한 바와 같이 개인의 주관적 권리와 법익은 공공의 안녕이란 개념의 첫 번째 요소를 이룬다. 따라서 공공의 안녕에 대한 위험방지를 임무로 하는 경찰이 개인의 주관적 권리와 법익의 보호를 위하여 경찰권을 발동할 수 있다는 것은 의문의 여지가 없다. 다만 경찰실무에 있어서는 종래 경찰공공의 원칙[25]을 들어 경찰이 사법(私法)관계에 개입하는 것을 부정시하는 경향이 지배하였던 것이 사실인데, 이는 개인의 주관적 권리와 법익이 공공의 안녕의 첫 번째 요소라는 점을 간과한 것이라고 할 수 있다. 한편 이러한 문제점에 착안하여 경찰의 사법관계에의 개입 필요성을 강조함과 아울러 경찰의 개입이 요구되는 사례에 대한 실증적 연구가 행해지기도 하였는바, 대표적인 것으로는 P. Basten, *Privatrecht in der polizeilichen Praxis*, 2020 참조.[26]

(2) 개인의 주관적 권리와 법익의 보호를 위하여 경찰이 개입하는 것이 제한받는 경우도 있을까?

경찰이 개인의 주관적 권리와 법익의 보호를 위하여 사법관계에도 개입할 수 있다는 것이 개인의 주관적 권리와 법익의 보호를 위한 경찰의 개입에 아무런 제한이 없다는 것을 의미하지는 않는다. 즉, 개인의 주관적 권리와 법익의 보호를 위한 경찰의 개입이 제한을 받는 경우도 있을 수 있는바, 그러한 제한이 가해지는 방식에는 ① 보충성의 원칙(Subsidiaritätsprinzip)에 따른 제한과 ② 자초위해(自招危害, Selbstgefährdung)에 있어서의 제한의 두 유형이 있다.

---

25) 우리나라의 경우 종래 경찰권 발동의 조리상의 한계의 내용 중 하나로 경찰공공의 원칙을 들어 왔는바, 경찰공공의 원칙이란 "경찰은 공공의 안녕 또는 질서와 관련 없는 민사관계에 개입하여서는 아니 된다"는 것을 내용으로 한다.

26) P. Basten의 저서는 현재 국내에 번역서가 출간되어 있다[파스칼 바슈텐(저), 김형훈·서정범(공역), 경찰실무에 있어서의 사법, 박영사, 2021].

3. 보충성의 원칙에 따른 제한

(1) 보충성의 원칙은 무엇을 의미하는 것일까?

개인의 주관적 권리와 법익의 보호를 위하여 경찰이 개입하는 것이 제한을 받는 첫번째 유형으로 '보충성의 원칙(Subsidiaritätsprinzip)'에 따른 제한이 있다. 여기서 보충성의 원칙이란 "사법상의 권리의 보호와 사인 간의 법적 분쟁의 해결은 원칙적으로 경찰의 직무에 속하지 않는다. 따라서 경찰은 법원에 의한 보호가 적시에 행하여질 수 없고 경찰의 개입이 없이는 그 권리의 실현이 불가능하거나 현저하게 곤란한 경우에만 사법상의 권리와 이익을 보호할 권한을 갖게 된다"는 것을 말한다. 이처럼 경찰이 사법상의 권리 등을 보호함에 있어 보충성의 원칙이 적용된다는 것은 가장 신속한 민사소송상의 권리구제(예: 가처분 또는 가압류)보다도 경찰에 의한 보호가 신속한 경우에만 경찰이 사권의 보호를 위하여 개입할 수 있다는 것을 의미한다.

(2) 보충성의 원칙에도 불구하고 경찰의 개입이 허용되는 경우로는 어떠한 것이 있을까?

보충성의 원칙하에서도 법원에 의한 보호가 적시에 행하여질 수 없고 경찰의 개입이 없이는 그 권리의 실현이 불가능하거나 현저하게 곤란한 경우에는 경찰이 사법상의 권리와 이익을 보호하기 위하여 개입할 권한을 가질 수 있다. 그러한 사례로 들어지는 교과서적 사례로는 다음과 같은 것이 있다. 즉,

① 긴급히 자동차를 운행해야 하는 토지소유권자의 차고의 출구를 다른 승용차가 가로막고 있어서 토지소유권자가 자신의 승용차를 운행할 수 없지만, 토지소유권자가 자신의 권리를 민법적으로 구제받기 어려운 경우

② 임차료의 지불을 연체하고 있는 임차인이 자신의 재산을 가지고 도주하려고 하는 상황에서 임대인이 자력구제를 행할 수 없는 경우

(3) 경찰이 사권의 보호를 위하여 개입하기 위한 전제조건으로 고려될 수 있는 것으로는 무엇이 있을까?

가) 경찰이 사권의 보호를 위하여 개입하기 위한 전제조건으로는 종래 "법원에 의한 보호가 적시에 행하여질 수 없고, 경찰의 개입이 없이는 그 권리의 실현이 불가능하거나 현저하게 곤란할 것"이 들어져 왔다.

나) 그러나 근래 들어 사권보호를 위한 경찰 개입의 전제조건으로 이러한 관점 이외에 ① 권리자의 신청(또는 적어도 동의)이 있어야 한다는 점이 강조되고 있으며(Pieroth/Schlink/Kniesel, Rn. 47), 독일의 경우 많은 주의 경찰법은 이러한 내용을 명문으로 규정하고 있다.[27] 한편 사권보호를 위한 경찰 개입의 전제조건으로 "주장되는 청구는 증명되어야 한다"는 것을 강조하는 입장도 있다.

(4) 사권보호를 위한 경찰의 개입 가능성 여부에 대한 판단은 어떠한 (심사) 과정을 거쳐 이루어지는 것일까?

경찰이 사권의 보호를 위하여 개입하는 경우에는 위에서 설명한 요건이 모두 충족되었는지를 심사하여야 하며, 만일에 경찰이 개입하는 시점에서 그들 요건 중 어느 것 하나라도 결여되어 있다면 경찰은 그의 권한을 유월하여 위법하게 행동한 것이 된다(Drews/Wacke/Vogel/Martens, S. 238). 한편 이러한 요건이 충족된 경우라 하더라도 경찰은 증명된 청구를 종국적으로 규율할 수는 없고, 단지 권리의 보호를 위한 '잠정적인' 조치를 취할 수 있을 뿐이라는 것을 유의하여야 한다.

이상의 설명을 토대로 하면 결국 사권의 보호를 위한 경찰의 개입 가능성 여부는 다음과 같이 도표화할 수 있다.

---

27) Vgl. § 2 Abs. 2 PolG BW; HessSOG § 1 Abs. 3; SächsPolG § 2 Abs. 2 usw.

사권보호를 위한 경찰의 개입 가능성 여부

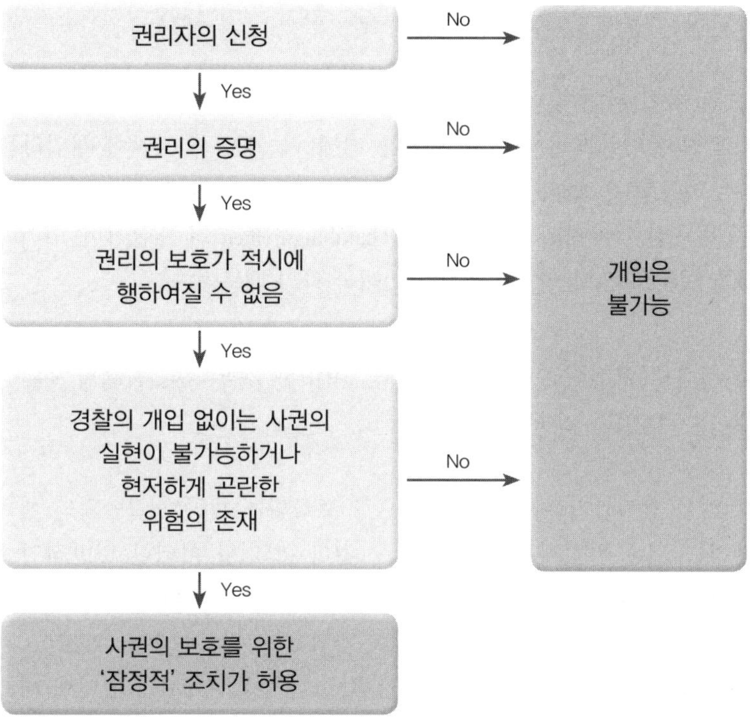

4. 자초위해에 있어서의 제한

(1) 자초위해란 무엇을 말하는 것일까?

맹수의 사육, 자동차경주에의 참여, 번지점프, 행글라이딩, 등산, 흡연 등의 경우에서 볼 수 있는 것처럼 개인은 사회적으로 상당한 위험을 무릅쓰면서 자신의 법익에 위해를 가할 수 있는데, 이로 인하여 발생하는 위해를 자초위해(自招危害, Selbstgefährdung)라고 한다.

(2) 자초위해의 경우에는 위해방지를 위하여 경찰이 개입하는 것이 허용되기 곤란한 면이 있는데, 그 이유는 무엇일까?

전적으로 자기 자신에 대한 위험을 가져올 뿐인 행위를 저지하기 위하여 기본권으로 보호되는 일반적인 행위의 자유를 침해하는 것, 즉 경찰이 개입하는 것은 원칙적으로 허용될 수 없다. 왜냐하면 개인이 자신의 법익에 스스로 위해를 가할 수 있다는 것 또한 일반적인 행위의 자유(Handlungsfreiheit)의 표현이며, 따라서 헌법이 보호하고 있는 자유의 영역으로 인정되어야 하기 때문이다.

(3) 그렇다면 자초위해의 경우 경찰은 어떠한 경우에도 위해방지를 위하여 개입할 수 없는 것일까?

자초위해를 방지하기 위하여 기본권으로 보호되는 개인의 일반적인 행위의 자유를 침해하는 것은 원칙적으로 허용될 수 없다. 그러나 이러한 일반적인 행위의 자유는 일정한 요건하에서만 존중되는 것이며, 그러한 요건에 해당하지 못하는 경우에는 자초위해를 방지하기 위하여 경찰이 개입하는 것이 허용될 수도 있다. 즉,

가) 개인의 일반적인 행위의 자유의 표현으로서 자기 자신의 법익에 위해를 가할 수 있는 자기결정의 자유는 그것이 스스로 위해를 가하는 개인의 자유로운 의사에 기한 것일 때에만, 즉 위험이 존재한다는 것을 개인이 인식하고 있을 때에만 인정될 수 있다. 따라서 스스로 위해를 가하는 개인이 자유로운 의사결정을 할 수 없는 정신상태에 있어서 그러한 위험의 존재를 인식하지 못하고 있는 경우에까지(예: 유아, 정신병자, 만취자, 마약중독자) 자기결정의 자유를 존중하여야만 하는 것은 아니다. 따라서 그러한 경우에는 관계인의 의사에 반하여 경찰이 개입할 것이 요구된다.

나) 개인의 일반적인 행위의 자유의 표현으로서 자기 자신의 법익에 위해를 가할 수 있는 자기결정의 자유는 전적으로 자기 자신에 대한 위해를 초래할 뿐인 경우에만 존중된다. 이에 반하여 만일 자초위해에 의하여 제3자의 법익이 침해될 위험에 처하게 되는 경우, 즉 자초위해가 공중이나 제3자에 대한 파급효(Ausstrahlungswirkung)를 갖는 경우에는 공공의 안녕에 대한 위험이 존재하며, 따라서 그에 대한 경찰의 개입이 정당화될 수 있다. 한편 공중이나 제3자에 대한 파급효를 가짐으로 인하여 경찰의 개입이 정당화되는 자초위해의 예로는 다음과 같은 경

우를 들 수 있다(이러한 사례에 관하여는 Gotz/Geis, § 4 Rn. 28; Würtenberger/Heckmann/Tanneberger, Rn. 401).

① 동물 조련 시 또는 자동차경주 시에 관중을 보호하기 위한 조치
② 물을 통한 전염성이 높은 전염병에 걸린 사람이 하천에서 수영을 하는 경우
③ 단독가옥의 위험한 상태가 방문객에게 위험을 가하는 경우 등.

다) 결론적으로 자초위해는 스스로 위해를 가하는 개인이 실제로 자유로운 의사결정을 할 수 있는 상태에 있고, 그로 인하여 제3자의 법익이 침해될 위험이 존재하지 않을 때에 한하여 일반적인 행위의 자유의 표현으로서 인정될 수 있다.

(4) 사례연습: 자초위해라는 관점에서 판단해 볼 때, 다음과 같은 사례의 경우 경찰은 위험방지를 위하여 의무부과 등의 방법으로 개입할 수 있을까?

① 보덴 호수에서 가장 위험한 곳(Teufeltisch)에서의 스쿠버다이빙의 금지(Vgl. VGH BW, NJW 1998, 2235)
② 청소년의 대마초 흡입금지(Vgl. BVerfGE 90, 145 ff.)
③ 오토바이 운전자에 대한 헬멧착용 의무부과(Vgl. BVerfGE 59, 275 ff.)

5. 자초위해와 관련된 특수문제(Ⅰ): 자살을 시도하는 경우에 경찰이 개입하여 그를 저지할 수 있을까?

(1) 논의의 전제

자초위해와 관련하여 가장 문제시되는 것은 자살을 시도하는 경우에 경찰이 개입할 수 있는지 여부에 관한 것이다. 물론 자살 시도가 동시에 제3자에게도 위험을 가하는 경우라면(예: 자살을 위하여 공동주택 내의 가스조절 밸브를 열어 놓은 경우) 당연히 경찰의 개입이 긍정된다. 따라서 자살시도에의 경찰의 개입가능성에 관한 문제를 논의할 실익은 자살시도가 전적으로 자기 자신의 생명만 박탈할 뿐, 제3자에 대한 위험을 초래하지는 않는 경우에 존재한다.

(2) 자살시도에 경찰이 개입할 수 있는지에 관한 찬반론(贊反論)

자살시도가 행하여지는 경우에 경찰이 개입할 수 있는가의 문제에 관하여 우리나라에서는 논의가 활발하지 않다. 이에 반해 독일에서는

① 생명이라는 고차원의 법익을 고려할 때 자살이 비밀리에 행하여지는 경우에도 자살시도 그 자체를 공공의 안녕에 대한 위험으로 보아야 하며, 따라서 경찰은 자살시도에 대하여 일반적인 개입의무를 갖는다는 견해(Drews/Wacke/Vogel/Martens, S. 230; Götz/Geis, Rn. 32; Kugelmann, Rn. 64; Pieroth/Schlink/ Kniesel, Rn. 31)와

② 개인은 자신의 책임하에 일정한 행위를 할 결정권(여기서는 자살권)을 갖는다는 것을 고려하여 경찰은 자살의 시도가 공중이 보는 앞에서 행해질 때에만 개입할 수 있다는 견해(Erbguth/Mann/Schubert,[28] Rn. 449)가 대립하고 있다.

(3) 소결－사견(私見)

적어도 자살을 자유로운 인격의 발현이라고 할 수는 없으며, 따라서 자신의 생명에 대한 처분권을 의미하는 자살을 할 권리가 헌법상의 자유로운 인격발현의 권리로부터 도출된다고 볼 수는 없다. 왜냐하면 자살을 시도하는 사람이 심리적으로 극히 비정상적인 상태에 있거나 극도의 절망감에 빠져 있기 때문에 자살에 대한 자유롭고 자주적인 결정이 있었다고 보기 어렵기 때문이다. 또한 (실무적 문제로) 구체적 경우에 있어서 경찰이 분신자살을 행하는 자 또는 손에 독약을 들고 있는 환자가 그러한 행위에 앞서 자유롭고 자주적인 결정을 하였는지 여부를 판단할 수 없는 경우가 대부분이라는 점 또한 이 문제에 대한 고찰을 행함에 있어 고려되어야 한다는 점이 지적되기도 한다(Denninger, in: Lisken/Denninger, E. Rn. 22).

한편 사망의 결과를 가져올 고도의 개연성이 있는 자초위해의 경우 역시 자살

---

28) Erbguth/Mann/Schubert의 이 저서는 2005년에 사망한 Tettinger 교수의 *Besonderes Verwaltungsrecht: Kommunalrecht, Polizei- und Ordnungsrecht*에 그 뿌리를 두고 있다. Tettinger 교수는 제7판까지 독자적으로 자신의 저서를 출간해 왔으며, 당시에는 책의 제목에서 보듯이 건축법(Baurecht)은 포함되어 있지 않았다. 2005년에 그가 사망하면서 제8판은 Tettinger/Erbguth 이름으로 출간되었는데, 이때부터 건축법이 담겨지기 시작했다. 이후 2007년부터 Mann 교수가 공저자로 참여했으며, 2020년의 13판부터는 Schubert 교수가 공저자로 참여하게 되었다. 그러나 아쉽게도 2020년 출간된 제13판에서는 이 책의 기초를 놓았던 Tettinger 교수의 이름이 사라졌다. 학자로서 한창이라고 할 수 있는 58세의 나이에 불귀의 객이 되어 버린 Tettinger 교수의 명복을 글로나마 빌어 본다.

시도와 동일시하여야 한다. 따라서 독버섯을 먹는 것이 치사의 결과를 가져올 수 있음에도 불구하고 자신이 개발한 독버섯의 해독제의 효과를 입증하기 위하여서 아마추어 연구자가 독버섯을 먹는 것을 경찰이 저지한 것은 정당하다고 볼 수 있다.

6. 자초위해와 관련된 특수문제(II): 안락사(安樂死)에 대한 경찰의 개입의무가 인정될 수 있을까?

안락사에 대한 경찰의 개입가능성 문제는 적극적 안락사의 경우와 소극적 안락사의 경우를 나누어 고찰할 필요가 있다.

(1) 적극적 안락사의 문제

적극적 행위를 통해 죽음을 인위적으로 앞당기는 적극적 안락사(aktive Sterbehilfe)에 대한 경찰의 개입가능성에 대하여는 견해의 대립이 있기는 하나 종래 긍정적으로 보는 견해가 유력하였다. 이에 따르면 불치의 병에 걸린 환자에 대한 적극적 안락사도 공공의 안녕에 대한 위험이며, 따라서 적극적 안락사에 대한 경찰의 개입의무가 인정될 수 있다.

한편 이 문제와 관련하여서는 교통사고로 인하여 단지 머리와 입과 혀만 움직일 수 있게 된 자가 안락사를 시켜 줄 것을 요구한 사건에서 「경찰은 인간의 죽음을 저지할 권한이 있으며, 그 한도에서는 기본법 제2조 제1항에 의한 제한도 받지 않으며 특히 그들 조문으로부터 제3자에 의한 안락사의 시술을 청구할 권리가 도출되지는 않는다」라고 판시한 독일 칼스루헤 행정법원의 판례(VG Karlsruhe, NJW 1988, 1536)를 참조하기 바란다.

> **일러두기** 독일의 경우 연방 헌법재판소가 2020년 2월 26일에 자살을 업무적으로 도와주는 것을 처벌하는 것을 내용으로 하는 독일형법 제217조를 위헌이라고 판결하였는데, 이러한 판결이 경찰행정법 이론에 어떠한 영향을 미치게 될지는 조금 더 지켜봐야 할 것이다.

(2) 소극적 안락사

의학적으로 생명연장조치를 포기하는 것(예: 생명을 유지시켜 주는 기구를 떼어 내는 것)을 의미하는 소극적 안락사(passive Sterbehilfe)는 적극적 안락사와는 달리 판단되어야 한다. 즉, 소극적 안락사는 법적으로 중요한 환자의 의사결정의 대상이 될 수 있다고 보아야 할 것이며, 따라서 경찰의 개입의무를 인정하기 곤란하다.

소극적 안락사에 대한 우리나라의 법원의 입장에 관하여는 대판 2009. 5. 21, 2009다17417 참조.

§ 3. 객관적 법질서

1. 객관적 법질서를 공공의 안녕의 구성요소로 볼 수 있을까?

오늘날의 경찰행정법 이론에 따르면 객관적 법질서의 보호 또한 경찰의 위험방지 직무에 속하며, 이 한도에서 객관적 법질서는 공공의 안녕의 구성요소를 이룬다. 물론, 이처럼 전체로서의 객관적 법질서를 공공의 안녕의 구성요소로 보는 견해에 대하여는 "경찰의 직무인 위험방지는 법익을 보호하는 것이지, 법규범을 보호하는 것은 아니므로 법질서에 대한 불가침은 공공의 안녕의 보호이익이 아니다"라는 의문이 제기되기도 하였다(Olidiges, Polizeirecht, in: Grimm/Papier, *Nordrheinwestfälisches Staats- und Verwaltungsrecht*, 1986, S. 252).

그러나 국가적 공동체 내에서 인간의 공동생활의 질서와 형성에 관한 입법기관의 구속적 의사는 법규범 전체에 나타나며, 그 결과 법규범은 그 자체로서 국가의 제도라고 할 것이므로 법규범을 위반한 자는 국가의 의사를 부정한 것이고, 그 결과 공공의 안녕에 대한 위험을 가져오게 된다. 따라서 전체로서의 객관적 법질서는 공공의 안녕의 구성요소로 보는 것이 타당하다고 생각된다(동지: Drews/Wacke/Vogel/Martens, S. 236).[29)]

---

29) 한편 공공의 안녕의 개념에 객관적 법질서가 포함됨을 명문으로 규정하고 있는 입법례도 있는바, 브레멘 경찰행정법(Brem. PolG) 제2조 제2호가 그 대표적 예에 해당한다.

2. 공공의 안녕의 구성요소의 하나로 설명되는 객관적 법질서를 구성하고 있는 중요규범에는 어떠한 것이 있을까?

(1) 원칙: 모든 성문의 법규범

공공의 안녕의 구성요소를 이루는 객관적 법질서에는 원칙적으로 모든 성문의 법규범이 속한다. 따라서 성문의 법규범에 위반하는 행위는 곧 공공의 안녕을 침해하는 행위이며, 따라서 그에 대한 경찰의 개입을 정당화시킨다. 한편 여기서의 성문의 법규범은 헌법, 법률, 법규명령 및 조례를 포괄하지만, (법규의 성질을 갖지 못하는[30]) 단순한 행정규칙은 여기서의 성문의 법규범에 속하지 않는다. 또한 모든 성문의 법규범에는 공법규범뿐만 아니라 사법규범도 포함된다.

한편 공공의 안녕의 보호법익은 객관적 법질서가 침해받지 않고 있는 상태, 즉 객관적 법질서의 '불가침성(Unverletzlichkeit)'이다. 따라서 수많은 규범 가운데 경찰법적으로 중요한 의미를 갖는 규범은 개인에 대한 명령·금지를 내용으로 하는 규범, 즉 개인에게 특정한 행위의 의무를 과하고 있는 규범이다.

(2) 객관적 법질서를 구성하고 있는 중요규범

객관적 법질서를 구성하고 있는 중요규범, 즉 개인의 작위 또는 부작위 등에 의한 침해(가능성)가 경찰행정법적으로 중요한 의미를 갖는 규범으로는 다음과 같은 것이 있다.

가) 형 법: 공공의 안녕을 유지하기 위한 경찰의 활동 중에서 특히 중요한 영역은 형법질서에의 충돌을 방지하는 것이다. 따라서 객관적으로 형법상의 구성요건을 충족하는 모든 행위가 공공의 안녕을 해치게 된다는 것은 의문의 여지가 없다. 즉, 형법규범에 위반하게 되면 언제나 공공의 안녕에 대한 위험이 존재하는 것이며, 경찰은 그에 개입할 수 있게 된다.

물론 예외적으로 정당방위나 긴급피난과 같은 정당화사유가 존재하는 경우에는 객관적 법질서에 대한 침해가 존재하지 않는 것이 되어 공공의 안녕을 해치지 않는다. 이에 반하여 범죄성립의 주관적 요건(고의, 과실)이 충족되어야만 경찰이 개

30) 여기서 법규가 갖는 의미, 법규명령과 행정규칙의 차이점 등에 대하여는 서정범/박상희, 96쪽 아래 참조.

입할 수 있는 것은 아니며, 또한 친고죄의 경우에도 고소가 있어야만 경찰이 개입할 수 있는 것도 아니다.

나) 행정법규범: 행정법규범 중 특히 명령규범이나 금지규범에 위반하게 되면 공공의 안녕에 대한 장해가 존재하는 것이고, 따라서 그에 대한 경찰권발동이 가능하다. 그러나 행정법상의 절차규정이나 형식규정 또는 행정상 강제집행에 관한 규정을 위반하는 것만으로는 공공의 안녕에 대한 침해가 존재한다고 볼 수 없다. 왜냐하면 이러한 절차규정이나 형식규정들은 행정기관과 그 기관의 행위를 규율하는 것으로서 일반국민의 행위로 인하여 침해될 수 있는 것이 아니기 때문이다.

다) 경찰명령이나 지방자치단체의 조례: 경찰명령(Polizeiverordnung)이나 지방자치단체의 조례가 명령이나 금지를 내용으로 하는 경우, 그에 위반하게 되는 경우 경찰처분(Polizeiverfügung)[31]에 의하여 제거될 수 있는 공공의 안녕에 대한 장해가 존재하는 것이 된다.

§ 4. 국가의 존속, 국가 및 그 밖의 공권력주체의 제도 등

1. 국가의 존속, 그의 제도 및 행사 등도 공공의 안녕의 요소로 볼 수 있을까?

국가와 그의 제도 등의 보호를 공공의 안녕의 구성요소로 보는 경우 국가의 보호를 위하여 경찰이(즉, 국가가) 개인의 권리를 침해하는 결과를 가져오게 됨으로써 자칫 반민주적인 관헌국가(官憲國家, Obrigkeitsstaat)적 사고의 부활을 초래하게 될 위험이 있다. 그러나 그러한 위험은 국가와 그의 제도 등에 대한 보호는 법률로 규율되는 정도를 넘어서까지 행해지지 않도록 함으로써 제거될 수 있으므로, 이를 공공의 안녕의 구성요소로 보는 것은 별다른 문제는 없다고 생각된다.

---

31) 여기서 경찰명령이란 경찰행정청이 그의 직무를 수행하기 위하여 발한 법규명령을 말하며, 경찰처분이란 경찰상의 행정행위 가운데 상대방에게 의무를 부과하거나 불이익을 과하는 것을 말한다. 이것에 관하여 자세한 것은 본서 제6편 경찰작용법에서 상세히 논하기로 한다.

2. 국가의 존속이 의미하는 바는 무엇일까?

국가의 존속이란 '영토의 불가침성'과 '국가의 정치적 독립성'을 의미한다. 다만 개인으로서의 국민이 국가의 존속을 위협할 가능성은 사실상 극히 제한되어 있는 것이 사실이다.

합헌적 질서의 존속 또한 같은 맥락에서 공공의 안녕의 보호법익을 이루는바, 여기에서 '합헌적 질서'란 그것이 없는 민주주의는 상상조차 할 수 없을 정도로 민주주의의 본질을 형성하고 있는 것, 즉 헌법과 자유민주적 기본질서를 의미한다. 한편 이러한 합헌적 질서에는 권력분립의 원칙, 법치행정의 원리, 법원의 독립성과 같은 헌법상의 중요한 법원칙이 포함된다.

3. 국가의 제도(기능)는 그의 정상적인 활동을 위협하는 위법한 행위로부터 보호받아야 하는데, 여기에서 말하는 국가제도는 어떤 것을 말하는 것일까?

공공의 안녕의 요소를 이루는 국가제도에는 의회, 정부, 법원, 행정청(경찰행정청을 포함한다), 대사, 영사, 영조물 등이 이에 속한다(협의의 국가의 제도).

한편 국가의 제도에는 협의의 그것 이외에 소위 집합적 법익(kollektive Rechtsgüter)이 포함된다. 여기서 집합적 법익이란 (공중과의 관련하에) 국가적으로 조직된 공동체에서의 생활을 고려할 때 그의 보호가 요구되는 법익을 말하는바, 집합적 법익은 그 정의에서 볼 수 있듯이 개인적 보호이익의 단순한 합계와는 구분된다. 이러한 집합적 법익의 예로는 수도의 공급, 오염된 토지의 인인보호 및 자연경관의 보호 등을 들 수 있다.

4. 공공의 안녕의 요소를 이루는 국가적 행사의 구체적 예로는 어떤 것이 있을까?

국가적 행사란 국가와 그 밖의 공권력주체가 행하는 각종의 행위를 포괄한다. 국가주최의 만찬, 국빈방문, 국장(國葬), 관공서의 일반 공개행사, 군대의 기동훈련 등이 이에 속한다.

5. 경찰에 의한 과속단속이 행해지고 있다는 것을 다른 운전자에게 알려 주는 것은 공공의 안녕을 해치는 것일까?

(1) 학설의 대립

과속단속(Radarkontrolle)이 행해지고 있다는 것을 다른 운전자에게 알려주는 것은 과연 공공의 안녕을 해치는 것일까? 즉, 경찰이 그러한 행위를 저지하기 위하여 개입할 수 있는 것일까? 이러한 문제에 관하여는

① 과속단속을 미리 알려 주는 것은 과속단속을 행하는 경찰기관의 정상적인 기능수행을 저해하는 것이므로 공공의 안녕을 해치는 것으로 볼 수 있다는 견해(Denninger, in: Lisken/Denninger, E. Rn. 16; Drews/Wacke/Vogel/Martens, S. 234)와

② 그러한 표지가 오히려 운전자들에게 법규준수에 대한 주의를 환기시키는 교육적 효과 내지 일반예방적 효과를 가지고 있는 측면이 있다는 점, 그리고 오늘날 많은 경우에 있어 경찰 스스로도 과속단속이 행해지고 있다는 것을 각종 표지판, 신문, 라디오방송 등을 통해 알려 주고 있는 점을 고려할 때 공공의 안녕을 해치는 것으로 볼 수 없다는 견해(Gusy, Rn. 83; Kugelmann, 5. Kap. Rn. 57; Schenke, Rn. 60)가 대립하고 있다.

(2) 실무적 문제

이러한 논의는 실무적으로는 우리나라의 경우 자동차 안에 설치된 네비게이션을 통하여 특정 지점에서의 과속단속을 알려 주는 서비스에 대한 단속이 가능한지와 관련하여 갖는 의미가 크다. 다만 독일의 경우는 이러한 측면에서의 논의는 실익이 없다고 볼 수 있다. 왜냐하면 독일의 도로교통법 시행령 제23조 제1b항이 과속단속 등이 행해지고 있다는 것을 알려 주는 장치(Radarwarngeräte)를 자동차 안에 설치하는 것을 금지하고 있기 때문이다.

6. 일본의 대한(對韓) 수출규제 정책에 반대하는 대규모 시위가 일본대사관 앞에서 진행되고 있다. 경찰은 이러한 시위가 야기할 수 있는 외교관계상의 문제를 이유로 당해 시위를 저지할 수 있을까?

개인이 자신의 기본권을 적법하게 행사하는 경우라면, 설혹 그로 인하여 국가 등의 기능 또는 행사에 위험의 문제가 발생하는 경우라 할지라도 경찰은 그에 개입할 수는 없다. 따라서 국가제도와 국가기관에 대한 비판은 공공의 안녕과는 아무런 관련이 없다. 왜냐하면 비판의 자유는 일반적인 의사표현의 자유의 일부를 이루고, 따라서 헌법상의 표현의 자유에 의하여 보장되기 때문이다(Götz/Geis, § 2 Rn. 41; Schenke, Rn. 61). 이러한 논의는 위의 사례에 있어서도 그대로 타당하다. 따라서 일본의 정책에 반대하는 시위에 의하여 야기된 외교관계상의 부담을 이유로 경찰이 개괄적 수권조항에 근거하여 집회를 저지할 수는 없다(동지: Drews/Wacke/Vogel/Martens, S.234).

물론 표현의 자유에 의하여 국가적 기관에 대한 자의적인 물리력의 행사, 즉 사람이나 물건에 대한 폭력행사, 불법점거까지 정당화되는 것은 아니다.

Chapter 2.
공공의 질서

§ 1. 개 관 – 공공의 질서 개념에 입각한 경찰활동의 가능성

1. 우리나라에서 종래 공공의 질서 개념에 입각한 경찰활동의 가능성이 많이 논의되었던 영역은 어디였을까?

우리나라의 경우 공공의 질서 개념에 입각한 경찰활동의 가능성은 주로 성풍속과 관련하여 많이 논의되어 왔다. 이는 오늘날 사회의 급속한 발전으로 사회 곳곳에서 우리 사회를 지탱해 왔던 전통적 가치관의 균열이 초래되었지만, 특히 성풍속에 관해서는 전통적 가치관이 거의 파괴되어 가고 있다고 할 수 있을 정도의 커다란 변혁을 겪었기 때문이다. 그 결과 불과 10년 전만 해도 상상할 수 없었던 행위들, 예컨대 Peep-Show, 스와핑(Swapping), 키스방이나 귀청소방같은 영업이 공중 속에서 행해지고 있으며, 2019년에는 여성의 실제 모습과 최대한 비슷하게 만든 인형인 리얼 돌(Real Doll)의 수입 허용 여부가 논란이 되기도 하였다.

2. 공공의 질서 개념에 입각한 경찰활동의 가능성 문제를 고찰함에 있어서는 기본적으로 어떤 점을 인식하고 있어야 할까?

위에서 예시한 Peep-Show, 귀청소방, 리얼 돌의 수입 등과 같은 새로운 행위들에 대한 경찰의 개입이 인정될 수 있는지 여부의 문제를 고찰함에 있어서는 다음과 같은 점을 인식하여야 한다. 즉,

(1) 우선 이들 행위가 워낙 새로운 유형의 것인 관계로 이를 직접적으로 규율하는 법규(즉, 개별적 수권조항)가 없는 경우가 많다는 점, 따라서 이들 행위에 대한 경

찰의 개입은 개괄적 수권조항(Generalermächtigung)에 근거하여야 한다는 점,

(2) 다음으로 이들 행위가 성문법규에 위반되는지 여부가 문제되는 것이 아닌 관계로 결국 경찰은 공공의 질서에 대한 위험을 이유로 개입할 수밖에 없다는 점을 인식하여야 한다.

§ 2. 공공의 질서의 개념

참고문헌: 서정범, "경찰법에 있어서의 공공의 질서의 개념 – 성도덕에 관한 실증적 사례분석을 토대로 하여", 경찰학연구 제8권(2005), 8쪽 아래; Baumann, "Die öffentliche Ordnung im Polizei- und Ordnungsrecht", DVP 2008, 450 ff.

1. 개괄적 수권조항에 근거하여 경찰권을 발동하기 위하여서는 공공의 안녕 또는 질서에 대한 위험이 존재하여야 한다. 여기서 '공공의 질서'란 개념은 어떻게 이해하여야 하는 것일까?

공공의 질서(öffentliche Ordnung)란 "그때그때의 지배적인 (헌법상의 가치척도에 따른) 윤리관·가치관에 따를 때 그를 준수하는 것이 인간의 원만한 공동생활을 위한 불가결의 전제조건이라고 간주되는, 공중 속에서 인간의 행위에 대한 불문규율의 총체"를 의미한다.

2. 공공의 질서의 개념이 갖는 특색, 특히 공공의 안녕의 개념과 비교할 때 갖는 개념적 특색은 무엇일까?

공공의 질서 개념의 특색은 그 개념의 충족 여부가 사회적인 가치판단, 이른바 사회규범에 의존하고 있다는 점에서 찾아볼 수 있다. 한편 공공의 질서 개념의 충족 여부는 그때그때의 지배적인 가치관에 따라 판단되므로, 주관적으로 결정되는 측면을 띠게 된다. 그리고 이로 인하여 동일 내지 유사한 사안에 관한 판단에 있어 때로는 상이한 결론에 도달하기도 하는데, 이러한 사정을 잘 나타내 주는 것이 소위 서바이벌게임(Laserdrome)에 관한 판례이다. 즉, 독일의 경우 뮌스터 상급행정법

원(OVG Münster)이 시뮬레이션된 살인행위를 통하여 오락을 제공한다는 것을 이유로 살인행위를 시뮬레이션한 서바이벌게임을 공공의 질서에 반하는 것으로 판시한 것(OVG Münster, DÖV 1995, 1004)과 달리, 뮌헨 상급행정법원(VGH München)은 그를 공공의 질서에 반하지 않는 것으로 판시한 바 있다(VGH München, GewArch 1994, 376).

한편 서바이벌 게임이 공공의 질서에 합치하는지 여부의 문제는 독일에서 계속 다루어지고 있는 문제인데, 이에 관하여 자세한 것은 vgl. Beaucamp, "Das ordnungsrechtliche Verbot von Laserdromen", DVBl. 1174 ff.; Heckmann, "Der praktische Fall – Öffentliches Recht: Laserdrom und öffentliche Ordnung", JuS 1999, 986 ff.; Scheidler, "Möglichkeiten behördlichen Einschreiten gegen Laserdrome- und Paintballanlagen", GewArch 2005, 312 ff.

3. 공공의 질서에 위반한다는 것을 이유로 경찰권을 발동할 것인지 여부에 대한 판단은 어떠한 과정을 거쳐 이루어져야 하는 것일까?

공공의 질서의 개념에 기초할 때, 공공의 질서 위반이라는 경찰권 발동의 전제조건이 갖추어져 있는지 여부에 대한 판단은 다음과 같은 순서로 행하여진다. 즉,

(1) 공공의 질서위반이라고 판단되어야 할 구체적 행위와 관련하여 (성문법규 이외에) 사회규범이 존재하는가?

(2) 이러한 사회규범이 질서 있는 공동생활을 위하여 필요불가결한 것인가?

(3) 구체적인 행위가 사회규범에 위반하는가?

4. 공공의 질서 개념의 핵심을 이루는 구성요소로는 어떠한 것이 있을까?

공공의 질서 개념을 구성하고 있는 핵심적 요소로는 다음과 같은 것을 들 수 있다.

(1) 공중 속에서의 행위

공공의 질서는 '공중 속에서의 개인의 외부적 행위'를 전제조건으로 한다. 따라서 그의 대상은 단지 행위 또는 상태일 뿐이며, 신념·사상·견해·의도 등은 그것이

외부에 표시되지 않는 한, 공공의 질서의 대상은 되지 않는다.

(2) 불문(不文)의 행위규율

불문의 행위규율만이 공공의 질서에 속한다. 즉, 공공의 질서 개념의 요소를 이루는 행위규율에서는 국가가 규정한 법규범이 문제가 되는 것이 아니라 공동체의 가치관에 근거한 사회규범이 문제가 된다. 따라서 성문의 법규범이 문제가 되는 경우에는 공공의 안녕이 관련될 뿐이다.

한편 불문의 행위규율 가운데에서도 그를 준수하는 것이 인간의 원만한 공동생활을 위하여 불가결한 것으로 간주되는 행위규율만이 공공의 질서개념을 충족시킨다.

(3) 지배적 가치관

공공의 질서 개념에 있어서 가장 핵심적인 요소는 전술한 가치관이 명백히 지배적인 다수의 국민에 의해 받아들여져야 한다는 것이다. 만일 다수의 존재가 분명하게 밝혀질 수 없다면 공공의 질서는 위협을 받는 것이 아니다. 따라서 특정한 문제에 관하여 상당수의 소수가 다른 가치관을 갖고 있다면, 공공의 질서에 대한 침해의 문제는 발생하지 않는다.

한편 경찰은 어떠한 경우에도 공공의 질서의 척도가 되는 가치관을 스스로 형성하거나 경찰 고유의 판단기준을 개발하여서는 아니 되며, 단지 확인하여야 할 뿐이다. 따라서 어떤 특수문제에 대한 지배적인 견해가 분명하지 않아 다투어지고 있는 경우에는, 경찰은 그것을 증거불충분(non liquet)의 상태에 남겨 두어야 한다. 즉, 이 경우에 경찰은 공공의 질서에 위반한다는 것을 이유로 개입하여서는 아니 된다.

5. 사례연습: 그 내용이 공공의 질서에 반한다는 것을 이유로 경찰이 (헌법에 의해 예술의 자유로 보호되는) 영화의 상영을 금지시키는 것이 가능할 수 있을까?

(1) 누군가가 자신의 기본권을 행사하였다면, 그는 공공의 질서를 침해하는 것이 아니다. 따라서 경찰이 헌법상의 예술의 자유에 의하여 보호되는 영화의 상영을 공공의 질서에 대한 위험을 이유로 금지할 수는 없다. 같은 맥락에서 경찰은 헌법

상의 집회의 자유에 의하여 보장되는 평화적 집회를 공공의 질서에 반한다고 하여 금지시킬 수는 없다.

(2) 독일의 경우 실제로 경찰이 영화(제목: Sünderin)의 내용이 기독교적 사고를 가진 주민의 종교적 감정과 도덕관에 배치됨을 이유로 그 상영을 금지시킨 적이 있었는바, 당시 독일의 연방행정법원은 "자유분방한 행위를 묘사하고 있지만, 묘사된 사건에서 자신의 입장을 밝히지 않고 있는 영화는 일반적으로 예술작품이다. 기본법 제5조 제3항이 보장하고 있는 예술의 자유는 그의 행사가 다른 기본권을 침해하거나, 국가적 공동체의 존속을 위하여 필수불가결한 법익을 위협하는 경우에만 제한을 받으며, 그 외에는 경찰상의 개괄적 수권조항에 따른 제한을 받지 아니한다"고 판시한 바 있다(BVerwGE 1, 303 ff.).

§ 3. 공공의 질서 개념의 가변성

공공의 질서 개념은 시간적, 그리고 장소적이라는 2가지 관점에서 가변적(可變的) 성격을 갖는데, 이 문제는 다음과 같은 것을 그 내용으로 한다.

1. 공공의 질서 개념의 시간적 구속성이란 무엇을 의미하는 것일까?

공공의 질서를 형성하고 있는 가치관은 정적인 것이 아니고, '시간의 흐름'에 따라 변화하는 가변적인 성격을 갖는데, 이를 공공의 질서 개념의 '시간적 구속성(Zeitbedingtheit)'이라고 한다. 한편 이 같은 가치관의 변화는 자동적으로 이루어지는 것이 아니라, 오히려 현행법 안에 구체화되어 있다. 따라서 적어도 실정법에 저촉되는 가치는 공공의 질서의 구성요소가 될 수 없으며, 그러한 의미에서 공공의 질서의 가치척도는 무엇보다도 현행 헌법에서 찾아야 한다.

공공의 질서 개념이 갖는 시간적 구속성을 잘 보여 주는 사례로 독일의 교과서 등에서 제시되고 있는 것으로는 다음과 같은 것이 있다.

① 도로에 쓰레기를 버리는 것,

② 가슴 등이 노출된 옷(Dekolletés)을 공공의 장소에서 입는 것,

③ 토플리스 차림으로 해수욕을 하는 것.

2. 동(同) 시대, 예컨대 오늘날에 있어서도 공공의 질서를 형성하는 가치판단이 구체적인 때(상황)에 따라서 달리 나타날 수도 있을까?

공공의 질서 개념의 시간적 구속성은 주로 공공의 질서를 형성하고 있는 가치관이 '시간의 흐름'에 따라 변화하는 가변적인 성격을 갖는 것을 의미한다. 그러나 공공의 질서를 형성하는 가치판단이 구체적인 때(상황)에 따라 달라질 수도 있다. 예컨대 비키니를 입는 것이 사육제(謝肉祭, Carnival) 기간 중에는 문제될 것이 없으나, 종교적 예식이 진행되는 동안에는 참석자의 감정을 상하게 할 가능성이 있으며, 그 결과 공공의 질서에 반하게 될 수도 있는 것이다(Schmidbauer/Steiner/Roese, *Kommentar zum Bayerischen Polizeiaufgabebgesetz*, 1999, Art. 11 Rn. 75).

3. 공공의 질서 개념의 장소적 구속성이란 무엇을 의미하는 것일까?

(1) 공공의 질서를 형성하고 있는 가치관은 지역에 따라서(예컨대 대도시와 농촌지역에 따라서) 달리 나타날 수도 있는데, 이를 공공의 질서 개념의 장소적 구속성이라고 한다. 예컨대 집창촌의 경우 대도시의 환락가에서는 어느 정도 일상적인 것으로서 공공의 질서에 반하는 것이라고 단언하기 곤란한 반면, 농촌에서는 주민의 지배적 가치관을 해치는 것으로서 공공의 질서에 대한 장해가 될 수도 있다. 이는 지역에 따른 가치관의 상이성을 잘 나타내고 있다고 할 것이다. 다만 교통의 발전, 영화나 텔레비전과 같은 대중매체의 영향으로 (특히 도시와 농촌 간의) 상이한 지역적 가치관이 점차적으로 같아지는 현상이 나타나고 있다(Drews/Wacke/Vogel/Martens, S. 249).

(2) 한편 장소적 구속성의 문제는 같은 도시나 농촌 안에서도 존재할 수 있다. 즉, 같은 도시 안에서도 폭력적 영화의 선전에 대한 가치판단은 그 장소가 환락가인지 유치원이나 초등학교 주변 구역인지에 따라서 달라질 수 있다는 것이 그 예가 된다.

§ 4. 공공의 질서 개념의 존재의의

참고문헌: 이기춘, "경찰법상 공공의 질서개념의 재설정에 관한 연구", 공법

학연구 제19권 제1호(2018), 457쪽 아래; 이성용, "독일 경찰법상 공공의 질서개념의 국내법적 수용", 경찰학연구 제12권 제2호(2013), 19쪽 아래; Hill, "Abschied von der öffentlichen Ordnung im Polizei- und Ordnungsrecht", DVBl. 1985, 88 ff.; Kaulbach, "Bedeutungswandel des polizeirechtlichen Begriffs der öffentlichen Ordnung", ZRP 1979, 159 ff.; Möstl, *Die staatliche Garantie für die öffentliche Sicherheit und Ordnung*, 2002.

1. 공공의 질서 개념의 존재의의에 관하여는 찬반(贊反) 양론이 첨예하게 대립되어 있는바, 이들 논의를 개관해 보면 어떻게 될까?

오늘날에도 공공의 질서라는 보호이익의 정당성을 인정할 수 있는지, 즉 공공의 질서라는 개념이 여전히 존재의의를 갖고 그대로 유지될 수 있는지에 관하여는 학설이 첨예하게 대립하고 있다. 한편 그 구체적 내용에 있어서는 논자에 따라 조금씩 차이가 있기는 하지만, 그러한 학설의 대립은 크게 다음과 같이 나누어 볼 수 있다: 즉,

(1) 공공의 질서 개념 비판론,

(2) 공공의 질서 개념 옹호론,

(3) 그리고 근래에 새로이 등장한 공공의 질서 개념 자체의 재설정 필요론.[32]

2. 공공의 질서 개념의 포기를 주장하는 공공의 질서 개념의 비판론은 어떠한 것을 그 논거로 할까?

구지(Gusy) 교수는 공공의 질서 개념에 대하여 다양하게 제기되어 온 비판론을 가장 체계적으로 잘 설명하고 있다. 따라서 이하의 설명방법은 Gusy 교수의 설명례

32) 저자는 김연태, 이기춘 교수와 함께 공저로 『경찰법연구』라는 책을 펴낸 바 있는데, 이는 공저자들이 기본적으로 경찰행정법에 관한 한 이론적 틀을 같이하기 때문에 가능했다. 그러나 구체적인 문제에 있어서는 각기 다른 견해를 갖고 있는 부분이 있는데, 공공의 질서 개념의 존재의의가 그 대표적 예이다. 즉, 저자가 기본적으로 공공의 질서 개념을 옹호하는 입장을 취하는 것에 반하여(특히 뒤에 보는 Poscher 교수의 입장과 그 궤를 같이한다), 김연태 교수는 공공의 질서 개념을 부정하는 입장을 취하고 있다. 한편 이기춘 교수는 공공의 질서 개념 자체를 새로이 설정하여야 한다는 입장을 취하고 있다.

에 따르기로 한다(Vgl. Gusy, Rn. 99).

(1) 사실적 관점에서－과도한 규율의 문제

오늘날 인간의 생활관계의 대부분이 개별 법규에 의하여 규율되고 있으므로 공공의 질서에 대한 위험을 이유로 경찰이 개입할 필요성은 거의 존재하지 않는다. 즉, 「경범죄처벌법」이나 「가정의례에 관한 법률」 등에서 볼 수 있듯이 국민의 세세한 활동까지 법률로 규율되고 있는 현실을 고려할 때, 공공의 안녕조항에 의하여 포섭되지 않음으로 인하여 공공의 질서조항이 적용될 여지는 거의 없다고 할 수 있다.

(2) 헌법이론적 관점에서－불가능의 문제

공공의 질서라는 개념은 실정법에 규정되어 있지도 않은 사회적 가치관을 고려하고 있다는 점, 즉 실제로 확인되기 곤란한 가치관을 통하여 헌법적으로 보장되는 기본권(행위의 자유)에 대한 제한을 가져온다는 점에서 문제점을 안고 있다.

더욱이 다른 생각이나 행동을 받아들일 것이 요구되는 다원적(多元的) 민주주의 국가에서는 단일의 가치관이 더 이상 존재하기 어렵다. 즉, 다원적 민주주의 국가에서는 필연적으로 상이한 가치관이 존재할 수밖에 없다. 그리고 이처럼 사회규범과 가치관의 다양성이 헌법적으로 보장된다면, 국가라고 하여 단일의 가치관을 강제할 수는 없는 것이다.

(3) 헌법적 관점에서－위헌의 문제

공공의 질서의 개념은 그러한 질서의 존재의 확인을 위한 기준이 명확히 확인되지 않으므로 헌법상 요구되는 명확성이 결여되어 있으며, 그 결과 공공의 질서의 개념은 법치주의에 반할 소지를 안고 있다(공공의 질서 개념에 대한 우리나라에서의 비판론은 주로 이러한 문제를 그 주된 논거로 하고 있다[김남진/김연태(II), 318쪽; 하명호, 816쪽 등]).

3. 경찰의 권한 및 직무를 규정함에 있어 '공공의 질서'라는 개념을 포기한 입법례로는 어떤 것이 있을까?

전술한 바와 같은 공공의 질서 개념의 비판론은 상당한 설득력을 가지고 있다. 그리고 이런 비판을 고려하여 경찰의 직무규범과 권한규범을 규정함에 있어 법공동체에 있어서 포기할 수 없는 가치관의 총체 개념인 공공의 질서라는 보호이익을 포기하고 있는 입법례도 있다. 그 대표적 예로는 독일의 브레멘 경찰법 제1조 제1항, 노르트라인-베스트팔렌 경찰법 제1조 제1항, 짜르란트 경찰법 제1조 제1항 등을 들 수 있다.

4. 공공의 질서 개념 옹호론은 어떠한 것을 그 논거로 하고 있을까?

공공의 질서 개념에 대한 비판론에도 불구하고, 오늘날에도 공공의 질서개념의 존재를 인정하여야 할 필요성이 있음을 강조하는 공공의 질서 개념 옹호론 또한 여전히 존재하고 있다. 이러한 공공의 질서개념 옹호론은 다음과 같은 것을 그 논거로 한다.

(1) 입법 현실의 간과

공공의 질서 위반을 이유로 경찰이 개입하는 것을 허용하지 않는 견해(공공의 질서 개념 비판론)는 사회적·윤리적 가치관은 이것이 법률에 규정될 때에만 구속력을 갖는다는 점을 그 논거로 삼고 있다. 그러나 이러한 견해는 너무 나아간 견해로서, 논리적 모순을 안고 있다. 왜냐하면 「풍속영업규제법」에서 보듯이 입법자가 종종 사회적·윤리적 가치관에 따라 법률을 제정한다는 사실을 간과하고 있기 때문이다(손재영, 181쪽).

(2) 새로운 유형의 위험에 대한 대처

위험방지가 문제되기는 하지만 그것이 새로운 유형의 위험이기 때문에 그에 대해 아직까지는 형법 또는 기타 행정법규가 규율하고 있지 않은 영역(예컨대 입법자가 충분히 신속하게 대처할 수 없는 환경법에서의 급격한 변화의 요청)에서는 공공의 질서의 개념은 유지될 수 있다. 즉, 그러한 영역에서는 입법자가 입법을 하기 전까지는 공공의 질서의 개념에 의존하는 것만이 새로운 유형의 위험에 대처하는 수단이 된다(Knemeyer, Rn. 104). 독일의 뮌스터 상급행정법원이 극우주의자들이 독일 제3제국의 깃발을 나치즘의 고양을 위한 상징으로 사용하는 것을(예컨대 촛불행진을 할 때 전쟁의 상징으로 사용하는 경우) 공공의 질서에 반하는 것으로 판시한 것은(OVG Münster, 1994, 966) 그 좋은 예가 될 것이다.

(3) 합헌적 질서로서의 공공의 질서

근래 들어 – 그것이 헌법적 질서와 합치하는 경우에는 – 공공의 질서 개념에 근거한 경찰권 발동을 인정할 수 있다는 주장이 나타나고 있다. 이러한 견해는 비록 공공의 질서 개념에 대한 비판론의 타당성을 인정하는 것에서 출발하고 있지만, 궁극적으로는 공공의 질서 개념을 옹호하는 견해로 분류할 수 있다. 이러한 견해의 대표적 예로는 vgl. Poscher, "Öffentliche Ordnug und GG", in; FS Würtenberger, 2013, S. 1029 ff.

5. 근래 들어 공공의 질서 개념에 대한 (고전적) 비판론에서 한 걸음 더 나아가 공공의 질서 개념 자체를 재설정하여야 한다는 견해가 나타나고 있는데, 이러한 견해는 구체적으로 어떤 것을 내용으로 하고 있을까?

공공의 질서 개념에 대한 (고전적) 비판론은 공공의 질서 개념은 경찰의 보호법익에서 배제되어야 한다는 것, 즉 공공의 질서라는 이름으로 경찰이 국민생활에 개입하여서는 안 된다는 것을 그 내용으로 하였다.

그런데 근래에는 이러한 논의에서 한 걸음 더 나아가 공공의 질서 개념 자체의 재설정이 필요하다는 견해가 나타나고 있는바, 이는 "우리나라 「경찰관 직무집행법」상의 공공의 안녕과 질서는 '질적으로' 객관적 법질서를 뜻하는 결합개념이고, 굳이 구분하자면 전자인 공공의 안녕은 법령에서 직접적으로 보호되는 개별법익과 개별법령의 지시개념이고, 후자인 (공공의) 질서는 헌법, 헌법의 가치질서를 포함하는 전체 법질서를 뜻한다는 의미로 재탄생되어야 한다"는 것을 그 내용으로 한다. 즉, 공공의 질서는 더 이상 공공의 안녕에 해당되지 않는 사정하에서만 고려되는 후보선수(Reseve)가 아니라 주전선수(Main Player)로서 공공의 안녕을 포함하는 상위개념이고 포용개념으로 이해되어야 한다는 견해이다(서정범/김연태/이기춘, 208쪽[33]).

---

33) 이러한 내용은 저자를 포함한 3인 공저에 실려 있지만, 본문에 인용되어 있는 부분은 공저자

6. 오늘날에도 공공의 질서 개념은 여전히 존재의의를 갖는다고 할 수 있을까(사견)?

공공의 질서 개념에 대한 비판론의 논거들은 틀림없이 나름대로의 타당성을 갖고 있다. 그러나 그렇다고 하여 그러한 사정만으로 공공의 질서 개념을 완전히 포기하는 것은 너무 성급하다고 생각한다. 왜냐하면 일정한 위기상황을 규율하기 위하여는 공공의 안녕이라는 보호이익 외에 공공의 질서의 개념에 의존하는 것이 여전히 불가피한 면이 있기 때문이다.

다만 공공의 질서 개념에 대한 비판론을 고려할 때, 공공의 질서 개념의 근거는 궁극적으로 '헌법상 가치질서'에서 찾아야 할 것이다. 공공의 질서가 포기되어서는 안 된다고 하면서, 그 이유로 국가가 헌법에 기초한 "내부평화보장의 사명(Auftrag zur Sicherung des inneren Friedens)"을 갖는다는 점을 들고 있는 견해(Möstl, a.a.O., S.143) 또한 같은 입장이라고 생각된다. 독일의 연방행정법원 및 연방헌법재판소의 판례 또한 근본적으로 이러한 입장을 취하고 있는 것으로 보인다(Vgl. BVerwGE 115, 189 = NVwZ 2002, 598 ff.; BVerfGE 111, 147, 154 ff.; BVerfG, NJW 2001, 2069, 2071; BVerfG, NVwZ 2004, 90, 91).

7. 사례연습: (공공의 질서 개념의 존재의의를 긍정하는 것을 전제로 할 때) Peep-Show 영업이 공공의 질서에 위반하다는 것을 이유로 그를 금지시킬 수 있을까?

Peep-Show가 선량한 사회풍속에 위반하는지 여부, 즉 Peep-Show가 선량한 사회풍속에 위반한다는 것을 이유로 그 영업을 금지시킬 수 있을지 여부에 대하여는 다음과 같은 견해의 대립이 있다. 즉,

(1) 긍정설

Peep-Show가 관람의 대상이 되는 여인의 품위를 떨어뜨리고 그녀의 인간으로서의 존엄을 해친다는 것을 논거로 Peep-Show를 선량한 사회풍속에 위반하는 것으

중의 1인인 이기춘 교수의 입장이라는 것을 밝혀 둔다.

로 보는 견해로, 독일의 연방행정법원이 이러한 입장에 따르고 있다(Vgl. BVerwGE 64, 74 ff.).

(2) 부정설

Peep-Show를 사회적으로 수인될 수 있는 영역으로 보는 견해로 "관람의 대상이 되는 여성이 그에 동의하였으므로 인간의 존엄에 포함된 자기결정의 자유를 고려할 때 그를 보호하는 것은 정당화되기 어렵다" 또는 "자신의 존엄에 대한 자기결정의 자유를 갖고 있는 자의 존엄을 보호할 국가의 의무를 인정하는 것은 인간존엄의 불가침을 규정하고 있는 기본법 제1조와 일치하지 않는 강제를 행하는 결과가 된다"는 것을 논거로 한다(VGH München, NVwZ 1983, 175).

한편 네덜란드의 경우 대법원이 Peep-Show 사업장을 유흥업소가 아닌 극장으로 간주하는 판결을 하였는바, 이러한 판결 역시 Peep-Show가 사회적으로 수인될 수 있는 영역에 속한다는 것을 기초로 한 것이라고 생각된다.

Chapter 3. 위 험(I)-전통적 논의를 중심으로

§ 1. 개 관-위험, 리스크, 잔존 리스크의 3단계 모델

참고문헌: 김남진, "위험의 방지와 리스크의 사전배려," 고시계, 2008.3, 50쪽 아래; 문병효, "독일의 원자력법제," 원자력에너지의 리스크관리법제, 2011 행정법이론실무학회/ICR센터 공동학술대회 발표자료, 1쪽 아래; 이기춘, "독일 경찰질서행정법상 위험방지론과 리스크대비론의 현대적 변화에 관한 연구", 법학논고 제62집(2018), 41쪽 아래; Laubinger, "임미씨온방지법에서의 위험·불이익, 부담, 리스크", 김현준(역), 토지공법연구 제32집(2006), 115쪽 아래; Breuer, "Anlagensicherheit und Störfälle Vergleichende Risikobewertung im Atom- und Immissionschutzrecht", NVwZ 1990, 211 ff.; Di Fabio, "Gefahr, Vorsorge, Risiko", Jura 1996, 566 ff.; Krause, "Das Risiko und Restrisiko im Gefahrstoffrecht", NVwZ 2009, 497 ff.; Reich, *Gefahr, Risiko, Restrisiko Das Vorsorgeprinzip am Beispiel des Immissionschutzrechts*, 1989.

1. 경찰행정법학에서 통용되는 위험, 리스크, 잔존 리스크의 개념을 전제로 한 3단계 모델은 어떻게 생성된 것일까?

일상 생활에 있어서의 경험칙에 따를 때 어떤 상황으로부터 무엇인가 좋지 않은 일이 생겨날 것 같을 때, 우리는 그러한 상황을 '위험'이라고 표현하여 왔다. 그 한도에서 일상적 용어로서의 위험은 그 개념의 윤곽이 어느 정도는 확정적이다. 그런데 우리가 일상생활에서 '위험'이라고 표현하여 왔던 상황을 경찰행정법학의 관점에서 바라보면, 그것에는 다분히 이질적인 여러 상황이 모두 포함되어 있음을 알 수 있다. 그리하여 경찰행정법학자들은 우리가 일상에서 사용하는 위험이란 개념을 그것의 정도 내지 그 정도에 따른 국가의 대처 필요성 내지 대처방안이란 측면에 착안하여 다음과 같이 셋으로 구분하여 왔다. 그것이 곧 위험(Gefahr), 리스크(Risiko), 잔존 리스크(Restrisiko)이다 — 이른바 3단계 모델.

2. 리스크라는 개념은 어떠한 것을 그 내용으로 하는 것일까?

3단계 모델 가운데 위험(Gefahr, 후술 참조)의 개념은 — 비록 그 내용에 있어 여전히 해석의 여지가 있기는 하지만 — 적어도 경찰행정법 이론상으로는 확실하게 정립되어 있다. 그러나 리스크(Risiko)는 그러한 정도의 개념 정립조차 제대로 되어 있지 않은 상황에서 '수학적으로 보아 사건이 발생할 개연성' 또는 '사건의 실현을 통해 기대되는 손해의 정도와 사건에 특징적인 발생개연성(Eintrittswahrscheinlichkeit)의 산물'이라는 정도의 설명이 행해지고 있을 뿐이다. 한편 리스크는 예측이 불가능에 가까울 정도로 불확실하다는 것, 즉 발생개연성이 영(Zero)에 가깝다는 것을 그 본질적 특성으로 한다.

3. 발생개연성이 Zero에 가까운데도 불구하고 리스크를 문제 삼아 그에 대한 대비를 논하는 이유는 무엇일까?

발생개연성이 Zero에 가까움에도 불구하고 리스크에 대한 대비를 논하는 이유는 리스크는 발생개연성은 비록 Zero에 가깝지만, 만일 그것이 현실화되어 발생하는 경우 그로 인한 피해는 가히 재난이라고 불릴 정도로 무한대이기 때문이다. 이처럼 리스크는 그것이 초래하는 무한대의 재난 때문에 극히 미미한 발생개연성조차도 무시할 수 없는 특수한 문제를 야기한다. 한편 학자들은 리스크가 갖는 이러한 특성을 가리켜 이른바 '영 — 무한대 — 딜레마(Zero-Infinity-Dilemma)'라고 부르고 있다.

4. 잔존리스크란 무엇을 말하는 것일까?

잔존 리스크(Restrisiko)는 법적으로 요청된 안정수준을 충족하고 있는, 그리하여 법적으로 허용된 리스크를 의미한다. 즉, 자동차나 항공기처럼 인간생활을 위하여 필요불가결한 것이고, 그 때문에 그러한 과학기술의 이용 자체를 전반적으로 금지할 수 없는 리스크를 말한다. 한편 잔존 리스크를 이렇게 이해하는 한 그것은 사회적으로 타당한 것으로서 국민들은 그를 받아들여야 한다는 결론에 달하게 된다.

5. 경찰행정법학자들이 3단계 모델을 통하여 위험, 리스크 그리고 잔존 리스크를 구분하였던 이유는 무엇일까?

경찰행정법학자들이 위험, 리스크 그리고 잔존 리스크를 구분했던 이유는 이 3가지 개념 중 어디에 해당하는지에 따라 그에 대한 국가의 대응 또한 달라지게 되기 때문이다. 즉,

(1) 먼저 잔존 리스크는 법적으로 허용된 리스크이므로 국가가 그에 법적으로 대처할 필요성이 전혀 없다. 즉, 잔존 리스크는 법적 규율대상이 아니다.

(2) 이에 반해 위험과 리스크는 국가가 그것에 법적으로 대처하여야 할 필요성이 있다는 점에서 공통된다. 그러나 그 경우에도 국가적 대처방식에 있어서는 양자간에 차이가 있다. 즉, 위험에 대해서는 위험방지를, 리스크에 대해서는 사전배려(사전대비)를 하게 된다.

(3) 지금까지의 설명을 토대로 위험, 리스크 그리고, 잔존 리스크의 관계를 도표화하면 다음과 같다.

표 1: 위험, 리스크, 잔존 리스크의 관계

위험(Gefahr)	충분한 개연성	위험방지
리스크(Risiko)	단순한 개연성	사전배려(사전대비)
잔존 리스크(Restrisiko)	가능성	법적 규율대상 아님

6. 경찰행정법학자들이 경찰권 발동의 요건 가운데 가장 중요시하고 있는 위험의 개념은 어떠한 기능을 수행하는 것일까?

위험의 개념은 경찰이 언제 경찰법의 보호법익인 공공의 안녕과 질서를 보호하

기 위하여 개입할 수 있는지를 결정하게 해 준다. 즉, 경찰은 위험이 존재하는 경우에 한하여 경찰활동을 행할 수 있는바, 이는 위험의 개념이 경찰의 (침해적) 조치를 제한하는 기능을 갖는다는 것을 의미한다. 이러한 관점에서 보면 위험의 개념이 '법치국가적 기능'을 수행한다고 할 수 있다(위험 개념의 법치국가적 기능을 강조하는 것으로는 Schenke, Rn. 70).

§ 2. 구체적 위험과 추상적 위험

1. 위험과 관련하여서는 구체적 위험과 추상적 위험을 개념상 구분할 필요성이 있는바, 이들 양자의 개념 및 관계는 어떻게 이해하여야 할까?

(1) 추상적 위험

추상적 위험은 특정한 행위 혹은 상태를 일반적·추상적으로 고찰했을 때 손해가 발생할 충분한 개연성이 있다는 결론에 도달하게 되는 경우에 존재한다. 이러한 추상적 위험에 대해서는 입법의 방식으로 대처하게 된다.

(2) 구체적 위험

구체적 위험이란 구체적인, 즉 시간과 장소에 따라서 확정된 또는 확정될 수 있는 상황으로부터 성립하는 위험을 말한다. 경찰이 구체적으로 어떠한 경찰활동(처분 등)을 하기 위하여서는 구체적 위험의 존재를 필요로 한다. 구체적 위험은 입법(예: 경찰명령)의 제정을 위해서는 그것만으로 충분한 추상적 위험과 구분되어야 한다.

이처럼 구체적 위험의 존재가 경찰작용의 전제조건을 이루고 있기 때문에 구체적 위험의 개념은 경찰행정법 이론의 중핵을 이루고 있다. 따라서 경찰행정법에서 위험이라고 하면, (특별히 '추상적' 위험이라고 하지 않는 한) 구체적 위험을 의미하는 것으로 이해하여야 한다.

(3) 추상적 위험과 구체적 위험의 관계

대부분의 경우 구체적 위험과 추상적 위험은 동시에 발생한다. 다만 일반적으로는 위험한 사안이 구체적 경우에 있어서 인식가능한 제반 사정에 근거할 때 손해를 가져오지 않는 것으로 판단되는 경우에는, 구체적 위험이 결여되어 있다고 할 수 있다.

2. 경찰행정법학에 있어 논의의 중점은 구체적 위험에 집중된다. 따라서 구체적 위험에 대한 올바른 이해가 선행되어야만 경찰행정법 이론에 대한 체계적 이해가 가능한데, 그렇다면 구체적 위험은 어떻게 정의될 수 있을까?

참고문헌: 손재영, "경찰법에서 위험의 개념", 계명법학 14집(2010), 98쪽 아래; 이호용/김종세, "경찰권발동의 근거로서 '위험'의 개념과 양태 – 독일 경찰법학의 논의상황을 참고하여", 한국공안행정학회보 19권(2012), 421쪽 아래; Schoch, "Die Gefahr im Polizei- und Ordnungsrecht", Jura 2003, 472 ff.

구체적 위험은 일단 "어떤 사실의 정상적인 진행을 방치하게 되면, 가까운 장래에 어떤 상태 또는 행위가 공공의 안녕 혹은 질서에 손해를 가져올 충분한 개연성이 있는 경우"를 의미하는 것으로 이해되어 왔다. 독일의 경우 이러한 구체적 위험 개념은 – 그 표현에 있어 약간의 차이가 존재하기는 하지만 – 각 주의 경찰법에 명문으로 규정되어 있다[예: 브레멘 경찰법(Brem.PolG) 제2조 제3항; 니더작센 「공공의 안녕과 질서에 관한 법률」(NdS.SOG) 제2조 제1호a; 작센-안할트 「공공의 안녕과 질서에 관한 법률」(LSASOG) 제3조 제3호a 등].

§ 3. 구체적 위험 개념(Ⅰ)－손해

전술한 바와 같이 경찰행정법학에 있어 논의의 중점은 구체적 위험에 집중되며, 따라서 구체적 위험에 대한 올바른 이해가 선행되어야만 경찰행정법 이론에 대한 체계적 이해가 가능하다. 이하에서는 구체적 위험의 개념에 대한 이해를 도모하기 위하여, 그의 개념적 요소의 구체적 내용에 대하여 상세하게 논하기로 한다.

1. 구체적 위험 개념의 정의에 사용되고 있는 '손해'는 무엇을 의미하는 것일까?

손해(Schaden)란 "외부적 영향 또는 공공의 질서의 개념에 속하는 불문의 사회규범 위반으로 인하여 현존하는 법익이 객관적으로 감손(減損)하는 것"을 의미한다.

2. 손해와 단순한 불이익 등과는 어떤 관점에서 구별되는 것일까?

손해는 예견되는 침해가 일정한 강도(强度)에 이르렀을 때, 즉 공공의 안녕 또는 질서에 대한 법익이 '현저하게' 침해된 경우에 존재한다. 따라서 단순한 불이익(bloße Nachteile)이나 부담(Belästigungen) 또는 불편함(Unbequemlichkeiten)은 법익의 감손, 즉 손해라고 볼 수 없다. 이와 관련하여서는 다음과 같은 것에 유의할 필요가 있다.

(1) 단순한 불이익 등과 손해를 구분함에 있어서는 '정상인'의 판단이 척도가 된다. 따라서 어떠한 침해가 전적으로 관계인의 비정상적인 성질에 기인하는 경우, 즉 단순한 불이익이 개인의 특별한 감정으로 인해 법익의 감손을 가져오는 경우에는 위험의 개념적 요소를 이루는 손해라고 할 수 없다.

(2) 손해 여부는 시간과 장소에 따라 달라질 수 있다. 즉, 주간에는 단순한 부담일 뿐인 소음이 야간에는 건강이라는 법익의 감손이 될 수 있으며, 농촌생활의 경우에는 어느 정도 일상적이어서 단순한 부담에 불과한 특정한 냄새가 도시에서는 손해로서 위험원(危險源)이 될 수 있다.

3. 손해의 개념과 관련하여 법익의 감손이 '외부적 영향'에 의해 초래되어야 한다는 점이 강조되고 있는데, 이는 무엇을 의미하는 것일까?

법익의 감손이 '외부적 영향'에 의해 초래되어야 한다는 것은 법익의 감손이 자신의 사정에 기인하거나, 일반적인 자연현상에 의하여 초래되는 경우(예: 상품의 부패)에는 그 법익에 대한 구체적 위험이 되지 못한다는 것을 의미한다. 물론 그로 인해 다른 법익이 침해되는 경우에는 그 한도에서 구체적 위험이 존재할 수 있다(예: 부패된 물품이 팔려서 그로 인해 타인의 건강에 대한 손해를 초래할 위험이 있는 경우).

§ 4. 구체적 위험 개념(II)-손해발생의 충분한 개연성

1. 구체적 위험 개념의 정의에 사용되고 있는 개연성이란 무엇을 의미하는 것일까?

구체적 위험은 실제로 또는 적어도 경찰이 작용을 행하는 시점을 기준으로 사실상태와 법상태를 합리적으로 판단할 때 가까운 장래에 손해가 발생할 '충분한 개연성'이 있을 것을 전제로 한다. 여기서 개연성(蓋然性, Wahrscheinlichkeit)이 있다고 인정되기 위하여서는 약간의 가능성이 있는 것만으로는 충분하지 않다. 그러나 이것이 손해의 발생이 절대적으로 확실할 것을 요구하는 것은 아니다. 결국 손해발생의 개연성이란 손해발생의 확실성과 단순한 가능성 사이의 광범위한 중간영역이라고 할 수 있다.

2. 손해발생의 '충분한' 개연성이 인정되기 위하여 요구되는 개연성의 정도는 어떻게 판단될 수 있을까?

구체적 위험의 존재가 인정되기 위하여서는 가까운 장래에 손해가 발생할 '충분한(hinreichend)' 개연성이 있어야 한다. 이 경우 구체적 위험의 존재가 인정되기 위하여 요구되는 개연성의 정도는 위협받는 법익의 가치가 중요하면 중요할수록, 그리고 그러한 법익에 대한 예상 손해가 크면 클수록 더 낮아진다(반비례의 법칙 또는 Je-Desto-Formel, 이러한 용어에 관하여는 vgl. Götz/Geis, § 6 Rn. 7). 이는 생명과 신체와 같은 중대한 법익에 대한 손해의 발생이 임박한 경우에는 그다지 중요하지 않은 재산적 가치에 대한 구체적 위험이 문제가 되는 경우에 있어서와 같은 정도의 높은 손해발생의 개연성은 요구되지 않는다는 것을 의미한다. 따라서 이러한 경우에는 약간의 개연성(geringe Wahrscheinlichkeit)도 충분한 개연성에 해당할 수 있다. 독일의 연방헌법재판소 역시 이러한 맥락에서 "원자력발전소가 폭발할 수도 있다는 근거가 있는 경우에는 경찰은 그 개연성이 매우 낮은 경우에도 개입할 수 있다"고 판시한 바 있다[BVerfGE 49, 89 (135 ff.)].

3. 구체적 위험의 정의에 있어 '가까운 장래에' 손해가 발생할 개연성이 있어야 한다는 것은 무엇을 의미하는 것일까?

개괄적 수권조항에서 말하는 구체적 위험은 '가까운 장래(in naher Zukunft)'에 손해가 발생할 개연성이 있는 경우에 인정된다. 따라서 먼 훗날의 어떤 시점에 이르러야 비로소 손해가 발생할 개연성이 있는 것만으로는 구체적 위험이 존재한다고 할 수 없다. 예컨대 양돈업이 (먼 훗날에) 주택건축허가의 발급 등으로 인하여 인근 토지의 이용 상황에 변화가 있는 경우에야 비로소 손해를 야기할 가능성이 있는 경우라면 구체적 위험이 존재하는 것이 아니다.

한편 이와 같은 상황을 이른바 "잠재적 위험(latente Gefahr)"이라는 용어를 사용하여 설명하는 견해도 유력한데, 잠재적 위험이란 용어는 단지 법상황을 모호하게 만들 뿐이다. 왜냐하면 이 경우에는 사실상 구체적 위험이 존재하지 않기 때문이다. 따라서 잠재적 '위험'이라는 용어는 사용하지 않는 것이 바람직하다(사견).

§ 5. 구체적 위험 개념(Ⅲ) – 객관적 위험상황

1. 구체적 위험의 존재 여부에 대한 판단은 '사전적'이라는 것은 무엇을 의미하는 것일까?

구체적 위험의 존재 여부에 대한 판단은 필연적으로 예측에 근거할 수밖에 없는데, 그러한 예측은 경찰이 '개입하는 시점에서의' 사실상태와 인식가능성을 기준으로 행해진다. 이는 구체적 위험의 존재여부에 대한 판단은 "사전적(事前的, ex ante)"이라는 것을 의미한다.

한편 사전적 판단과 '사후적(事後的)으로' 실제로 일어나는 일이 반드시 일치하는 것은 아니다. 따라서 사전적으로 행해져야만 하는 경찰의 위험예측의 정확성에 대하여 사후적으로 밝혀진 사실에 근거하여 의문을 제기하는 것은 모순이다. 즉, 경찰이 개입하는 시점에서 제반 상황을 정당하게 평가하여 위험이 존재한다고 판단하여 개입하였다면, 사건의 전개가 시간의 흐름에 따라 경찰이 예측한 것과 달리 진행된다고 하더라도 경찰이 위험의 존재를 전제로 개입한 것은 위법하지 않은 것이 된다(동지: Gusy, Rn. 110 f.; Kugelmann, 5. Kap. Rn. 112).

2. 주관적 위험개념은 과연 인정될 수 있는 것일까?

참고문헌: Schlink, "Das Objektive und das Subjektive beim polizeirechtlichen Gefahrenbegriff", Jura 1999, 169 ff.

(1) 위험 개념에 관한 학설의 대립

경찰법상의 위험개념에 대한 이해와 관련하여서는 종래 ① 행위를 하는 경찰공무원이 '주관적으로' 위험이 존재한다고 판단한 것에 중점을 두는 주관설과 ② '객관적인 위험상황'의 존재에 중점을 두는 객관설이 대립하고 있었다(위험 개념을 둘러싼 주관설과 객관설의 대립에 관하여 자세한 것은 서정범/김연태/이기춘, 2187쪽 아래 참조). 이 가운데 상당한 기간 동안 주도적 지위를 점하고 있었던 것은 객관설이었다.

(2) 위험 개념의 주관화(?)

전술한 바와 같이 구체적 위험의 존재여부에 대한 판단은 '사전적'이다. 그런데 구체적 위험을 이와 같이 이해하는 것은 '주관적 위험 개념'의 존재를 인정하는 결과를 가져올 수 있으며, 실제로 근자에 들어 주관설이 다시 그 지지기반을 넓혀가는 추세에 있다[위험 개념의 주관화(主觀化, Subjektivierung)를 주장하는 대표적 견해로는 Vgl. Schewe, *Das Sicherheitsgefühl und die Polizei*, 2009, S. 80 ff.]. 그러나 위험 개념의 주관화는 위험의 존재에 대한 예측기준을 약화시키는 문제를 초래할 염려가 있다. 즉, 경찰이 개입하는 시점에서 구체적 위험이 존재한다는 것에 대한 '주관적' 판단이 있기만 하면 언제나 구체적 위험의 존재가 긍정되는 것으로 오해하게 만드는 결과를 가져올 염려가 있다.

(3) 소 결

생각건대 '주관적인 위험개념'은 존재하지 않는다고 보아야 할 것이다. 따라서 구체적 위험의 존재를 판단함에 있어서는 구체적으로 작용을 행하는 경찰공무원을 기준으로 할 것이 아니라, 성실하고 합리적인 그리고 전문적 지식을 가진 경찰공무원이 경찰작용이 행해지는 시점에서 상황을 어떻게 평가하였을 것인지를 기준으로 삼아야 한다.

§ 6. 위험의 유형

참고문헌: 이기춘, "경찰질서법상 위험개념 및 표현위험과 위험의 의심", 공법연구 제31권 제4호(2003), 363쪽 아래; Gerhardt, "Anscheingefahr, Gefahrverdacht und Putativgefahr im Polizei- und Ornnungsrecht", Jura 1987, 521 ff.

1. 외관상 위험과 오상위험

기본사례: 사실은 영화촬영을 위한 것이지만 골목길에서 칼을 빼어들고 분노에 찬 표정으로 타인에게 접근하는 사람을 보고 경찰관이 순찰 중에 그 사람을 제압한 경우, 경찰관의 제압행위는 적법한 것으로 평가받을 수 있을까?

(1) 외관상 위험과 오상위험이란 개념을 정립할 필요성은 어디에서 찾아볼 수 있을까?

(경찰이 개입하지 않으면 손해가 발생할 염려가 있다는) 경찰의 사전적 예측과 달리 실제로는 손해가 발생할 염려가 없었다는 것이 사후적으로 밝혀지는 경우가 있다. 과연 이런 경우에도 위험이 존재하였다고 판단할 수 있는 것일까? 즉, 이런 경우에도 경찰의 개입을 적법하다고 판단할 수 있는 것일까?

이러한 문제의 해결은 외관상 위험(外觀上 危險, Anscheingefahr)[34]과 오상위험(誤想危險(Scheingefahr oder Putativgefahr)의 개념을 전제로 하지 않고는 사실상 불가능하다고 할 수 있는데, 외관상 위험과 오상위험의 개념을 정립할 필요성은 이러한 점에서 찾을 수 있다.

---

34) 외관상 위험을 표현위험(表見危險)이라고도 부른다.

(2) 외관상 위험이란 무엇을 의미하는 것일까?

경찰공무원이 그가 개입하는 시점에서 합리적으로 판단하여 위험의 존재를 긍정할 수 있었던 경우에는, 실제로는 손해가 발생할 염려가 없었다는 것이 사후(事後)에 밝혀진 경우라도 위험의 존재를 인정하는 데에 아무런 문제가 없다. 외관상 위험이란 이 같은 경우를 말한다. 외관상 위험은 '진정한 의미의 위험(echte Gefahr)'이고, 따라서 그것은 전술한 위험의 개념에 아무런 어려움 없이 포섭될 수 있다. 그 결과 외관상 위험이 존재하는 경우에 경찰의 개입은 적법한 것으로서 허용된다.

(3) 오상위험이란 무엇을 의미하는 것일까?

경찰공무원은 어떤 상황을 '주관적으로' 위험하다고 판단하였으나, 그 판단이 잘못되었거나 장래의 예측에 하자가 있어 그런 판단에 상응하는 '객관적인' 위험은 실제로 존재하지 않는 경우에(예: 총소리와 원조를 요청하는 소리를 순찰 중에 들은 경찰이 그 소리가 말발굽소리나 인디언의 포효와 함께 TV에서 나오는 소리라는 것을 인식하지 못하고 그 집에 강제적으로 침입한 경우) 오상위험이 존재한다고 할 수 있다. 이 같은 오상위험은 진정한 의미의 위험이 아니며, 따라서 이 경우에 경찰의 개입은 위법한 것으로 허용되지 않는다.

(4) 기본사례의 경우 경찰관의 제압행위는 적법한 것으로 평가받을 수 있을까?

기본사례와 같은 경우에 있어서 경찰관의 제압행위의 적법성 여부는 결국 기본사례와 같은 상황을 경찰법상의 위험으로 볼 수 있는지 여부에 따라 결정되게 된다. 생각건대 이 문제는 경우를 나누어 고찰해 볼 필요가 있다. 즉,

가) 행인들의 반응 등과 같은 자연스러운 영상을 얻기 위하여 현장에는 카메라 등 영화제작 장비가 전혀 투입되지 않고 망원렌즈를 통하여 먼 곳에서 촬영을 하는 방식을 취하고 있는 경우라면, 합리적이고 전문적 식견을 갖춘 평균적 경찰관 누구라도 자신이 맞닥뜨린 현장 상황을 위험하다고 판단할 수밖에 없을 것이다. 따라서 설사 그것이 사실은 영화촬영을 위한 것이었다는 것이 사후에 밝혀진 경우라고 할

지라도, 그러한 상황은 이른바 외관상 위험에 해당한다고 볼 수 있다. 외관상 위험은 진정한 의미에서의 경찰법상의 위험이고, 따라서 이러한 경우에 순찰중인 경찰관이 칼을 들고 타인에게 접근하는 사람을 제압한 것은 적법하다.

나) 이에 반하여 비록 조금 멀리 떨어져 있지만 카메라 등 영화제작 장비가 대거 투입되어 있고, 행인들의 통제를 막기 위하여 영화 스태프들이 바삐 움직이고 있는 상황인 경우에는, 합리적이고 전문적 식견을 갖춘 평균적 경찰관이라면 그것이 영화를 촬영하고 있다는 것을 쉽게 알 수 있을 것이다. 이러한 경우는 이른바 오상위험에 해당하는 것이고, 오상위험은 경찰법상의 위험에 해당하지 않는다. 따라서 만일 이러한 상황에서 순찰중인 경찰관이 칼을 들고 타인에게 접근하는 사람을 제압하였다면, 그것은 위법하다는 판단을 면하기 곤란하다.

2. 위험의 혐의

참고문헌: 김성태, "위험에 대한 의심과 위험여부의 확인: 법치주의에서의 안전을 위한 시론적 고찰", 행정법연구 제51권(2017), 155쪽 아래; Poscher, "Gefahrverdacht, Das ungelöste Problem der Polizeirechtsdogmatik", NVwZ 2001, 141 ff.; Schenke, "Gefahrenverdacht und polizeiliche Verantwortlichkeit", in; FS Friauf, 1996, 455 ff.

기본사례: 만우절에 자신의 요구조건을 들어주지 않으면 영업시간 중에 백화점을 폭파하겠다는 협박전화를 경찰이 받은 경우, 경찰은 백화점에 출동하여 손님과 직원을 대피시키고 폭발물이 실제로 존재하는지 여부를 조사해 볼 수 있을까?

(1) 경찰행정법 이론에서 사용되는 위험의 혐의란 어떤 의미를 갖는 것일까?

기본사례에서 제시된 예와 같이 경찰이 위험이 있다고 판단할 근거를 갖고 있기는 하지만, 그것이 불충분하고 따라서 위험이 존재하지 않을 수도 있다는 것을 경찰 스스로 자각하고 있는 경우를 위험의 혐의(Gefahrenverdacht) 또는 위험의 의심이라고 한다.

위험의 혐의의 경우는 경찰 스스로 위험이 존재하지 않을 수도 있다는 것을 인식하고 있다는 점에서, 적어도 개입을 하는 시점에서는 경찰이 위험의 존재를 확신하고 있는 외관상 위험 및 오상위험의 경우와 개념상 구분된다.

(2) 위험의 혐의라는 개념이 만들어지게 된 배경은 어디에서 찾을 수 있을까?

위험의 혐의라는 개념은 위험의 혐의에 해당하는 상황에서 경찰이 취하는 조치(기본사례의 경우라면, 경찰의 손님과 직원에 대한 대피조치 및 폭발물 조사)의 허용성을 인정할 필요성을 고려하여 만들어졌다. 즉,

전통적 경찰행정법 이론에 따르면 경찰의 모든 조치는 위험이 존재하는 경우에만 허용될 수 있는데, 위험의 혐의로 설명되는 상황의 경우에는 위험이 존재한다고 보기 어려운 면이 있어서 경찰이 아무런 조치도 취할 수 없다는 문제가 있었다. 이에 그러한 상황을 '위험의 혐의'라고 부르고, 위험의 혐의가 존재하는 경우에는 적어도 위험의 존재 여부를 확인하기 위한 조치는 허용된다는 이론이 만들어지게 된 것이다.

(3) 심화학습: 경찰법의 이론 구성에 있어 과연 위험의 혐의라는 개념을 인정할 필요성은 있는 것일까?

가) 위험의 존재를 긍정할 수 있는 개연성이 충분한 경우: 특히 다수인의 생명이나 신체와 같은 고차원의 법익에 대한 손해가 예견되는 경우처럼 위험의 존재를 긍정할 수 있는 개연성이 충분한 경우에는 위험의 혐의의 개념은 불필요하다. 즉, 그러한 경우에는 위험 또는 외관상 위험이 존재하는 것이고, 따라서 경찰은 경찰권을 발동할 수 있다

나) 위험의 존재를 긍정할 수 있는 개연성이 충분하지 않은 경우: 합리적 판단에 따를 때 경찰행정청의 인식이 아직까지는 위험의 존재를 긍정하는 것을 정당화시키지 못하는 경우처럼 위험의 존재를 긍정할 수 있는 개연성이 충분하지 않은 경우에는 경찰이 위험의 존재를 확인하기 위한 조치를 할 수 있는지의 문제가 중요하다. 그리고 이러한 경우에는 위험의 혐의라는 개념이 필요한 것으로 보는 것이 지

배적인 견해로 보인다.

다만 개인적으로는 이러한 경우에도 (위험의 혐의라는 용어를 포기하고), 위험의 혐의라는 개념과 상관없이 위험의 존재를 확인하기 위한 조치의 문제를 논해도 무방하다고 생각한다(사견).

3. 위험존재의 확인조치

(1) 위험존재의 확인조치란 무엇을 말하는 것일까?

위험존재의 확인조치(Gefahrerforschungseingriffe)란 직접적으로 위험의 방지에 기여하는 것이 아니라, 事案의 조사와 종국적인 위험방지 조치를 위한 준비에 기여하는 잠정적 조치를 말한다(예: 환경에 대한 위험이 특정의 토지에 기인하는지의 여부를 규명하기 위한 시추와 측량 등).

(2) 위험존재의 확인조치의 허용근거는 어디에서 찾을 수 있을까?

위험존재의 확인조치에 대한 법적 판단은 위험의 존재가 긍정될 수 있는지 여부에 달려 있다. 즉,

가) 경찰행정법상의 위험(외관상 위험의 경우를 포함)이 존재하는 경우에는, 위험존재의 확인조치는 개괄적 수권조항에 근거한 것으로 허용된다. 따라서 위험존재의 확인조치의 결과(따라서 사후적으로 고찰했을 때) 손해가 발생할 염려가 없었다는 것이 밝혀진 경우에도 위험존재의 확인조치는 경찰법상의 수권근거를 갖는다.

나) 경찰행정법상의 위험이 존재하지 않는 경우에는, 위험존재의 확인조치는 개괄적 수권조항에 근거할 수 없다. 이 경우 ① 관계인의 법적 지위를 침해하는 위험존재의 확인조치는 법률유보의 원칙에 따라 개별 법률에 침해의 근거가 필요하다. 이에 반해 ② 관계인의 법적 지위를 침해하지 않는 위험존재의 확인조치는 별도의 법률에 근거가 있어야만 할 수 있는 것이 아니다.

4. 잠재적 위험

(1) 잠재적 위험은 어떤 경우를 말하는 것일까?

처음에는 전혀 위험하지 않던 상황이 사후에 외부적인 사정이 부가됨으로써 경찰상의 보호이익에 대한 구체적 위험으로 되는 경우를 종래 잠재적 위험(潛在的 危險, latente Gefahr)이라고 불러 왔다. 잠재적 위험이란 개념의 필요성에 관하여는 이미 서술한 바 있는데, 오늘날은 잠재적 위험 개념은 불필요한 것으로 이해하는 것이 지배적 견해이다. 다만 이처럼 잠재적 위험 개념이 불필요하게 되었음에도 불구하고 아직도 독일의 경찰행정법 관련 판례에서는 잠재적 위험 개념이 종종 발견되고 있다(예컨대 OVG RP, DÖV 1998, 162).

(2) 잠재적 위험이란 개념은 양돈업자 사건에 관한 뮌스터 상급행정법원의 판결을 통하여 성립되었는데, 동 판결은 어떠한 내용을 담고 있었을까?

잠재적 위험의 개념을 설명함에 있어 경찰법 교과서들은 여전히 그의 전형적 예로 "양돈업자 사건(Schweinmäster-Fall)"을 들고 있는바, 양돈업자 사건은 다음과 같은 것을 그 내용으로 한다(Vgl. OVG Münster, OVGE 11, 250 ff.).

가) 사 안: 원고(A)는 십여 년 전부터 지역농경제업체를 소유하고 있으며, 양돈업을 주로 하고 있다. 시간이 흘러가면서 그의 양돈사업장 가까이에 점점 건축물이 많이 세워졌다. 양돈사업장이 소음, 파리 및 들쥐로 인하여 건강상의 위험을 야기하기 때문에, 이웃주민들이 이의를 제기하였고, 이에 근거하여 행정관청은 A가 양돈업을 더 이상 계속하는 것을 금지하였다. 이에 A가 소송을 제기하게 되었다.

나) 주 문: A가 양돈업을 계속하는 것이 인간의 발전적 공동생활을 방해한다. 양돈업은 비록 그것이 설치될 때에는 적법하였다고 할지라도 건축물이 증가됨으로써 실현될 수 있는, 즉 경찰위반의 상태를 야기할 수 있는 잠재적 위험을 내포하고 있다.

§ 7. 심화학습: 강화된 위험의 유형

참고문헌: 볼프 R. 쉔케(저)/서정범(역), 『독일경찰법론』, 세창출판사, 1998, 46쪽 아래; Kugelmann, 5. Kap. Rn. 150 ff.; Schoch, "Gefahrenabwehr nach der Generalklausel", JuS 1994, 667 ff.

일러두기 구체적 위험이라는 개념을 출발점으로 하여 많은 '강화된 위험(qualifizierte Gefahr)'의 유형이 나타날 수 있다. 독일의 실정법에 사용되고 있는 현재의 위험, 현저한 위험, 긴급한 위험, 공공의 위험 및 임박한 위험 등이 그것이다. 물론 이들 용어가 정확히 무엇을 의미하는지는 사실상 규정하기 어려운 면이 있다. 그러나 예컨대 우리나라의 「집회 및 시위에 관한 법률」 등에 이미 '직접적' 위협과 같은 용어가 사용되고 있음을 고려할 때, 이들 강화된 위험의 유형 및 개념을 이해할 필요가 있다.
다만 앞에서 이야기한 것처럼 이러한 용어의 의미가 학문적으로 완전히 정착되었다고 보기는 어려운 면이 있으므로, 경찰행정법 초학자들이라면 § 7.에서 설명되는 내용에 대하여는 건너뛰어도 무방하다.

1. 법률에서 경찰의 개입의 요건으로 현재의 위험 등과 같은 '강화된 위험'을 규정하는 이유는 무엇일까?

경찰관련 법률의 입법자는 특별법에서 현재의 위험 등과 같은 강화된 위험을 규정하고 있다. 이는 일정한 경우에는 경찰이 보다 높은 단계의 위험요건하에서만 개입할 수 있다는 것, 즉 시민의 법익에 대한 보다 강력한 침해가 정당화되기 위하여서는 이처럼 보다 높은 단계의 위험이 존재하여야 한다는 것을 분명히 하기 위함이다. 한편 입법자가 규정하는 강화된 위험은 '손해발생의 시간적 근접성'과 '위협을 받는 법익의 성질'을 기준으로 이하에서 보는 것과 같이 구분해 볼 수 있다.

2. '현재의 위험'이란 어떠한 상황을 말하는 것일까?

(1) 현재의 위험의 의의

현재의 위험(gegenwärtige Gefahr)이란 손해를 발생시키는 사건의 영향이 이미 시작되었거나, 바로 직전에 있는 경우[35]를 말한다. 이 경우에는 손해를 발생시키는 사건이 이미 발생했거나 가까운 시점에 손해가 발생할 우려가 확실하기 때문에 제3자의 도움 없이는 손해의 발생을 방지할 수 없는 경우가 많다(Gusy, Rn. 130). 따라서 독일의 많은 주의 경찰법에서 위험의 현재성(現在性, Gegenwärtigkeit)은 이해관계 없는 제3자, 소위 "비책임자(非責任者, Nichtstörer)"에게 경찰권을 발동하기 위한 전제조건이 된다. 또한 우리나라의 경찰행정법 이론에서도 비책임자에게 경찰권을 발동하기 위한 전제조건으로 현재의 위험을 들고 있다(이에 관해서는 본서 제4편 Chapter 5. § 2. 2. 참조). 결국 현재의 위험이 존재하는지 여부의 판단에 있어서는 손해발생의 시간적 근접성이 결정적 기준이 된다(Schenke, Rn. 78).

(2) 직접적 위험과의 관계

독일의 학자들은 연방의 「집회 및 행진에 관한 법률」 제15조 제1항에 규정되어 있는 '직접적 위험(unmittelbare Gefährdung)'을 현재의 위험과 거의 유사한 개념으로 이해하고 있는 듯하다(Kugalmann, 5. Kap. Rn. 151).

3. 중대한 위험이란 무엇을 말하는 것일까?

(1) 중대한 위험의 의의

중대한 위험(erhebliche Gefahr, 현저한 위험이라는 용어가 사용되기도 한다)은 중대한(중요한) 법익에 대한 위험을 말하는데, 구체적 위험이 강화된 형태인 중대한 위험은 법질서에 의해 보호되는 법익의 가치와 관련 있다. 한편 중대한(중요한) 법익의 예로는 일반적으로 국가의 존속, 생명 · 건강과 자유 및 중대한 재산적 가치와 같은 것들이 열거되고 있으며, 독일 각주의 경찰법들 역시 중요한 법익에 대한 입법적 정의에서 이들을 열거하고 있다.

---

35) 즉, 가까운 장래에 그러한 사건이 발생할 개연성이 확실한 경우를 말한다.

(2) 긴급한 위험과의 관계

독일의 경찰관련 법률들 중에는 긴급한 위험(dringende Gefahr)이란 용어를 사용하는 법률이 있는데, 이 경우 긴급한 위험이 무엇을 의미하는지에 대하여는 다음과 같은 학설의 대립이 있다. 즉, ① '긴급한(dringend)'이란 용어에 착안하여 긴급한 위험을 전술한 현재의 위험과 유사한 개념으로 이해하는 견해((Schenke, Rn. 78)와 ② 긴급한 위험을 중대한 법익에 대한 위험으로 보는 견해의 대립이 있는데, 후자가 독일의 다수설인 것으로 보인다.

후자의 입장을 따르는 견해는 긴급한 위험이 존재한다고 하기 위하여 반드시 위험발생이 목전에 급박할 필요는 없다는 점을 강조하고 있는바(Knemeyer, Rn. 94; Kugelmann, 5. Kap. Rn. 153), 이러한 입장에 따르면 긴급한 위험은 중대한 위험과 거의 유사한 것으로 이해할 수 있다. 독일의 판례는 긴급한 위험과 관련하여 "중요한 것은 법익이 공중에 대하여 갖는 의미이지 시간적 근접성이 아니다"라고 하여 [BVerwGE 47, 31 (40); LVerfG MV, LKV 2000, 345 (350) = DÖV 2000, 71] 후자의 입장에 따르고 있다.

4. 독일 기본법 제13조 등에 사용되고 있는 공공의 위험은 무엇을 말하는 것일까?

공공의 위험(gemeinen Gefahr)이란 불특정 다수의 사람 혹은 물건에 대한 위험을 말하는바, 그 예로는 홍수, 자연재해, 산불, 전염병 등을 들 수 있다. 독일의 경우 공공의 위험은 법률에 의해 구체화될 필요없이 직접 헌법에 근거하여 취할 수 있는 조치의 정당성을 인정하기 위한 근거로 설명되고 있다(Kugelmann, 5. Kap. Rn. 154).

5. 임박한 위험은 어떤 경우를 말하는 것일까?

임박한 위험(Gefahr im Verzug)이란 경찰이 즉시에 개입하지 않으면 손해가 발생하게 되는데, 법률에 의하여 원칙적으로 개입할 권한이 인정되어 있는 관청이나 법원의 조치를 통하여는 예견되는 손해의 발생을 적시에 방지하는 것이 불가능한 경우를 말한다(Knemeyer, Rn. 94).

6. 바이에른 경찰법에 처음 나타난 '우려되는 위험'이란 무엇을 말하는 것일까?

참고문헌: 박원규, "독일 경찰법의 최근 동향 – 바이에른 경찰법상 '우려되는 위험' 개념의 도입을 중심으로", 경찰법 연구 제17권 제2호(2019), 103쪽 아래.

독일 바이에른 주는 2018년 5월에 새로운 경찰법을 제정하면서 사실상 구체적 위험 개념을 포기하고, 구체적 위험의 개념을 대체하는 새로운 위험 개념을 채택하여 경찰권이 발동될 수 있는 문턱을 낮추었는데, 그것이 바로 '우려되는 위험(drohende Gefahr)'이다. 한편 여기서의 우려되는 위험의 의미에 대하여는 경찰이 중대한 법익이 위협을 받고 있다는 인상(Eindruck)을 갖게 되는 것만으로 경찰권을 발동할 수 있다는 취지로 설명되고 있다. 즉, 우려되는 위험이란 개념은 경찰의 개입요건을 극단적으로 완화시키는 의미를 갖는다. 이 때문에 우려되는 위험의 개념 도입에 관하여는 비판론 또한 유력한 실정이다(이러한 설명에 관하여 자세한 것은 서정범, "거짓신고에 관한 법적문제", 경찰법연구, 제17권 제1호(2019), 121쪽 아래 참조).

§ 8. 장 해

1. 장해란 무엇을 의미하는 것일까?

경찰작용은 위험이 존재할 때에만 허용되는 것이 아니다. 즉 경찰작용은 위험이 실현되었을 때, 다시 말해 현존하는 법익에 대한 감손 혹은 공공의 질서의 개념에 포함되는 사회규범에 대한 침해가 발생하여 계속되고 있는 경우에도 허용되는데, 이러한 상황을 장해(障害, Störung)라고 부른다. 장해가 존재하는 경우에는 그를 제거하는 조치가 필요한데, 장해의 제거를 위한 조치는 '진압적' 성격을 가지는 점에서, 위험을 방지하기 위해 행해지는 조치가 '예방적'인 것과 그 성격을 달리한다.

2. 경찰행정법 이론에 있어 장해의 제거를 위한 경찰작용의 허용성에 대하여는 특별한 설명 없이 당연히 허용되는 것으로 설명하는 이유는 무엇일까?

위험이 존재하는 것만으로도, 즉 (아직 손해가 발생하지 않은 경우에도) 단지 손해가 발생할 충분한 개연성이 있다는 것만으로도 일정한 조건하에 위험을 방지하기 위한 조치가 허용될 수 있다. 그렇다면 장해가 존재하는 경우, 즉 위험이 실현되어 이미 손해가 발생한 경우에는 그의 제거를 위한 조치는 더욱더 마땅히 허용되어야 할 것인바,[36] 여기에 장해의 제거를 위한 경찰작용의 허용성이 당연히 허용되는 이유가 있다.

3. 심화학습: 위해, 위험, 장해는 어떠한 개념적 차이를 안고 있는 것일까?

(1) 용어의 통일(?)

우리나라의 경찰행정법 관련 문헌들은 경찰권발동의 요건과 관련된 위해(危害), 위험(危險) 그리고 장해(障害)라는 용어를 명확하게 구분하여 사용하지 않고 있다. 또한 학자들에 따라 같은 개념을 설명함에 있어 다른 용어를 사용하고 있는 실정이며, '장애' 등과 같은 자신만의 독자적 용어를 사용하고 있는 예도 보인다. 이러한 용어의 혼용은 경찰행정법 이론의 발전을 가로막는 요소로 작용하고 있는데, 불행히도 아직까지 우리나라 학계의 경우 용어의 통일은 보지 못하고 있다.

(2) 본서에서의 사용례

용어의 혼용은 경찰법 초학자들의 이해를 혼란케 하는 면이 있으므로, 본서에서는 이들 용어를 다음과 같이 일관되게 사용하기로 한다. 즉,

가) 위험과 장해는 지금까지 설명한 개념을 그대로 유지한다.

나) 위해는 위험과 장해를 합친 개념, 즉 위험과 장해의 상위개념으로 사용한다 [본서의 입장과 동일한 용어례에 따르고 있는 것으로는 김남진/김연태(II), 318쪽 아래; 정하중, 1100쪽; 하명호, 816쪽 등].

---

36) 이러한 결론은 확대해석(a minori ad maius)의 방식을 통하여 도출될 수 있다

Chapter 4.
위 험(II)－전통적인 경찰법상 위험 개념의 변화 내지 종언(終焉)

* **일러두기** 위험에 관하여 새로운 서술방식을 채택하는 이유

본서에서 저자는 전통적인 경찰법상 위험 개념의 변화 내지 종언(終焉)에 관한 문제를 Chapter 4.에서 별도로 다루고 있다. 즉, 위험에 관한 설명에 있어 기존의 경찰행정법 교과서들과는 전혀 다른 서술방식을 채택하고 있는 것이다. 따라서 본론에 들어가기에 앞서 저자가 이러한 서술방식을 택한 이유에 대한 설명을 해 두고자 한다.

2001년 9월 11일, 알카에다로 대표되는 이슬람 테러조직이 항공기를 탈취하여 미국 뉴욕의 110층 높이의 세계무역센터(WTC) 쌍둥이 빌딩에 대한 자살테러를 감행하였다. 우리는 이를 9·11 테러라고 부르는데, 9·11 테러 이후 (특히 경찰의 정보활동과 관련하여) 전 세계적으로 경찰의 권한이 광범위하게 확장되는 현상이 나타나게 되었다. 이러한 경찰의 권한의 확장은 9·11 테러와 같은 대형 테러에 효과적으로 대처하기 위하여서는 사전적인,－즉, 전통적 의미의 구체적 위험이 존재하지 않는 경우에도－경찰의 정보활동이 필요하다는 인식에 기초한 것이었다.

문제는 테러 등의 위험에 효과적으로 대처하기 위한 경찰의 사전적 정보활동의 필요성은 인정되지만, 그것을 인정하는 것은 전통적인 경찰행정법의 이론적 체계와 부합하지 않는다는 것이다. 왜냐하면 전통적인 경찰행

정법 이론에 따를 때, 경찰권의 발동(여기서의 경찰의 정보활동)은 구체적 위험을 전제조건으로 하기 때문이다. 따라서 경찰의 사전적인 정보활동을 인정할 수 있으려면 구체적 위험에 관한 전통적인 경찰행정법 이론에 변화가 요구된다고 할 것인데, 이 과정에서 (특히 테러와 관련하여) 경찰의 침해활동의 준거가 되었던 전통적 구체적 위험의 개념이 여러 가지 측면에서 약화되거나 그 의미를 점차 잃어가고 있다. 따라서 이러한 문제에 대하여는 전통적인 위험에 관한 논의와는 별도의 Chapter로 상세히 다룰 필요가 있다. 한편 이러한 현상은 (테러문제뿐만 아니라) 현대사회가 가지고 있는 다양한 특성에도 기인하고 있는데, Chapter 4.에서는 이러한 현대사회의 특성에 기인하여 발생한 구체적 위험개념의 변화에 관하여서도 언급하기로 하겠다.

§ 1. 리스크 사회의 도래로 인한 위험개념의 변화 — 판단기준의 변화

1. 전통적인 경찰법행정이론은 구체적 위험의 존재 여부에 대한 판단과 관련하여 손해발생의 개연성 판단기준으로 무엇을 제시하여 왔을까?

전통적인 경찰행정법이론은 구체적 위험의 존재 여부에 대한 판단과 관련하여 원인(행위나 상태)과 손해발생 간의 인과관계의 존재 내지 손해발생의 개연성의 판단기준으로 "일반인의 경험칙" 내지 "전문가적 식견"을 제시하여 왔다.

2. 손해발생의 개연성 판단기준으로 "일반인의 경험칙" 내지 "전문가적 식견"을 제시해 왔던 전통적인 경찰행정법이론이 오늘날 한계에 부딪힌 이유는 어디에 있을까?

손해발생의 개연성 판단기준에 관한 전통적 경찰행정법 이론의 설명방식은 복잡한 정보기술 및 환경적 요인이 중시되는 현대 리스크 사회(Risikogesellschaft)에서는 그 한계를 드러내고 있다. 왜냐하면 어떤 상태나 행위가 일반인의 경험칙이나 전문가적 식견에 따를 때 경찰법상으로 구체적 위험원(危險源)으로 고려된다고 할지라도 당해 사안에 대하여 아직까지 전혀 확인된 실험이나 학문적 지식이 없다면, (구체적 위험의 존재를 긍정하기 위하여 필요한) 손해발생의 충분한 개연성에 대한 판단이 그에 대한 안정성(신뢰성) 부족으로 인하여 더 이상 법적으로 지지될 수 없게 되기 때문이다.

3. 현대사회를 규정짓는 방법 중 하나로 등장한 '리스크 사회'라는 용어가 사용되기 시작한 것은 언제부터일까?

'리스크 사회(Risikogesellschaft)'라는 용어는 독일의 사회학자 울리히 벡(Ulrich Beck)이 현대사회를 리스크 사회(Risikogesellschaft)라고 명명한 후부터 사용되기 시작하였는바, 같은 제목의 Ulrich Beck의 저서는 Ulrich Beck(저), 홍성태(역), 『위험사회—새로운 근대성을 향하여』(새물결, 2006)라는 제목으로 번역되어 출간되었다.

한편 Ulrich Beck은 2007년에 그의 '리스크 사회론'이 아직도 우리 삶에 유용하게 적용되고 있으며, 그것이 더욱더 '글로벌화'되고 있음을 역설한 신작 *Weltrisikogesellschaft*를 발표하였다. 그리고 Ulrich Beck의 신작인 *Weltrisikogesellschaft* 또한 Ulrich Beck(저)/박미애 외(역), 『글로벌 위험사회』(새물결, 2010)라는 제목으로 번역 출간되어 있다.

Ulrich Beck의 역저들의 번역본 출간은 일반 독자들이 Ulrich Beck의 이론에 쉽게 접근할 수 있는 기회를 부여한다는 점에서 그 의미가 크다. 다만, 경찰행정법학자의 입장에서 바라보면, 이들 번역서는 제목부터 번역이 잘못되어 있는 문제를 안고 있음을 지적하지 않을 수 없다. 이미 앞에서 서술한 바와 같이 (경찰행정법에서는 물론이고 사회학에 있어서도) 오늘날 위험(Gefahr)과 리스크(Risiko)는 이질적인 내용을 담고 있는 개념으로 이해되고 있으며, Ulrich Beck 또한 그를 충분히 인식하고 *Risikogesellschaft*와 *Weltrisikogesellschaft*를 저술하고 있는 것으로 보인다. 그런데 번역서와 같이 'Risiko'를 위험이라고 번역하게 되면, Ulrich Beck의 저술 의도를 왜곡하게 될 뿐만 아니라 독자들을 커다란 혼란에 빠지게 만드는 결과를 가져오게 될 수 있으므로, 그의 문제점을 지적해 두기로 한다.

4. 그렇다면 리스크의 판단(기준)과 관련하여 경찰행정법과 유사한 문제를 안고 있는 환경법의 영역에서는 이러한 판단기준의 문제를 어떻게 해결하고 있을까?

환경법의 영역에서는 기존의 일반적 경험칙만으로는 리스크 진단 및 손해발생과 행위의 인과관계를 명확하게 설명할 수 없다는 점이 일찍부터 인식되어 왔다. 그로 인하여 환경법상 리스크의 판단에 있어서는 '기술수준' 또는 '학문의 수준'과 같은 불확정 법개념이 전통적인 '일반적 경험칙'을 대신하고 있다. 그리고 이러한 새로운 기준을 통해서 행해지는 리스크 진단을 근거로 국가가 환경법상 제한을 하는 것이 가능하게 되었다고 한다.

5. 리스크 판단기준에 관한 환경법상의 법이론이 (위험판단의 기준과 관련하여) 경찰행정법 영역에도 그대로 적용될 수 있을까?

환경법상의 법이론을 침해의 강도가 훨씬 더 직접적이고 큰 경찰행정법 영역에 여과 없이 그대로 적용하는 것은 문제가 있다. 그러나 정보와 기술의 발전으로 나타나는 현대적 상황을 고려할 때, 그러한 환경법에서의 논의가 경찰행정법에 적용될 가능성은 긍정될 수 있다고 생각한다.

실제로 독일의 경우 이미 환경법, 기술법 등에서나 사용되던 '일반적으로 인정된 학문과 기술의 수준(der anerkannte Stand von Wissenschaft und Technik)'이라는 개념을 경찰행정법상의 '구체적 위험'의 진단에 사용하고 있다. 독일의 대표적인 경찰법학자인 굇츠(V. Götz) 교수의 "특정한 상황(eine Sachlage)이 손해로 발전될 수 있는 개연성이 있다고 하는 진단(Prognose)은 확인된 사실(Tatsache)로부터 논리적으로 추론되는 것이며, 그의 근거는 경험적 지식(Erfahrungswissen)이나 일반적으로 인정된 학문과 기술의 수준이다"라는 서술(Götz/Geis, § 6 Rn. 9)은 이러한 사정을 잘 설명하고 있다.

이러한 설명에 따르면 예컨대 특정 물질의 발암효과에 대하여 만약 인과관계가 학문적으로 밝혀지지 않고, 이러한 지식의 흠결이 일반적 경험지식을 통하여 극복될 수 없다면, 이러한 상황에 존재하는 리스크(Risiko)는 일반 경찰법상의 구체적 위험은 아닌 것이 된다.

6. 심화학습: 특정 종(種)의 개는 유전적으로 공격성을 갖고 있어서 경찰법상의 위험이 존재한다고 할 수 있는지 여부에 관한 독일 연방행정법원의 판결이 갖는 의미는 무엇일까?

독일 연방행정법원은 특정 종의 개가 위험할 수 있는지 여부의 문제를 – 학문적으로 논란의 여지가 있는 것으로 판단하여 – 경찰법상의 구체적 위험이 아니라 입법자에 의한 리스크 평가를 필요로 하는 리스크 개념으로 판시한 바 있다.[37] 이 판결은 (일반 공중의 신체 및 건강의 침해를 방지하기 위하여) 개의 공격성과 관련된 위험성 내지 리스크를 진단함에 있어 환경법, 기술법상의 리스크 개념이 사용되어야 할지, 아니면 일반경찰법상의 구체적 위험개념이 사용되어야 할지의 문제에 있어 기준을 설정하는 데 많은 시사점을 제시하고 있다는 평가를 받고 있다.

한편 이 판결에 대하여는 논리적 구성에 있어 중대한 문제를 안고 있다는 비판도 가해지고 있다. "이 문제의 경우 학문적으로 설명되지 않는 원인은 사실상 크게 중요하지 않다는 것이다. 왜냐하면 이 경우에는 동종의 많은, 높은 비율의 개가 행인 등을 물었는지가 선례 내지 경험칙으로 확인될 수 있었으므로 위험방지와 관련된 충분한 '경험칙'이 존재하고 있었기 때문이다"라는 입장이 그에 해당한다(Götz/Geis, § 6, Rn. 10).

§ 2. 구체적 위험 개념의 약화

참고문헌: 박병욱, "경찰상 온라인 수색의 법률적 문제," 경찰법연구 제7권 제

37) BVerwGE 116, 347–Urteil vom 3.7.2002–6 CN 8. 01. 한편 이 사건에서는 2000년 7월 5일 니더작센주의 「위험동물과 관련된 법규명령」이 공격성이 있다고 분류한 특정 종의 개(불테리어, 아메리칸 스태포셔 테리어, 핏불 테리어 및 이들 간의 잡종)에 대하여 비영업적 소유, 품종개량, 개체증대를 금지하면서, 다만 품성테스트에 합격하면 그러한 종의 개들도 예외적으로 사적 소유가 가능하나 거세가 되어야 하고 일련번호를 부여받아야 하며 또한 이 경우에도 반드시 개입막음과 개줄을 하고서만 주인과 함께 산책할 수 있도록 한 것이 문제되었다. 특히 위 종의 개들의 품성 테스트 판단기준으로 동 법규명령은 '개의 행동을 통해 이 개가 개별적인 경우에 제3자에게 위험을 야기하지 않는지'를 제시하였던 것이 다투어졌다(Vgl. Nds. GVBl S. 149).

1호(2009), 82쪽 아래; 서정범/박병욱, "경찰법상의 위험개념의 변화에 관한 법적 고찰 – 전통적 위험개념의 작별(?)", 안암법학 제36집(2011), 91쪽 아래; Kugelmann, "Der polizeiliche Gefahrenbegriff in Gefahr?", DÖV 2003, 761 ff.

기본사례: 독일의 대표적 시사잡지인 Spiegel誌의 기자 겸 편집자인 독일여성 K는 아프카니스탄 통상장관 F와 내연의 관계에 있으며, F는 장관으로 임명되기 전부터 지속적으로 탈레반 테러세력과 연관되어 있어 독일경찰이 요주의인물로 지정한 바 있다. 그런데 F가 독일의 아프가니스탄 주둔군 관련동향 등에 관한 정보를 K를 통하여 입수하여 탈레반 테러세력들에게 제공하고 있다는 정황이 독일 경찰에 의하여 포착되었다. 이에 독일군과 정부의 주요정보가 이런 방식으로 노출됨으로써 현지의 독일군인 및 기업인들 나아가 내국에 있는 독일인의 생명 및 신체의 안위가 위협받을 수 있음을 고려하여, 독일 경찰은 '구체적 위험'의 존재가 증명되지 않았음에도 불구하고 K의 노트북 컴퓨터에 몰래 기술적으로 침입하여 이메일 및 하드디스크 내용을 수색하기에 이르렀다. 이러한 독일 경찰의 온라인 수색은 적법한 것으로서 허용될 수 있는가?

1. 오늘날 전통적인 구체적 위험 개념의 약화현상은 온라인 수색(Online-Durchsuchung)과 같은 경찰의 정보활동에서 뚜렷이 나타나는바, 온라인 수색이란 무엇을 의미하는 것일까?

온라인 수색(Online-Durchsuchung)이란 컴퓨터수색 소프트웨어를 통하여 관련 정보를 전자적 방법으로 찾는 것을 말하는바, 이는 컴퓨터 이용자가 인식하지 못하는 가운데 이루어진다는 점을 그 특징으로 한다. 그리고 이러한 점 때문에 형사소송법이나 경찰행정법에 따라 행하여져 왔던 종래의 수색(Durchsuchung)과는 그 성질을 달리한다는 점이 일찍부터 인정되어 왔다(Vgl. BGH, NJW 2007, 930).

2. 기본사례와 같은 경우에 있어서 경찰의 온라인 수색은 과연 법적으로 허용될 수 있는 것일까?

(1) 기본사례의 경우 독일의 경찰은 온라인 수색이란 방법으로 은밀하게 정보

적 접근(침해) 활동을 하고 있다. 그런데 전통적 의미의 구체적 위험개념을 고수하게 되면, 기본사례의 경우에는 경찰의 정보활동, 즉 온라인 수색을 하기 위한 전제조건인 구체적 위험이 존재한다고 보기 곤란한 면이 있다. 왜냐하면 그러한 수색을 하지 않으면 가까운 장래에 손해가 발생할 개연성이 있다고 단언하기 곤란하기 때문이다.

(2) 따라서 기본사례의 경우 경찰의 온라인 수색이 인정되기 위하여서는 ① 구체적 위험이 경찰의 정보활동에 관한 권한이 인정되기 위한 전제조건이 아니라고 하거나, 아니면 ② 구체적 위험개념의 변화를 받아들여 기본사례의 경우에도 구체적 위험이 존재하는 것으로 보아야 한다.

3. 독일 연방헌법재판소는 기본사례에서 제시된 사건에 관하여 2008년의 온라인 수색 판결을 통하여 구체적 위험 개념의 변화를 도모하였는바, 그러한 변화의 조짐은 어디에서 엿볼 수 있을까?

독일 연방헌법재판소 역시 기본적으로는 "온라인 수색에 있어서 위험의 진단은 구체적 위험의 발생과 관련되어 있어야 한다"고 하여 온라인 수색의 전제조건으로 구체적 위험을 요구하고 있다(온라인 수색 판결, BVerfGE 120, 274 ff.). 다만 온라인 수색 판결을 통하여 독일 연방헌법재판소는 다음과 같은 2가지 관점에서 – 비록 미미하기는 하지만 – 구체적 위험 개념의 변화를 도모하고 있다.

(1) '가까운 장래에'라는 개념적 요소와 관련하여

전통적 경찰법이론에 따르는 경우 구체적 위험이 존재한다고 하기 위하여서는 '가까운 장래에(in naher Zukunft)' 손해가 발생할 개연성이 존재하여야 한다. 그런데 독일 연방헌법재판소는 "반드시 가까운 장래에 손해의 발생이 위협되어야 하는 것이 아니라 '예견 가능한 시간 내에(in absehbarer Zeit)' 손해의 발생이 위협된다면 전통적인 구체적 위험 개념에 전체적으로 부합한다"라는 취지의 판결을 하였다. 이처럼 구체적 위험의 판단과 관련된 시간적 근접성의 기준으로서 '가까운 장래'가 아니라 '예견 가능한 시간 내'가 제시되는 것은 전통적인 구체적 위험 개념의 전반적인 약화현상 중의 하나로 평가될 수 있다.

(2) '충분한 개연성'이라는 개념적 요소와 관련하여

전통적 경찰법이론에 따를 때 구체적 위험은 손해가 발생할 '충분한 개연성'이 있을 것을 전제로 한다. 그런데 독일 연방헌법재판소의 온라인 수색 판결은 "고도의 보호법익(überragend wichtiges Rechtsgut)에 대한 중대한 위험(drohende Gefahr)이 개별적인 경우에 명백한 사실관계를 통해서 암시되고, 가까운 장래에 그 위험이 도래하리라고 판단된다면 '아직 충분한 개연성이 인정되지 않는 경우에도(noch nicht mit hinreichender Wahrscheinlichkeit)' 국가의 정보기술시스템을 통한 접근(침해)이 정당화될 수 있다"고 판시하여 손해발생의 충분한 개연성과 관련하여서도 약간의 변화의 징후를 보였다. 즉, 독일 연방헌법재판소는 개연성 판단과 관련하여 직접적이고 명시적으로 '아직 충분한 개연성이 없는 경우에도'라고 하여 부정적 표현을 사용하고 있는 것이다. 이 때문에 동 판결에 대해서는 "충분한 개연성이 인정되기 직전의 단계, 즉 구체적 위험의 전 단계(Vorfeld der konkreten Gefahr)에서도 온라인 수색이 법적으로 허용될 수 있다고 해석될 여지를 남겨 준다"라는 평가가 행해지기도 한다 (이러한 평가에 대하여는 Vgl. Britz, "Vertraulichkeit und Integrität informationstechnischer Systeme", DÖV 2008, 411 ff.).

4. 독일 연방헌법재판소의 입장에 따를 때, 기본사례의 경우 온라인 수색은 허용될 수 있는 것일까?

독일 연방헌법재판소의 견해에 따르면, 기본사례의 경우에 있어 독일인 여기자와 아프가니스탄 통상장관의 정보교환 활동이 독일인의 생명 및 신체에 대한 중대한 위험을 야기할 수도 있다는 점이 구체적 사실관계를 통해서 밝혀진다면 ("구체적 위험 개념의 약화" 내지 "위험의 전 단계에서의 경찰상 정보활동의 가능성"이란 점을 고려하여) 여기자의 노트북에 대한 온라인 수색이 일정한 법적 절차 내에서 가능하게 된다.

§ 3. 위험의 사전배려

1. 오늘날 위험의 사전배려의 중요성이 한층 강조되고 있는 것은 어떠한 사정을 그 배경으로 하는 것일까?

근래 들어 여러 사정이 복잡하게 연계되어 있는 현대적 상황에서 경찰의 책무인 위험방지를 효과적으로 수행하기 위하여서는 경찰상 '위험의 사전배려(Gefahrenvorsorge)' 활동이 요구된다는 점이 강조되는 추세에 있다. 이러한 변화는 위험이 발생한 이후에 그를 방지하는 것보다 위험의 전 단계(前段階, Vorfeld)에서 경찰활동을 통하여 위험 자체가 발생하지 않도록 하는 것이 위험에 대한 대처수단으로 더 효율적이라는 인식이 생겨났기 때문이다. 실제로 9·11 테러를 전후로 제정된 일련의 경찰관련 법률들, 특히 테러관련 법률[38]들은 경찰의 책무가 전통적인 위험방지(Gefahrenabwehr)를 넘어서서 위험의 사전배려(Gefahrenvorsorge)로 발전하고 있음을 여실히 보여 주고 있다.

2. 오늘날 경찰에 의한 위험의 사전배려활동이 과연 경찰법적으로 허용될 수 있는지 여부가 법적으로 논란이 되고 있는바, 이러한 문제가 대두되는 이유는 무엇일까?

전통적 경찰법이론에 따르면 경찰의 침해활동은 구체적 위험의 존재를 그 전제조건으로 한다. 그런데 위험의 사전배려영역에서의 경찰의 활동, 특히 경찰의 정보활동이 행해지는 경우를 보게 되면 아직까지는 전통적 의미의 구체적 위험은 존재하지 않는다. 즉, 범죄행위 등에 대한 추상적 위험의 방지를 목적으로 하는 위험의 사전배려 영역에서의 경찰의 조치는 장래의 구체적 범죄행위 퇴치와 장래의 구체적 위험방지를 위한 것이므로 일반적으로는 아직 위험이 현재화되지 않은 상태인 것이다. 결국 이러한 상태는 이른바 구체적 위험의 전 단계에 놓여 있는 것이므로, 그의 허용성이 문제되는 것이다.

한편 이러한 문제는 9·11 테러 이후에 유사한 대형 테러가 빈발하는 것과 관련하여 특히 많이 논의되고 있다. 즉, 근래의 테러관련 입법들은 그 제정이유에서 국제적 테러로 인한 위협이 상시화(常時化)되어 가고 있는 오늘날에는 위험의 전 단계에서의 법적 도구의 지속적 발전이 필요하다는 점을 강조하고 있다.[39] 그리고 이들

38) 우리나라에서 테러방지법의 제정 필요성 및 제정하는 경우 동법에 담겨져야 할 내용에 관하여 자세한 것은 김용주, "테러방지법 제정의 기본방향에 관한 연구", 경찰학연구 제13권 제3호(2013), 24쪽 아래 참조.

39) 이러한 입법례에 관하여는 「대테러방지법(Terrorismusbekampfungsgesetz)」에 대한 독일 사민

법률들은 경찰(안전)기관이 구체적 위험의 전 단계에서 신원확인을 쉽게 하고, 여권과 신분증에 지문·바이오(생체)·증명사진과 같은 생체지표를 기록하는 것을 가능하게 하였다. 그런데 문제는 이러한 경찰의 권한이 전통적 구체적 위험 개념을 가지고는 설명할 수 없는 현상이라는 것이다. 이로 인하여 과연 위험의 전 단계에서 경찰에 의한 위험의 사전배려조치가 허용될 수 있는지 여부가 다투어지고 있는 것이다.

3. 경찰의 위험의 사전배려조치, 특히 경찰의 각종 정보활동은 구체적 위험의 존재가 확인된 경우에만 허용되는 것일까?

(1) 학설의 대립

구체적 위험이 존재하지 않는 경우에도 경찰에 의한 위험의 사전배려조치가 허용될 수 있는지에 관하여는 다음과 같이 학설이 대립하고 있다. 즉,

가) 경찰의 은밀한 정보수집 활동이나 안전기관 상호간의 정보교환, 프로파일링(비교검색, Rasterfahndung)을 통한 혐의자의 발견 등의 경우 구체적 위험 개념에 완전히 부합하는 상태가 존재하지 않거나 구체적 위험이 확인되지 않은 경우에도 경찰의 정보활동을 통한 기본권 침해활동이 가능한 것으로 이해하는 견해(Kugelmann, 5. Kap. Rn. 175; Wulff, *Befugnisnormen zur vorbeugenden Verbrechensbekämpfung in den Landes– polizeigesetzen*, 2003, S.1 ff.)와

나) 경찰비례의 원칙이란 관점에서 프로파일링 기법을 활용한 개인정보의 수집과 이용과 같은 경찰의 정보활동은 기본권 침해가 중대하므로 공공의 안녕에 대한 구체적 위험이 존재하는 경우에만 허용될 수 있다고 하는 견해[손재영, "프로파일링 기법을 활용한 범죄수사와 범죄예방의 법적 문제," 토지공법연구, 제36집 (2007), 385쪽]의 대립이 있는 것이다.

(2) 두 학설의 실질적 차이

전자의 입장에 따르는 학자들도 구체적 위험이 요구되지 않는 정보조치의 경우

당, 녹색당의 입법안(BT–Drucksache 14/7386, S.1); 대테러방지법에 대한 독일 연방정부의 입법안(BT–Drucksache 14/7727, S.1) 참조.

에는 매우 엄격하게 당해 조치의 적법성 및 비례의 원칙에의 부합여부가 심사될 것을 요구하고 있으며(Schenke, Rn. 213), 후자의 견해 역시 프로파일링 기법을 활용한 개인정보의 수집과 이용을 통해 개인의 신체나 생명과 같이 특별히 높은 가치를 갖는 법익에 대한 위험이 방지되어야 하는 곳에서는 구체적 위험의 존재라는 요건에 과도한 요구사항이 세워져서는 안 된다는 점을 강조하고 있다(Schoch, Rn. 117 ff.) 이런 점을 고려할 때 경찰의 정보활동의 가능성이라는 실제에 있어서 양 견해 간의 차이는 그리 크지 않다고 할 수 있다.

§ 4. 무작위적 신원확인조치

기본사례: 대한민국 국민으로 베를린 대학에서 국비유학 중인 A와 그의 어머니 B가 독일에서 체코로 넘어가는 열차의 식당차에서 식사를 하고 있었다. 열차가 독일-체코의 국경에 이르렀을 때 독일-체코 경찰의 합동검문조가 열차의 식당칸으로 들어왔다. 그리고 독일 내지 체코 국적을 갖고 있는 것으로 보이는 서양인(백인)들에 대하여는 눈짓 미소로 화답하며 특별한 조치를 취하지 않으면서, 유독 A와 B, 그리고 또 다른 흑인 남성 C에 대하여만 신원확인을 위하여 필요하니 여권을 제시하여 줄 것을 요구하였다. 독일-체코 경찰의 합동검문조의 A, B, C에 대한 이와 같은 신원확인조치가 경찰권발동의 요건을 갖춘 적법한 것으로서 정당화될 수 있는가?

1. 무작위적 신원확인조치란 어떤 의미를 갖는 것일까?

무작위적 신원확인조치(無作爲的 身元確認措置, Schleierfahndung)란 범죄의 혐의나 구체적 위험의 존재가 증명되지 않은 경우에 있어서의 신원확인조치를 말한다. 이는 구체적 사정하에서 어떤 사건과의 관련성 여하를 묻지 않고(사건무관계), 또한 특별한 의심의 존재여부도 묻지 않고(의심무관련) 행해진다. 이러한 점을 고려하면 독일어의 Schleierfahndung은 '사건무관계, 의심무관련 신원확인조치'라고 번역할 수 있을 것 같다. 다만 이것은 법률용어로는 지나치게 길다는 생각이 있어 본서에서는 이를 '무작위적 신원확인조치'라고 번역하기로 한다. 이러한 무작위적 신원확인조치의 대표적 예로는 국경지역에서 여권확인 등을 통한 신원확인조치 또는 공항에서의 안전검색(Personenkontrollen)을 들 수 있다.

2. 무작위적 신원확인조치가 (통상의 신원확인조치에 비해) 갖는 특색으로는 어떤 것을 들 수 있을까?

무작위적 신원확인조치는 1990년대 후반 독일의 「연방경찰법(Bundespolizeigesetz, BPolG)」[40]과 각 주의 경찰법[41]에 도입되기 시작하였는바, 무작위적 신원확인조치에 관한 이들 규정에서 볼 수 있는 가장 커다란 특색은 경찰상 신원확인 조치의 대상자에 특별한 제한이 없다는 점이다. 즉, 독일 「연방경찰법」 제22조 제1a항은 국경 등을 통과하는 자는 '누구나(jede Person)' 경찰상 신원확인 조치의 대상자가 될 수 있음을 규정하고 있다. 즉, 동 규정은 국경이란 제한된 장소를 통과한다는 '행위'에 착안하여 국경에서 신원확인조치를 할 수 있음을 규정하고 있는 것이다.

3. 무작위적 신원확인조치를 규정하고 있는 독일 「연방경찰법」 제22조 제1a항 등의 규정이 갖는 의의는 어디에서 찾을 수 있을까?

전통적인 경찰행정법 이론에 따르면 모든 국경 통과자들을 상대로 신원확인을 하는 것은 경찰법상 침해조치의 근거가 되는 구체적 위험이 결여되어 있으므로 인정될 수 없다. 그러나 현대적 경찰행정법 이론에 따르면 예컨대 국경에서 '30km' 이내의 열차 내에서와 같은 특정한 장소에서는 – 신원확인을 가능케 하는 「연방경찰법」 제22조 제1a항과 같은 법규정이 존재하는 경우에는 – 전통적인 구체적 위험이 없어도 그러한 경찰상 침해활동이 허용될 수 있게 된다는 점에서 동 조항의 의미를

---

40) 독일의 「연방경찰법」 제22조는 「직무질문과 정보제공의무」라는 제하에 제1a항에서 "국경 내의 허가되지 않는 입국을 방지하기 위하여 연방경찰은 열차의 객실 내에서 … 또한 국경을 통과하는 데 이용되는 항공기 내 또는 공항의 시설 내에서 … 누구나 잠시 정지시키고 직무질문을 할 수 있으며, 소지하고 있는 신분증 및 국경통과증명서(여권, 비자 등)를 검사를 위하여 제시할 것을 요구할 수 있고, 소지하고 있는 물건을 육안으로 확인할 수 있다"고 규정하고 있다.

41) 무작위적 신원확인조치에 관한 규정은 독일의 각주의 경찰법에서도 발견되는바, 대표적 예로는 § 18 Abs.7 ASOG Bln; § 26 Abs.1 Nr.6 PolG BW; Art.13 Abs.1 Nr.5 BayPAG 등을 들 수 있다.

발견할 수 있다.

4. 무작위적 신원확인조치를 인정하는 것은 경찰책임에 관한 경찰행정법 이론에 비추어 볼 때 어떠한 문제를 야기하는 측면이 있을까?

독일의 「연방경찰법」 제22조 제1a항은 단지 국경이란 제한된 장소를 통과한다는 '행위'에 착안하여 신원확인조치를 할 수 있음을 규정하고 있는데, 전통적 경찰행정법이론에 따르면 국경을 통과하는 '행위'만을 가지고는 국경을 통과하는 자들을 입국관련 법규를 위반함으로써 구체적 위험을 야기한 경찰책임자라고 볼 수 없다. 또한 구체적 위험을 직접적으로 야기하지는 않았으나 엄격한 조건하에서 그 위험을 방지하기 위한 경찰상 조치의 대상이 될 수 있는 비책임자라고 단정할 수도 없다. 결국 무작위적 신원확인조치에서는 전통적인 경찰책임론에 따른 경찰책임자와 비책임자의 구분이 그 의미를 잃게 된다. 즉, 무작위적 신원확인조치에 있어서는 '구체적 위험 상황과는 관련없는 개인의 행위'가 경찰조치의 대상이 되는 사람을 결정하기 위한 전제조건이 되어 가고 있는바, 이러한 현상을 Lepsius는 경찰책임(자) 개념의 탈개인화(脫個人化, Entindividualisierung)라고 부르고 있다[Lepsius, "Freiheit, Sicherheit und Terror: Die Rechtlage in Deutschland", Leviathan 32 (2004), 64 (82 f.)]

한편 이러한 현대적 경찰행정법이론에 따르면 종래의 경찰행정법이론의 근간을 이루었던 경찰책임자와 비책임자의 구분론 또한 그 의미를 잃게 되는 면이 있는바, 이하에서 이 문제를 상설하기로 한다.

5. 심화학습: 무작위적 신원확인조치는 경찰책임자 개념과 비책임자 개념의 균등화가 나타나는 대표적 현상으로 설명되고 있는바, 이러한 설명을 가능케 하는 원인은 어디에서 찾을 수 있을까?

(1) 구체적 위험을 바탕으로 한 전통적 경찰행정법이론에 따르면 위험방지를 위한 경찰의 조치는 원칙적으로 경찰책임자에 대하여만 행해질 수 있다. 즉, 원칙적으로 경찰책임자만이 위험방지를 위한 경찰의 조치(예컨대 신원확인 등)의 대상이 될 수 있으며, 이 점에서 경찰책임자와 비책임자 간에는 현저한 차이가 존재하게 된다.

(2) 그러나 오늘날의 복잡한 리스크 상황에서는 (안정적인 인과관계 이론에 따라서) 경찰책임이 특정 개인에게 귀속되지 않는 경우가 많으며, 이런 상황하에서는 과연 누가 경찰상 책임자인지를 밝혀내는 것이 매우 어려운 일이 된다. 따라서 이러한 사정하에서는 경찰의 활동, 특히 위험배려를 위한 활동은 자동적으로 비책임자를 염두에 두게 되고[Hoffmann–Riem, "Freiheit und Sicherheit", ZRP 2002, 497 (500)], 그 결과 비책임자에 대해서도 경찰의 조치가 취해지게 된다. 그리고 이로 인하여 전통적 경찰행정법 이론에 따를 때 경찰책임자와 비책임자 사이에 존재하던 차이가 사실상 사라지게 된다.

6. 기본사례의 경우 A, B, C에 대한 무작위적 신원확인조치는 허용될 수 있을까?

기본사례의 경우 A, B, C는 모두 구체적 위험을 야기한 경찰책임자가 아니다. 또한 현장(열차의 식당차)에 구체적 위험이 존재한다고 볼 수도 없으므로, 예외적으로 경찰권발동의 대상이 되는 경찰법상의 비책임자도 아니다. 따라서 이 점에 착안하면 A, B, C에 대한 무작위적 신원확인조치는 허용되기 곤란하다.

다만 독일 「연방경찰법」 제22조 제1a항과 같은 특정 장소에서의 경찰상 정보침해활동을 수권하는 법률규정이 존재하고, 동 규정상의 법적 요건이 갖추어져 있다면 독일-체코 합동검문조의 국경에서의 신원확인은 정당화될 수 있다.

제 4 편

경찰권발동의 대상

제4편

개 관

제4편에서는 「경찰권발동의 대상」이라는 제하에 경찰책임을 둘러싼 법적 문제를 전방위적(全方位的)으로 고찰하고자 한다. 제4편에서 전개되는 논의는 "경찰권은 원칙적으로 경찰책임자에게만 발동되어야 한다"는 원칙(종래 우리나라에서는 이를 '경찰책임의 원칙'이라고 불러 왔다)을 기본으로 하여 전개되는바, 제4편에서 서술하고자 하는 내용을 개관하면 다음과 같다.

먼저 Chapter 1. 「경찰책임론 서론」에서 경찰책임에 관한 기본적 이론을 간단히 소개한 후, Chapter 2. 「고권력주체의 경찰책임」에서 경찰행정법학의 고전적 테마였던 고권력주체의 경찰책임의 문제를 상세하게 다루고자 한다. 특히 이 문제와 관련하여서는 근래 들어 고권력주체의 경찰책임을 실질적 경찰책임과 형식적 경찰책임으로 구분하여 고찰하는 것이 지배적 경향이라고 할 수 있는바, 본서에서도 그러한 구분을 전제로 설명을 이어 나가기로 하겠다.

경찰책임을 설명함에 있어서 경찰책임을 행위책임과 상태책임으로 구분하여 논하는 것 또한 일반적 추세라고 할 수 있으며, 본서 또한 이러한 학문적 경향에 입각하여 논의를 전개하고자 한다. 따라서 먼저 Chapter 3. 「행위책임」에서는 행위책임을 둘러싼 지금까지의 논의를 소개한다. 행위책임과 관련하여서는 행위책임의 귀속원리를 이루는 '원인야기(Verursachung)'가 가장 중요한 문제이며, 이 문제에 관한 이해가 선행되지 않으면 행위책임 전반에 대한 이해가 사실상 불가능하다고 할 수 있다. 이러한 점을 고려하여 Chapter 3. 에서는 원인야기의 문제를 심도 있게 고찰하고자 한다. 즉, Chapter 3. 에서는 행위책임의 귀속원리인 원인야기(인과관계)에 관한 학설들의 내용과 문제점을 상세히 소개하여 행위책임에 관한 이해를 높이는 데 도움이 될 수 있도록 하려고 한다. 또한 이 문제에 관한 지배적 학설인 직접원인설의 한계와 관련된 특별한 문제인 '의도적 간접원인제공자 이론'에 대한 일반적 논의와 함께 동 이론의 무용성에 관한 논의를 아울러 소개한다.

다음으로 Chapter 4.「상태책임」에서는 상태책임에 관한 논의를 해 보고자 한다. 상태책임의 문제와 관련하여 가장 중요하고, 그에 상응하여 가장 많이 논의되고 있는 것은 바로 상태책임의 한계 내지 범위에 관한 문제라고 할 수 있다. 따라서 Chapter 4.에서는 (상태책임에 관한 최소한의 논의를 제외하면) 거의 전적으로 상태책임의 한계 내지 범위의 문제를 다루고 있다. 이와 관련하여 상태책임의 범위에 관한 독일에서의 이론 전개와 이 문제를 정면으로 다루어 이 문제에 관한한 기념비적 의미를 갖는 것으로 간주되는 독일 연방헌법재판소의 결정을 상세히 소개하는 것 이외에, 이른바 '연계이론(連繫理論)의 부정'을 통한 새로운 해결방법을 제시하고 있다. 그리고 끝으로 상태책임의 소멸의 문제에 대해서도 간단하게나마 언급하기로 한다.

한편 행위책임과 상태책임에 관한 일반적 고찰 이외에 경찰책임과 관련하여 학자들의 관심을 많이 받아 온 특별한 문제들이 있는데, '다수의 경찰책임자와 관련된 법적 문제'와 '비책임자에 대한 경찰권발동', 그리고 '경찰책임의 승계'의 문제가 그것이다. Chapter 5. 이하는 바로 이들 문제에 관한 탐구에 진력하고 있다. 먼저 Chapter 5.「다수의 경찰책임자에 관한 법적 문제」에서는 다수의 경찰책임자에 관한 법적 문제를 ① 다수의 경찰책임자간의 선택의 문제와 ② 비용상환청구의 문제로 나누어 조명하고 있다. 특히 Chapter 5.는 그들 문제 중 다수의 경찰책임자가 존재하는 경우 그들 중 누구에게 경찰권을 발동할 것인가의 문제에 천착하고 있다. 이와 관련하여 선택재량 행사의 지도원리를 상세히 소개하고 있음은 주목할 만하다.

다음으로 Chapter 6.「비책임자에 대한 경찰권 발동」에서는 경찰책임의 원칙에 대한 중대한 예외를 이루는 비책임자에 대한 경찰권 발동의 문제를 그 전제로서의 경찰긴급권과 결부시켜 논하고 있다. 특히 Chapter 6.에서는 비책임자에 대한 경찰권 발동이 인정되기 위한 전제조건의 문제와 비책임자이면서 경찰권 발동의 대상이 된 자에 대한 구제수단의 문제를 자세하게 다루고 있다.

마지막으로 Chapter 7. 「경찰책임의 승계」에서는 우리나라에서는 아직까지 논의가 활발하지 않은 경찰책임의 승계를 둘러싼 법적 문제에 관해 다루고 있다. 특히 공법상 권리의무의 승계문제에 관한 일반적 논의로부터 경찰책임의 승계문제를 다루고자 하였는바, 승계를 인정할 필요성으로부터 시작하여 구체적으로 경찰책임의 승계 여부를 상세히 논하고 있다. 특히 경찰책임의 승계 여부를 ① 행위책임과 상태책임, ② 구체적 경찰책임과 추상적 경찰책임, ③ 특정승계와 포괄승계라는 3가지 관점을 기준으로 설명하고 있다. 국내의 경찰법 교과서에 경찰책임의 승계와 관련된 상세한 논의는 사실상 전무한 실정이다. 이런 면에서 비록 시론적 수준의 이야기에 그치고 있기는 하지만, 본서가 경찰책임의 승계의 문제를 어느 정도는 상세히 다루고 있는 것은 나름 의미있는 부분이라고 생각한다.

Chapter 1.
경찰책임론 서론

§ 1. 개 관

1. 공공의 안녕 또는 질서에 대한 위험이 존재하는 경우 경찰이 위험방지를 위하여 고려할 수 있는 수단으로는 어떠한 것이 있으며, 이들 위험방지에 대한 경찰의 대처수단은 어떠한 순서로 사용되어야 하는 것일까?

First: 경찰위반의 행위 혹은 상태로 인한 공공의 안녕과 질서에 대한 위험이 존재하는 경우에는 경찰은 원칙적으로, 즉 제1차적으로 위험방지를 위하여 필요한 조치를 그런 행위 혹은 상태에 대하여 책임있는 자(경찰책임자)에게 발하여야 한다.

Second: 다만 경찰책임자가 아예 존재하지 않기나(예: 주인 없는 맹수출현), 경찰책임자가 존재는 하지만 그를 발견할 수 없거나 적시에 발견되지 않는 경우에는(예: 교통사고 후에 운전자가 도주하였을 때) 경찰은 자신의 고유수단으로써 위험방지를 하여야 한다.

Third: 위에서 언급한 두 가지 수단에 의해서는 위험방지를 할 수 없는 경우라면 매우 제한된 요건하에서 경찰은 경찰책임자가 아닌 제3자(비책임자)에게도 – 목전에 급박한 중대한 위험과 사회적 유해성을 이유로 – 위험방지를 위한 조치를 취할 수 있다.

2. 경찰책임이란 무엇을 말하는 것일까?

경찰책임이란 자신의 행위 또는 자신이 지배하는 물건으로부터 공공의 안녕과 질서에 대한 위험 내지 장해가 발생하지 않도록 해야 할 의무를 말한다. 한편 이러한 경찰책임을 지는 자(경찰책임자)는 위험방지를 위한 경찰의 조치를 수인하여야만 하며, 위험방지를 위한 재정적 부담을 진다.

또한 경찰책임자는 설사 위와 같은 경찰의 조치로 인하여 자신에게 재산적 손실이 발생한 경우라고 하더라도 손실보상청구권을 갖지 못한다. 왜냐하면 경찰책임자에 대한 경찰의 조치는 보상을 필요로 하는 공용침해(公用侵害, Enteignung)가 아니라, 단지 재산권에 대한 사회적 제약(Sozialbindung)이기 때문이다(공용침해와 사회적 제약의 개념 및 양자의 구분을 둘러싼 문제에 관하여 자세한 것은 서정범/박상희, 498쪽 아래 참조.).

3. 민사책임이나 형사책임과 비교해 볼 때, 경찰책임이 갖는 특질(경찰책임의 본질)로는 어떤 것이 있을까?

경찰책임의 특질이라고 설명되는 것 가운데 경찰행정법 이론의 이해에 있어 중요한 의미를 갖는 것으로는 다음과 같은 것이 있다. 즉,

(1) 경찰책임은 행위자의 의사, 행위능력, 불법행위능력, 형사책임능력과는 아무런 관련이 없다.

(2) 경찰책임은 경찰책임자에게 (사법 또는 형법상의) 고의/과실(Verschulden)이 있는지 여부와는 무관하다. 따라서 어떤 행위가 경찰위반이 되는지의 문제에 있어서는 경찰책임자로서 경찰권발동의 대상이 되는 자가 객관적으로 존재하는 위험상황을 실제로 인식하였는지 또는 인식할 가능성이 있었는지는 전혀 중요하지 않으며, 단지 사회공공의 안녕과 질서에 대한 '객관적인' 위험상황이 존재한다는 것이 문제가 될 뿐이다.

4. 누가 경찰책임자, 즉 경찰책임의 주체가 될 수 있는 사람이 되는 것일까?

(1) 자연인과 사법인(私法人)

① 모든 자연인, 따라서 어린이나 무능력자도 경찰책임자가 될 수 있다.

② 사법인도 경찰책임자가 될 수 있다. 따라서 주식회사나 유한회사 등도 경찰책임을 진다.

(2) 법인격 없는 단체

합명회사, 합자회사 및 법인격 없는 단체는 법인은 아니지만 그의 인적 구조가 사법인과 동일시될 수 있는 면이 있으므로 경찰책임자가 될 수 있다. 따라서 그들에 대한 경찰의 조치, 특히 경찰처분이 허용된다.

(3) 국가 등 고권력주체

국가 등 고권력주체 또한 경찰책임자가 될 수 있는지의 문제를 고찰함에 있어서는 먼저 실질적 경찰책임과 형식적 경찰책임의 문제를 구분하여 고찰하여야 할 필요가 있다. 그리고 이러한 구분을 전제로 할 때, 인정 여부에 관하여 실제로 학설의 대립이 있는 것은 형식적 경찰책임에 관한 것인데, 이들 문제에 관하여 자세한 것은 Chapter. 2. 고권력주체의 경찰책임에서 설명하기로 한다.

Chapter 2. 고권력주체의 경찰책임

§ 1. 고권력주체의 경찰책임 일반론

1. 경찰법상의 (공공의 안녕 또는 질서에 대한) 위험이 고권력주체의 행위 또는 고권적 기능의 행사에 기여하는 물건의 상태로 인하여 발생하는 경우도 있을까?

경찰법상의 (공공의 안녕 또는 질서에 대한) 위험은 국민 개인의 행위 또는 사소유권의 대상이 되는 물건의 상태로부터만 발생하는 것이 아니라, 국가 및 그 밖의 고권력주체(高權力主體, Hoheitsträger)[42]의 행위 또는 고권적 기능의 행사에 기여하는 물건의 상태로부터도 발생할 수 있다. 그 대표적 예로는 임미시온(Immission), 특히 학교, 비행장, 군사훈련장소로부터 나오는 소음이 주거의 평온을 해치고 그 결과 공공의 안녕의 보호법익인 인근 주민들의 건강을 해치게 되는 경우를 들 수 있다. 군대의 유류저장탱크로부터 흘러나온 기름이 지하수를 오염시키게 되는 경우 또한 그러한 예에 해당한다고 볼 수 있다.

2. 오늘날 고권력주체의 행위 등으로부터 경찰법상의 (공공의 안녕 또는 질서에 대한) 위험이 발생하는 빈도가 한층 높아지게 된 이유는 어디에서 찾을 수 있을까?

---

42) 여기서 고권력주체라고 함은 국가나 지방자치단체 등과 같은 공행정주체(公行政主體)와 그의 기관, 특히 행정청을 말한다.

오늘날 고권력주체의 행위 등으로부터 경찰법상의 위험이 발생하는 사례는 점차 증대하고 있는바, 그 이유는 오늘날 행정의 기능이 단순히 허가를 내주거나 감시를 하는 수준을 넘어서 스스로 계획하고, 사회를 형성하고, 변화시키는 등 적극적 활동을 하는 방향으로 변화되고 있는 것에서 찾을 수 있다. 그 결과 실제로도 고권력주체의 행위 등으로부터 경찰법상의 위험이 발생하게 되는 경우는 한층 잦아지고, 그 위험의 강도 또한 심화되고 있는 실정이다(Denninger, in: Lisken/Denninger, E Rn. 83). 그리고 이처럼 고권력주체의 행위 또는 고권적 기능의 행사에 기여하는 물건의 상태로부터 경찰법상의 위험이 발생하는 경우에 바로 고권력주체의 경찰책임이 문제가 된다.

3. 경찰행정법학에 있어 고권력주체의 경찰책임에 관한 문제를 사인(私人)의 경찰책임과 별도로 다루어 왔던 이유는 무엇일까?

고권력주체의 경찰책임에 관한 문제는 경찰행정법학에 있어서 고전적 테마(Dauerthema)이었다. 이처럼 예전부터 고권력주체의 경찰책임의 문제를 사인(자연인 또는 사법상의 법인 등)의 경찰책임과 별도의 문제로 다루어 왔던 이유는 무엇보다도 고권력주체에 대하여서도 위험방지법(일반경찰법)이 아무런 제한 없이 전면적으로 적용된다고 하면, 고권력주체의 직무수행이 곤란해지거나 아예 불가능하게 되는 결과를 가져올 수 있다는 점에서 찾을 수 있다. 즉, 경찰법상의 책임과 관련하여서는 사법상의 권리주체와 고권력주체를 동일하게 다룰 수가 없었던 것이다(Gusy, Rn. 138).

아울러 권한의 문제 역시 그 이유로 고려되었는데, 이는 고권력주체의 경찰책임(특히 형식적 경찰책임)이 인정된다고 하면 경찰이 다른 행정청의 권한영역에 부당하게 개입 내지 간섭하는 것이 될 수도 있기 때문이었다[Gebhard, "Polizeipflichtigkeit der Hoheitsträger", DÖV 1986, 545 ff. (546)].

4. 오늘날에는 (고권력주체의) 경찰책임의 문제를 실질적 경찰책임과 형식적 경찰책임으로 구분하여 설명하는 것이 일반적 경향인데, 실질적 경찰책임과 형식적 경찰책임은 무엇을 의미하는 것일까?

오늘날 고권력주체의 경찰책임의 문제를 고찰함에 있어서는 실질적 경찰책임과 형식적 경찰책임의 두 가지 관점에서 구분하여 검토할 필요가 있다는 점이 강조되고 있다[김남진/김연태, 324쪽; 박균성/김재광, 192쪽; 홍정선(입문), 116쪽 아래 등]. 즉, ① 고권력주체가 그의 직무수행에 있어 경찰관계 법령에 규정되어 있는 공공의 안녕 또는 질서의 유지를 위한 요청에 구속되는지 여부에 관한 문제(실질적 경찰책임의 문제)와 ② 경찰이 고권적으로 활동하는 국가 및 그 밖의 고권력주체의 기관에 대하여 위험방지를 위한 조치를 취할 수 있는지, 환언하면 경찰이 행정행위의 발급 등을 통하여 개입할 수 있는 권한을 갖는지에 관한 문제(형식적 경찰책임의 문제)를 구분하여 고찰할 필요가 있는 것이다.

5. 고권력주체의 실질적 경찰책임은 인정될 수 있을까?

(1) 원칙—인정

행정의 법률적합성의 원칙(특히 법률우위의 원칙)이 적용되는 결과 고권력주체 역시 사인과 마찬가지로 그의 직무수행에 있어 경찰관련 법령(주로 법률이나 법규명령)에 구속을 받으며, 그 한도에서 행정의 법률적합성의 원칙은 경찰관련 법령을 준수하여야 할 의무를 포괄한다고 말할 수 있다(Gusy, Rn. 140). 따라서 국가 등의 고권력주체도 자신의 업무수행에 있어 공공의 안녕 또는 질서에 대한 위험이나 장해를 발생하지 않도록 활동할 책임이 있는바, 이는 원칙적으로 고권력주체의 실질적 경찰책임이 인정된다는 것을 의미한다. 물론 그에 대한 예외로서 법률이 명시적으로 실질적 경찰책임을 부인하고 있는 경우도 있을 수 있음은 유의하여야 한다.[43]

(2) 실질적 경찰책임의 상대화 가능성

독일의 경우 역시 고권력주체의 실질적 경찰책임을 인정하는 것이 지배적 견해이다. 그러나 일부 학설은 고권력주체의 실질적 경찰책임이 법률의 명문이 규정이 없는 경우에도 부정될 수 있음을 강조하기도 한다[von Mutius, "Der 'Störer' im Polizei- und Ordnungsrecht", Jura 1983, 298 ff. (301 f.); Knemeyer, Rn. 351]. 그러나 우리나라의

43) 대표적 예로는 긴급자동차에 대한 특례를 규정하고 있는 도로교통법 제30조를 들 수 있는바, 도로교통법상 긴급자동차에 대한 특례에 관하여 보다 자세한 것은 김남현, "도로교통법상 긴급자동차의 특권에 관한 연구," 경찰학연구, 제6권 제1호(2006), 43쪽 아래 참조.

경우에는 고권력주체의 실질적 경찰책임을 부정하는 입장은 사실상 찾아보기 어렵다.

§ 2. 고권력주체의 형식적 경찰책임

참고문헌: 손재영, "고권주체의 경찰책임," 환경법연구 제30권 1호(2008), 113쪽 아래; 이상해, "고권주체의 경찰책임에 관한 일고찰", 토지공법연구 50집(2010), 347쪽 아래; Britz, "Abschied vom Grundsatz fehlender Polizeipflicht von Hoheitsträgern?", DÖV 2002, 891 ff.; Gebhard, "Polizeipflichtigkeit der Hoheitsträger", DÖV 1986, 545 ff.; Schoch, "Polzeipflichtigkeit von Hoheitsträgern", Jura 2005, 324 ff.; Schultes, *Die Polizeipflicht von Hoheitsträgern*, 1984.

기본사례 1: A시의 인근 국유하천에서 기름막이 발견되었는바, 이러한 수질오염을 야기한 사람이 누구인지는 확인되지 않고 있다. 기름막이 점차적으로 더 확산될 염려가 있는 관계로 A시는 우선 시 자체의 모든 행정력을 동원하여 기름막을 제거하였다. 이제 A시는 기름막 제거에 소요된 비용을 하천의 소유권자인 국가로부터 받아 내고자 한다. A시의 국가에 대한 비용상환청구권은 인정될 수 있을까? (Vgl. VGH Kassel, NVwZ-RR 1992, 624)

기본사례 2: B시는 시립 실내 수영장을 운영하고 있으며, 시의 수영장 운영에 대한 시민들의 호응은 점차 높아 가고 있다. 이에 B시는 보다 많은 시민들이 수영장을 이용할 수 있도록 하기 위하여 실내 수영장과 연결되는 옥외 수영장을 설립·운영하고 있다. 그런데 옥외 수영장의 운영과정에서 발생하는 소음으로 인하여 인근 주민들의 민원이 끊이지 않고 있다. 이에 소음규제 권한을 가진 행정청 C가 소음방출기준을 50dB로 정하고, B시에게 그 기준에 적합한 조치(예: 방음벽설치)를 취할 것을 명하기에 이르렀다. C행정청의 이러한 조치는 적법한 것으로 허용될 수 있는 것일까? (Vgl. BVerwG, DVBl. 2003, 60 ff.)

1. 고권력주체의 형식적 경찰책임의 인정여부에 관한 논의는 고권력주체가 사법적(私法的)으로 활동하는 경우에도 논할 실익이 있을까?

고권력주체가 그 의무를 자발적으로 이행하지 않는 경우에 경찰이 경찰상의 위험을 야기하고 있는 국가 등 공권력주체 및 그의 기관에 대하여 경찰권을 발동하여 개입할 수 있는지의 문제, 즉 국가 등 고권력주체의 형식적 경찰책임이 인정될 수 있는지 여부에 관한 논의는 다른 행정청이 공법적으로 활동하는 경우에 한하여 의미를 갖는다.

환언하면 고권력주체의 순수한 사법적 활동으로 인하여(예: 국유지의 관리 등) 공공의 안녕 또는 질서에 대한 위험이 발생하였다면 경찰이 행정행위 등을 통해 그에 개입할 권한을 갖는다는 것, 즉 고권력주체의 형식적 경찰책임이 인정된다는 것에 사실상 학설은 일치되어 있다. 이는 타 행정기관이 순수한 국고작용(國庫作用)을 행하는 경우에는, 그것이 고권적 활동을 행하는 것이 아니기 때문에 타 행정기관은 아무런 특별한 지위도 향유하지 못한다는 것에 기인한다.

2. 고권력주체의 형식적 경찰책임을 부정하는 견해는 어떤 것을 그 내용으로 하고 있을까?

고권력주체의 형식적 경찰책임을 부정하는 견해(부정설)는 "다른 고권력주체의 직무수행으로 인하여 공공의 안녕 또는 질서에 대한 위험이 발생하는 경우에도 경찰이 행정행위 등을 통하여 그에 개입하는 것은 허용되지 않으며, 경찰은 권한을 갖고 있는 행정청(필요한 경우에는 해당 행정청의 상급감독청)에 대하여 그러한 사실을 알려 개입을 유도할 수 있을 뿐이다. 따라서 고권력주체의 행위나 그가 지배하는 물건의 상태로부터 자신의 권리를 침해받은 자는 경찰에 대하여 고권력주체에 대하여 어떠한 조치를 취해 줄 것을 청구하여서는 아니 되고, 위험을 야기한 고권력주체에게 직접 일정한 조치를 취해 줄 것을 청구하여야 한다"라는 것을 그의 내용으로 한다(Götz/Geis, § 9 Rn. 81; Gusy, Rn. 139; Knemeyer, Rn. 352; Pieroth/Schlink/Knesel, § 9, Rn. 8.). 이러한 부정설은 종래 독일의 학설과 판례(OVG Lüneburg, OVGE 12, 340; VGH Kassel, NJW 1997, 304; Hess. VGH, NVwZ 2002, 889. usw.)의 주류를 형성하여 왔으며, 우리나라의 경우 또한 부정설이 다수설인 것으로 보인다.

3. 고권력주체의 형식적 경찰책임을 부정하는 견해는 어떤 것을 주된 논거로 하고 있을까?

(1) 권한의 충돌

고권력주체의 형식적 경찰책임을 부정하는 견해의 대표적 논거로는 실질적 경찰책임이 있는 고권력주체에 대하여 경찰이 행정행위라는 방식을 통하여 개입할 권한을 인정하게 되면 공행정주체 상호 간에 권한의 충돌(Kompetenzkonflikt) 문제가 발생할 수 있다는 것이 들어진다. 즉, "모든 고권력주체는 특정 영역에서 공공의 안녕 또는 질서에 대한 위험이 발생한 경우 그러한 위험을 자신의 조치를 통하여 방지할 권한과 의무를 가지며, 이러한 고권력주체의 위험방지권한은 경찰의 개입을 배제시키는 효력을 갖는다. 만일에 이러한 특정 영역에 경찰의 개입을 허용하게 되면 양 권한의 충돌을 가져오게 되는데, 이러한 권한의 충돌을 피하기 위하여서는 경찰은 다른 고권력주체의 권한을 존중하여야 한다"는 것이다.

(2) 행정조직법의 기본원리와의 충돌

만일에 이러한 영역에서도 경찰의 개입을 인정하게 되면 경찰이 (부분적으로나마) 다른 고권력주체에 비하여 우위에 서게 되는 결과를 가져오게 되는바, 이는 모든 행정분야는 동일한 서열과 등급을 갖는다는 행정조직법상의 기본원리에 반하게 된다는 것 또한 부정설의 주요한 논거가 된다. 즉, 경찰이 다른 고권력주체에 대하여 명령권을 가지는 상급행정청이 될 수는 없다는 것이다.[44)]

44) 한편 독일의 경우 다른 고권력주체에 대해 경찰이 개입할 수 없다는 부정설의 논거로 「연방행정집행법」이 제시되기도 한다. 즉, 독일의 「연방행정집행법」 제17조는 특별한 규정이 없는 한 행정청과 공법인에 대하여는 강제수단을 사용할 수 없음을 규정하고 있는바, 동 규정에 의해 다른 고권력주체에 대해 경찰이 개입할 수 없다는 원칙이 실정법적으로 명시되기에 이르렀다는 평가가 행해지고 있는 것이다. 그러나 이러한 설명은 독일의 「연방행정집행법」 제17조와 같은 명문의 규정이 없는 우리나라의 경우에는 부정설의 논거로 고려될 수 없다.

4. 고권력주체의 형식적 경찰책임을 부정하는 견해 또한 예외적으로 일정한 경우에는 경찰이 고권적 조치를 통하여 다른 행정청의 권한영역을 침해할 수 있음을 긍정하고 있는바, 부정설을 취하는 학자들도 고권력주체의 형식적 경찰책임을 인정하고 있는 예외적인 경우에는 어떠한 것이 있을까?

공공의 안녕 또는 질서의 유지가 경찰 본연의 특유한 임무라는 점을 고려할 때 고권력주체가 공공의 안녕 또는 질서에 반하는 행위를 하는 경우에도 경찰이 고권력주체에 대해 아무런 조치를 취할 수 없다는 부정설의 설명에 대해서는 의문이 제기될 수밖에 없다. 무엇보다도 부정설을 취하는 학자들 스스로도 이러한 점을 잘 인식하고 있으며, 그러한 인식에 기초하여 경찰이 고권적 조치를 통하여 다른 행정청의 권한영역을 침해할 수 있는 경우를 인정하고 있다. 그러한 경우는 다음과 같이 3가지로 유형화할 수 있다.

(1) 사법적 작용

고권력주체의 사법적 작용이 문제가 되는 경우 그것이 순수한 국고작용이거나 영리경제적 활동에 해당하는 경우라면 고권력주체에 대한 경찰의 조치가 긍정될 수 있다(전술참조). 그러나 이에 반하여 고권력주체가 (공법적) 직무를 단지 사법적 형식으로 수행하는 경우, 즉 행정사법적으로 활동하는 경우에는 경찰의 조치는 허용되지 않는다.

(2) 긴급을 요하는 경우

특히 긴급을 요하는 조치가 문제되는 경우(예: 허리케인이 와서 국립대학의 스포츠센터를 비추는 조명탑이 손상을 입어 인근 주택을 덮치게 될 위험에 직면하고 있는 경우) 역시 예외가 인정될 수 있다. 그러한 경우에는 경찰은 적어도 그의 긴급권의 범위 내에서 다른 고권력주체에 대한 조치를 취할 수 있다.

(3) 다른 고권력주체에게 할당된 본래의 기능을 침해하지 않는 경우

고권력주체에 대한 경찰의 조치가 허용되지 않는 경우는 그 조치로 인하여 다

른 고권력주체에게 할당된 본래의 기능(내지 권한)이 침해되는 경우에 국한된다. 따라서 경찰의 위험방지조치가 다른 고권력주체에게 할당된 본래의 기능을 침해하지 않는 경우라면 고권력주체에 대한 경찰의 조치가 당연히 허용될 수 있다. 경찰이 경찰책임 있는 고권력주체를 대신하여 (대집행의 방식으로) 먼저 위험상태를 방지한 후에, 고권력주체에게 (대집행에 소요된) 비용의 납부를 명하는 경우가 그 대표적 예에 해당한다(Vgl. BVerwG, DÖV 1999, 786; BVerwG, DVBl. 2003, 1076 (1078); OVG SH, NVwZ 2000, 1196).

(4) 소 결

이러한 예외로 설명되는 유형 중 가장 중요한 것은 3번째 유형인 경찰의 위험방지조치가 다른 고권력주체에게 할당된 본래의 기능을 침해하지 않는 경우이다. 그리고 이러한 점을 고려하면 고권력주체의 형식적 경찰책임을 부정하는 견해는 결국 "다른 고권력주체가 경찰상의 위험을 야기하였다는 것을 이유로 경찰이 그에 대하여 조치를 취하는 것은 그 조치로 인하여 타 고권력주체에게 할당된 기능의 적법한 행사가 침해되지 않는 한도 내에서만 가능하다"라는 것을 내용으로 하게 된다.

5. 고권력주체의 형식적 경찰책임을 긍정하는 견해는 어떤 것을 내용으로 하고 있을까?

고권력주체의 형식적 경찰책임을 긍정하는 견해는(긍정설) 고권력주체의 직무수행으로 인하여 공공의 안녕 또는 질서에 대한 위험이 발생하는 경우에는 경찰이 – 강제조치를 취할 수는 없지만 – 행정행위 등을 통하여 개입할 수 있다는 것을 그 내용으로 한다. 즉, 긍정설은 고권력주체의 실질적 경찰책임으로부터 위험방지를 위한 조치를 취할 경찰의 권한이 도출될 수 있다는 견해로, 이에 따르면 위험방지를 위한 조치를 취할 권한은 원칙적으로 경찰에게 맡겨져 있다고 하게 된다(Schoch, a.a.O., 326 ff.; Schultes, a.a.O., S. 96 f.).

다만 고권력주체의 형식적 경찰책임을 긍정하는 입장에 따르고 있는 학자들 스스로도 경찰의 위험방지조치로 인하여 다른 고권력주체의 공법적인 직무수행이 거의 불가능할 정도에 이르는 극단적인 경우에는[예: 대공(對空)방위를 위한 군대의 헬리

콥터운행이 야간의 평온을 해치는 경우 등], 그 한도에서 위험방지를 위한 경찰의 권한이 축소될 수 있음을 인정하고 있다.

6. 고권력주체의 형식적 경찰책임을 긍정하는 견해는 어떠한 것을 그 논거로 하고 있을까?

고권력주체의 형식적 경찰책임을 긍정하는 견해는 종래 "국가의 고권적 기능에도 차등이 있으며 이 경우 공공의 안녕 또는 질서의 유지라는 경찰의 기능이 타 행정기관의 그것에 비해 우월적이다"라는 것을 논거로 제시해 왔다. 그러나 이러한 긍정설의 주장은 모든 행정분야는 동일한 서열과 등급을 갖는다는 행정조직법상의 기본원리에 반하는 면이 있고, 이런 문제 때문에 긍정설은 학계의 지지를 받지 못하였다.

이러한 사실을 고려하여 오늘날에는 긍정설은 부정설이 논거로 제시하고 있는 권한의 충돌의 문제는 실제로는 존재하지 않는다는 것을 근거로 부정설을 반박하고 있다(Vgl. Schoch, a.a.O., 326 ff.). 즉, "경찰이 실질적 경찰책임을 실현하게 되는 경우 그것은 다른 고권력주체가 자신의 직무를 수행할 권한을 부정하는 것이 아니라 경찰법을 집행하는 것이며, 경찰법의 집행에 대하여는 경찰만이 실질적 권한을 갖는다. 따라서 경찰에 의한 위험방지법의 집행이 다른 고권력주체의 권한을 침해하는 것이 아니며, 그로 인하여 경찰이 다른 행정청에 비하여 우위에 서게 되는 것도 아니다"라는 것이다.

7. 결 어: 고권력주체의 형식적 경찰책임의 인정여부에 대한 사견(私見)

고권력주체의 경찰책임, 특히 형식적 경찰책임의 인정여부에 관하여 결론을 내리기 위해서는 이 문제에 관한 역사적 고찰을 행하는 것이 필요하다. 고권력주체의 경찰책임에 관한 학설의 발전을 역사적으로 고찰해 보면, 초기 경찰법이론에 있어서는 고권력주체의 경찰책임은(실질적 경찰책임과 형식적 경찰책임을 구분하지 않고) 전면적으로 부정되었다. 그 후 "실질적 경찰책임과 형식적 경찰책임의 구분이 행해지면서 실질적 경찰책임은 인정되지만 형식적 경찰책임은 부정된다"라는 이분적(二分的) 사고가 등장하였고, 그러한 견해가 지금까지 지배적 학설로 통용되고 있다.

그러나 이러한 종래의 지배적 학설에 따르면 결국 고권력주체의 실질적 경찰책임이 인정되는 경우에도 (원칙적으로) 형식적 경찰책임은 존재하지 않는다는 결론에 달하게 되는바, 이처럼 실질적 경찰책임과 형식적 경찰책임이 일치하지 않는 현상은 법논리상으로 명확하지 못한 면이 있다. 그리고 이러한 비판을 전제로 하여 드디어 고권력주체의 경찰책임을 전면적으로 인정하는, 즉 실질적 경찰책임뿐만 아니라 형식적 경찰책임도 인정하는 견해가 나타나기에 이른 것이다.[45] 이러한 점을 고려할 때 고권력주체의 경찰책임에 관한 이론은 부정에서 긍정하는 방향으로 흘러가고 있음을 알 수 있다. 결국 이상의 논의를 고려하면 이론의 명확성이나 역사적 발전과정을 고려할 때, 긍정설에 따라 설명하는 것이 보다 더 효율적이라고 생각한다(소수설).[46]

8. 지금까지의 논의를 바탕으로 할 때, 기본사례들의 경우 고권력주체의 형식적 경찰책임은 인정될 수 있을까?

기본사례의 해결을 위한 전제를 이루는 고권력주체의 형식적 경찰책임의 인정 여부에 관한 논의에 있어서는 긍정설과 부정설 중 어느 학설을 취하는 것이 이론적 간명성을 유지하면서 오늘날의 경찰법이론의 발전방향과 그 궤를 같이할 수 있을 것인가라는 관점에서 결론을 도출하는 것이 바람직하다.

(1) 기본사례 1의 해결

기본사례 1의 경우 고권력주체의 형식적 경찰책임을 긍정하는 입장에 서게 되면 B시는 당연히 상태책임자인 국가에게 기름막 제거에 소요된 비용에 대한 비용상환청구를 할 수 있게 될 것이다.

다만 사례 1의 경우에는 고권력주체의 형식적 경찰책임을 부정하는 입장에 서게 되더라도 A시의 비용상환청구가 인정될 수 있음을 유의하여야 한다. 이는 고권

45) 김철용, 『행정법 II』, 제10판, 박영사, 2009, 260쪽의 설명 역시 이러한 입장과 그 궤를 같이하는 것이라고 생각된다.

46) 다만 저자 스스로 본문에서 밝히고 있는 것처럼 우리나라의 경우 긍정설에 따르고 있는 학자는 거의 없다고 해도 과언이 아니다. 따라서 경찰행정법 초학자들이라면 긍정설에 대하여는 일별해 보는 것으로 충분하다.

력주체의 형식적 경찰책임을 부정하는 견해 또한 그에 대한 예외로서 다른 고권력주체에게 할당된 본래의 기능 내지 권한이 침해되지 않는 경우에는 고권력주체의 형식적 경찰책임이 인정될 수 있다고 하는바, 사례 1의 경우 A시의 국가에 대한 비용상환청구를 인정하더라도 단지 비용부담의 문제일 뿐이므로 국가의 본래의 기능을 침해하지 않기 때문이다.

(2) 기본사례 2의 해결

기본사례 2의 경우는 고권력주체의 형식적 경찰책임을 긍정하는 입장에 서는 경우에만 소음규제권한을 가진 행정청 C가 소음방출 기준을 50dB로 정하고, 이 규정의 준수를 위하여 B시에게 그 기준에 적합한 조치를 취할 것을 명할 수 있다. 즉, 기본사례 2의 경우에는 고권력주체의 형식적 경찰책임을 부정하는 견해에 따르면 C 행정청은 B시에게 자신이 정한 소음방출 기준에 적합한 조치를 취할 것을 명할 수 없다. 왜냐하면 수영장의 설치는 주민의 복리증진을 위한 것으로 B시의 본래의 기능에 해당하기 때문이다.

Chapter 3.
행위책임

§ 1. 행위책임 일반이론

1. 경찰행정법에 있어서 '행위책임'이란 무엇을 말하는 것일까?

공공의 안녕 또는 질서에 대한 위험이나 장해가 어떤 사람(자연인은 물론 법인도 포함한다)의 행위로 인하여 발생한 경우 경찰은 원칙적으로 위험이나 장해를 야기한 사람에게 그의 방지 및 제거를 위하여 필요한 조치를 취하여야 한다. 이처럼 자신의 행위에 의하여 야기된 위험을 방지하거나 장해를 제거할 책임을 행위책임이라고 하며, 행위책임을 부담하는 자를 행위책임자라고 한다.

2. 행위책임을 발생시키는 '행위'에는 어떤 것이 포함될까?

행위책임을 발생시키는 행위에는 작위(作爲)뿐만 아니라 부작위(不作爲)도 포함된다. 한편 위험 또는 장해의 원인이 되는 부작위는 공공의 안녕 혹은 질서의 유지를 위한 (특별한) 법적인 작위의무가 존재할 때에만 행위책임을 발생시킨다. 따라서 그와 같은 법적 의무가 존재하지 않는 '단순한 無爲'(bloße Untätigkeit)는 경찰행정법상으로는 아무런 의미가 없다. 이는 경찰상 위험에 직면하여 그의 방지를 위한 아무런 조치도 취하지 않았다는 것만으로 당연히 행위책임자가 되는 것은 아니란 것을 의미한다.

3. 행위책임이 소멸되는 원인으로는 어떠한 것이 있을까?

행위책임은 사람의 행위로부터 발생한 결과에 대한 책임이기 때문에 그 책임을 부담하게 되는 자가 존재하지 않게 되면 행위책임은 소멸한다. 따라서 자연인(또는 법인)의 행위로 인하여 행위책임이 발생한 경우, 행위책임은 행위책임자의 사망(또는 법인의 합병)에 의하여 소멸한다.

§ 2. 행위책임의 귀속원리로서의 원인야기(Ⅰ)[47] – 일반이론

1. 경찰행정법 이론, 특히 행위책임 영역에서 인과관계의 문제가 발생하는 이유는 무엇일까?

경찰책임은 그의 본질상 형법상의 책임과 달리 단순한 원인책임(原因責任, Kausalhaftung)이다. 따라서 어떤 사람이 경찰책임자로 간주되어 경찰권 발동의 대상이 되기 위하여서는 그가 경찰법상의 위험을 야기하고, 그의 행위가 위험과 인과관계가 있을 것을 전제조건으로 한다.

그런데 실제로 위험이 발생한 경우를 보게 되면, 위험은 단지 하나의 요소에 의하여 야기되는 것이 아니라, 병존하는 또는 연결되어 있는 다수의 인과관계적 요소(近因과 遠因)의 결합에 의하여 야기되는 것이 보통이다. 따라서 누가 경찰책임자인가를 결정함에 있어서는 다수의 인과관계의 요소 중에 과연 어느 것을 위험에 대한 원인으로 선택할 것인가가 문제가 된다. 이 때문에 경찰행정법의 영역에서 어떠한 기준에 따라 행위와 결과 간의 인과관계를 결정할 것인가의 문제가 발생하게 되는 것이다. 이 경우 그러한 기준은 추상적-논리적으로, 특히 자연과학적 법칙에 따라 발견될 수는 없다. 왜냐하면 경찰행정법상의 인과관계는 자연과학적 범주를 형성하고 있는 것이 아니라 규범적 범주를 형성하고 있기 때문이다.

---

47) 경찰책임의 귀속원리로 설명되는 '원인야기'는 인과관계를 뜻하는 것으로 받아들일 수 있는바, 이러한 인과관계의 존재는 행위책임은 물론이고 상태책임의 성립을 위한 전제조건을 이룬다. 왜냐하면 상태책임에서도 단지 위험을 야기하고 있는 물건만이 문제가 되기 때문이다 [Vgl. Pietzcker, "Polizeirechtlich Störerbestimmung nach Pflichtwidrigkeit und Risikosphäre", DVBl. 1984, 457 ff. (458), 異說 있음]. 그러나 인과관계의 문제는 주로 행위책임과 관련하여 발생하는 것이 일반적이므로, 본서에서는 인과관계의 문제를 행위책임과 관련지어 상세히 설명하는 방식을 취하기로 한다.

2. 경찰법 이외의 다른 법 영역에서, 특히 민법이나 형법에서 인과관계에 관한 이론이 잘 발달되어 있음에도 불구하고, 경찰법의 영역에서 인과관계를 별도로 논의하는 실익은 어디에서 찾을 수 있을까?

경찰책임은 형법상의 책임능력이나 (구체적인) 고의·과실 또는 민법상의 행위능력 등을 전제로 하는 것이 아니라, 단지 위험 및 장해의 야기를 그 전제로 할 뿐이다. 이는 경찰책임은 형법이나 민법상의 책임과 달리 단순한 원인책임의 성질을 갖는다는 것, 즉 경찰법의 영역에서는 인과관계만 인정되면 바로 경찰책임이 성립한다는 것을 의미한다. 이처럼 경찰법의 영역에서서는 인과관계가 경찰책임자의 행위와 책임을 결합시키는 특별한 기능을 수행한다. 따라서 경찰법의 영역에서 인과관계를 인정하기 위한 기준은 – 다른 법 영역에서 사용되는 인과관계론을 고려함이 없이 – 이러한 경찰법적 기능에 알맞게 결정되어야 한다.

§ 3. 행위책임의 귀속원리로서의 원인야기(II) – 경찰책임의 귀속이론

참고문헌: 서정범, "경찰책임의 귀속원리로서의 원인야기", 강원법학 제10집(1998), 471쪽 아래; 손재영, "경찰법에 있어서 위험귀속의 법리 – 행위책임에 있어서의 위험귀속과 그 한계를 중심으로", 동아법학 제52집(2011), 255쪽 아래; Hollands, *Gefahrenzurechnung im Polizeirecht*, 2005; Selmer, "Der Begriff der Verursachung im allgemeinen Polizei- und Ordnungsrecht", JuS 1992, 97 ff.

기본사례 1: 휴양지의 악단이 그 자체로는 아무런 문제없는 유명한 행진곡을 연주하자 많은 사람들이 그 멜로디에 맞는 원래의 가사를 부르지 않고, 연주되는 멜로디에 맞추어 이른바 Borkum-Lied(反셈족적인, 인종차별적 내용을 가진 가사)를 부른다(Vgl. Pr.OVGE 80, 176 ff.).

기본사례 2: 임대차계약의 해지를 통고하고, 후속적인 명도판결을 강제집행하는 임대인의 행위로 인하여 임차인이 노숙(露宿, Obdachlosigkeit)의 상태에 빠지게 되었다(Vgl. OVG Münster, OVGE 14, 265 ff.).

기본사례 3: 상점의 영업주가 흑인 소년을 비누로 씻겨서 하얗게 만드는 자동 인형을 진열장에 설치하였는바, 진열장 앞에 군중이 모여들어 교통을 저해할 정도에 이르렀다(Vgl. OLG Hamburg, Hans. Gerichtstg., Beibl. 1898, 93 ff.).

기본사례 4: 처음에는 주위에 아무것도 없던 땅에서 양돈사업이 행해졌는데, 사후에 그 지역이 주거지역으로 획정되어서 양돈 사업장 근처에 주택들이 건축됨으로써 양돈으로 인한 악취와 파리떼가 인근주민의 건강에 위험을 초래하게 되었다(Vgl. OVG Münster, OVGE 11, 250 ff., 소위 "양돈업자 사건").

1. 경찰책임의 귀속이론이 필요한 이유는 어디에서 찾을 수 있을까?

경찰법의 영역에서 인과관계를 결정하기 위한 기준은 경찰법에서 인과관계가 갖는 기능을 고려하여 독자적으로 결정되어야 한다는 점에 관한 한 이론(異論)이 없다. 그러나 구체적으로 어떠한 기준에 따라 인과관계를 인정하여 경찰책임자를 결정할 것인가의 문제에 관하여는 명문의 규정이 존재하지 않으므로[48] 이러한 문제의 해결을 위하여서는 학설상 발전되어 온 인과관계이론에 의존할 수밖에 없다. 한편 지금까지 제시되어 온 학설로서는 다음과 같은 것이 있다. 즉,

(1) 조건설 (2번)
(2) 상당인과관계설 (3번)
(3) 직접원인설 (4~9번) [49]
(4) 위법원인설 (10~12번)
(5) 사회적 비상당원인설(13~14번)
(6) 유동적 원인야기 개념의 등장(15~16번)

48) 이러한 사정은 경찰책임에 관한 명문의 규정을 갖고 있는 독일의 경우도 마찬가지이다.

49) 이 가운데 7~9번은 직접원인설의 요청에 대한 예외를 이루는 의도적 간접원인제공자 이론에 관한 설명이다.

2. (1) 조건설은 어떠한 것을 그 내용으로 하며,
(2) 조건설이 경찰법에서는 적용되기 곤란한 이유는 어디에서 찾을 수 있을까?

(1) 조건설의 내용

형법에서 발전된 조건설(Bedingungstheorie)은 그것이 없었다면 위험이 발생하지 않았을 것이라고 인정되는 '모든' 조건을 결과에 대한 법적 의미에서의 원인이 되는(kausal) 것으로 보는 견해[50]로서, 독일제국법원의 conditio–sine–qua–non(원인 없으면 결과 없다)라는 공식이 그의 시발점을 이룬다(RGStE, 44, 230 ff. 참조).

(2) 조건설이 경찰법에서는 적용되기 곤란한 이유

형법에서는 위법성조각사유나 책임조각사유(고의·과실)에 의한 책임의 제한이 행해지지만, 경찰법에서는 그와 같은 책임의 한계를 획정하는 장치(또는 책임을 제한하는 여과장치)가 없다. 따라서 조건설에 따르면 인과관계가 무한히 확대되는 결과를 가져온다. 즉, 조건설에 의하여서도 몇몇 인과관계의 요소가 제거될 수는 있겠지만, 조건설에 따르게 되면 여전히 법정책적으로 바람직하지 않은 광범위한 책임을 인정하게 되는 것이다. 이러한 점을 고려할 때, 조건설은 경찰법에서는 적용되기 곤란하다.

3. (1) 상당인과관계설은 어떠한 것을 그 내용으로 하며,
(2) 상당인과관계설이 경찰법에서는 그대로 적용되기 곤란한 이유는 어디에서 찾을 수 있을까?

(1) 상당인과관계설의 내용

민법의 경우 인과관계는 불법행위와 관련하여 많이 논의되고 있는데, 민법에서는 상당인과관계설(Adäquanztheorie)이 지배적인 지위를 점하고 있는 것으로 보인다. 한편 상당인과관계설은 "경험법칙에 따를 때 일반적으로 발생한 것과 같은 종류의

---

50) 조건설은 이처럼 중요한 결과를 초래하는 모든 조건을 동가치적으로 파악하고 있다는 점에서 등가설(等價說, Äquivalenztheorie)이라고도 한다.

위험이나 장해를 야기하기에 적합한 조건만이 경찰책임에 있어서의 (또는 법적 의미에서) 원인으로 고려된다"는 것을 그 내용으로 한다.[51] 따라서 상당인과관계설에 의하면 극히 이형적(異型的)인 인과관계의 진행은 경찰법적 의미에서의 원인이 되지 못한다. 이처럼 상당인과관계설은 예측할 수 없는 이형적인 인과관계의 진행을 책임의 근거에서 제외시키고 있는바, 이 때문에 다수인의 이익조절이라는 민법상의 요구에 잘 부응하고 있다는 평가를 받고 있다.

(2) 상당인과관계설이 경찰법에서는 적용되기 곤란한 이유

상당인과관계설이 경찰법에서 일반적으로 통용될 수 없는 이유로는 다음과 같은 것이 제시되고 있다(이하의 설명에 관하여는 vgl. Drews/Wacke/Vogel/Martens, S. 312; Schenke, Rn. 241; Würtenberger/Heckmann/Tanneberger, Rn. 302.).

가) 상당인과관계설은 우선 효과적인 위험방지라는 경찰법의 요청을 충족시킬 수 없다. 왜냐하면 사회생활에 있어서는 인과관계의 진행에 있어 예측할 수 없는 이형적인 위험, 환언하면 조건과 결과 간의 상당성이 결여되어 있는 위험이 존재할 수도 있는데, 경찰은 그와 같은 위험을 방지하기 위하여서도 경찰권을 발동할 수 있어야 하기 때문이다. 이런 점을 고려하면 상당인과관계설은 인과관계의 폭을 지나치게 좁히는 결과를 가져온다고 할 수 있다.

나) 경험칙에 따를 때 예측가능한 모든 결과에 대하여 경찰법상의 책임이 인정될 수는 없다. 즉, 기본사례 2의 경우 상당인과관계설에 따르면 임대차계약의 해지통고를 하고 명도판결을 강제집행하는 임대인은 — 그가 임차인의 노숙의 상태에 대한 상당한 원인을 제공하였기 때문에 — 임대차계약의 해지통고를 받은 임차인의 노숙의 상태에 대하여 경찰책임자로서 경찰권발동의 대상이 되어야 할 것이다. 그러나 임대인은 단지 민법에 의해 자신에게 인정되는 임대인의 권리를 행사하고 있음을 고려할 때, 이러한 결론은 전혀 타당하지 못하다. 이런 점을 고려하면, 상당인과관계설은 때로는 경찰책임을 너무 확대시키는 결과를 가져 온다.

다) 실제에 있어 상당성이 있는 것과 그렇지 않은 것과의 한계를 획정하기가 어렵다. 즉, 상당성이 있는지 여부에 대한 판단을 위해 필요한 재량권의 행사에는 효

---

51) 수문(水門)사고가 문제되었던 BGHZ 3, 261 ff. 이래 독일 연방최고법원(BGH)의 일관된 입장이기도 하다.

과적인 경찰행정을 위하여 요구되는 명확성이 결여되어 있다. 한편 이러한 상당인과관계설의 불확실성은 법치국가의 원칙에 비추어 볼 때도 문제시된다.

4. 직접원인설(Ⅰ): 경찰책임의 귀속원리에 관한 학설로 직접원인설이 등장한 배경은 어디에서 찾을 수 있을까?

전술한 조건설이나 상당인과관계설에 의해서는 해결할 수 없는 경찰법상의 인과관계의 특수성을 고려하여 경찰법의 목적에 타당한 고유한 인과관계의 개념을 발전시키려는 시도가 학설과 판례상 행해져 왔는바, 이러한 과정에서 제일 먼저 직접원인설(Theorie der unmittelbaren Verursachung)이 등장하게 되었다.

5. 직접원인설(Ⅱ): 직접원인설은 어떤 것을 그 내용으로 하는 것일까?

직접원인설은 "스스로 위험의 영역(Gefahenschwelle, od. Gefahrengrenze)에 들어가는(überschreiten) 행위, 즉 그 자체가 구체적인 위험 또는 장해를 '직접적으로' 초래하는 행위만이 경찰법상의 원인으로 고려된다"는 것을 내용으로 한다(다수설/판례). 여기서 '직접적으로'란 원인과 결과 간의 특별한 근접성을 의미하는데, 문제는 구체적인 경우에 있어서 어떤 행위가 언제 위험 또는 장해를 직접적으로 야기하는지는 직접원인설의 정의 자체로부터는 도출될 수 없다는 점이다. 다시 말하면 직접원인설에 따르는 경우에도 어떤 행위가 위험이나 장해를 '직접적으로' 야기하는 행위인지는 전적으로 관련사안에 대한 가치평가적 판단을 통해서만 밝혀질 수 있다는 것이다. 이러한 문제 때문에 직접원인설은 결국 일반적으로는 시간적으로 최후에, 독립한 의사결정에 근거하여 인과관계의 진행에 관여한 자(원인)가 누구인지를 판단의 기준으로 삼고 있다.

직접원인설의 요청에 따르면 경찰위반의 결과에 대한 사소한, 단지 간접적인 원인은 경찰책임을 발생시키지 않는다. 이처럼 단지 간접적인 원인을 야기한 사람을 '간접원인제공자(Veranlasser)'라고 하는바, 그는 경찰책임자가 아니며, 따라서 경찰권 발동의 대상이 되지 않는다. 한편 이와 같은 직접원인설의 요청에 대한 중요한 예외를 이루는 것이 이른바 '의도적 간접원인제공자(Zweckveranlasser)'인데, 이것에 관하여는 7~9번의 내용 참조.

6. 직접원인설(Ⅲ): 오늘날의 지배적 학설인 직접원인설에 대하여는 어떠한 비판이 가해지고 있을까?

(1) 직접원인설은 일반적으로 시간적으로 최후에 행해진 행위를 기준으로 조건의 직접성을 인정하는데, 이러한 직접원인설의 설명은 명확하다는 장점은 있으나, 다음과 같은 단점이 있다. 즉,

첫째, 시간적으로 최후에 행해진 행위만이 인과관계의 사슬에 있어서 위험의 영역을 넘어서게 되는 원인이 되는 것은 아니다.

둘째, 최후에 행해진 행위를 기준으로 하는 것은 때로 경찰법이 달성하고자 하는 목적의 달성을 곤란케 할 수가 있다. 왜냐하면 최후의 행위가 행해지는 시점에서는 위험이 이미 구체화되어서 최후의 행위자에게 경찰권을 발동할 수 없거나, 그 시점에 이르러 위험을 방지하려면 과도한 희생이 뒤따르게 되기 때문이다(Gusy, Rn. 335).

(2) 전술한 것과 같이 최종적으로 행해진 행위를 기준으로 하는 것의 문제점이 인식되면서, 직접원인설은 「직접성이라는 개념은 더 이상 자연적으로 결정되어서는 안 되고, "규범적으로" 판단하여야 한다. 즉, 누가 자신의 행위를 통하여 위험의 영역을 넘어 들어가는지 여부를 기준으로 결정되어야 한다」라는 형태로 수정이 행해졌다. 그러나 이러한 설명방식 또한 문제가 있는데, 왜냐하면 "직접성"이나 "위험의 영역" 등은 불확정 법개념으로 그것이 구체적으로 무엇을 의미하는지는 직접성의 개념에 의해서도 명확해지지 않기 때문이다. 판례의 입장이 일관되지 않은 듯한 모습을 보이는 것도 바로 이 같은 사정에 기인한다.

(3) 직접원인설은 고도로 기계화된 현대사회에서의 다양한 문제, 특히 이른바 잔존유해물질(殘存有害物質, Altlasten)에 관한 문제 등을 해결하기에 적절하지 못한 것이 될 수 있다.

7. 의도적 간접원인제공자 이론(Ⅰ): 의도적 간접원인제공자 이론은
(1) 어떠한 것을 그 내용으로 하며,
(2) 동 이론이 문제가 되었던 사례유형으로는 어떠한 것이 있을까?

참고문헌: 서정범, "경찰권발동에 관한 연구," 고려대학교 박사학위논문, 1992,

86쪽 아래; Beaucamp/Seifert, "Soll der Zweckveranlasser weiterbleiben?", JA 2007, 577 ff.; Erbel, "Zur Polizeipflichtigkeit des sog. Zweckveranlassers", JuS 1985, 257 ff.; Lange, *Zweckveranlassung*, 2014; Muckel, "Abschied vom Zweckveranlasser", DÖV 1998, 18 ff.; Schoch, "Der Zweckveranlasser im Gefahrenabwehrrecht", Jura 2009, 360 ff.

(1) 의도적 간접원인제공자 이론

의도적 간접원인제공자 이론은 "어떤 사람이 그 자체로는 아무런 문제가 되지 않는 행위이지만 그 행위를 다른 사람이 공공의 안녕 또는 질서를 해하는 행위를 하도록 할 목적으로 행하였다면, 다른 사람의 행위는 그에게(의도적 간접원인제공자에게) 귀속된다"는 것을 핵심내용으로 한다.

(2) 의도적 간접원인제공자 이론의 적용이 논의되어 왔던 대표적 사례

① 휴양지 음악대 사례에서 음악대[행위책임의 귀속원리로서의 원인야기(II) – 경찰책임의 귀속이론의 기본사례 1 참조]

② Rock밴드의 콘서트나 축구경기 등과 같은 스포츠행사로 인하여 광분한 팬들이 행사장 소유자의 재산권을 침해하거나 교통을 방해하는 경우 등에 있어 행사주최자

③ 유명 가수가 불법마약 소지 및 흡입 혐의로 신체수색을 당한 후에 경호원 없이 시내의 주요도로를 활보하여 그를 보고자 모여든 팬들로 인하여 교통이 마비된 경우에 있어서의 유명 가수

④ 비오는 날 도시의 인도(人道)에서 선전용 전단을 배부하고, 그것을 받은 다수인이 곧 구겨 버려서 타인이 미끄러질 위험을 크게 만들 때 선전용 전단을 배부한 사람

8. 의도적 간접원인제공자 이론(II): 어떤 경우에 다른 사람의 행위를 이유로 의도적 간접원인제공자의 행위책임을 인정할 수 있을까?

다른 사람의 행위를 이유로 의도적 간접원인제공자의 행위책임이 인정되기 위하여는 간접원인제공과 위험을 가져오는 행위 사이에 긴밀한 내적 관계(內的 關

係, innerer Zusammenhang)가 형성되어 있어야 한다. 다만 그러한 '긴밀한 내적 관계'의 존재를 무엇을 기준으로 판단할 것인가에 관하여는 다음과 같은 학설의 대립이 있다.

(1) 주관설

주관설은 간접원인제공과 위험을 가져오는 행위 사이의 긴밀한 내적 관계를 양자 간에 '의도적 관련성'이 있는지를 기준으로 판단하려는 입장으로, 직접적 행위자인 제3자의 배후에 있는 의도적 간접원인제공자의 의도에 초점을 맞춘다. 즉, 주관설은 제3자의 행위로 인하여 경찰위반상태가 초래될 것을 배후자가 적극적으로 의도하였는지 아니면 적어도 그것을 묵시적으로 용인하고 있는지를 문제삼는다(Vgl. Knemeyer, Rn. 251 f.).

이러한 주관설은 경찰책임은 그 본질상 고의·과실과 같은 주관적 귀책사유와 무관하게 성립하는 것이라는 경찰법상의 일반원칙에 부합되지 않는다는 문제가 있다. 또한 일반적으로 경찰법은 위험방지의 효율성을 추구하며 객관적 사정을 주로 고려하는 것이란 점과도 부합하지 않는 면이 있다. 뿐만 아니라 경찰실무적으로 볼 때(의도적) 간접원인제공자의 의도나 목적을 현장의 경찰이 인식하고, 그를 증명하기가 사실상 어렵다는 치명적 단점을 안고 있다(Drews/Wacke/Vogel/Martens, S. 315).

(2) 객관설

객관설은 간접원인제공과 위험을 가져오는 행위 사이의 긴밀한 내적 관계를 양자 간에 '전형적 관련성'이 있는지를 기준으로 판단하려는 입장으로, 이해관계 없는 제3자의 입장에서 볼 때 효과 및 책임관련성(Wirkungs– und Verantwortungszusammenhang)이 인식될 수 있는지에 초점을 맞춘다. 즉, 객관설은 발생한 위험이 간접원인제공의 '전형적' 결과물이거나, 간접원인제공과 위험이 일반인의 경험적 시각에서 볼 때에도 당연한 일체를 형성한다고 간주되는지 여부를 문제 삼는다(Götz/Geis, § 9 Rn. 21; Schenke, Rn. 244 ff.).

이러한 객관설은 사실상 경찰책임이 지나치게 확장되는 결과를 가져온다는 문제가 있다. 또한 객관설은 구체적 사정에 따른 결론추구방법(소위 'Kasuistik')을 취하는 것이 되어 명확성과 예측가능성이 떨어진다는 단점이 있게 된다.

(3) 소 결

주관설과 객관설 이외에도 ① 주관적 동기와 객관적 사정이 모두 인정될 때 비로소 긴밀한 내적 관계가 있다고 보아 주관적 동기와 객관적 사정을 '중첩적으로' 요구하는 견해도 있고,[52] ② 주관적 동기와 객관적 사정 중에 어느 것 하나만 인정되면 긴밀한 내적관계가 인정된다고 보아 주관적 동기와 객관적 사정을 '양자택일적으로' 요구하는 견해(Wolff/Bachof(Ⅲ), S. 66)도 있다. 근래의 독일 학계의 지배적 견해는 객관설에 따르고 있는 것으로 보인다.

9. 의도적 간접원인제공자 이론(Ⅲ): 의도적 간접원인제공자라는 개념의 필요성 내지 독자적 의미를 부정하는 견해(독자성 부정설/개념불요설)의 논거는 무엇일까?

의도적 간접원인제공자라는 개념의 필요성 내지 독자성을 비판하는 학자들은 그의 공통적인 논거로 "위험을 가져오는 행위 뒤에서 간접원인을 제공하는 배후자는(예컨대 휴양지의 음악대, 대형 콘서트나 프로축구 경기를 주최하는 사람, 경호원 없이 시내 주요도로를 활보한 유명 가수 등) 단지 자신의 권리영역 안에서 적법하게 자신의 권리를 행사하고 있을 뿐이다"라는 점을 들고 있다(Erbel, a.a.O., 261 ff.; Muckel, a.a.O., 20. 한편 이러한 독자성 부정설에 관한 일반적 평가에 관하여는 vgl. Schoch, a.a.O., 934).

10. 위법원인설(Ⅰ): 경찰책임의 귀속원리에 관한 학설로 위법원인설이 태동하게 된 배경은 무엇일까?

전술한 직접원인설의 결함이 위법원인설(Rechtswidrigkeitstheorie)을 태동하게 하였다. 즉, 위법원인설은 전체 법질서로부터 나오는 규범적인 요청에 근거하여 경찰책임자를 결정함으로써, ('직접성'이나 '위험의 영역' 등과 같은) 가치판단의 불명확성을 최소화시키려고 등장한 학설이다.

52) 옐리네크(Jellinek)의 견해가 이에 가까운 것으로 설명되고 있다. 다만 에르벨(Erbel)이 적확하게 지적하고 있듯이(Erbel, a.a.O., 260) Jellinek 자신은－의도적 간접원인제공자의 경찰책임이 어느 때 인정될 수 있는지에 관한 오늘날의 논의에 따를 때－자신의 견해가 이러한 입장에 해당한다는 것을 인식하지는 못하고 있었다.

11. 위법원인설(II): 위법원인설은 어떠한 것을 그 내용으로 하는 것일까?

후르스트(Hurst)의 이론에 영향을 받아 슈누어(Schnur)에 의하여 창시된(Vgl. Schnur, "Probleme um den Störerbegriff im Polizeirecht", DVBl. 1962, 1 ff.) 위법원인설은 법질서에 의하여 자신에게 주어진 법적 영역(권리영역)을 일탈하는 경우, 즉 경찰책임자에게 적용되는 법규를 침해하는 위법한 행위가 있는 경우에만 경찰법상의 인과관계의 존재를 인정한다. 위법원인설에 따른 구체적 결론은 다음과 같이 요약해 볼 수 있다:

(1) 적법하게 활동하는 사람, 즉 단지 법질서에 의하여 자신에게 허용되어 있는 권리를 행사하는 자는 경찰책임자가 될 수 없다. 따라서 기본사례 2의 경우 명도판결을 집행하는 임대인은 임차인이 그로 인하여 노숙의 상태에 빠지게 된다고 하더라도 그에 대한 경찰책임자가 아니다. 한편 이와 같은 법적 영역의 한계는 기본권, 민법상의 규범과 공법상의 인·허가 등으로부터 나온다.

(2) 이에 반하여 형법 또는 공법상의 금지규범 또는 요구규범에 위반한 자는 자신의 권리영역을 벗어난 것으로서 위법하게 행동한 것이 되기 때문에 경찰책임자가 된다.

12. 위법원인설(III): 위법원인설이 안고 있는 문제점으로는 어떠한 것이 지적될 수 있을까?

(1) 위법원인설은 특별한 행위규범이 존재하는 경우에는 행위규범의 수범자(受範者, Adressat)가 명백히 밝혀질 수 있기 때문에 매우 유용한 이론이 될 수 있다. 그러나 실제로 누구를 경찰책임자로 볼 것인지가 다투어지는 많은 경우에 있어서는 그러한 특별한 행위규범이 존재하지 않는 경우가 대부분이다. 따라서 위법원인설만으로는 어떤 행위가 언제 위법한 것이 되는가에 관하여 기준을 제공하지 못하게 되는 면이 있다.

(2) 위법원인설이 기준으로 삼는 위법성이란 기준은 법규위반 등을 문제삼지 않는 경찰책임의 이론과는 어울리지 않는다.

(3) 위법원인설은 경찰법이 추구하는 위험방지의 효율성과 부합하지 않을 수 있는바, 이러한 점은 위법원인설에 입각하고 있는 학자 스스로도 인정하고 있다:

"위험방지법은 위험방지의 효율성이라는 원칙이 폭넓게 지배한다. 위험이 존재하는 경우에 경찰은 경찰책임자에 대하여 효과적인 조치를 신속하게 취할 수 있어야만 한다. 따라서 법률 전문가가 아닌 경찰관이 어떤 자에 대하여 조치를 취하기에 앞서, 문제시되는 수범자가 법질서에 의하여 그에게 허여되어 있는 범위 내에서 행동하였는지 여부를 밝혀내기 위하여 복잡한 법적 문제에 대한 고려를 해야만 한다는 것은 일견 위험방지의 효율성의 원칙과 부합하지 않는 것처럼 보인다"(Scholler/Schloer, *Grundzüge des Polizei– und Ordnungsrechts in der Bubdesrepublik Deutschland*, 4. Aufl., 1993, S. 244).

(4) 소 결

이러한 문제점 때문에 위법원인설은 학설상 많은 지지를 받고 있지는 못하다. 판례 또한 기껏해야 경찰책임을 부인하기 위한 논거로서 동 이론을 채용하고 있거나, 아니면 동 이론이 적합하지 않다는 것을 이유로 적용을 거부하고 있을 뿐이다 [잔존유해물질이 문제되었던 OVG Münster, NVwZ 1985, 355 ff. (356) usw.]. 생각건대, 위법원인설은 독자적으로 인과관계를 결정하는 기준으로 삼기는 곤란하며, 다른 방법으로 얻어진 결론의 근거로서 단지 보충적으로만 적용해야 한다.

13. 사회적 비상당원인설(Ⅰ): 사회적 비상당원인설이 등장하게 된 배경은 어디에서 찾을 수 있을까?

위법원인설의 가장 큰 문제는 특별한 행위규범이 존재하지 않는 경우에는 어떤 행위가 언제 위법한 것이 되는지에 관한 기준을 제공하지 못한다는 것이다. 사회적 비상당원인설(社會的 非相當原因說, Theorie der sozialinadäquaten Verursachung)은 바로 이처럼 특별한 행위규범이 존재하지 않는 경우에 경찰법상의 원인야기의 개념을 규정하기 위한 중요한 관점을 제공하기 위하여 등장한 이론이다.

14. 사회적 비상당원인설(Ⅱ): 사회적 비상당원인설은 어떠한 것을 그 내용으로 하며, 동설(同說)의 문제점은 무엇일까?

사회적 비상당원인설은 단지 사회적 상당성이 결여되어 있는 위험야기만이 경찰법적 의미에서 원인이 된다고 한다. 환언하면 특별한 행위규범이 존재하지 않아서 법적으로 규율되지 않는 행위의 경우에는, 일반적인 생활위험을 사회적으로 비상당(非相當)한 방법으로 제고시킨 자가 경찰책임자가 된다는 것이다(Gusy, Rn. 339).

그러나 '사회적으로 상당성이 없다'라는 기준은 그것만으로 경찰법상의 원인야기 여부를 명백히 구분할 수 없는 경우가 많다는 점이 문제시된다.

15. 유동적 원인야기 개념(Ⅰ): Selmer에 의해 경찰책임의 귀속에 관한 새로운 모델로 제시된 유동적 원인야기 개념은 어떠한 점에서 지금까지 설명한 학설들과는 그 차원을 달리하는 것일까?

전통적인 경찰행정법 이론에 따르면 경찰책임자는 자신의 행위로 인하여 야기된 모든 경찰상의 위험에 대한 책임을 져야 하는 반면, 비책임자는 위험방지에 대한 아무런 협력의무도 갖지 않는다. 즉, 경찰책임에 관한 한 전통적 경찰행정법 이론은 "전부 또는 전무"(alles oder nichts)라는 양자택일적 고찰방식[53]을 따르고 있으며, 그 결과 경찰책임에 있어 중간적 영역(Zwischenzonen)은 생소한 것이다. 위에서 설명한 경찰행정법상의 인과관계에 관한 여러 이론 역시 근본적으로 이러한 사고에 기초하여 경찰책임자가 누구인지를 밝혀내고자 한다. 그러나 이러한 "전부 또는 전무"라는 양자택일적 고찰방식은 헌법적 질서하에서 의문시되는 경우가 있는데, 그 같은 점에 착안하여 젤머(Selmer)는 유동적 원인야기개념(fließenden Verursachungsbegriff)을 창안하게 된 것이다(유동적 원인야기 개념에 관하여 자세한 것은 Selmer, "Der Begriff der Verursachung im allgemeinen Polizei- und Ordnungsrecht", JuS 1992, 97 ff.)

16. 유동적 원인야기 개념(Ⅱ): 유동적 원인야기 개념을 구체적 경우에 적용하면 어떤 결론이 도출되게 되는 것인지에 관하여 Selmer가 제시한 예로는 어떠한 것이 있을까?

Selmer의 유동적 원인야기 개념에 따르게 되면 다음과 같은 결론에 달하게 된

53) 이극적(二極的) 고찰방식이라고도 한다.

다. 즉,

(1) 허가받은 시설의 소유자는 그의 경영으로 인해 (예측할 수 없는) 손해가 발생한 경우 위험방지법상 중요한 각종의 자료 등의 제출에 관하여서만 경찰책임자가 되는 것이지, 경찰위반의 결과(손해)를 제거할 의무는 없다.

(2) 가스누설의 염려가 있는 가스관 옆에 있는 흡연자에게 담배에 불을 붙이는 것을 금지할 수는 있지만, 예기치 않은 폭발로 인한 경찰위반의 상태(인근 가옥의 붕괴위험성)의 제거가 요구될 수는 없다.

§ 4. 심화학습: 경찰법에 고유한 귀속이론은 과연 필요한 것인가?

참고문헌: 서정범, "경찰책임의 귀속원리로서의 원인야기(Verursachung)", 강원법학 제10집(1998), 471쪽 아래; Muckel, "Abschied vom Zweckveranlasser", DÖV 1998, 18 ff.

1. 경찰법에 고유한 귀속이론이 과연 필요한 것인지에 대한 의문이 생겨난 배경은 무엇일까?

지금까지의 논의에서 보듯이 학설과 판례에 의하여 발전되어 온 전통적인 귀속이론은 모두 이론 전개상의 문제점을 갖고 있다. 그리고 그 같은 점을 인식하여 전통적인 이론에 입각하면서 약간의 수정을 가하거나, 두 가지 이상의 이론의 조화를 도모하거나 또는 아예 새로운 이론을 제시하는 등의 변화가 일어나고 있다. 그런데 문제는 그 어떤 이론도 경찰책임의 귀속을 결정짓는 것에 대해 만족할 만한 기준을 제시하지는 못하고 있다는 것인데, 이 때문에 과연 경찰법에 고유한 귀속이론이 반드시 필요한 것인지에 대한 의문이 생겨나게 되었다.

2. 만약에 경찰법에 고유한 귀속이론이 불필요하다고 한다면, 경찰이 누구에게 경찰권을 발동하여야 하는가의 문제는 무엇을 기준으로 판단하여야 할까?

전술한 바와 같은 의문에 기초하여 경찰법에 고유한 귀속이론은 사실상 불필요하다는 견해가 나타나게 되었다. 이러한 견해는 경찰권발동의 대상이 될 자를 선택하는 것과 관련하여 경찰행정청에게 선택재량이 인정된다고는 하지만, 누구에게 경찰권을 발동하여야 하는지를 판단함에 있어서는(즉, 선택재량의 행사에 있어서는) 경찰행정청이 '위험방지의 효율성의 원칙'과 '비례의 원칙'에 구속된다는 점을 강조한다. 즉, '위험방지의 효율성의 원칙'과 '비례의 원칙'이 경찰이 누구에게 경찰권을 발동하여야 하는가를 판단하는 기준으로 기능하게 된다면, 특정한 귀속이론에 따라 원인야기의 개념을 제한적으로 해석하여야 할 필요가 없으므로 경찰법에 고유한 귀속이론은 포기될 수 있다는 것이다(서정범/김연태/이기춘, 312쪽 아래 참조).

한편 저자 역시 동일한 논리에 기초하여 경찰법에 고유한 귀속이론이 불필요하다는 생각을 갖고 있지만, 이 같은 저자의 사견(私見)은 극소수설에 해당한다는 것을 분명히 밝혀 둔다. 따라서 경찰행정법 초학자들은 저자의 사견은 무시하여도 무방하다.

§ 5. 제3자의 행위에 대한 책임

참고문헌: Peine, *Die Zusatzverantwortlichkeit im Gefahrenabwehrrecht*, 2012.

1. 타인을 보호·감독하는 지위에 있는 사람은 자신의 보호·감독하에 있는 사람의 행위로 인하여 경찰법상의 위험이 발생한 경우, 그에 대하여서도 행위책임을 부담하여야 하는 것일까?

행위책임은 원칙적으로 '자신의 행위'에 의하여 야기된 위험을 방지할 책임을 말한다. 따라서 형사미성년자 또는 피성년후견인(被成年後見人) 등의 행위에 대하여는 1차적으로 그들 자신의 행위책임이 인정된다. 이러한 점을 고려하여, 독일에서는 이러한 책임을 '시원적 책임(始原的 責任, originäre Haftung)'이라고 부르고 있다.

다만 형사미성년자 또는 피성년후견인 등의 행위에 대하여는 그들의 보호의무자가(부모나 후견인 등), 또한 피용인이 직무를 수행하면서 행한 적법한 활동에 대하여는 사용자가 '추가적으로' 행위책임을 부담한다는 것이 인정되어 있다.[54] 독일의 경우 이러한 책임을 '추가적 책임(Zusatzhaftung)'이라고 한다.

2. 타인을 보호·감독하는 지위에 있는 사람이 자신의 보호·감독하에 있는 사람의 행위에 대하여 행위책임을 부담하는 경우, 그러한 책임의 성질은 어떻게 설명할 수 있을까?

보호의무자 등의 행위책임은 형사미성년자나 피성년후견인 또는 피용인 등의 책임(시원적 책임)과 중첩적·병렬적으로 지는 책임이다. 보호의무자 등의 행위책임을 중첩적·병렬적 책임이라고 하는 이유는 형사미성년자나 피성년인후견인 또는 피용인이 '시원적' 책임을 부담하기 때문이다[우리나라에서 이러한 점을 명시적으로 밝히고 있는 것으로는 김유환, 683쪽; 홍정선(입문), 120쪽].[55]

3. 제3자의 행위에 대한 책임에 관한 위의 설명은 독일에서의 논의에 기초한 것이다. 그렇다면 이 문제를 우리나라에서는 어떻게 설명하고 있을까?

우리나라의 경우에는 행위책임을 종래 자기 또는 자기의 보호·감독하에 있는 사람의 행위에 대하여 지는 책임이라고 설명하여 왔다. 즉, 형사미성년자나 피성년후견인 또는 피용인의 행위로 인하여 경찰법상의 위험이 발생한 경우에는 그들의 보호의무자나 사용인이 행위책임을 부담한다고 설명하여 왔다는 것이다. 이러한 설명방법은 형사미성년자나 피성년후견인 또는 피용인은 자신들의 행위에 대하여 시원적 책임을 부담하지 않는다는 것을 전제로 하는 것으로 볼 수 있다. 그러나 근래 들어 이러한 종래의 설명방식에 커다란 변화가 일어나고 있는데, 독일에서의 설

---

54) 사용자의 책임과 관련하여서는 민법 제756조와는 달리 사용자가 피용인(종업원)의 선임 및 사무감독에 상당한 주의를 하였다는 것을 증명하여도 면책되지 않는다는 것에 주의하여야 한다. 왜냐하면 경찰법의 영역에서는—민법 제 750조 이하의 불법행위책임의 경우와 달리—고의 · 과실은 문제가 되지 않기 때문이다

55) 이러한 설명에 따르면 실제로 형사미성년자 등의 행위로 경찰법상 위험이 발생한 경우 경찰이 누구에게 경찰권을 발동할 것인가의 문제는 다수의 경찰책임자와 관련지어 설명되게 된다.

명방식과 마찬가지로 행위책임의 유형을 시원적 책임과 추가적 책임으로 구분하여 설명하는 방식이 그것이다[이러한 경향에 따르고 있는 것으로는 김유환, 683쪽; 정하중, 1122쪽; 홍정선(하), 490쪽].

한편 자기의 보호·감독하에 있는 사람의 행위에 대하여 보호감독자(보호의무자나 사용인)가 부담하는 책임의 성질에 대하여는 경찰법상의 위험을 야기한 형사미성년자나 피성년후견인 또는 피용인자의 지위에 대신하여 부담하는 대위책임(代位責任)이 아니라, 자기의 지배권의 범위 내에서 경찰법상의 위험을 발생케 한 것에 대한 책임으로서 자기책임(自己責任)의 성격을 갖는다고 설명하고 있다.

Chapter 4. 상태책임

§ 1. 상태책임 일반이론

1. 상태책임이란 무엇을 말하는 것일까?

상태책임이란 '물건의 상태'로부터 공공의 안녕 또는 질서에 대한 위험이나 장해가 발생한 경우에 그를 방지하거나 제거할 책임을 말한다. 상태책임에서 논하는 물건의 개념은 민법 제98조의 물건 개념에 근거하며, 따라서 여기서 물건이라 함은 "유체물 및 전기 기타 관리할 수 있는 자연력"을 말한다. 동물 또한 여기서의 물건에 속한다. 이러한 상태책임은 그런 상태가 누구에 의하여 발생되었는지의 여부, 또는 상태책임자가 고의나 과실로 그런 위험을 야기하였는지의 여부를 고려함이 없이 전적으로 '물건의 상태'에 의하여 결정된다.

한편 상태책임은 위험 또는 장해가 직접적으로 물건으로부터 발생한 경우에, 즉 물건 그 자체가 직접적인 위험원(Gefahrenquelle)을 형성하고 있는 경우에만 인정된다. 따라서 상태책임의 경우에도 물건의 상태와 위험 또는 장해 간에는 인과관계가 존재하여야 한다[동지: 김동희, 223쪽; 홍정선(하), 481쪽].

2. 경찰법에서 행위책임 이외에 상태책임이란 제도가 도입되어 있는 이유는 무엇일까?

형법 등 다른 법의 영역에서는 책임은 오로지 행위와 결부되며, '물건의 상태'를 이유로 책임을 묻는 경우는 없다. 그런데 그들 법과 달리 경찰법에서는 행위책임 이외에 상태책임이란 제도가 도입되어 있는데, 그 이유는 다음과 같은 것에서 찾을 수 있다.

공공의 안녕 또는 질서에 대한 위험방지를 그의 임무로 하는 경찰은 경찰책임자에게 경찰권을 발동하는 방식을 통하여 위험방지라는 임무를 수행한다. 그런데 실제로 공공의 안녕 또는 질서에 대한 위험이 발생한 경우를 보게 되면, 행위책임자가 아예 없거나(예: 자연재해 등) 행위책임자가 있지만 어떤 사정으로 인하여(예: 연락두절 등) 행위책임자에게 경찰권을 발동할 수 없는 경우가 많다. 따라서 행위책임만을 인정하여서는 (결코 포기될 수 없는) 공공의 안녕 또는 질서에 대한 위험방지라는 경찰의 임무를 수행할 수 없게 되는 문제가 발생하게 되는바, 이러한 문제의 해결책으로 등장한 것이 바로 상태책임이다.

3. 상태책임을 인정할 수 있는 근거, 즉 이른바 상태책임의 연결점은 어디에서 찾아야 할까?

어떤 물건의 경찰위반 상태를 이유로 하는 상태책임은 소유권 또는 사실상의 지배권 그 자체에 근거하는 것이 아니라 그 물건에 대한 법률적 또는 사실적 처분권(Verfügungsmacht), 즉 위험을 가져오는 물건에 영향을 미칠 수 있는 가능성에 근거한다. 이러한 점은 절취당한 물건에 대하여는 소유자가 더 이상 경찰책임을 부담하지 않는 사실에서 잘 나타난다.

§ 2. 상태책임자

1. 누가 상태책임자가 되는 것일까?

경찰법에서는 (행위책임자는 물론이고) 상태책임자도 경찰권 발동의 대상이 된다. 이 경우 상태책임자는 위험을 야기한 물건의 소유권자 및 그 물건에 대한 사실상의 지배권자(Inhaber der tatsächlichen Gewalt)가 되는데, 경찰행정법 이론은 '사실상의 지배권자'의 책임에 중점을 두고 있다.[56] 독일의 경찰관련 법률들 또한 사실상

---

56) 상태책임자에 관한 본서의 설명방식은 우리나라의 일반적인 경찰행정법 관련 문헌과는 그

의 지배권자의 책임에 중점을 두고, 소유권자의 책임은 부차적으로만 규정하고 있다. 이러한 경찰행정법 이론(구조) 및 법률체계는 소유관계가 분명히 밝혀질 수 없는 경우에 경찰이 소유관계에 관한 조사를 할 필요 없이 그 물건의 점유자에게 경찰권을 지체 없이 발동하여 위험을 방지할 수 있는 장점을 갖는다.

2. 소유권자의 책임(Ⅰ)－소유권자에 대한 판단: 누가 소유권자인지 여부를 판단하는 기준이 되는 시점(時點)은 언제일까?

어떤 물건의 상태가 공공의 안녕 또는 질서에 대한 위험을 야기하는 경우 그 물건의 소유권자는 상태책임자가 되는데, 경찰행정법상의 소유권의 개념은 민법상의 소유권개념과 일치한다. 한편 이 경우 누가 공공의 안녕 또는 질서를 침해하는 물건의 소유권자인지를 판단함에 있어서 기준이 되는 시점은 위험 또는 장해의 성립시점이 아니라 '경찰의 개입시점'이다.

3. 소유권자의 책임(Ⅱ)－소유권자의 상태책임의 한계: 자신이 소유하는 물건의 상태로부터 위험이 발생한 경우, 당해 물건의 소유권자는 아무런 제한 없이 상태책임을 부담하여야 하는 것일까?

어떤 물건으로부터 경찰법상의 위험이 발생하는 경우에 그 물건의 소유권자가 언제나 상태책임을 부담하여야만 하는 것은 아니다. 즉, 그로부터 위험이 발생하는 물건의 소유권자라고 할지라도 물건의 상태에 대하여 법적으로 또는 사실적으로 영향을 미칠 수 없게 된 때에는, 그 한도에서 소유권자의 책임은 면제된다. 예컨대 절도나 압류 등으로 물건에 대한 사실상의 지배권을 상실한 소유권자는 절취되거나 압류된 물건으로부터 발생한 위험에 대하여 상태책임을 지지 않는다(소유권자의 상태책임의 한계).

내용을 약간 달리하는 면이 있다. 즉, 우리나라의 경찰행정법 문헌들은 "현실적 지배권을 갖는 사람이 상태책임자가 된다. 물론 소유권자가 상태책임을 부담하는 경우도 있지만, 그것은 그가 소유권자이기 때문이 아니라 소유권자로서 현실적 지배권을 가지고 있기 때문이다"라고 설명하는 방식을 취하고 있다.

4. 소유권자의 책임(III)－소유권의 포기와 상태책임의 소멸: 위험을 야기하는 물건의 소유권자가 당해 물건에 대한 소유권을 포기하는 경우, 소유권자의 상태책임은 소멸하게 되는 것일까?

참고문헌: Pischel, “Dereliktion und Haftung des Zustandsstörers”, VBlBW 1999, 166 ff.

위험을 야기하는 물건의 소유권자가 당해 물건에 대한 소유권을 상실하는 경우에는 소유권자의 상태책임 또한 소멸하는 것이 원칙이다. 다만 소유권의 포기(Dereliktion)에 의하여서도 소유권자의 상태책임이 소멸하는지의 여부에 관하여는 다음과 같이 학설이 대립하고 있다.[57]

(1) 긍정설

위험을 야기하는 물건의 소유권자가 당해 물건에 대한 소유권을 포기한 경우에는, 그의 상태책임이 소멸된다는 견해이다. 이러한 견해는 포기로 인하여 상태책임의 소멸을 인정하는 경우에 예견되는 책임의 흠결은 “위험이 무주물에 근거하여 발생하고 있는 경우에는 경찰은 물건에 대한 소유권을 포기한 사람에게 조치를 취할 수 있다”고 규정하고 있는 독일의 통일경찰법모범초안 제5조 제3항에 근거하여 메꿀 수 있다는 것을 논거로 한다.

(2) 부정설

위험을 야기하는 물건의 소유권자는 당해 물건에 대한 소유권을 포기한 경우에도 원칙적으로 그의 상태책임을 면할 수 없다는 견해이다. 부정설 또한 “위험이 무주물에 근거하여 발생하고 있는 경우에는 경찰은 물건에 대한 소유권을 포기한 자에게 조치를 취할 수 있다”고 규정하고 있는 통일경찰법모범초안 제5조 제3항을 근거로 한다. 이러한 부정설에 따르면 폐차를 해야만 할 정도로 망가진 승용차가 도

57) 우리나라의 학계에서는 이 문제에 대한 논의가 전혀 없으므로, 이하에서는 독일에서의 논의를 중심으로 설명하기로 한다.

로교통상의 장해가 되고 있는 경우에는, 승용차의 소유권자는 도로상에서의 견인 비용을 절약하기 위하여 그의 소유권을 포기하여도 상태책임을 면할 수 없게 된다.

(3) 결 어

소유권자의 지배권이 영속적인 것은 아니므로 소유권자가 포기를 통하여 그의 지배권을 상실하면 상태책임 역시 소멸된다고 보는 긍정설이 타당하다. 또한 긍정설과 부정설이 모두 독일의 통일경찰법모범초안 제5조 제3항을 그들의 근거로 들고 있는바, 동조의 해석에 있어서도 긍정설이 무리가 없다고 여겨진다.

5. 사실상의 지배권자의 책임(Ⅰ)—사실상의 지배권자의 의의: 경찰법 이론은 상태책임과 관련하여 사실상의 지배권자의 책임에 중점을 두고 있는바, 사실상의 지배권자는 누구를 말하는 것일까?

사실상의 지배권자(Inhaber der tatsächlichen Gewalt)란 물건에 대한 지배권을 행사하는 자, 즉 사실상 어떤 물건에 대하여 영향력을 미칠 수 있는 사람을 뜻한다. 이 경우 그 사람이 사실상의 지배권을 소지하게 된 법적 근거는 중요하지 않으며, 단지 그 물건에 대한 특정인의 사실상의 지배가 문제가 될 뿐이다. 따라서 불법점유자(예: 도둑 등) 또한 여기서의 사실상의 지배권자에 해당한다.

6. 사실상의 지배권자의 책임(Ⅱ): 사실상의 지배권자가 지배권을 행사함으로 인하여 소유권자의 상태책임이 면제되는 경우가 있을까?

사실상의 지배권자의 상태책임은 소유권자의 그것과 원칙적으로 병존한다. 다만 사실상의 지배권이 소유권자의 의사에 근거함이 없이, 또는 소유권자의 의사에 반하여 행사된 경우(예: 도둑이나 압류재산의 관리인이 소유권자의 의사에 반하여 사실상의 지배권을 행사한 경우)에는 소유권자의 상태책임은 면제된다.

7. 사실상의 지배권자의 책임(Ⅲ)—사실상의 지배권자의 상태책임의 소멸: 사실상의 지배권자의 상태책임은 어떠한 경우에 소멸하며, 그 경우 경찰은 어떻게 위험을 방지하여야 할까?

사실상의 지배권자가 그의 사실상의 지배권을 상실하게 되면, 그의 상태책임 또한 소멸된다. 한편 이러한 경우에는 경찰은 (행위책임자가 없는 경우에는) 소유권자에게 경찰권을 발동하여 위험을 방지하여야만 한다.

§ 3. 상태책임의 범위

참고문헌: 서정범, "상태책임의 한계에 관한 고찰 – 이른바 연계원칙의 종언(終焉)?", 토지공법연구 제48집 (2010), 479쪽 아래; Friauf, "Zur Problematik des Rechtsgrundes und der Grenzen der polizeilichen Zustandshaftung", in: FS Wacke, 1972, 293 ff.; Mohr, "Zur Begrenzung der Zustandshaftung bei Altlasten", NVwZ 2003, 686 ff.

기본사례 1: A는 전쟁 중에 폭격으로 인하여 파괴된 가옥의 소유자인데, A 소유 가옥의 잔해가 공공의 안녕에 대한 위험으로 작용하고 있다. 이 경우 경찰행정청은 A에게 잔해 제거에 소요되는 비용을 부담할 것을 명할 수 있을까? (Vgl. OVG Münster, OVGE 5, 185 ff.)

기본사례 2: 정유회사의 유조차 운행 중에 유조차가 전복되어 흘러나온 기름으로 인하여 사고 장소 부근의 농지가 오염되고, 나아가 농지 밑을 흐르는 지하수가 오염되어 그를 취수원으로 하는 그 지역의 수도공급에 위험이 초래하게 되었다. 이 경우 경찰행정청은 해당 농지의 소유자인 B에게 당해 토지와 지하수의 오염제거를 명할 수 있을까? (Vgl. OVG Münster, OVGE 19, 101 ff.)

기본사례 3: C는 토끼가죽으로 모자를 제조하다 폐업한 기업 U가 공장으로 사용하던 부지를 경매를 통하여 취득하였다. 그런데 C가 토지를 취득한 이후에 토끼가죽의 탈지(脫脂)작업을 위해 U가 사용하였던 염화탄산수소로 인하여 당해 토지와 지하수가 심각하게 오염되었음이 확인되었다. 이 경우 경찰행정청은 C에게 당해 토지의 토양과 지하수의 정화작업을 명할 수 있을까? (Vgl. BVerfGE 102, 1 ff. = BVerfG, NJW 2000, 2573)

1. 상태책임의 범위에 관한 일반적 논의

(1) 경찰책임과 관련하여 경찰법 학계의 주류를 형성해 온 연계원칙은 무엇을 의미하며, 이러한 연계원칙이 등장하게 된 배경은 어디에서 찾을 수 있을까?

경찰책임의 체계에 관한 경찰행정법 이론에 있어 오랫동안 정설로서의 지위를 점하여 왔던 '연계원칙(連繫原則, Konnexitätsprinzip)'이란 경찰책임자의 위험방지의무 — 비용부담의무 — 무보상(無補償)의 원칙이 필연적으로 결합된다는 것을 내용으로 하는바, 이러한 연계원칙에 따르게 되면 다음과 같은 결론에 달하게 된다. 즉,

① 경찰책임자는 경찰상의 위험방지를 위한 의무를 부담하고(따라서 그 한도에서 위험방지를 위한 경찰권발동의 대상이 된다), ② 그러한 위험방지조치에 소요되는 비용을 모두 부담하여야 할 뿐만 아니라, 나아가서 ③ 경찰권발동으로 인하여 자신에게 재산적 손실이 발생한 경우에도 손실보상을 청구할 수 없다.

한편 이러한 연계원칙의 등장은 경찰책임의 영역에서 근본적으로 경찰책임자와 비책임자를 구분하는 이분법(二分法, Dichotomie)적 사고, 즉 "경찰책임자는 자신의 행위 또는 자신의 지배하에 있는 물건의 상태로 인하여 야기된 모든 결과에 대하여 책임을 져야 하며, 비책임자는 위험방지에 대한 어떠한 협력의무도 부담하지 않는다"는 사고를 그 배경으로 하고 있다.

(2) 종래의 경찰행정법 이론은 상태책임의 범위와 관련하여 어떤 입장을 취해 왔을까?

상태책임의 범위(한계)와 관련하여 종래의 지배적인 견해는 "상태책임의 성립에 있어서는 경찰위반의 상태가 어떠한 방식으로 발생하였는지는 중요하지 않다.

따라서 어떠한 위험도 상태책임으로부터 분리될 수 없으며, 그를 공중의 위험이라고 간주하여서도 아니 된다”(Drews/Wacke/Vogel/Martens, Gefahrenabwehr, S. 320 f. usw.)라는 서술을 통하여 상태책임의 무제한성을 강조해 왔다. 이는 상태책임자는 물건으로부터 발생하는 위험에 대하여 그 원인 – 자신의 행위, 제3자의 행위, 고권력주체의 행위, 자연현상 및 돌발적 사건 등 – 여하를 불문하고 언제나 완전히 책임을 져야 한다는 것을 의미한다[김동희, 222쪽; 홍정선(입문), 122쪽].

상태책임의 범위에 관한 이 같은 전통적 견해에 따르면, 기본사례 1의 경우 폭탄의 투하로 파괴된 가옥의 소유자 A는 그 잔해로부터 발생한 위험에 대하여 책임을 져야 한다. 또한 기본사례 2의 경우 유조차가 노상에서 전복되어 흘러나온 기름이 스며든 인근 토지의 소유자 B는 지하수의 오염위험에 대하여 상태책임자가 된다. 한편 기본사례 3의 경우 토지소유자 C는 U의 기업 활동으로 인한 환경유해물질에 근거한 위험(소위 잔존유해물질)에 대하여서도 상태책임을 져야 한다.

(3) 상태책임의 범위는 물건의 가치와 책임질 비용간의 관계를 고려함이 없이 원칙적으로 무제한이라고 하는 전통적 견해는 무엇을 그 논거로 하였을까?

상태책임의 범위는 원칙적으로 무제한이라는 전통적 견해는 그 논거를 ‘재산권의 사회적 구속성’(「헌법」제23조 제2항)에서 찾았었다. 즉, 물건으로부터 생기는 이익을 향유하는 소유권자는 그 물건의 사용으로 인하여 발생하는 불이익 또한 스스로 부담할 것이 요구되며, 그 손해가 공중에게 부과되어서는 안 된다는 것이다(Würtenberger/Heckmann/Tanneberger, Rn. 439).

(4) 상태책임의 범위가 원칙적으로 무제한이라는 전통적 견해에 대한 반론(反論)은 주로 어떠한 점에 착안하여 전개되었을까?

상태책임의 범위가 원칙적으로 무제한이라는 전통적 견해에 대하는 상태책임자가 희생자의 지위(Opferposition)에 있을 수 있다는 관점 또는 과잉금지원칙의 관점에서 끊임없이 반론이 제기되어 왔다. 이러한 반론은 무엇보다도 상태책임자가 스스로 위험을 야기하지도 않았고 또한 사전에 그러한 문제점을 알 수 없었음에도 불구하고 위험방지를 위하여 필요한 많은 경비를 부담하여야 한다면, 그것은 구체적인 경우에 있어 매우 부당한 결과를 가져올 수 있다는 점에 착안하고 있다.

(5) 상태책임의 범위에 관한 경찰행정법적 논의는 실무 차원에서도 의미를 가질 수 있는바, 우리나라에서 이러한 문제에 관한 논의를 불러일으켰던 실제 사례로는 어떤 것이 있을까?

우리나라에서 상태책임의 범위에 관한 사법부의 판단이 있을 것이라는 기대로 인해 그 문제에 관한 경찰행정법적 논의를 불러일으켰던 사례로는 근래에 제기되었던 위헌법률심판사건(헌재결 2010. 5. 27, 2007헌바53)을 들 수 있다. 동 사건에서는 "화성시장이 폐기물처리업체인 마도기업에 대하여 폐기물처리허가취소처분을 발한 후에 방치폐기물을 처리하도록 명하였음에도 불구하고 마도기업이 이를 이행하지 않자, 화성시장이 「건설폐기물의 재활용촉진에 관한 법률」 제45조에 근거하여 마도기업에 대하여 토지를 임대한 토지소유자에게 방치폐기물처리조치 명령을 내렸던 것"이 문제되었다.

다만 (경찰행정법학계의 기대와 달리) 헌법재판소 전원재판부는 동 사건에 대한 결정에서 상태책임의 범위의 문제와 관련된 판단을 하지 않았는데, 이는 위헌법률심판을 제기한 청구인이 그것을 다투지 않았던 것에 기인한 것으로 보인다.

2. 상태책임의 한계를 획정하려는 시도(Ⅰ)—개 관

(1) 학설과 판례에 의해 상태책임의 한계를 획정하려는 시도가 나타나게 된 배경은 어디에서 찾을 수 있을까?

20세기 후반에 들어 상태책임의 범위에 관하여 전통적 견해와 같이 무제한적인 상태책임을 인정하는 것은 구체적인 경우에 있어서 비례의 원칙과 같은 헌법적 요청에 반할 수 있다는 인식이 나타나기 시작했다. 즉, 상태책임의 무제한성을 고수하는 경우 상태책임자에게 예기치 못한 부담, 특히 과중한 경제적 손실을 초래할 염려가 있다는 점이 인정되게 된 것이다. 이러한 인식변화가 상태책임의 범위를 제한하려는 시도가 나타난 배경을 이룬다.

(2) 상태책임의 범위를 제한하려는 시도가 학설상 처음으로 구체화된 것은 언제부터일까?

상태책임의 범위를 제한하려는 시도와 관련하여서는 프리아우프(Friauf)의 주장(Friauf, “Zur Problematik des Rechtsgrundes und der Grenzen der polizeilichen Zustandshaftung”, in: FS Wacke, 1972, 293 ff.)이 그 효시를 이루는 것으로 평가되고 있다. 그러나 Friauf 스스로 밝히고 있는 것처럼, 상태책임의 범위를 제한하고자 하는 시도는 단편적으로는 그보다 훨씬 전부터 행해져 왔었다. 이러한 점을 고려하면 Friauf의 견해는 상태책임의 제한에 대한 ‘헌법적 근거’를 최초로 제시하였다는 점에서 그 의미를 찾아야 할 것으로 생각된다.

(3) 상태책임의 범위를 제한하려는 시도는 지금까지 어떠한 방법으로 행해졌을까?

Friauf 이래 상태책임의 범위를 제한하고자 하는 많은 시도가 있었는데, 이러한 시도들은 결론에 있어서의 유사성에도 불구하고 설명방법에 있어서는 상당한 이론적 차이를 보이고 있다. 한편 상태책임의 범위를 제한하려는 시도는 크게 다음과 같이 유형화시켜 볼 수 있다. 즉,

가) 상태책임 자체를 부정하는 견해

나) 상태책임의 제한을 인정하는 견해: 이러한 견해는 다시 ① 상태책임의 내용을 수인의무(受忍義務)에 국한시키는 견해와 ② 과잉금지원칙에 의한 해결을 도모하는 견해로 나누어 볼 수 있다.

다) 연계원칙을 부정하는 방법을 통하여 상태책임의 범위를 제한하려는 견해

3. 상태책임의 한계를 획정하려는 시도(II)－상태책임 자체의 부정에 입각한 견해

(1) 상태책임 자체를 부정하는 것에 입각하여 상태책임의 한계를 획정하려는 견해는 어떠한 것을 그 내용으로 할까?

일정한 경우에 소유권자 등의 상태책임 자체가 부정될 수 있다는 것을 전제로 상태책임의 범위를 제한하려고 하는 견해는 Friauf에 의해 대표되는바, Friauf의 입장을 소개하면 다음과 같다. 우선 Friauf도 물건의 소유자의 상태책임은 '원칙적으로는' 무제한이라는 점을 인정하였다. 다만 Friauf는 "자신(물건의 지배자로서의 속성)과 관련되지 않은, 즉 공중과 관련된 위험영역(전쟁, 현대의 대량교통 등)에서 발생하는 위험까지 소유자에게 부담시키는 것은 타당하지 않다"고 하여 상태책임의 범위가 제한될 수 있음에 대한 헌법적 근거를 최초로 제시하였다.

(2) 상태책임 자체를 부정하는 것에 입각하여 상태책임의 한계를 획정하려는 견해의 문제점으로는 어떠한 것을 지적할 수 있을까?

첫째, Friauf 등과 같이 일정한 경우에 있어 소유권자를 비책임자로 보게 되면 '경찰상의 긴급상태(이에 관하여는 Chapter 6.「비책임자에 대한 경찰권 발동」 참조)'라는 매우 제한된 조건하에서만 소유권자에게 경찰권을 발동하는 것이 허용되며, 그 결과 경찰의 과제인 위험방지의 직무를 효과적으로 수행하는 것이 현저하게 곤란해지거나 불가능해진다.

둘째, 상태책임을 무제한적으로 인정하는 경우 불합리한 결과를 초래하게 되는 예로 제시되는 전쟁 등과 같은 극히 예외적인 사건 또는 공중에 속하는 위험영역과 같은 기준은 평등의 원칙을 충족시키는 충분히 신뢰할 수 있는 기준이 되지 못한다.

4. 상태책임의 한계를 획정하려는 시도(III)－상태책임의 제한을 인정하는 견해

상태책임의 '제한'을 통하여 상태책임의 한계를 획정하려는 시도는 크게 두가지 방향으로 나타내는데, 그 하나는 상태책임의 내용을 수인의무에 국한시키는 견해이고, 다른 하나는 과잉금지의 원칙에 따른 해결을 도모하는 견해이다.

(1) 상태책임의 내용을 수인의무에 국한시키는 견해는 어떤 것을 그 내용으로 할까?

상태책임의 내용을 수인의무에 국한시키는 견해는 상태책임의 성립은 인정하면서, 상태책임의 내용을 수인의무에 국한시키는 방법을 통하여 그로 인한 불합리한 결과(특히 과다한 경제적 손실)를 제거하고자 한다. 이러한 시도를 하였던 대표적 학자로는 "토지나 가옥의 소유권자의 상태책임을 인정하는 경우에도 그의 책임은 수인의무에 국한되며, 따라서 그는 위험방지에 소요된 비용을 부담할 의무는 없다"고 주장한 파피어(Papier)를 들 수 있다(Papier, "Altlasten und polizeiliche Störerhaftung", DVBl. 1985, 873 ff. (878); ders., "Die Verantwortlichkeit für Altlasten im öffentliches Recht", NVwZ 1986, 256 ff.).

이러한 Papier의 견해에 대하여는 "경찰책임의 제1차적인 측면, 즉 상태책임 그 자체를 문제로 삼고 있는 것이 아니라 단지 제2차적 측면, 즉 위험제거에 소요된 비용의 상환의무의 제한을 문제로 삼고 있을 뿐이다"라는 비판이 있다(이러한 점을 잘 지적하고 있는 것으로는 vgl. Seibert, "Zum Zusammenhang von Ordnungs- und Kostentragungspflicht", DVBl. 1985, 328 f.).

(2) 상태책임의 범위의 무제한성을 인정할 때 발생하는 문제점을 과잉금지원칙을 통하여 해결하고자 하는 견해는 어떤 것을 내용으로 할까?

상태책임의 범위를 무제한적으로 인정하는 경우 발생하는 문제를 과잉금지원칙을 통하여 해결하고자 하는 견해는 제1차적 측면, 즉 경찰책임단계에서는 토지소유자 등을 상태책임자로 확정한 후에, 위험방지 등에 소요되는 비용을 전적으로 그에게 부담시키는 경우에 발생하는 불합리성은 과잉금지원칙을 가지고 해결하고자 한다. 그 대표적 논자로는 마르텐스(Martens)를 들 수 있으며(Drews/Wacke/Vogel/Martens, S. 320 f.), 잔존유해물질에 관한 2001년의 독일 연방헌법재판소의 결정 역시 근본적으로는 이러한 Martens의 입장에 따르고 있는 것으로 보인다. 다만 2001년의 독일 연방헌법재판소 결정의 내용이나 의미, 그리고 그에 대한 비판론 등에 관하여는 번호를 바꾸어 이하에서 상론하기로 한다.

5. 상태책임의 한계를 획정하려는 시도(IV)－독일 연방헌법재판소의 입장

(1) 잔존유해물질과 관련하여 토지소유자의 상태책임이 제한될 수 있는 가능성을 인정한 2001년의 독일 연방헌법재판소 결정의 전제가 되었던 사건의 구체적 내용은 어떤 것이었을까?

기본사례 3으로 제시되었던 사례, 즉 토끼가죽으로 모자를 제조하다 폐업한 기업이 공장으로 사용하던 부지를 경매를 통하여 취득하였는데, 토지취득 후 토끼가죽의 탈지(脫脂) 작업을 위해 사용하였던 염화탄산수소로 인하여 당해 토지와 지하수가 심각하게 오염되어 있음이 확인된 사례가 바로 독일 연방헌법재판소 결정의 전제가 되었던 사건의 내용이다.

(2) 독일 연방헌법재판소 결정(BVerfGE 102, 1 ff.)의 핵심적 내용은 무엇일까?

독일 연방헌법재판소 역시 토지소유자는 그가 토지소유자라는 것만으로 상태책임자로서 그의 토지로부터 발생하는 위험을 제거하여야 할 의무가 있다는 것을 (원칙적으로) 인정하였다. 설사 그가 위험을 야기하지도 않았고 그에 대하여 책임도 없는 경우 또한 마찬가지이다. 다만 문제가 된 사례의 경우처럼 잔존유해물질이 문제되는 경우에 있어서는 독일기본법 제14조의 재산권보장과 비례의 원칙이란 관점을 고려하여 토지소유자의 상태책임이 제한될 수 있는 가능성이 있음을 인정하였다.

한편 독일 연방헌법재판소는 "이처럼 상태책임자에 대한 비용부담이 기대가능성의 결여로 인하여 제한받게 된다면 경찰행정청이 토지소유자에 대하여 어떤 조치(예컨대 잔존유해물질의 제거명령)를 취할 때에는 비용부담의 한계에 관하여서도 결정을 하여야만 하며, 만일 경찰행정청이 상태책임자에게 조치를 취하는 시점에서 기대가능성이 없는 이유를 행정청이 알지 못하거나 충분히 알지 못하여 비용부담에 관하여 종국적으로 결정을 할 수 없는 경우에는 경찰행정청의 조치는 비용부담에 관한 결정을 유보한 상태로 행해져야 한다. 따라서 비용부담의 한계에 관하여 결정을 함이 없이 상태책임자를 무제한적으로 끌어들이는 것은 위법하고, 따라서 그 한도에서 관계인의 쟁송에 기하여 취소될 수 있다"는 것을 분명히 하였다.

(3) 독일 연방헌법재판소의 결정은 과잉금지원칙을 통한 문제 해결을 도모하고 있다는 점에서 Martens의 입장과 유사한 측면이 있는데, 독일 연방헌법재판소의 결정이 갖는 특징은 어디에서 찾을 수 있을까?

과잉금지원칙을 통한 상태책임의 제한은 구체적인 경우에 있어서 해석을 통하여 인정되어야 하는데, 이와 관련하여 독일 연방헌법재판소가 스스로 형량의 기준을 제시하고 있음은 주목을 요한다. 즉, 이전까지의 학설(Martens 등의 견해)과 판례들이 상태책임자의 비용부담과 관련하여 기대가능성이란 한계는 인정하였지만 그 기준을 구체화시키지 못하였던 것에 비하여, 2001년 독일 연방헌법재판소의 결정은 형량의 기준을 구체적으로 제시하고 있다는 점에서 이전의 학설이나 판례와는 확연히 구별되는 특징을 갖는다.

(4) 2001년의 결정을 통하여 독일 연방헌법재판소가 제시하였던 형량의 기준의 핵심적 내용은 어떤 것일까?

2001년의 결정에서 독일 연방헌법재판소는 형량의 기준으로 많은 것을 제시하였는데, 이하에서는 그 가운데 핵심적인 내용만 열거하기로 한다.

가) 토지의 거래가치: 무엇보다도 토지의 거래가치가 기대가능성의 한계를 이룬다. 따라서 극단적인 경우 토지소유자는 위험방지를 위하여 토지의 거래가치 전부를 희생하여야 하는 경우도 있으나, 어떠한 경우에도 그의 거래가치를 넘어서까지 희생을 감수할 필요는 없다.

나) 토지소유자의 선의(善意)·악의(惡意) 등: 토지소유자가 그러한 위험을 인식하고 그를 감수한 경우(예컨대 토지의 취득 당시에 이미 잔존유해물질이 존재한다는 것을 인식하고 있었던 경우) 또는 토지소유자가 행위책임자로서 위험을 야기한 경우(예컨대 쓰레기장의 경영과 같은 위험한 방식으로 토지를 사용하는 것을 허락한 경우 등)에는 정화된 토지의 거래가치를 상회하는 비용부담도 원칙적으로 기대가능성이 있는 것으로 간주된다.

한편 소유권자가 토지의 취득 당시에 과실로 그러한 사실을 인식하지 못한 경우에는 '과실의 정도'가 고려되어야 한다. 따라서 잔존유해물질의 존재를 알지 못한 것에 중대한 과실이 있는 경우에는 기대가능성이 없는 것으로 보기 곤란하다.

다) 토지의 정화비용 등: 예외적으로 토지소유자에게 과해지는 비용부담이 토지의 거래가치를 넘어서지 않는 경우에도 기대가능성이 없는 것으로 간주될 수 있다. 즉, 정화되어야 할 토지가 상태책임자의 재산의 가장 중요한 부분으로서 그와 그의 가족이 삶의 근거를 이루고 있는 경우에는, 토지소유자가 그의 경제적 사정을 고려할 때 더 이상 토지를 유지할 수 없는 경우라면 토지소유자에게 정화비용을 부담시키는 것은 기대가능성의 한계를 벗어나는 것이 된다. 다만 오염토지의 정화비용이 정화가 이루어진 후에 토지소유자가 그 토지를 계속 사용함으로써 얻어지는 이익보다 적은 경우라면 토지소유자에게 정화비용을 부담시키는 것은 기대가능성의 한계를 벗어나지 않는 것이 된다.

(5) 2001년의 독일 연방헌법재판소의 결정이 갖고 있는 문제점으로는 어떠한 것이 고려될 수 있을까?

연방헌법재판소의 결정에 대하여는 비판론 또한 상당한바, 이러한 비판론의 주요 논지는 다음과 같다. 즉,

가) 연방헌법재판소는 경찰행정청과 법원에게 실무상 거의 극복하기 어려운 과제를 부여하고 있다. 즉, 연방헌법재판소의 입장에 따르면 경찰행정청은 어떤 조치(예: 정화결정)를 취하기에 앞서 토지의 거래가치를 올바르게 산정하여야 하며, 나아가 경우에 따라서는 토지취득 당시의 토지소유자의 선의(善意, Gutgläubigkeit)와 악의(惡意, Bösgläubigkeit)도 확인하여야 한다. 또한 토지의 정화비용을 예측하여 산정하여야 하며, 경우에 따라서는 토지의 이용을 통하여 얻어지는 재산적 이익에 대해서도 고려하여야 하는 문제가 발생한다(Knopp, "Bundes–Bodenschutzgesetz und erste Rechtsprechung", DÖV 2001, 441 ff.).

나) 이처럼 경찰행정청에게 어떤 조치를 하기에 앞서 전술한 바와 같은 심사를 하여야 할 것을 요구한다면 이는 상태책임이란 법제도 자체를 거의 무의미하게 만들 수 있다. 왜냐하면 경찰법에서는 위험방지가 가장 중요한 문제이며, 이를 위하여 행해지는 조치는 가능한 한 신속하게 행해질 수 있어야만 하기 때문이다(Ruder/

Schmitt, *Polizei- und Ordnungsrecht Baden-Württemberg*, 7. Aufl., 2011, Rn. 271).

다) 독일 연방 헌법재판소의 결정 내용과 같은 방식으로 상태책임의 제한을 인정하는 것은 다른 사람(특히 고의·과실이 없는 행위책임자)에게 그러한 책임의 제한이 인정되지 않는다고 하면 평등의 원칙에 어긋나게 책임을 제한하는 것이 된다(Gusy, Rn. 368).

(6) 독일 연방헌법재판소의 결정에 대해 학계에서는 어떠한 평가를 하고 있을까?

가) 적극적 평가: 독일 연방헌법재판소의 결정에 대하여는 "'전부 또는 전무'라는 양자택일적 방식을 넘어섬으로써 법정책적으로 만족할 만한 해결을 가능하게 한다. 그리고 이러한 결정을 통하여 어떠한 요건하에, 그리고 어느 정도의 범위 내에서 상태책임자에게 비용을 부담시키는 것이 헌법에 합치되는가? 라고 하는 경찰법상 상태책임의 범위에 관한 문제가 해결되었다"고 하여 긍정적으로 평가하는 입장이 유력하다(Huber/Unger, "Grundlagen und Grenzen der Zustandsverantwortlichkeit des Grundeigentümers im Umweltrecht", VerwArch. 96 (2005), 139 ff.).

나) 소극적 평가: 연방헌법재판소의 결정에 나타난 입장을 전면적으로 받아들이기는 곤란하다고 하면서 소극적 평가를 내리는 입장 또한 유력한데, 그 가장 중요한 논거는 "과잉금지의 원칙에 근거하여 상태책임자의 실질적 경찰책임을 제한하고자 하는 연방헌법재판소의 결정에도 불구하고 단지 토지소유자만이 이러한 헌법적 차원의 특권을 향유하는 것인지, 아니면 모든 상태책임자의 상태책임이 제한되어야 하는 것인지에 대하여는 아무것도 결정된 바 없다"는 것이 들어진다. 물론 연방헌법재판소의 결정에 대한 비판론(전술 참조)이 나름대로의 타당성을 갖는 점 또한 소극적 평가를 내리게 되는 이유 중 하나로 볼 수 있다.

6. 심화학습: 상태책임의 한계를 획정하려는 시도(V)－연계원칙의 부정에 근거하여 상태책임의 한계를 획정하려는 시도

참고문헌: Griesbeck, *Die materielle Polizeipflicht des Zustandsstörers und die Kostentragungspflicht nach unmittelbarer Ausführung und Ersatzvornahme*, 1991.

(1) 연계원칙을 부정하는 것에 근거하여 상태책임의 한계를 획정하려는 시도가 등장하게 된 배경은 어디에 있을까?

경찰책임론의 체계에 있어서는 '위험방지의무 - 비용부담 - 손실보상청구 불가'가 필연적으로 결합된다는 것을 내용으로 하는 연계원칙이 오랫동안 지배하였다. 그러나 이러한 연계원칙을 고집하는 한 상태책임의 범위에 관한 문제, 특히 상태책임을 무제한적으로 인정하는 경우에 발생하게 되는 불합리성을 해결하기 어렵다. 따라서 상태책임을 무제한적으로 인정하는 경우에 발생하게 되는 문제를 해결하기 위한 유일한 방법은 연계원칙 자체를 부정하는 것이라는 주장이 등장하게 되었는바, 가장 대표적인 논자로는 그리스벡(Griesbeck)을 들 수 있다.

(2) 상태책임을 무제한적으로 인정하는 경우에 발생하게 되는 문제를 연계원칙의 부정을 통하여 해결하고자 했던 Griesbeck의 주장은 어떠한 내용을 담고 있었을까?

Griesbeck의 견해는 물건에 대한 사실상 지배권을 가지고 있는 자는 경찰권을 발동하는 시점(제1차적 차원)에 있어서는 위험방지에 협력할 의무가 있다는 의미에서 경찰책임자가 되지만, 관계인 간의 이익조정시점(제2차적 차원)에 있어서 그가 비용도 부담하여야 하는지 또는 손실보상을 청구할 수 있는지의 문제는 그에게 책임을 귀속시킬 수 있는 가능성이 있는지 여부에 따라 별도로 결정되어야 한다는 사고에 기초하고 있다. 즉, 제1차적 측면과 제2차적 측면은 각기 그 지도원리를 달리하므로(전자의 경우에는 '위험방지의 효율성', 후자의 경우에는 '합리성') 위험방지의무와 비용부담이 반드시 연계될 필요가 없다는 것이다.

이러한 사고에 기초하여 Griesbeck은 물건에 의하여 야기된 위험과 관련하여 1차적 차원에서는 소유자 등이 언제나 무제한적으로 책임을 지지만, 2차적 차원에서는 경찰이 행한 대집행(또는 직접시행)에 있어서 소유자 등에 대한 비용청구가 고도로 제한될 수 있음을 강조하고 있다.

일러두기 사견(私見)

저자는 연계원칙을 부정하는 것을 전제로 논의를 전개하는 Griesbeck 등의 견해에 찬동하고 있다. 그러나 연계원칙을 부정하는 것을 전제로 하는 논의는 그 이론적 명확성에도 불구하고 어찌된 연유인지 독일의 경우에도 학설상 거의 지지를 받지 못하고 있으며, 우리나라의 경우에는 아예 이러한 논의는 소개되지도 않고 있는 실정이다. 따라서 경찰행정법 초학자들은 연계원칙의 부정을 통하여 상태책임의 범위를 확정하고자 하는 Griesbeck의 견해에 관한 설명은 주의를 기울이지 않아도 무방하다.

Chapter 5.
다수의 경찰책임자에 관한 법적 문제

§ 1. 개 관

1. 하나의 경찰상 위해에 대하여 다수의 경찰책임자가 존재하게 되는 이유는 어디에서 찾을 수 있을까?

경찰은 경찰상 위해의 방지, 제거를 위하여 경찰책임자에게만 경찰권을 발동할 수 있다. 그런데 현실에 있어서는 하나의 경찰상 위해에 대하여 다수의 경찰책임자가 존재하는 경우가 많은바, 그 이유는 무엇보다도 현대사회에 있어서의 분업의 증가 및 현대사회의 복잡한 생활관계에서 찾을 수 있다.

한편 다수의 경찰책임자가 존재하는 유형으로는 ① 다수의 행위책임자가 존재하는 경우, ② 다수의 상태책임자가 존재하는 경우 및 ③ 행위책임자와 상태책임자가 경합하는 경우 등이 있다.[58)]

2. 하나의 경찰상 위해에 대하여 다수의 경찰책임자가 존재하는 경우, 법적 관점에서 제기될 수 있는 문제로는 어떤 것이 있을까?

하나의 경찰상 위해에 대하여 다수의 경찰책임자가 존재하는 경우, 법적으로는 다음의 두 가지가 문제가 제기될 수 있다. 즉,

(1) 경찰상의 위해를 방지·제거하기 위하여 다수의 경찰책임자 중 누구에게 경

---

58) 본서에서 '다수의 경찰책임자에 관한 법적 문제'라는 이름에서 다루는 내용을 '경찰책임의 경합'이라는 문제로 설명하는 경우도 있다[홍정선(입문), 122쪽 아래].

찰권을 발동할 것인가의 문제, 환언하면 직접적으로 경찰권발동의 대상이 된 경찰책임자가 그에게 공동책임자(Mitstörer)가 있다는 것을 이유로 어느 정도까지 그에 대한 경찰의 조치에 저항할 수 있는지의 문제와,

(2) 경찰이 다수의 경찰책임자 중에서 오직 한 사람에게만 경찰권을 발동하였다면, 그 자가 내부관계에서 경찰권이 발동되지 않은 다른 경찰책임자에 대하여 비용상환청구(Ausgleichanspruch)를 할 수 있는지의 문제가 있는 것이다.

§ 2. 다수의 경찰책임자 중 누구에게 경찰권을 발동할 것인가?

참고문헌: 김준현, "수인의 경찰책임자," 공법연구 제35집 3호(2007), 233쪽 아래; 서정범, "다수의 경찰책임자에 관한 법적 문제", 공법연구 제24권 제2호(1996), 383쪽 아래; 이기춘, "다수의 경찰질서책임자이론의 역사적 개관 및 선택재량지도원칙에 관한 연구", 토지공법연구 제73집 제2호(2016), 417쪽 아래; Fleischer, "Die Auswahl unter mehreren Polizeipflichtigen als Rechtsfrage", Diss. 1980; Garbe, "Die Störerauswahl und das Gebot der gerechten Lastenverteilung", DÖV 1998, 632 ff.; Schoch, "Störermehrheit im Polizei- und Ordnungsrecht", Jura 2012, 685 ff.

1. 다수의 경찰책임자 중 누구에게 경찰권을 발동할 것인가를 결정함에 있어서 경찰행정청의 선택재량이 인정될 수 있을까?

다수의 경찰책임자가 존재하는 경우에 누구에게 경찰상의 조치를 취할 것인가는 원칙적으로 경찰의 선택재량에 맡겨져 있다고 할 수 있다. 따라서 경찰행정청은 그에게 부여된 선택재량에 따라 택일적으로 한 명에게만, 또는 다수의 경찰책임자 전부에게 동시에 경찰권을 발동할 수 있다.

다만 다수의 경찰책임자 중에서 누구에게 경찰권을 발동할 것인가에 관하여 경찰행정청에게 (민법상의 연대채무관계에 준하는) 무제한의 선택재량이 인정되는 것은 아니라는 점에 유의하여야 한다. 즉, 이 경우의 선택재량도 완전히 자유로운 것은 아니고 일정한 법적 구속을 받는다. 따라서 법원은 이 경우 재량권행사에 하자가

있는지 여부를 심사할 수 있다. 이러한 점을 고려하여 오늘날에는 이처럼 다수의 경찰책임자가 존재하는 경우 경찰행정청에게는 '의무적합적(pflichtgemäß)' 선택재량이 인정된다고 설명하고 있다.

2. 선택재량 행사의 일반적 기준으로 고려될 수 있는 것으로는 어떤 것이 있을까?

이미 오래전부터 다수의 경찰책임자가 존재하는 경우에 경찰에게 인정되는 선택재량을 축소시키려는 경향이 뚜렷하게 나타나고 있었는데, 이때에 적용되는 일반적인 재량권 행사의 기준으로는 종래 다음과 같은 것이 들어져 왔다.

(1) 원인을 야기한 정도: 위험발생의 원인들에 대한 가치평가에 따를 때 가장 중요한 원인을 제공한 사람에게 우선적으로 경찰권을 발동하는 것이 하자 없는 재량행사가 된다.

(2) 원인제공의 시점(時點): 경찰은 다수의 경찰책임자 중 시간적으로 최후의 원인을 제공한 사람에게 경찰권을 발동하여야 한다.

(3) 행위책임과 상태책임의 경합: 행위책임과 상태책임이 경합하는 경우에는 행위책임자에게 우선적으로 경찰권이 발동되어야 한다.

(4) 소위 이중책임자의 문제: 여러 가지 이유에서 동시에 책임을 지는 사람, 즉 이중책임자(Doppelstörer)는 단지 하나의 책임근거만을 갖고 있는 사람에 비해 원칙적으로 우선적으로 경찰권발동의 대상이 된다.

(5) 급부능력, 고의·과실 등: 경찰행정청은 재량권을 행사함에 있어 경찰책임자가 위험을 방지하기 위하여 투입할 비용이나 재정상의 급부능력을 고려하여야만 하며, 보충적이지만 경찰책임자의 주관적 동기, 즉 고의·과실에 대해서도 고려를 하여야 한다.

다만 위에서 열거한 선택재량 행사의 기준들은 단지 일반적인 경우에 통용되는 지침에 그칠 뿐이며, 엄격히 적용되어야 할 법원칙은 아니라는 점을 유의하여야 한다. 즉, 다수의 경찰책임자가 존재하는 경우에 누구에게 경찰권을 발동할 것인가에 관한 정형적인 원칙은 존재하지 않는다(유지태/박종수, 801쪽; Drews/Wacke/Vogel/Martens, S. 303).

3. 다수의 경찰책임자가 존재하는 경우에 누구에게 경찰권을 발동할 것인가에 관한 정형적인 원칙이 존재하지 않는다고 하면, 구체적 경우에 있어서 경찰은 무엇을 기준으로 누구에게 경찰권을 발동할 것인가를 결정하여야 하는 것일까?

(1) 위험방지의 효율성(Effektivität)

경찰은 공공의 안녕 또는 질서에 대한 위험방지를 목적으로 한다. 따라서 다수의 경찰책임자 간의 선택을 하는 데 있어서도 어떤 경찰책임자에게 경찰권을 발동하는 것이 위험을 가장 신속하고 효과적으로 제거할 수 있는지에 중점을 두어 판단하여야 한다 – 신속하고 효과적인 위험방지의 원칙(Der Grundsatz der schnellen und wirksamen Gefahrenbekämpfung). 다만 경찰이 이미 위험을 즉시집행(Sofortvollzug)의 방식으로 방지하여 경찰책임자 중에서 누가 사후에 위험방지에 소요된 비용에 대하여 책임을 질 것인가를 결정해야 하는 경우라면, 위험방지의 효율성의 원칙은 경찰책임자의 선택에 있어 아무런 의미도 갖지 못한다.

(2) 비례의 원칙

다수의 경찰책임자 간의 선택의 문제를 위험방지의 효율성이란 관점에서 해결하려고 하는 경우에도 과연 어떠한 조치를 위험방지에 효율적이라고 볼 수 있는가의 문제가 남는데, 이는 결국 비례의 원칙에 따라 해결하여야 한다. 이렇게 볼 때, 비례의 원칙은 '위험방지의 효율성'을 보완하는 기능을 한다(다수의 경찰책임자 간의 선택과 비례의 원칙 간의 관계는 아래에서 별도로 논하기로 한다).

4. 다수의 경찰책임자 중 누구에게 경찰권을 발동할 것인가의 문제와 비례의 원칙은 어떠한 상관관계를 갖는 것일까?

(1) 적합성의 원칙

다수의 경찰책임자 간의 선택의 문제에 있어 적합성의 원칙이 구체적으로 표현되는 경우를 유형화하면 다음과 같다.

가) 경찰책임자의 선택에 있어 경찰은 수범자(受範者)에게 법적으로 불가능한 것을 요구하여서는 아니 된다. 이 경우 수범자에게 사법상의 처분권이 있는지가 고

려되어야 하는바, 예컨대 경찰은 그의 시행에 관하여 사법적(私法的) 권한을 갖고 있지 못한 토지의 임차인에게 건축물의 개축을 명하여서는 안 된다.

나) 위험방지의 긴급한 필요가 있는 경우에는 '현재하는 사람(Anwesende)'에게 '부재중인 사람(Abwesende)'보다 우선적으로 경찰권이 발동되어야 한다.

다) 공동의 행위를 통해 경찰상 위험이 야기된 경우, 그 위험이 공동의 힘으로만 방지할 수 있는 것일 때에는 그들 모두에게 동시에 경찰권이 발동되어야 한다.

(2) **필요성의 원칙**(최소침해의 원칙)

필요성의 원칙이 다수의 경찰책임자 간의 선택에 있어서도 통용되는지 여부에 관하여는 다음과 같은 학설의 대립이 있다.

가) 부정적 견해: 필요성의 원칙은 경찰책임자의 선택에 있어서는 커다란 의미를 갖지 못한다는 견해로, "다수의 경찰책임자 중 누구에게 경찰권을 발동할 것인지를 결정함에 있어서도 필요성의 원칙이 적용된다면, 그것은 결국 경찰은 한 명의 경찰책임자를 확정하는 것으로 만족하여서는 아니 되고, 가능한 한 경찰책임자의 총수(總數, Gesamtzahl)를 조사하고 나아가서 그들 간의 관계를 분명히 할 것이 요구된다는 결론에 달하게 되는데, 과연 그 같은 요청이 경찰의 목적과 합치하는지는 의문시된다"는 오쎈뷜(Ossenbühl)의 주장이[Ossenbühl, "Der polizeiliche Ermessens- und Beurteilunsspielraum", DÖV 1976, 463 ff. (471)] 대표적 예이다.

나) 긍정적 견해: 필요성의 원칙은 다수의 경찰책임자 간의 선택에 있어서도 통용되어야 한다는 견해로 "비례의 원칙은 모든 집행권의 작용에 적용되는 것이며, 따라서 개별적 영역에서 편의상 적용을 배제할 수는 없다"는 크네마이어(Knemeyer)의 견해(Knemeyer, Rn. 148)가 대표적 예이다.

다) 사견(私見): 위험방지라는 경찰과제의 효과적인 이행에 대해서 동일한 가능성이 있는 경우라면, 가장 적은 비용으로 위험을 방지할 수 있는 사람에게 – 위험방지를 위해서는 보다 많은 비용의 지출(손해)을 요하는 사람보다 – 우선적으로 경찰권이 발동되어야 할 것이다. 따라서 이 같은 의미에서 최소침해의 원칙은 다수의 경찰책임자 간의 선택에 있어서도 나름대로 의미를 갖는다고 볼 수 있다.

(3) 상당성의 원칙(협의의 비례의 원칙)

상당성의 원칙은 다수의 경찰책임자 간의 선택에 있어서 중대한 의미를 갖는다. 동 원칙에 따르면(예컨대, 토지소유자에게 그 토지상의 항공교통의 위험을 수인하여야 할 의무가 부과되어 있는 것처럼) 법질서가 어느 한 사람에게 불가피한 수인의무를 부과하고 있는 경우에는 그에게 경찰권을 발동하는 것은 허용되지 않는다. 즉, 그 같은 경우에는 경찰책임이 수인의무자로부터 행위자에게 이전되며, 그 결과 항공교통으로 인한 위험이 현실적으로 발생하였을 때(예: 항공기의 추락, 저공비행으로 인한 손해 등) 경찰은 토지의 소유자가 상태책임자라는 것을 이유로 그에게 경찰권을 발동하여서는 아니 된다.

§ 3. 구체적 문제의 해결

1. 다수의 행위책임자가 존재하는 경우, 경찰은 누구에게 경찰권을 발동하여야 하는 것일까?

다수의 행위책임자가 존재하는 경우에는(예: 가옥의 불법점유자가 다수인 경우, 폭력시위가 행해지는 경우) 경찰행정청은 의무적합적 재량에 의거하여 그들 중 단지 1명에게만 경찰권을 발동하거나, 모든 행위책임자 전체에 대하여 조치를 취할 수 있다.

이 경우 경찰행정청은 어떠한 방법이 위험을 가장 신속하고 효과적으로 방지하는지를 고려하여야 한다. 따라서 시원적 책임자(심신장애자, 종업원 등) 외에 추가적 책임자(감독책임자, 사용주 등)가 존재하는 경우에는 일반적으로 후자에게 경찰권을 발동하는 것이 재량권의 행사에 하자가 없는 것이 된다. 이는 예컨대, 어린 아이에 대한 경찰의 조치는 위험방지에 전혀 적합하지 않을 수 있으며, 종업원에게 경찰권을 발동하는 것보다 사용주에게 경찰권을 발동하는 것이 위험방지에 더욱 효과적일 수 있기 때문이다.

2. 다수의 상태책임자가 존재하는 경우, 경찰은 누구에게 경찰권을 발동하여야 하는 것일까?

다수의 상태책임자가 존재하는 경우(예: 임차인이 사용하고 있는 건물이 경찰위반 상태에 처한 경우) 경찰행정청은 의무적합적 선택재량에 따라 다수의 상태책임자(예컨대 소유권자 또는 사실상의 지배권자) 중 어느 한 사람에게만, 경우에 따라서는 양자 모두에게 경찰권을 발동할 수 있다.

다만, 일반적으로는 사실상의 지배권자를 발견하는 것이 쉽고, 또한 그에게 경찰권을 발동하는 것이 물건에 근거한 위험을 가장 신속하게 방지할 수 있다고 할 수 있다. 이 경우 사실상의 지배권자에게 소유권자와의 관계에 있어서 민법상 금지되어 있는 행위를 하도록 요구하여서는 안 되며, 따라서 경찰은 임차인에게 임차토지상의 건축물의 개축 등을 요구할 수는 없다.

3. 행위책임과 상태책임이 경합하는 경우—유조차 운전자의 과실로 차량이 전복되어 흘러나온 기름이 인근 토지에 스며들어 지하수를 오염시키고 있는 경우, 경찰은 누구에게 경찰권을 발동하여야 하는 것일까?

설문과 같이 (유조차 운전자의) 행위책임과 (인근 토지의 소유자나 정유회사 등의) 상태책임이 경합하는 경우에 있어서는 "행위책임이 상태책임에 우선한다"는 원칙이 적용되며, 따라서 다른 결정은 재량권의 행사를 하자 있게 만든다고 하는 것이 종래의 지배적 견해였다. 그리고 그 이유로는 자기의 행위에 의하여 경찰위반상태를 야기한 사람이 상태책임자보다 그 경찰위반의 상태에 대하여 시간적·장소적으로 밀접하게 관여하고 있다는 것이 들어져 왔다.

그러나 오늘날에는 행위책임자와 상태책임자가 경합하는 경우에 경찰이 누구에게 경찰권을 발동할 것인지를 결정함에 있어서는, 개별적인 경우의 모든 상황을 평가하여야만 할 것이므로 행위책임 우선의 원칙을 일괄적으로 적용할 수는 없다는 것에 학설이 사실상 일치하고 있다. 왜냐하면 설문과 같은 사례에 있어 만일 행위책임이 상태책임에 우선한다는 원칙을 고집하게 되면 흘러나온 기름의 소유자로서 상태책임자인 석유회사 대신에 행위책임자인 가난한 운송회사직원(유조차 운전사)이 경찰책임자로서 지하수의 오염방지를 위해 지출된 비용을 부담하여야 한다는 결론에 이르게 되는데, 이러한 결론은 전혀 타당하다고 할 수 없기 때문이다.

따라서 행위책임자에게 경찰권을 발동할 수 없거나[59] 행위책임자가 법적·사실적 및 재정적 관점에서 신속하고 효과적인 위험방지를 할 수 있다는 것이 보장되지 않을 경우 등에는 상태책임자가 행위책임자보다 우선하여 책임을 져야 하는 경우도 있을 수 있다(Schenke, Rn. 286). 결국 행위책임자와 상태책임자가 경합하는 경우에도 누구에게 경찰권을 발동할 것인가를 결정함에 있어서는 비례의 원칙에 의하여 제한을 받는 위험방지의 효율성을 기준으로 하는 것이 타당하다.

4. 어떤 사람은 두 가지 관점에서 책임을 지는 이중책임자(Doppelstörer)이고, 다른 사람은 오직 한 가지 관점에서만 책임을 지는 경우에는 "이중책임자에게 경찰권이 발동되어야 한다"는 견해는 타당한 것일까?

어떤 사람은 사실상의 지배권자이기 때문에 상태책임을 부담하는 동시에 행위책임자이고(즉, 이중책임자이고), 다른 사람은 오직 한 가지 관점에서만 책임자가 되는 경우에는 종래 이중책임자에게 경찰권이 발동되어야 한다는 견해가 유력했다.

그러나 그러한 경우 언제나 이중책임자에게 우선적으로 경찰권을 발동하여야 한다는 견해는 받아들일 수 없으며, 이러한 경우 역시 다수의 경찰책임자 간의 선택에 관한 일반원칙에 따라 결정되어야 한다. 즉, 이러한 경우에도 누구에게 경찰권을 발동할 것인가를 결정함에 있어서는 비례의 원칙에 의하여 제한을 받는 위험방지의 효율성을 기준으로 하는 것이 타당하다. 물론 대부분의 경우 이중책임자에게 경찰권을 발동하는 것이 재량권의 행사를 하자 없게 만든다. 그러나 그것은 이중책임자가 이중의 책임요건을 충족시키고 있기 때문이 아니라, 그가 위험에 가장 근접하여 있고 따라서 그에게 경찰권을 발동하는 것이 위험을 가장 효율적으로 방지할 수 있기 때문이다.

59) 경찰행정청이 행위책임자(예: 사고 자동차의 운전사)가 누구인지 알 수 없는 경우 및 기타 사실적인 이유로 위험방지를 위하여 행위책임자에게 경찰권을 발동할 수 없는 경우가 그 예이다.

§ 4. 비용상환청구의 문제

참고문헌: Petersen, *Der gesamtschuldnerische Ausgleich bei einer Mehrheit polizeirechtlich verantwortlicher Personen*, 1991.

1. 근래 들어 경찰이 다수의 경찰책임자 중 한 사람에게만 경찰권을 발동한 경우, 그 사람이 경찰권이 발동되지 않은 다른 경찰책임자에게 비용상환청구를 할 수 있는지의 문제를 둘러싸고 많은 법적 논의가 행해지는 이유는 어디에 있을까?

설문과 같이 근래 들어 다수의 경찰책임자 중 오직 한 사람에게만 경찰권이 발동된 경우, 그 사람이 내부관계에서 경찰권이 발동되지 않은 다른 경찰책임자에 대하여 비용상환청구(Ausgleichanspruch)를 할 수 있는지의 여부가 많이 다투어지고 있다. 이러한 사정은 오늘날의 현대사회에서 대규모의 시위나 가옥의 불법점유로 인한 손해, 잔존유해물질 등으로 인한 환경에 대한 유해한 영향 등과 같이 재정적 부담이 아주 큰 경우가 발생하면서 비용상환청구의 문제가 관계인들에게 중대한 의미를 갖게 된 것에서 그 이유를 찾을 수 있다. 한편 이러한 문제에 대한 실정법상 규정은 찾아볼 수 없으며, 그 결과 이 문제는 전적으로 학설에 맡겨져 있다.

2. 설문과 같은 사례에서 비용상환청구가 인정될 수 있는지에 관하여 학설은 어떻게 전개되고 있을까?

다수의 경찰책임자 중 오직 한 사람에게만 경찰권이 발동된 경우, 그 사람이 내부관계에서 경찰권이 발동되지 않은 다른 경찰책임자에 대하여 비용상환청구를 할 수 있는지의 문제에 관하여는 다음과 같이 학설이 대립하고 있다. 즉,

(1) 긍정설

다수의 경찰책임자 중에서 어느 한 사람에게만 경찰권이 발동된 경우, 그 사람은 경찰권이 발동되지 않은 다른 경찰책임자에게 비용상환청구권을 행사할 수 있다는 견해이다. 이러한 긍정설은 연대채무나 사무관리에 관한 민법 규정의 유

추적용을 그의 근거로 들고 있다(Götz/Geis, § 9 Rn. 97; Seibert, "Gesamtschuld und Gesamtschuldnerausgleich im Polizei- und Ordnungsrecht", DÖV 1983, 964 ff.).

(2) 부정설

다수의 경찰책임자 중 어느 한 사람에게만 경찰권이 발동된 경우, 경찰권 발동의 대상이 된 사람은 경찰권이 발동되지 않은 다른 경찰책임자에 대하여 비용상환청구권을 행사할 수 없다는 견해이다. 부정설의 논거는 다음과 같다.

가) 사무관리 규정의 유추적용 불가: 이 경우에는 경찰권발동의 대상이 된 경찰책임자는 자신의 일을 하는 것이지 다른 경찰책임자의 사무를 대신 수행하는 것이 아니기 때문에 사무관리 규정의 유추적용은 불가능하다.

나) 연대채무 규정의 유추적용 불가: 경찰행정청의 청구가 없는 경우에는 (경찰권발동의 대상이 된 경찰책임자 이외의) 다른 경찰책임자에게 연대채무관계가 인정되기 위한 필요적 전제조건인 '의무자로서의 지위(Pflichten-Status)'가 결여되어 있으므로 연대채무에 관한 규정의 유추적용은 불가능하다

(3) 절충설

비용상환문제를 다음과 같이 경우를 나누어 고찰할 필요가 있다고 주장하는 견해이다. 즉, "① 다수의 경찰책임자가 존재함에도 불구하고 그중의 어느 한 사람이 위험방지를 위한 중요한 책임을 갖고 있어서 그에게 경찰권을 발동하는 것만이 재량권의 행사에 하자가 없는 것으로 인정되는 경우에는 그의 비용상환청구권이 부인되지만, ② 이에 반하여 다수의 경찰책임자 중에서 누구에게 경찰권을 발동할 것인지가 전적으로 경찰행정청의 의사 여하에 달려 있는 경우에는 민법의 연대채무에 관한 규정의 유추에 따른 비용상환청구가 인정되어야 한다"라고 설명하는 견해가 그것이다.

절충설은 특히 ②의 경우 그와 다른 결론을 인정하게 되면, 위험방지를 위해 소요된 비용을 누가 부담할 것인가의 문제가 순전히 경찰행정청의 우연한 선택에 의존하게 되어 – 평등의 원칙이란 관점하에서 수긍하기 어려운 – 불합리한 결과가 야기된다는 것을 주된 논거로 하고 있다(Schenke, Rn. 289).

(4) 결 어(私見)

다수의 경찰책임자를 둘러싼 법률관계는 틀림없이 사무관리나 연대채무관계와는 법적 성격을 달리하며, 또 다수의 책임자가 존재하지만 그중의 어느 한 사람에게 경찰권을 발동하는 것만이 재량권의 행사에 하자가 없는 것으로 인정되는 경우까지도 비용상환청구를 인정할 필요는 없으므로 긍정설을 전면적으로 채용하는 것은 곤란하다. 한편 다수의 경찰책임자 중 누구에게 경찰권을 발동할 것인지가 전적으로 행정청의 의사에 달려 있는 경우에도 비용상환청구를 인정하지 않게 되면 평등의 원칙이란 관점에서 수긍하기 어려운 결론에 달하게 될 것이다.

이렇게 볼 때 결국 절충설의 설명이 가장 무리가 없다고 생각된다. 다만 비용상환청구의 문제는 원래 다수의 경찰책임자 중 누구에게 경찰권을 발동하여야 하는가에 관한 선택이 비례의 원칙과 위험방지의 효율성에 의해서도 결정되지 않을 때, 즉 진정한 의미의 경찰의 의무적합적 선택재량이 존재할 때 문제가 되는 것이라는 것을 강조하게 되면 절충설은 사실상 긍정설과 다를 바 없다고 할 수 있다.

§ 5. 심화학습: 잔존유해물질

1. 잔존유해물질이란 무엇을 말하는 것일까?

잔존유해물질(殘存有害物質, Altlasten)이란 산업생산과 제1·2차 세계대전이 환경에 미치는 유해한 영향에 근거하고 있는 토양과 지하수 내의 유해물질을 말한다.[60)]잔존유해물질이 문제시되는 것은 그것이 중요한 환경문제일 뿐만 아니라, 그와 관련된 책임 때문에 '투자장해'로 기능하기 때문이다.

2. 독일의 경우 잔존유해물질이란 개념의 등장으로 인해 경찰법이 르네상스를 맞이했다는 평가를 받고 있는데, 그 이유는 무엇일까?

---

60) 이러한 잔존유해물질의 정의는 1980.3.26.의 독일의 Nordrhein-Westfalen 식량·경제장관회람을 통해 정립되었는바, 이에 관하여는 vgl. NRW MinBl. 1980, 769.

독일의 경우 현행 환경관계 법규범(오물처리법, 수질관리법, 연방Immission보호법)들은 경찰책임에 관한 특별한 규율을 갖고 있다. 그러나 그들 법률은 그들 법률들이 시행되기 이전에 잔존유해물질이 이미 발생하고 있었던 경우에는 적용되지 않도록 되어 있다. 이처럼 잔존유해물질로 인한 환경오염의 문제에 현행 환경관계법률이 적용될 수 없는 경우에는, 결국 경찰행정법 일반이론에 따른 문제해결을 도모할 수밖에 없게 되는데, 이를 잔존유해물질이란 문제를 통한 경찰법의 예기치 않은 '르네상스'라고 한다[Götz, "Die Entwicklung des allgemeinen Polizei- und Ordnungsrechts(1984 bis 1987)", NVwZ 1987, 858 ff.].

3. 독일에서 잔존유해물질을 둘러싼 문제에 대한 본격적인 논의의 발단은 1985. 1. 10.의 뮌스터 상급행정법원(OVG Münster)의 결정에 기인하는바, 동 결정의 전제가 된 사안 및 그에 대한 결정 내용을 설명할 수 있겠는가?

(1) 사 안

피청구인 도르트문트(Dortmund)시는 1965. 12.에 청구인 Essen석탄주식회사로부터 토지를 구입하였는바, 그 토지에서는 1952년부터 1964년까지 석탄부수물인 암모니아, 타르, 벤졸을 얻기 위하여 코크스 제조영업이 행해졌다. 그 지역이 광업법상의 감독을 받지 않게 되자 Dortmund시는 1979년에 그 지역 내의 약 18ha 정도를 건설기본계획에서 주거전용지역으로 지정한 후에, 계획구역 내의 몇몇 지역을 단독주택이나 공동주택의 건축주에게 매각하였다. 1984년 4월에 피청구인으로부터 계획구역 내의 토양의 오염정도를 조사해 줄 것을 위탁받은 감정인은 그 주거지역이 유동성탄소화합물(DCPD, 벤졸 등)에 의해 심각하게 오염되었음을 확인하였다. 또한 그는 DCPD 등은 지표면에 방출되어 인근 주민의 건강에 유해한 영향을 미칠 수도 있다는 것을 확인하였다. 그 후 피청구인은 청구인에게 오염이 심한 지역에 놓여 있는 토지로부터 DCPD 등이 방출되는 것을 저지할 것을 명하고, 그를 이행치 않을 때에는 대집행을 할 것임을 계고하였다.

(2) 주 문

제조과정에서 나오는 유독물질로 인하여 토양을 오염시키는 코크스 영업은 광업법상의 감독이 해제되고 또한 토지가 매매된 후에도 여전히 위험의 방지를 위하여 경찰권 발동의 대상이 될 수 있다. 한편, 그 기업이 광업법상의 허가를 받아 영업행위를 하였다고 하여 처음부터 그와 같은 책임이 면제되는 것은 아니다. 또한 그 지역이 (매매의 시점에 의도되었던 공업지역으로 지정되지 않고) 건설기본계획에 따라 주거전용지역으로 지정된 것도 원칙적으로 책임을 배제하는 것이 아니다.

Chapter 6.
비책임자에 대한 경찰권 발동

참고문헌: 서정범, "비책임자에 대한 경찰권 발동에 관한 법적 고찰", 안암법학 제25집(2007), 269쪽 아래; Barczak, "Der Notstand im Recht der Gefahrenabwehr", Die Verwaltung, 2016, 157 ff.; Schoch, "Die Notstandspflicht im Polizei- und Ordnungsrecht", Jura 2007, 676 ff.

기본사례 1: 원자력폐기물 종말처리장의 착공에 반대하는 10만여 명의 참가가 예정되어 있는 대규모의 집회신고가 있었다. 그런데 약 200명의 작은 집단이 적법하게 신고된 위의 대규모집회를 저지하기 위하여 폭력적 행위를 계획하고 있다는 것을 경찰이 알게 되었고, 이 같은 사실에 근거하여 경찰은 적법하게 신고된 시위의 대규모집회의 주최자에게 집회의 금지를 명하였다(Vgl. BVerfG, NVwZ 2005, 1055).

기본사례 2: 노숙(Obdachlosigkeit)의 상태에 있는 가정이 새로운 주거를 구할 수도 없고 또한 노숙자들을 수용하는 공공시설도 없는 반면에 개인이 소유하는 주거의 방이 비어 있음을 이유로 하여, 경찰이 지금까지 그가 살고 있던 집에 다시 노숙자를 강제배정하였다(Vgl. VGH Mannheim DVBl. 1996, 566).

§ 1. 경찰긴급권 일반이론

1. 경찰상의 긴급상태란 어떤 경우를 일컫는 말일까?

공공의 안녕 또는 질서에 대한 구체적 위해(危害)에 직면한 경우에 경찰은 원칙적으로 다음과 같은 2가지 방법, 즉 경찰책임자에게 경찰권을 발동하거나 자신의 고유한 수단을 사용하는 방식으로만 그에 대처할 수 있다. 그러나 이러한 두 가지 방법 모두 공공의 안녕 또는 질서에 대한 급박한 위험을 적시에 방지하기에 적당하지 않은 경우가 있는바, 이러한 상황을 경찰상의 긴급상태(polizeilicher Notstand)라고 한다.

2. (1) 경찰긴급권은 무엇을 말하는 것이며,
(2) 그를 인정할 필요성은 어디에서 찾을 수 있을까?

(1) 경찰긴급권의 의의

경찰상의 긴급상태가 존재하는 경우 경찰책임자가 아닌 제3자, 즉 비책임자(非責任者, Nichtstörer)가 위험을 방지할 가능성을 갖고 있다면 경찰은 비책임자에 대하여 위험방지조치를 취할 수 있다. 즉, 경찰상의 긴급상태하에서 경찰은 최후의 수단(ultima ratio)으로서 – 행위책임자도 또 상태책임자도 아닌 – 비책임자에 대하여 경찰권을 발동할 수 있는바, 이러한 경찰의 권한을 경찰긴급권(警察緊急權)이라고 한다.

(2) 경찰긴급권의 인정 필요성

경찰긴급권을 인정할 필요성으로는 경찰의 조치에 있어서는 무엇보다도 '효율성'(Effektivität)이 강조되어야 한다는 것이 지적되고 있는바, 여기서 경찰조치의 효율성이란 위험은 가능한 한 신속하고 그리고 종국적으로 방지되어야 한다는 것을 의미한다.

3. 비책임자에 대한 경찰권 발동과 관련된 법적 문제가 있는지를 고찰하기 위하여서는 어떤 측면을 고려하여야 하는 것일까?

비책임자에 대한 경찰권 발동(경찰긴급권)과 관련된 법적 문제를 이해하기 위하여서는 다음과 같은 2가지 측면, 즉 ① 만일에 경찰이 비책임자에게 경찰권을 발동하게 되면 위험을 효과적으로 방지할 수 있음에도 불구하고 그가 경찰책임자가 아니라고 하여 아무런 조치도 취하지 않은 채 위험을 방관할 수만은 없다는 측면과 ② 이 경우 경찰권 발동의 대상이 되는 제3자는 어디까지나 비책임자라는 측면이 고려되어야만 한다.

한편 이러한 2가지 측면을 고려하면 결국 다음과 같은 결론이 도출된다.

(1) 경찰책임자가 아닌 제3자에게 경찰권을 발동하는 것은 허용되지만 그것은 경찰책임자에게 경찰권을 발동하는 경우보다 매우 엄격한 전제조건이 충족된 경우에만 가능하며, 그의 내용상의 범위도 제한을 받는다.

(2) 경찰권 발동으로 인하여 손실을 입은 비책임자에게는 정당한 보상이 행하여져야 하며, 결과제거 청구와 같은 구제수단이 마련되어야 한다.

§ 2. 비책임자에 대한 경찰권 발동의 전제조건

1. 비책임자에 대한 경찰권 발동의 전제조건 개관(Ⅰ)

(1) 비책임자에 대한 경찰권 발동이 경찰책임자에 대한 경찰권 발동에 비하여 매우 엄격한 전제조건하에서만 인정되는 이유는 무엇일까?

비책임자에 대한 경찰권 발동은 경찰책임자에 대한 경찰권 발동에 비하여 매우 엄격한 전제조건하에서만 허용된다. 이는 비책임자에 대한 경찰권 발동은 적법하게 행동하고 있는 비책임자의 권리를 침해하는 결과를 가져오기 때문이다, 즉, 비책임자에 대한 경찰권 발동에 있어서는 책임이라는 요소가 결여되어 있기 때문이다.

(2) 비책임자에 대한 경찰권 발동은 어떠한 전제조건하에서만 인정되는 것일까?

비책임자에 대한 경찰권 발동이 허용되기 위한 전제조건을 개관하면 다음과 같다(각각의 요건들에 관해 보다 상세한 내용은 이하에서 별도로 설명하기로 한다).

(1) 현재의 중대한 위험의 존재

(2) 비책임자에 대한 경찰권발동의 보충성

(3) (경찰목적을 위한 희생의 한계로서의) 기대가능성

(4) 법적 근거의 문제

한편 우리나라의 경칠법 문헌들은 손실보상의 문제를 비책임자에 대한 경찰권 발동이 허용되기 위한 전제조건으로 설명하는 것이 일반적이다. 그러나 이러한 설명은 논리적으로 문제가 있다. 왜냐하면 손실보상의 문제는 비책임자에게 경찰권을 발동하기 위한 전제조건이라기보다는, 비책임자에 대한 구제의 문제로 보아야 하기 때문이다[동지: 홍정선(입문), 128쪽 아래].

2. 비책임자에 대한 경찰권 발동의 전제조건(II)－현재의 중대한 위험의 존재

(1) 비책임자에게 경찰권을 발동하기 위하여서는 공공의 안녕 또는 질서에 대한 장해가 이미 발생하고 있거나 '현재의 중대한 위험'이 존재하여야 하는바, 여기서 '현재의 위험'은 무엇을 의미하는 것일까

현재의 위험(gegenwärtige Gefahr)이란 긴급한 손해의 발생이 예견되는 상태, 즉 가까운 장래에 손해가 발생할 고도의 개연성이 있는 상태를 말한다(Götz/Geis, § 6, Rn. 27/§ 10 Rn. 6; Erbguth/Mann/Schubert, Rn. 558) 따라서 현재의 위험은 ① 손해발생의 '시간적인 근접성(近接性)'과 ② 손해가 발생할 '고도의 개연성'을 구성요소로 한다고 할 수 있다.

가) 시간적 근접성: 현재의 위험의 중요한 징표는 손해발생의 시간적 근접성이다. 따라서 현재의 위험이 있다고 하기 위하여서는 손해가 곧 발생할 것이라는 것이 예견되어 위험이 임박하여야 한다. 따라서 손해가 발생할 것이라는 것을 예견할 수 있어도 긴급하지 않은 위험은 현재의 위험 개념을 충족시키지 못한다.

나) 손해발생의 고도의 개연성: 현재의 위험의 존재를 인정하기 위하여서는 시간적 근접성 외에 손해발생의 고도의 개연성이 요구된다. 즉, 손해의 발생이 거의 확실하여야 한다. 한편 현재의 위험의 개념을 구성하고 있는 이들 두 가지 요소는 각각 독립하여 심사되어야 하며, 엄격한 해석을 요한다.

(2) 비책임자에 대한 경찰권 발동이 허용되기 위한 전제조건 중의 하나인 '중대한 위험'이란 무엇을 의미하는 것일까

비책임자에 대한 경찰권 발동이 인정되기 위하여서는 현재의 위험이 존재하는 것 이외에 부가적으로 '중대한 위험(erhebliche Gefahr)'이 존재하여야 하는바, 이는 비례의 원칙으로부터 도출될 수 있다(Schenke, Rn. 318). 여기서 중대한 위험은 – 손해가 발생하기 이전의 법익의 상태와 손해가 발생한 이후의 법익상태 간의 괴리와 관련되기는 하지만(Gusy, Rn. 381) – 일반적으로 중요한 법익에 대한 위험을 의미하는 것으로 이해되고 있다. 한편 여기서의 중요한 법익의 예로는 국가의 존속, 생명·건강 및 자유, 그리고 형법에 의하여 보호되는 법익이 들어지고 있다(Vgl. Götz/Geis, § 6 Rn. 28/§ 10 Rn. 6).

3. 비책임자에 대한 경찰권 발동의 전제조건(III)–비책임자에 대한 경찰권 발동의 보충성

(1) 비책임자에 대한 경찰권 발동의 보충성이란 무엇을 의미하며, 그의 충족 여부는 무엇을 기준으로 판단하여야 하는 것일까?

가) 비책임자에 대한 경찰권 발동은 (경찰책임자에게 경찰권을 발동하거나 경찰 자신의 고유 수단을 사용하는 등의) 다른 방법을 통하여서는 위험의 방지 또는 이미 발생한 장해의 제거가 불가능할 것을 전제조건으로 한다. 즉, 비책임자에게 경찰권을 발동하는 것은 경찰에게 위험을 방지할 수 있는 아무런 가능성도 남아 있지 않을 때 최후의 수단으로서만 허용되는바, 이를 비책임자에 대한 경찰권 발동의 보충성이라고 한다. 한편 비책임자에 대한 경찰권 발동의 보충성과 관련하여서는 다음의 두 가지 문제, 즉 ① 경찰책임자에 대한 조치를 먼저 취할 것 그리고 ② 경찰 자신의 고유한 수단을 먼저 취할 것의 문제를 고찰하여야 한다.

나) 경찰은 경찰긴급권을 발동하기에 앞서 비책임자에 대한 경찰권 발동의 보충성, 즉 경찰책임자에 대한 경찰권 발동 또는 경찰 자신의 고유한 수단에 의하여서는 위험방지가 불가능한지 여부를 심사하여야 한다. 이 경우 그러한 요건을 판단함에 있어서는 경찰작용이 행해지는 시점에 있어서 경찰행정청의 합리적인 판단에 따르

때 나타나는 상황을 기준으로 하여야 한다. 따라서 경찰책임자에 대한 조치에 의하여 위험을 방지하는 것이 전적으로 가능하였다는 것이 사후에 밝혀진 경우에도 이미 행하여졌던 경찰작용의 적법성에는 아무런 영향을 미치지 못한다(Schenke, Rn. 317).

(2) 비책임자에 대한 경찰권 발동은 경찰책임자에게 경찰권을 발동하여서는 경찰상의 위험을 방지할 수 없을 때에만 허용되는바, 여기서 '경찰책임자에게 경찰권을 발동하여서는 경찰상의 위험을 방지할 수 없을 때'란 어떤 경우를 말하는 것일까?

공공의 안녕 또는 질서에 대한 위험이 존재하는 경우 경찰은 원칙적으로 경찰책임자에게 위험방지를 위한 조치를 취하여야 한다. 다만 경찰책임자에게 경찰권을 발동하여서는 경찰상의 위험을 방지할 수 없을 때에는 예외적으로 비책임자에게도 경찰권을 발동할 수 있는바, 다음과 같은 경우가 그에 해당한다. 즉,

가) 경찰책임자가 도대체 존재하지 않을 때(예: 자연재해로 인한 위험발생의 경우)

나) 경찰책임자가 존재는 하지만 경찰책임자에게 경찰권을 발동하는 것을 곤란하게 하는 법적·사실적 장해가 존재할 때

다) 경찰책임자에 대한 조치를 취하는 것이 고려될 수는 있지만 경찰책임자에 대한 조치를 취하기에는 너무 늦었을 때

라) 경찰의 조치로 인하여 공공의 안녕 및 질서에 대한 다른 종류의 위험이 초래될 때

(3) 이른바 '부진정한 경찰상의 긴급상태'라고 설명되는 경우를 비책임자에 대한 경찰권 발동의 전제조건인 '경찰책임자에게 경찰권을 발동하여서는 경찰상의 위험을 방지할 수 없을 때'에 해당한다고 볼 수 있을까?

이른바 '부진정한 경찰상의 긴급상태(unechter polizeilichen Notstand)'란 (경찰책임자에게 경찰권을 발동하는 것 자체는 객관적으로 가능하지만) 비책임자에게 취해진 조치로 인하여 비책임자에게 발생하는 손해는 아주 사소한 반면, 경찰책임자에게 경찰권을 발동함으로 인하여 발생하는 손해는 매우 중대한 경우를 말한다.

한편 부진정한 경찰상의 긴급상태의 경우는 경찰책임자에 대한 조치가 법적으

로 불가능한 경우, 즉 경찰긴급권에 따라 비책임자에 대한 조치가 허용될 수 있는 경우에 해당한다(Drews/Wacke/Vogel/Martens, S. 334; Götz/Geis, § 10 Rn. 7). 즉, 부진정한 경찰상의 긴급상태의 경우는 사실상으로는 경찰책임자에 대한 조치에 의하여 위험방지가 가능하다고 하더라도, 법적으로는 그 같은 조치는 과잉금지원칙에 위반되는 것으로 부정된다. 그런 점에서 이 경우 역시 다른 방법에 의한 위험방지의 가능성이 객관적으로 결여되어 있다고 볼 수 있다. 따라서 예컨대 경찰에 의한 화재의 진압이 인인(隣人)의 토지로부터 가능하고 경찰이 인인의 토지에 출입함으로 인하여 인인에게 아무런 손해도 발생하지 않은 경우에는, 인인은 만약 화재의 진압을 위해 경찰책임자인 사람 소유의 울타리가 철거되었다면 화재가 발생한 토지로부터도 똑같은 정도로 위험의 방지가 행해질 수 있었다는 것을 주장할 수 없다.

(4) 경찰책임자가 경찰이 위험방지를 위하여 부과한 의무를 이행하지 않는 경우를 경찰상의 긴급상태가 존재하는 것으로 볼 수 있을까?

경찰책임자가 그의 의무를 이행하지 않는다고 하여 경찰상의 긴급상태가 존재하는 것은 아니며, 그 경우에도 경찰은 비책임자에 대한 조치를 취하기 전에 먼저 경찰책임자에 대한 강제수단(특히 대집행)을 고려해야 한다(Drews/Wacke/Vogel/Martens, S. 333).

(5) 지금까지의 설명을 기본사례에 적용한다면, 기본사례들의 경우 경찰은 비책임자에게 경찰권을 발동할 수 있을까?

가) 기본사례 1의 경우 공공의 안녕 또는 질서에 대한 위험은 반대시위자로부터만 나오기 때문에 경찰권 발동의 대상이 되는 경찰책임자는 반대시위자이며, 적법하게 신고된 집회의 주최자는 비책임자의 지위에 있다. 따라서 기본사례 1의 경우처럼 신고된 평화적 집회에 반대하는 폭력적 반대시위가 신고된 경우에 있어서는 경찰은 먼저 경찰책임자인 반대시위자에게 금지·해산을 명하고, 경찰책임자가 그를 이행하지 않는 경우에는 경찰책임자에 대한 강제수단을 먼저 사용하여야 한다. 즉, 경찰은 반대시위자에게 금지·해산을 명하거나 필요한 경우 강제수단을 사용하기에 앞서 반대시위로부터 발생하는 공공의 안녕·질서에 대한 위험을 방지하

기 위하여 적법한 집회의 주최자에게 경찰권을 발동할 수는 없다.

나) 기본사례 2의 경우에는 경찰이 경찰책임자인 노숙자에게 경찰권을 발동하는 것을 통하여서는 경찰목적을 달성할 수 없을 것이라는 것이 쉽게 인정될 수 있으므로 '경찰책임자에 대한 조치를 먼저 취할 것'이라는 요건은 기본사례 2의 경우에는 그다지 중요한 의미를 갖지 못한다.

(6) 경찰책임자에 대한 조치가 불가능하거나 불충분하다는 것만으로 비책임자에 대한 경찰권 발동이 허용되는 것일까?

경찰책임자에 대한 조치가 불가능하거나 불충분하다고 하여 경찰이 바로 비책임자에게 조치를 취할 수 있는 것은 아니다. 오히려 그 경우에도 경찰은 비책임자에게 경찰권을 발동하기에 앞서 자신의 고유한 수단으로 위험을 방지할 수 있는지의 여부, 있다면 적시에 방지할 수 있는지의 여부를 확인하여야만 한다. 그리고 그들 사실을 확인한 결과 그것이 불가능한 경우에 한하여 비책임자에 대하여 경찰권을 발동할 수 있다.

다만 여기서 고유한 수단의 개념은 광의로 이해되어야 한다. 즉, 말 그대로의 경찰 고유의 수단(예: 경찰병력, 무장, 비상대피소, 차단장치 등)을 사용하는 경우는 물론이고, 권한의 위임을 받은 자에 의하여 행하여지는 것도 경찰 고유의 수단으로 간주될 수 있다(Drews/Wacke/Vogel/Martens, S. 334; Kugelmann, 8. Kap. Rn. 88). 또한 행정절차법에 따른 다른 행정청을 통한 행정응원 또한 경찰행정청의 고유한 수단과 동일하게 이해되어야 한다(Kugelmann, 8. Kap. Rn. 88). 이 경우 재정에 대한 고려는 불필요하다. 즉, 예산이 뒷받침되지 못한다는 것을 이유로, 또는 그 조치를 위하여 소요되는 재정적 지출을 줄이고자 비책임자에게 경찰권을 발동하는 것은 정당화될 수 없다. 이는 그렇지 않다고 하면 공재정(公財政)의 상황에 따라 개인의 주관적 권리를 침해하는 것을 허용하는 결과가 되기 때문이다. 또한 경찰 자신의 고유한 수단을 사용하는 것이 비책임자에 대하여 경찰권을 발동하는 것보다 많은 비용이 소요된다고 하여 비책임자에게 경찰권을 발동할 수는 없다. 결국 '위험의 방지에 소요되는 비용을 고려함이 없이' 위험을 경찰 자신의 수단으로 방지하는 것이 불가능할 때에만 비책임자에게 경찰권을 발동할 수 있는 것이다(Drews/Wacke/Vogel/Martens, S. 335).

한편 경찰이 자신의 고유한 수단으로 위험방지에 충분한 조치를 취할 수 있는 기간이 경과하면, 경찰은 비책임자에게 경찰상의 조치를 취하지 말아야 한다. 왜냐하면 경찰의 부작위가 비책임자의 부담으로 귀결되어서는 안 되기 때문이다.

(7) 지금까지의 설명을 기본사례에 적용한다면, 기본사례들의 경우 경찰은 비책임자에게 경찰권을 발동할 수 있을까?

가) 기본사례 1의 경우처럼 신고된 평화적 집회에 반대하는 폭력적 반대시위가 신고된 경우, 경찰은 경찰 자신의 고유한 모든 수단을 사용하여도 그러한 반대집회에 대한 조치로서 불충분한 한도 내에서만 극히 예외적으로 비책임자에 대한 조치(예컨대 경찰긴급권에 의한 집회의 금지 등)를 취할 수 있다. 따라서 만일 경찰이 집회의 장소를 반대시위자들을 보다 잘 차단할 수 있는 인근 광장으로 이전시킴에 의하여 위험을 방지할 수 있다면 비책임자인 평화적 집회의 주최자 등에게 경찰권을 발동할 수는 없다. 또한 이 경우 집회의 보호에 의하여 경찰에게 발생하는 현저한 비용지출을 고려하여 집회를 금지하는 것은 허용되지 않는다.

나) 기본사례 2의 경우에는 경찰은 공공의 노숙자 수용시설에의 수용가능성이나 호텔 내지 개인주택의 임대가능성 등을 먼저 고려해 보아야 하며, 그것이 불가능한 경우에 한하여 노숙자를 개인의 주거에 강제배정할 수 있다.

4. 비책임자에 대한 경찰권발동의 전제조건(IV)－기대가능성(경찰목적을 위한 희생의 한계)

(1) 독일의 경찰법 문헌들은 비책임자에 대한 경찰권의 발동은 그것이 기대가능성이 결여되어 있는 경우에는 허용되지 않는다는 점을 강조하고 있는데, 이는 어떤 의미를 갖는 것일까?

공공의 안녕이나 질서를 유지하는 것이 궁극적으로 공공복리를 위한 것일 수 있음을 고려할 때 경찰은 이를 위하여 국민에게 일정한 희생을 요구할 수도 있다. 그러나 그 경우에도 기대가능성의 한계를 넘어서는 희생을 요구하여서는 안된다(Schenke, Rn. 318). 이는 비책임자에 대한 경찰권발동은 그것이 그 자체로서 비책임자의 생명·신체 등에 대한 중대한 위험을 초래하지 않는 경우에만 허용될 수 있다는 것을 의미한다. 따라서 심장병환자에게 심한 육체적 활동을 할 의무를 부과하여서는 아니 되며, 화재가 발생한 병원 안에 있는 거동능력이 없는 환자들을 구조하기 위해 (그의 신체에 대한 침해가능성에도 불구하고) 우연히 자전거를 타고 그 옆을 지나고 있는 자를 정지시켜 불타고 있는 병원건물에 들어가도록 할 수는 없는 것이다. 「수상에서의 수색·구조 등에 관한 법률」 제29조 제1항 단서가 수난구호를 위한 종사명령과 관련하여 노약자, 정신적 장애인, 신체장애인 등에 대하여는 그러한 조치를 취할 수 없음을 규정하고 있는 것은 이러한 사고의 표현이라고 볼 수 있다.

(2) 기대가능성이란 관점과 관련하여 비책임자에 대한 경찰권발동의 허용성이 문제되는 경우로는 이 밖에 어떤 것이 있을 수 있을까?

비책임자에 대한 경찰권발동은 그것이 비책임자의 다른 고차원의 의무의 이행에 장해를 가져오지 않을 때에만 가능하며, 따라서 의사의 자동차를 압류함으로써 중환자에 대한 시급한 왕진을 저해하여서는 안 된다. 한편 이 경우 '중대한 위험' 또는 '고차원의 의무'가 존재한다고 하기 위하여서는 비책임자의 권리나 의무가 보호되어야 할 법익보다 중대함이 명백하여야 한다. 다만 그를 판단함에 있어 절대적 기준이 존재하는 것은 아니며, 구체적 사정을 고려하여 형량을 할 것이 요구된다[우리나라의 문헌 가운데 비책임자에 대한 경찰권 발동의 요건과 관련하여 기대가능성의 문제를 언급하고 있는 것으로는 정하중, 1130쪽; 홍정선(하), 491쪽].

5. 비책임자에 대한 경찰권발동의 전제조건(Ⅴ)－법적 근거의 문제

(1) 비책임자에 대한 경찰권발동은 그를 인정하는 개별적 수권조항이 존재하는 경우에만 허용될 수 있는 것일까?

비책임자에 대한 경찰권발동을 인정하는 개별적 수권조항(Spezialermächtigung)이 존재하는 경우, 경찰이 동 조항에 근거하여 비책임자에 대하여 경찰권을 발동할 수 있음은 의문의 여지가 없다. 그러한 개별적 수권조항의 대표적 예로는 "소방본부장, 소방서장 또는 소방대장은 화재, 재난·재해 그 밖의 위급한 현장에서 소방활동을 위하여 필요할 때에는 그 관할구역 안에 사는 사람 또는 그 현장에 있는 사람으로 하여금 사람을 구출하는 일 또는 불을 끄거나 불이 번지지 아니하도록 하는 일을 하게 할 수 있다"고 규정하고 있는 소방기본법 제24조 제1항을 들 수 있다.[54)]

한편 비책임자에 대한 경찰권발동을 인정하고 있는 개별적 수권조항이 존재하는 경우에는 비책임자에 대한 경찰권발동을 인정하기 위한 전제조건(현재의 중대한 위험의 존재, 비책임자에 대한 경찰권발동의 보충성, 기대가능성)이 충족되었는지의 여부를 심사할 것도 없이 당연히 비책임자에 대한 경찰권발동이 인정된다[동지: 김남진/김연태(II), 324쪽].

(2) 개괄적 수권조항에만 근거하여 비책임자에 대하여 경찰권을 발동하는 것이 가능할까?

가) 독일의 경우: 독일의 경우에는 개괄적 수권조항(Generalklausel)에 근거한 비책임자에 대한 경찰권발동을 일찍부터 인정하여 왔으며, 오늘날에는 각 주(Land)의 경찰법이 이에 대한 명문의 규정을 갖고 있다(바덴-뷔르템베르크주 경찰법 제9조 등).

나) 우리나라의 경우: 우리나라의 경우에는 개괄적 수권조항에만 근거하여 비책임자에 대한 경찰권 발동이 가능한지 여부에 대하여 학설의 대립이 있다. 즉, "법률에 의한 행정의 원칙에 비추어 볼 때 가장 전형적인 권력작용인 경찰권을 경찰긴급권이라는 단순한 자연법적 근거 또는 개괄조항에 의하여 비책임자인 제3자에 대하여 발동할 수는 없다고 할 것이다"고 하여 부정적으로 보는 견해(김동희, 225쪽)와 "조리상 인정되는 일정한 요건하에 개괄조항에 근거하여 비책임자인 제3자에 대하여 경찰권을 발동할 수 있다"고 하여 긍정적으로 보는 견해[김남진/김연태(II), 325쪽]가 대립하고 있는 실정이다.

다) 소 결: 이러한 견해의 대립은 무엇보다도 개괄적 수권조항의 인정여부나 필요성 등에 관한 시각의 차이에 기인한다[개괄적 수권조항에 관한 전반적 논의에 관

---

61) 비책임자에 대한 경찰권발동을 인정하고 있는 개별적 수권조항의 또 다른 예로는 「구조본부의 장 및 소방관서의 장은 수난구호를 위하여 부득이하다고 인정할 때에는 필요한 범위에서 사람 또는 단체를 수난구호업무에 종사하게 하거나 선박, 자동차, 항공기, 다른 사람의 토지 · 건물 또는 그 밖의 물건 등을 일시적으로 사용할 수 있다」고 규정하고 있는 「수상에서의 수색 · 구조 등에 관한 법률」 제29조 제1항을 들 수 있다.

하여는 서정범, "경찰권발동의 근거 —개괄적 수권조항을 중심으로," 중앙법학 제8집 제1호(2006), 165쪽 아래]. 즉, 개괄적 수권조항을 긍정하는 입장은 이 문제에 대해서도 긍정적 입장을 취하는 반면, 개괄적 수권조항을 부정하는 입장은 이 문제에 대해서도 부정적 입장을 취하는 것이 일반적이라고 할 수 있다. 생각건대, 위험방지의 효율성 등을 고려할 때 개괄적 수권조항에 근거한 비책임자에 대한 경찰권발동은 긍정되어야 한다. 그리고 전술한 비책임자에 대하여 경찰권을 발동하기 위한 전제조건은 바로 개괄적 수권조항에 근거하여 비책임자에게 경찰권을 발동하는 경우에 문제가 되는 것이다.

(3) 현행법상 어떤 조항을 비책임자에 대한 경찰권발동의 근거가 되는 개괄적 수권조항으로 볼 수 있을까?

개괄적 수권조항에 근거한 비책임자에 대한 경찰권발동을 인정하는 경우, 현행법상 어떤 조항을 비책임자에 대한 경찰권발동의 근거가 되는 개괄적 수권조항으로 볼 것인가가 문제된다. 이와 관련하여 "눈·비·바람·해일·지진 등으로 인한 재해, 화재·교통사고·범죄, 그 밖의 급작스러운 사고가 발생하였을 때에 현장에 있으면서도 정당한 이유 없이 관계 공무원 또는 이를 돕는 사람의 현장출입에 관한 지시에 따르지 아니하거나 공무원이 도움을 요청하여도 도움을 주시 아니한 사람에 대하여 10만 원 이하의 벌금, 구류 또는 과료의 형으로 벌할 것"을 규정하고 있는 「경범죄처벌법」 제3조 제29호를 경찰상 긴급상태의 일반적인 근거규정으로 볼 것이 주장되고 있다[홍정선(입문), 128쪽]. 그러나 「경범죄처벌법」상의 처벌조항을 경찰권 발동의 근거 조항으로 보는 것은 곤란하므로, 이 견해에는 찬동할 수 없다. 생각건대 우리나라의 경우 비책임자에 대한 경찰권발동과 관련된 (독일과 같이 적확한) 개괄적 수권조항은 존재하지 않는다. 다만 개괄적 수권조항에 관한 논의(본서 제2편 Chapter 2. 「개괄적 수권조항에 근거한 경찰권 발동」 참조)를 고려할 때 「경찰관 직무집행법」 제5조 제1항이 비책임자에 대한 경찰권발동의 일반적 근거규정으로 기능할 수 있다고 생각한다.

§ 3. 비책임자에 대한 경찰의 조치

1. 비책임자에 대한 경찰의 조치는 원칙적으로 어떠한 법형식으로 이루어져야 하는 것일까?

비책임자에 대한 경찰권 발동의 전제조건으로 '현재의 위험'이 문제되는 점을 고려할 때 비책임자에 대한 경찰권 발동의 형식으로는 원칙적으로 경찰처분(Polizeiverfügung), 즉 경찰상의 행정행위의 발급이 문제될 뿐 경찰명령(Polizeiverordnung)[62]의 형식으로 비책임자에 대하여 의무를 부과하는 것은 인정되기 곤란하다. 이는 단순히 경찰명령, 즉 일반적·추상적 규율을 발하는 것으로는 현재의 위험에 적시에 그리고 효과적으로 대처하기 곤란하다는 사정에 기인한다. 다만 특별한 위기상황에서는 비책임자를 수범자로 하는 경찰명령을 예외적으로 발할 수도 있다[홍정선(하), 491쪽; Drews/Wacke/Vogel/Martens, S. 336; Schenke, Rn. 320].

2. 비책임자에 대한 조치는 일반적으로 어떠한 유형으로 구분될 수 있을까?

그 내용을 기준으로 할 때, 비책임자에 대한 조치는 다음의 2가지 유형의 형태로 나누어 볼 수 있다. 즉,

① 비책임자에게 자신에게 과해지는 이익침해를 수인할 수인의무가 부과되는 경우

② 비책임자에게 작위의무 또는 부작위의무가 부과되는 경우

3. 실무적 차원에서는 물론이고, 학문적으로도 비책임자에 대한 조치가 논의되어 온 대표적 영역으로는 어떤 것이 있을까?

우리나라의 경우 이 문제에 대한 논의가 활발하지 못한 관계로 독일에서의 논

62) 여기서 경찰명령이라 함은 공공의 안녕 또는 질서에 대한 위험방지라는 경찰목적을 위하여 발해진 법규명령을 말한다.

의를 기초로 할 때, 종래 독일에서 비책임자에 대한 조치가 특히 문제시되었던 영역으로는 다음과 같은 것이 있다.

(1) 노 숙

독일의 경우 노숙(Obdachlosigkeit)의 상태에 있는 자들을 개인소유의 주거에 강제배정하는 것은 제2차 세계대전 당시와 그 직후에 경찰긴급권이 논의된 주된 영역이었다. 그러나 노숙의 문제는 오늘날에도 여전히 경찰긴급권이 논의되는 중요한 영역의 하나로 지적되고 있는데, 그 이유는 꾸준히 증가하고 있는 망명이나 이민으로 인한 외국인의 유입 및 주택공급정책의 실패 등에서 찾아볼 수 있다(Götz/Geis, § 10 Rn. 9 ff.; Lisken/Denninger, E Rn. 139).

한편 이러한 논의는 노숙의 상태가 공공의 안녕을 해치는 것을 전제로 하는 것인데, 이 문제에 관하여는 자발적(freiwillig) 노숙과 비자발적(unfreiwillig) 노숙을 구분하여 고찰할 필요가 있다. 즉, 비자발적 노숙의 상태는 기후여건이 좋지 않은 경우 (특히 야간에는) 비자발적 노숙자의 건강을 해칠 우려가 있을 뿐만 아니라, 제3자에 의해 가해지는 침해로부터 보호받기 곤란한 점을 고려할 때, 공공의 안녕을 침해하는 것이 된다. 따라서 경찰긴급권의 적용영역으로 고려될 수 있다. 이에 반하여 자발적 노숙의 경우에는 이른바 자초위해(自招危害, Selbstgefährdung)로서 일반적인 행위의 자유에 의해 보호되기 때문에 공공의 안녕에 대한 위험이 존재한다고 할 수 없다. 따라서 자발적 노숙은 경찰긴급권의 적용영역으로 논할 실익이 없다.

(2) 집회의 금지

기본사례 2의 경우처럼 적법하게 신고된 평화적 집회에 대한 폭력적 반대집회가 예정되어 있는 경우에 있어 적법한 집회의 주최자에 대한 집회금지 또한 경찰긴급권이 문제되었던 중요한 영역이다. 한편 이러한 논의에 있어서는 경찰책임에 관한 귀속이론에 따를 때 경찰책임자는 적법한 집회의 주최자가 아니라, 반대집회자들이라는 것이 전제되어야 한다.

(3) 공급거부

국민들의 생활에 거의 필수적이라고 할 수 있는 재화나 용역의 공급을 거부하는 것이 경찰상의 긴급상태를 가져오게 되는 경우가 있다. 즉, 국민이 재화나 용역의 공급조건을 준수하지 않는 경우에(예: 사용료 미납) 그를 이유로 사업주체가 수도의 공급이나 하수처리 또는 쓰레기처리를 중단하게 되면 인근 주민의 건강 나아가서 공중의 건강에 대한 위험이 성립하게 되는데, 이러한 경우 또한 경찰긴급권의 적용영역으로 논의되어 왔다. 한편 이러한 논의 역시 경찰책임의 귀속이론에 따를 때 경찰책임자는 사용료를 내지 않은 국민이지 사업주체가 아니라는 것을 전제로 한다.

4. 경찰상의 긴급상태에 있어서 비책임자에 대해 취해지는 경찰의 조치에 시간적 제약이 있을까?

경찰상의 긴급상태에 있어서 비책임자에 대한 경찰의 조치는 비책임자에 대한 경찰권발동의 전제조건이 존재하는 경우에 한하여서만 행해지고 유지될 수 있다. 따라서 비책임자에 대한 경찰의 조치는 물적 관점이나 시간적 관점에서 필요한 최소한도에 국한되어야 하는바, 특히 시간적 제약이 문제가 된다. 즉, 비책임자에 대한 경찰의 조치는 다른 방법으로는 위험방지의 목적을 달성할 수 없는 한도 내에서만 적법한 것으로 유지될 수 있다. 독일의 판례 역시 비책임자에 대한 조치는 처음부터 기한부이어야만 하며, 기한의 산정에 있어서는 엄격할 것을 요구하고 있다(BGH, NJW 1959, 768 f.; BGHZ 35, 27 ff.; OVG Berlin, NJW 1980, 2484; BayVGH, BayVBl. 1984, 116). 이 같은 점을 고려할 때 비책임자에 대한 경찰권발동은 단지 잠정적(vorläufig) 조치로서의 성격을 가질 뿐이다. 한편 비책임자에게 조치를 취할 수 있는 전제조건이 소멸한 경우에는 행정청은 그 조치를 폐지(취소·철회)[63]하여야만 한다.

5. 지금까지의 논의를 기본사례에 적용하면 어떠한 결론을 도출할 수 있을까?

63) 행정행위의 효력을 소멸시키는 행위에는 성립 당시의 하자를 이유로 하는 취소와 사후에 발생한 새로운 사정을 이유로 하는 철회가 있는데, 취소와 철회를 함께 일컬어 폐지라는 용어를 사용하기도 한다(서정범/박상희, 235쪽).

(1) 기본사례 1의 경우

기본사례 1의 경우에는 비책임자인 적법한 집회의 주최자에게 발해졌던 집회의 금지나 해산명령의 폐지라는 문제가 발생하기 곤란한바, 이는 집회의 금지 등의 경우에는 시간의 경과로 인하여 폐지되어야 할 조치가 더 이상 존재하지 않게 되기 때문이다.

(2) 기본사례 2의 경우

기본사례 2의 경우 노숙자를 사인(私人)의 주거에 배정하는 것은 임대차계약의 체결 또는 새로운 수용시설의 축조 등의 방법을 통하여 행정청이 노숙의 상태를 객관적으로 제거할 수 있을 때까지만 가능하며, 노숙자를 사인의 주거에 무기한으로 강제배정하는 것은 허용되지 않는다. 이러한 점을 고려하면 다른 집에 비어 있는 공간이 있음에도 불구하고 이전에 민사법원에 의하여 명도판결이 행해졌던 가옥의 소유자에게 (다시) 강제배정하는 것은 일반적으로 (재량행사에 하자가 있기 때문에) 위법한 것으로 간주되어야 한다. 또한 지방자치단체의 노숙자 수용시설에 배정이 가능하게 되면, 사인의 주거에의 배정처분은 폐지되어야 한다.

§ 4. 손실보상과 결과제거

1. 비책임자에 대한 경찰권 발동으로 비책임자에게 피해가 발생한 경우
   (1) 비책임자에 대한 구제가 뒤따라야 하는 이유는 무엇이며,
   (2) 비책임자에 대한 구제수단으로는 어떠한 것을 생각해 볼 수 있을까?

(1) 비책임자에 대한 구제가 필요한 이유

비책임자는 자신에 대한 경찰권 발동으로 인하여 자기에게 발생한 손해의 전보를 경찰행정청에게 청구할 수 있는데, 비책임자에 대한 이러한 구제수단이 인정되는 이유는 비책임자는 방지되어야 할 위험의 발생에 대한 책임이 없으므로 위험방지의 부담을 영원히 수인할 필요가 없기 때문이다.

(2) 비책임자에 대한 구제수단

비책임자에 대한 구제수단으로는 결과제거청구 및 손실보상의 청구를 고려할 수 있으며, 비책임자는 경우에 따라서는 양자를 함께 청구할 수도 있다. 다만 지금까지 우리나라의 경찰행정법 문헌들은 이들 구제수단 가운데에 손실보상의 청구에 대해서만 언급할 뿐, 결과제거청구에 대하여는 거의 설명이 없었다.

2. 비책임자에 대한 구제수단으로 손실보상을 인정하는 이유는 무엇이며, 이 경우 손실보상은 어떠한 것을 내용으로 하는 것일까?

비책임자에게 경찰권이 발동된 경우 일반적으로 비책임자에게 사회적 제약(Sozialbindung)을 넘어서는 '특별한 희생(Sonderopfer)'을 요구하는 것이 되는바, 이것이 비책임자에 대한 구제수단으로 손실보상을 인정하는 이유가 된다. 따라서 비책임자는 자신에 대한 경찰권 발동으로 입은 손실, 특히 원상회복이 불가능한 손실(예: 압류기간 중의 영업손실, 물건의 손괴 등)에 대하여 경찰행정청에 금전으로 손실보상을 해 줄 것을 청구할 수 있다. 그리고 이러한 내용은 우리나라의 실정법에도 이미 반영되어 있다.[64] 한편 경찰행정청이 비책임자에게 손실보상을 해 준 경우, 경찰행정청이 (경우에 따라서는) 경찰상 위험의 원인을 제공한 자에게 구상(求償)을 하는 것이 허용될 수 있을 것이다.

따라서 기본사례 2의 경우 가옥의 소유자는 가옥에 대한 자신의 처분권의 제한이 발생한 것을 이유로 손실보상을 청구할 수 있으며, 이 경우 손실보상은 일반적으로 지금까지 지급되었던 임대료를 기준으로 하면 될 것이다.

3. 비책임자에 대한 처분이 (그 전제조건의 소멸을 이유로) 폐지된 후에도 위법한 권리침해가 여전히 존재하는 경우, 비책임자에게 인정될 수 있는 권리구제수단으로는 어떠한 것이 고려될 수 있을까?

경찰긴급권에 기초한 비책임자에 대한 경찰의 조치(예: 노숙자의 강제배정)는 그

---

64) 소방활동 종사명령에 따라 소방활동에 종사한 사람이 그로 인하여 사망하거나 부상을 입은 경우에 있어 손실보상을 규정하고 있는 「소방기본법」 제49조의2 제1항 참조.

의 전제조건이 소멸하면 폐지되어야 한다. 그러나 노숙자를 사인의 주거에 강제배정 한 처분의 폐지 후에도 노숙자의 퇴거가 이루어지지 않고 있는 경우처럼 비책임자에 대한 처분이 폐지된 후에도 위법한 권리침해가 여전히 존재하고, 그 결과 처분의 폐지만으로는 비책임자에게 아무런 도움이 되지 못하는 경우가 종종 있다. 이런 경우 비책임자는 경찰긴급권에 근거하여 자신에게 발해졌던 조치의 직접적 결과의 제거를 요구할 수 있는 권리인 결과제거청구권(Folgenbeseitigungsanspruch)(결과제거청구권 일반에 관하여 상세한 것은 서정범/박상희, 521쪽 아래 참조)을 행사하여 권리구제를 도모할 수 있다.

따라서 기본사례 2의 경우 강제배정처분이 폐지되었음에도 불구하고 배정을 받은 자가 그대로 배정받았던 주거에 거주하고 있는 경우에는, 주거의 소유자는 배정된 노숙자의 퇴거를 구하는 결과제거청구권을 행사할 수 있다.

Chapter 7. 경찰책임의 승계

§ 1. 공법상 의무의 승계에 관한 일반이론

1. 종래 공법상 권리·의무의 승계 문제에 대하여는 학설상 별다른 논의 자체가 없었는데, 그 이유는 어디에서 찾을 수 있을까?

설문에서 보듯이 공법영역에서 권리·의무의 승계 문제는 오랫동안 소홀하게 취급되어 왔다. 그 이유는 무엇보다도 공법상의 권리·의무는 일신전속적(一身全屬的) 성질을 가지므로 승계가능성이 전혀 없으며, 따라서 그를 논할 필요성 자체가 없는 것으로 보았기 때문이다. 단지 재산권적 지위가 특히 문제될 경우에만 예외적으로 승계가 인정되는 정도였다.

일러두기 경찰책임의 승계를 다루는 Chapter 7.을 설문과 같이 '공법상 권리·의무의 승계'의 문제로부터 시작하는 이유는 경찰책임의 승계가 공법상 권리·의무의 승계와 동일한 논의에 입각하고 있기 때문이다. 즉, 공법상 권리·의무의 승계는 ① 개인의 공법상 권리·의무의 승계와 ② 행정의 공법상 권리·의무의 승계를 그 내용으로 하는 데, 경찰책임의 승계는 이 가운데 '개인의 공법상 의무의 승계'에 해당하는 것이다. 이런 점을 고려하여 여기에서는 개인의 공법상의 권리의 승계와 행정의 공법상 권리·의무의 승계에 대하여는 논의하지 않기로 한다. 왜냐하면 Chapter 7.은 공공의 안녕 또는 질서에 대한 위해를 방지·제거해야 할 경찰책임자의 의무(경찰책임)가 승계될 수 있는지를 그 내용으로 하기 때문이다.

2. 그렇다면 근래에 들어 (개인의) 공법상 의무의 승계 문제가 논의되기 시작한 이유는 어디에서 찾을 수 있을까?

근래 들어 (개인의) 공법상 의무의 승계 문제가 활발하게 다루어지기 시작한 이유는 무엇보다도 공법상 의무의 일신전속성에 대한 의문 내지 비판이 나타난 것에서 찾을 수 있다. 특히 독일의 경우에는 건축법상 철거명령이 당해 부동산의 매수인에게 미친다는 것을 인정한 1969년 10월 3일의 자를란트 고등행정법원의 판결(OVG Saarlouis, BRS 22 Nr. 215, S. 303 ff.)과 포괄승계(상속)에 의한 상태책임의 승계를 인정한 1971년 1월 21일의 연방행정법원의 판결(BVerwG, NJW 1971, 1624 ff.)을 통해 공법상 의무의 승계가능성이 인정되는 계기가 마련되었다.

또한 (개인의) 공법상 의무의 승계 문제가 논의되기 시작한 이유는 (개인의) 공법상 의무의 승계를 인정할 필요성이 행정실무상으로도 요구된다는 것과도 관련이 있다. 특히 만일에 (개인의) 공법상 의무의 승계를 인정하지 않는다면, 행정기관은 필요한 상태의 실현을 위하여 행정절차를 다시 진행해야 하는 문제가 발생하게 된 것과 관련이 있다.

한편 오늘날에는 모든 공법상의 의무가 일신전속적 성격을 갖는 것은 아니라는 점은 일반적으로 인정되고 있다. 또한 공법상 의무를 부과하는 행정행위를 더 이상 전적으로 행정청과 상대방 사이만을 규율하는 것으로 이해하지도 않는다. 이런 사정을 고려하면 이제는 공법상 의무의 승계가능성 자체를 논의하기보다는, 어떠한 경우에 그리고 어떠한 방법으로 승계가 실현되는지에 대한 탐구가 필요하게 되었다.

3. 공법상 의무의 승계가능성을 명문으로 인정하고 있는 실정법 규정으로는 어떤 것이 있을까?

「경찰관 직무집행법」 등 경찰에 관한 일반법은 공법상 의무의 승계를 인정하는 규정을 갖고 있지 않다. 다만, 「행정절차법」 제10조에서 당사자 등이 사망하였을 경우, 당사자 등인 법인 등이 합병하였을 경우와 관련하여 지위승계에 관하여 규정을 두고 있을 뿐이다. 물론 「행정절차법」 제10조의 규정은 직접적으로는 「행정절차법」 상의 당사자를 대상으로 한 것이나, 다른 법에 특별한 규정이 없고 법의 흠결이 있는 경우에는 행정법 관계 전반에 걸쳐 준용되는 법의 일반원칙을 천명한 규정으로 보아도 좋을 것이다[김남진/김연태(Ⅰ), 102쪽].

한편 최근에는 개별법에서 영업양도 등에 따른 영업자의 지위승계와 제재처분 효과의 승계(제재처분 효과의 승계 여부에 관한 종래의 학설 및 판례의 입장 등에 관하여 자세한 것은 서정범/박상희, 61쪽 아래 참조)에 관하여 규정하고 있는 경우가 많아지고 있다. 그 대표적 예로는 영업의 승계에 관하여 규정하고 있는 「식품위생법」 제39조[65] 및 제재처분 효과의 승계를 규정하고 있는 동법 제78조[66]를 들 수 있다. 이처럼 법령 자체가 공법상 법적 지위의 승계에 관하여 특별한 규정을 갖고 있는 경우에는 그에 따라 해결하면 되겠지만, 이러한 규정이 없는 경우에는 결국 일반적인 법원칙에 따라 결정될 수밖에 없다.

§ 2. 경찰책임의 승계

참고문헌: 김연태, "경찰책임의 승계", 고려법학 제51권(2008), 231쪽 아래; 최정일, "독일과 한국에서의 경찰책임(특히 행위책임)의 승계 – 2006년 3월 16일자의 독일연방행정대법원 판결을 중심으로", 경찰법연구 제12권 제1호(2014), 193쪽 아래; Nolte/Schlabach/Simon, "Rechtsnachfolge beim Verhaltensstörer", NVwZ 1992, 143

---

65) 「식품위생법」 제39조(영업의 승계) 제1항은 "영업자가 영업을 양도하거나 사망한 경우 또는 법인이 합병한 경우에는 그 양수인 · 상속인 또는 합병 후 존속하는 법인이나 합병에 따라 설립되는 법인은 그 영업자의 지위를 승계한다"고 규정하고 있다. 한편 「석유 및 석유대체연료 사업법」 제7조, 「공중위생관리법」 제3조의2, 「도시가스사업법」 제7조, 「먹는 물 관리법」 제25조 등 또한 「식품위생법」 제39조와 유사한 규정을 갖고 있다.

66) 「식품위생법」 제78조(행정제재처분효과의 승계)는 "영업자가 영업을 양도하거나 법인이 합병되는 경우에는 제75조 제1항 각호, 같은 조 제2항 또는 제76조 제1항 각호를 위반한 사유로 종전의 영업자에게 행한 행정제재처분의 효과는 그 처분기간이 끝난 날부터 1년간 양수인이나 합병 후 존속하는 법인에 승계되며, 행정제재처분 절차가 진행 중인 경우에는 양수인이나 합병 후 존속하는 법인에 대하여 행정제재처분 절차를 계속할 수 있다. 다만, 양수인이나 합병 후 존속하는 법인이 양수하거나 합병할 때에는 그 처분 또는 위반사실을 알지 못하였음을 증명하는 때에는 그러하지 아니하다"라고 규정하고 있다. 한편 「석유 및 석유대체연료 사업법」 제8조, 「공중위생관리법」 제11조의3, 「도시가스사업법」 제7조의2, 「먹는 물 관리법」 제49조 등 또한 「식품위생법」 제78조 유사한 규정을 갖고 있다.

ff.; Schorsch, *Die Einzel- und Gesamtrechtsnachfolge in der gefahrenabwehrrechtliche Zustands- und Verhaltensverantwortlichkeit*, 2007; Stückemann, “Die Rechtsnachfolge in dei gefahrenabwehrrechtliche Verhaltens- und Zustandsverantwortlichkeit”, JA 2015, 569 ff.

1. 경찰책임의 승계를 이해하기 위하여서는 먼저 '승계'란 개념에 대한 이해가 필요한데, 승계란 무엇을 말하는 것일까?

전술한 것처럼 「행정절차법」 및 「식품위생법」 등과 같은 개별 법률은 (영업상) 지위의 승계 내지 제재처분 효과의 승계에 관한 규정을 갖고 있다. 그러나 승계의 개념에 관하여는 아무런 규정도 두고 있지 않다. 일반적으로 권리 또는 의무의 승계란 권리 또는 의무가 귀속되는 법적 지위와 관련하여 권리주체 내지 의무주체가 바뀌는 것을 말한다.

한편 승계의 본질은 이처럼 권리 내지 의무의 주체가 바뀌지만, 법적 지위는 그대로 유지된다는 데 있다.

2. 승계는 어떤 법적 효과를 갖는 것일까?

승계의 법적 효과는 승계의 개념정의로부터 도출될 수 있다. 즉, 권리승계의 경우에는 피승계인(Rechtsvorgänger)의 권리가 승계인(Rechtsnachfolger)에게 귀속되며, 새로운 권리자는 승계에 의하여 자신에게 귀속된 권리를 주장할 수 있게 된다. 의무승계의 경우에는 승계인이 피승계인의 의무를 부담하게 되고, 새로운 의무부담자는 그 의무를 이행하여야 한다.

한편 권리·의무 승계의 구체적 범위 및 효과가 법규정에 의하여 특별히 정해지는 경우도 있다. 즉, 승계의 효력이 미치는 범위에 대하여 법에서 특별히 규정함으로써 일반적인 승계의 개념 정의에서 도출되는 것보다 더 넓게, 또는 더 좁게 해석되도록 규율할 수 있는 것이다. 「식품위생법」 제61조가 영업의 양도 또는 법인의 합병에 있어서 종전 영업자에 대한 행정제재처분 효과의 승계에 관하여 일정기간 (처분기간이 만료된 날부터 1년간) 내에서만 승계된다고 규정하여, 승계의 효력이 미치는 시간적 범위를 정하고 있는 경우가 그 대표적 예에 해당한다. 또한 동법 제78

조처럼 양수인 또는 합병 후 존속하는 법인이 양수 또는 합병 시 그 처분 또는 위반사실을 알지 못하였음을 증명하는 때에는 제재처분의 효과가 승계되지 않는다고 하여, 선의의 양수인 등을 보호하기 위하여 승계의 효력을 배제시키는 규정을 두고 있는 경우도 있다.

3. 일정한 요건하에서 경찰책임의 승계를 인정하는 목적은 무엇일까?

(1) 경찰상 위해의 효과적 방지 및 제거

경찰책임 승계의 목적은 우선 효과적인 경찰상 위해의 방지 및 제거에서 찾아야 한다. 경찰상의 위해는 신속하고 효율적으로, 그리고 최소한의 피해를 가져오면서 방지·제거되어야 한다. 한편 이를 위하여서는 (경찰책임의 승계를 인정하여) 경찰상의 위해와 가장 밀접한 관계를 가지고 있고, 그에 대하여 누구보다도 용이한 관리가능성을 가진 승계인에게 경찰상의 위해를 방지·제거하도록 하는 것이 필요하다.

또한 경찰책임의 승계가 부정된다면 경찰책임자가 제3자와 공모하여 자신의 경찰상의 의무이행을 의도적으로 회피하려 할 위험성이 있는바, 이는 경찰목적 달성에 현저한 지장을 가져올 것이다.

(2) 행정의 효율성

경찰책임의 승계는 행정의 효율성이라는 측면에서도 필요하다. 만일 경찰책임의 승계를 인정하지 않으면 경찰은 승계인에게 다시 행정절차를 진행하여 피승계인에게 행하였던 것과 동일한 내용의 처분을 발해야 하는데, 이는 행정경제에 반하는 것이다. 이런 점을 고려하면 경찰책임의 승계를 인정하여 피승계인에 대한 처분의 효력이 승계인에게도 미치도록 하는 것이 행정절차적 관점에서 효율성이 있다.

4. 경찰책임의 승계는 선의(善意)의 승계인에게 예측할 수 없는 손해를 가져올 수 있으므로 경찰책임의 승계에 일정한 한계를 설정할 필요성이 있는바, 그러한 한계를 설정하는 법원칙으로는 어떠한 것이 있을까?

(1) 법치국가원리

경찰책임의 승계에 의하여 승계인에게는 새로운 부담이 지워지게 되는 것이므로, 법치국가원리에 따를 때 경찰책임의 승계를 인정하기 위하여서는 그에 관한 법적 근거가 요구된다.

(2) 비례의 원칙

경찰책임의 승계는 선의(善意)의 승계인에게 예측할 수 없는 손해를 가져올 수 있으므로 승계인의 보호필요성이라는 관점에서 경찰책임 승계의 한계가 도출되어야 한다. 이런 관점에서 「식품위생법」 제78조 등은 제재처분의 효과의 승계와 관련하여 양수인의 책임을 배제하는 명시적 규정을 두고 있다. 그러나 설사 이러한 규정이 없더라도 선의의 양수인에게 제재처분 효과의 승계를 인정하는 것은 비례의 원칙에 반한다고 생각된다(서정범/김연태/이기춘, 454쪽).

(3) 신뢰보호의 원칙

신뢰보호의 원칙(신뢰보호의 원칙 일반에 관하여 자세한 것은 서정범/박상희, 32쪽 아래 참조) 또한 경찰책임의 승계를 한계짓는 헌법상의 원칙으로 들어질 수 있다. 신뢰보호의 원칙은 특히 경찰상의 위험(예컨대 토양오염) 발생이 오래되어 그동안 권리·의무가 여러 차례 이전된 이후에 최후의 승계인에게 경찰조치를 발할 수 있는지 여부가 문제될 때 책임의 승계를 한계짓는 원칙으로 적용될 수 있다.

§ 3. 경찰책임의 승계가능성 여부

기본사례 1: A 소유의 토지가 광범위하게 오염되어 있으나 오염사실이 발생되기 이전에, 즉 A에게 오염된 토지의 정화조치가 발해지기 이전에 A가 사망한 경우, A의 재산상속인 B에게 경찰책임은 승계되는 것일까?

기본사례 2: 건축폐기물 처리업을 운영하는 C는 건설현장에서 나온 건축폐기물을 불법적으로 매립하는 방법으로 처리하여 왔으며, 이를 이유로 관할 경찰행정청은 C에게 건축폐기물의 불법매립으로 인하여 오염된 토지의 정화조치를 명하였다. 이러한 상황에서 C가 자신의 토지를 D에게 매각한 경우에 D는 C에게 발해졌던 정화조치에 구속을 받는 것일까?

1. 경찰책임의 승계가능성 여부를 고찰함에 있어 고려해야 될 기준으로는 어떠한 것이 있을까?

경찰책임의 승계가능성 여부를 고찰함에 있어 고려해야 될 기준이 될 수 있는 것, 즉 그 기준에 따를 때 어느 쪽에 해당하는지에 따라 승계가능성 여부에 대한 결론이 달라지게 되는 것으로 어떠한 것이 있는지에 관하여는 일률적으로 답하기 곤란하다. 왜냐하면 학자들마다 각기 상이한 기준을 제시하고 있으며, 학자들 가운데에는 복수의 기준을 제시하는 경우도 있기 때문이다. 학설상 여러 가지 기준들이 제시되고 있지만, 저자는 그러한 기준들 가운데 적어도 다음과 같은 3가지 기준은 의미가 있다고 생각한다.[67)]

(1) 행위책임과 상태책임

행위책임은 행위자의 행위에 기초하여 성립하는 책임으로서 인적(人的)인 성격이 강하다. 따라서 행위책임은 대부분 일신전속적 성격이 인정되는 특징을 가지며, 따라서 책임의 승계와 친하지 않은 면이 있다. 이에 반해 상태책임은 행위와 상관없이 전적으로 물건에 대한 지배권을 기초로 하여 성립하는 것이므로 물건의 지배권이 이전되면 책임 또한 승계될 가능성이 – 행위책임에 비하여 – 높다고 할 수 있다.

가) 우리나라의 경우 종래 학설은 이러한 점을 강조하여 행위책임은 승계될 수 없는 것으로 설명하여 왔다[김동희, 224쪽; 류지태/박종수, 1055쪽; 홍정선(하), 487쪽; Pieroth/Schlink/Kniesel, § 9 Rn. 49]. 그러나 근래 들어 이러한 전통적 설명방법에 대하여는 많은 반론이 행해지고 있는데, 이러한 반론은 크게 2가지로 나누어 볼 수 있다. 그 하나는 행위책임 또한 상속 등이 원인이 되는 포괄승계의 경우에는 승계가 인정될 수 있다는 견해이며[박균성(하), 357쪽], 다른 하나는 (승계가능성과 승계요건을

67) 이들 기준 이외에 경찰행정청에 의해 부과된 의무의 종류가 대체적(代替的) 의무인지 여부 또한 경찰책임의 승계 여부를 판단하는 중요한 기준으로 제시되기도 한다.

구분하는 것을 전제로) 행위책임이라고 하여 반드시 승계가 부정되는 것은 아니고 법적 근거(승계규범)가 있는 경우에는 승계가 인정될 수 있다는 견해이다[김중권, 김중권의 행정법(제3판), 2019, 145쪽; 서정범/김연태/이기춘, 456쪽 및 461쪽 아래].

나) 상태책임의 승계 여부에 관하여도 역시 학설의 대립이 있다.[68] 다만 저자는 상태책임의 승계의 경우에도 승계가능성과 승계요건을 구분하는 것을 전제로 이론구성을 하고 있으므로 일률적으로 승계 여부를 논하는 다른 학설들과는 기본 입장을 달리하고 있다.

(2) 구체적 책임과 추상적 책임

경찰책임은 경찰행정청이 발한 행정처분에 의하여 경찰의무가 구체화되었는지 여부를 기준으로 구체적 책임과 추상적 책임으로 구별되는데, 경찰책임의 승계가능성의 문제를 논함에 있어서는 구체적 책임과 추상적 책임을 구별할 필요성이 있다.

왜냐하면 경찰책임의 승계는 종래 경찰의무가 행정처분에 의하여 구체화되었을 경우에만, 즉 구체적 책임이 문제되는 경우에만 그의 가능성을 논할 실익이 있는 것으로 설명되어 왔기 때문이다. 이에 반하여 추상적 책임은 아직 주관적 법적 의무를 근거짓지 못하고 단지 권한 있는 행정청에게 개입의 근거만을 줄 뿐이므로, 추상적인 책임의 승계가능성은 원칙적으로 부인된다는 견해가 유력하다.

(3) 특정승계와 포괄승계

특정승계(特定承繼)란 각각의 권리나 의무를 개별적인 원인에 의하여 승계하는 것을 말하며(예: 매매계약을 통한 토지소유권의 승계 등), 포괄승계(包括承繼)는 단일한 원인에 의하여 피승계인의 모든 권리와 의무 전체를 일괄적으로 승계하는 것을 말한다(예: 상속에 의한 승계 등). 한편 특정승계와 포괄승계를 비교하면, 종래 포괄승계의 경우가 특정승계에 비하여 경찰책임이 승계될 가능성이 큰 것으로 설명되어 왔다.

---

68) 이러한 학설의 대립을 잘 소개하고 있는 것으로는 홍정선(하), 488쪽 아래 참조. 다만 이곳에서 학설의 대립을 설명하는 방식은 약간의 문제를 안고 있다고 생각한다. 즉, (2)의 제한적 승계긍정설은 결국 구체적 책임과 추상적 책임의 구분에 따른 결론에 불과하며, (3)의 개별검토설은 상태책임의 경우에만 한정하여 논할 것은 아니라고 생각되기 때문이다.

(4) 소 결

위에서 언급한 3가지 기준은 문자 그대로 경찰책임의 승계가능성을 논할 때 고려하여야 할 관점에 불과하며, 그러한 기준만을 가지고 절대적으로 승계가능성 여부에 대한 결론을 내릴 수는 없다. 실제로 각각의 기준마다 승계가능성 여부에 관해서는 예외없이 견해의 대립이 있다. 따라서 구체적 예를 제시하고, 그러한 예에 있어 경찰책임의 승계가능성 여부에 대하여 일률적 결론을 도출하는 것은 (아직까지는) 사실상 불가능하다.

2. (전술한 바와 같은) 경찰책임의 승계가능성 여부를 판단하는 3가지 기준을 고려할 때, 경찰책임의 승계가능성 여부가 논의되는 유형은 어떻게 대별해 볼 수 있을까?

경찰책임의 승계가능성 여부를 판단함에 있어서는 ① 구체적 책임과 추상적 책임 중 어느 것이 문제되는지, ② 상태책임과 행위책임 중 어느 것이 문제되는지, 그리고 ③ 마지막으로 승계의 유형이 포괄승계와 특정승계 중 어디에 해당하는지를 고려하여야 한다. 그리고 그와 같은 관점에 입각하면, 경찰책임의 승계가능성 여부가 논의되는 유형은 다음과 같이 8가지로 나누어 볼 수 있다. 즉,

(1) 추상적 상태책임의 포괄승계
(2) 추상적 상태책임의 특정승계
(3) 추상적 행위책임의 포괄승계
(4) 추상적 행위책임의 특정승계
(5) 구체적 상태책임의 포괄승계
(6) 구체적 상태책임의 특정승계
(7) 구체적 행위책임의 포괄승계
(8) 구체적 행위책임의 특정승계

한편 경찰책임의 승계가능성 여부가 논의되는 8가지 유형의 구체적 사례 및 그들 유형에 있어서의 경찰책임의 승계가능성 여부에 대한 일관된 논의에 관하여는 서정범/김연태/이기춘, 458쪽 아래 참조.

3. 기본사례 1의 경우는
   (1) 경찰책임의 승계가능성 여부가 논의되는 유형 중 어느 것에 해당하며,
   (2) 이 경우 경찰책임의 승계가능성은 인정될 수 있을까?

(1) 추상적 상태책임의 포괄승계

기본사례 1의 경우 설문만으로는 A 소유 토지의 오염을 야기한 행위를 한 사람은 특정되지 않으며, 따라서 이 경우에는 토지소유자인 A의 '상태책임'만이 문제된다. 또한 토지 소유자인 A에게 오염된 토지의 정화조치가 발해진 바 없으므로 구체적 책임의 문제는 발생하지 않는다. 따라서 이 경우에는 단지 '추상적 책임'이 존재할 뿐이다. 마지막으로 A가 사망한 경우, B는 A의 재산상속인으로서 A가 갖고 있던 모든 권리와 의무를 모두 승계받으므로 이 경우의 승계는 '포괄승계'에 해당한다. 결론적으로 기본사례 1의 경우는 '추상적 상태책임의 포괄승계'가 문제되는 유형이다.

(2) 경찰책임의 승계 가능성 여부

기본사례 1의 경우 A(피상속인)는 사망에 의하여 당해 토지에 대한 현실적인 지배력을 상실하게 되므로, A의 상태책임 자체가 소멸하게 된다. 따라서 추상적 상태책임은 (포괄승계인지 특정승계인지 여부를 불문하고) 관념상 승계가능성 자체가 인정되기 곤란하다[동지: Papier, "Die Verantwortlichkeit für Altlasten im öffentlichen Recht", NVwZ 1986, 256 ff. (262)]. 다만 재산상속의 시점에 여전히 위험이 존재하고 있는 경우에는, B(상속인)는 피상속인 A의 소유에 속하였던 토지에 대한 소유권자로서 스스로 시원적(始原的, originär) 상태책임자가 되며, 그 한도에서 경찰행정청이 발하는 토양정화조치의 상대방이 될 수 있다.

4. 기본사례 2의 경우는
   (1) 경찰책임의 승계가능성 여부가 논의되는 유형 중 어느 것에 해당하며,
   (2) 이 경우 경찰책임의 승계가능성은 인정될 수 있을까?

(1) 구체적 행위책임의 특정승계

기본사례 2의 경우 C는 건설현장에서 나온 건축폐기물을 불법적으로 매립하는 행위를 통하여 토양오염의 문제를 야기하고 있으므로 C의 '행위책임'이 문제가 된다. 또한 토양오염을 이유로 관할 경찰행정청이 C에게 오염된 토지의 정화조치를 명하여 그 의무의 내용이 구체화되고 있으므로 '구체적 책임'의 문제가 발생한다. 마지막으로 C가 자신의 토지를 D에게 매각한 경우, D는 C에게 귀속했던 많은 권리와 의무 중 해당 토지의 소유권만 승계받으므로, 이 경우의 승계는 '특정승계'에 해당한다. 결론적으로 기본사례 2의 경우는 '구체적 행위책임의 특정승계'가 문제되는 유형이다.

(2) 경찰책임의 승계가능성 여부

행위책임의 특정승계는 (추상적 책임인지 구체적 책임인지 여부를 불문하고) 통상적으로 인정되지 않는다. 왜냐하면 경찰의무(경찰책임)는 공법상의 의무로서 법률행위를 통하여 제3자에게 전가될 수 없는 것이 일반적이기 때문이다.[69] 즉, 기본사례 2의 경우 C는 원칙적으로 경찰책임을 타인에게 양도할 처분권한이 없기 때문에 자신의 토지를 D에게 매각함으로써 경찰책임을 D에게 전가시킬 수는 없다. 다만 예외적으로 (민법 제453조와 제454조를 유추적용하면) 관할 경찰행정청이 의무이전을 승인하는 경우에는 D에게 경찰책임이 승계되고, C는 자신의 경찰책임으로부터 면제될 수 있다.

§ 4. 경찰책임의 승계요건

1. 경찰책임의 승계가능성이 인정되는 것만으로 당연히 경찰책임의 승계가 이루어지는 것일까?

69) 실무적으로는 만일 행위책임자가 자신의 경찰의무를 법률행위를 통하여 임의로 다른 사람에게 양도할 수 있다면, 경찰행정청은 누구에게 그 의무의 이행을 요구하여야 하는지를 알 수 없게 되는 문제가 발생하기 때문이다.

(1) 승계가능성과 승계요건의 구별

경찰책임의 승계 문제를 다루는 경우에는 전술한 바와 같은 경찰책임의 승계가능성과 승계요건을 구별하여 논하여야 한다(이러한 점을 강조하고 있는 것으로는 서정범/김연태/이기춘, 456쪽 아래; 정하중, 1127쪽). 즉, 경찰책임의 승계가능성이 인정된다고 하더라도 그것만으로 자동적으로 경찰책임이 승계되는 것이 아니라, 경찰책임이 승계되기 위하여서는 추가적으로 승계요건이 충족되어야 한다.

(2) 승계요건－법적 근거의 문제

현실적으로 경찰책임이 승계되기 위하여서는 － 승계가능성이 인정되어야 할 뿐만 아니라 － 법률유보의 원칙에 따른 법적 근거가 필요하며, 당해 법률이 정하는 승계요건이 충족되어야 한다. 즉, 경찰책임이 승계되면 승계인에게 새로운 부담이 발생하므로 승계인에게 새로운 의무를 인정하기 위한 새로운 법적 근거가 필요하다.

2. 그렇다면 경찰책임의 승계요건에 관한 근거규정으로 볼 수 있는 것으로는 어떠한 것이 있을까?

(1) 개별법 규정

실정법상 경찰책임의 승계, 특히 제재처분의 승계를 인정하고 있는 개별 법률들을 승계요건에 관한 근거규정으로 볼 수 있다. 「석유 및 석유대체연료 사업법」 제8조, 「공중위생관리법」 제11조의3, 「먹는 물 관리법」 제49조 등이 그러한 예에 해당한다.

(2) 「행정절차법」 제10조(?)

「행정절차법」 제10조를 경찰책임의 승계요건에 관한 (일반법으로서의) 법적 근거규정으로 볼 수 있는지에 관해서는 약간의 이론이 있지만, 부정적으로 보아야 한다. 왜냐하면 「행정절차법」 제10조는 공법상 의무의 승계가능성에 관한 일반원칙을 천명한 규정일 뿐, 경찰책임의 승계(특히 제재처분의 승계)를 인정하는 근거규정이 될 수 없기 때문이다(동지: 서정범/김연태/이기춘, 457쪽; 정하중, 1127쪽).

제 5 편

경찰권발동의 정도

제5편

개 관

제5편에서는 경찰권 발동의 전제조건이 갖추어진 경우에도 그에 개입할지 여부는 경찰의 재량에 맡겨져 있는 것이 원칙이지만 그러한 재량권 행사에도 일정한 한계가 있다는 것(경찰편의주의와 재량의 문제), 그리고 그러한 재량권 행사의 한계에 관한 여러 기준 가운데 제일 중요한 원칙인 비례의 원칙(과잉금지의 원칙)의 문제를 「경찰권발동의 정도」라는 제목으로 묶어 보았다.

먼저 Chapter 1. 「경찰편의주의와 재량」에서는 공공의 안녕과 질서에 대한 위험의 존재라는 경찰권 발동의 전제조건이 갖추어진 경우에도 경찰이 경찰권을 발동하여 그에 개입할 의무는 없으며, 그에 개입할지 여부는 원칙적으로 경찰의 재량에 맡겨져 있다는 경찰편의주의(警察便宜主義, Opportunitätsprinzip)의 내용을 살펴본다. 이와 관련하여 경찰편의주의하에서도 경찰의 재량이 무제한의 것이 아니라는 것, 즉 재량이 인정되어 있다고는 하지만 그 경우에도 재량권 행사에는 일정한 한계가 있다는 것을 강조해 둔다. 나아가 이러한 재량권 행사의 한계를 넘어서는 경우 재량권 행사는 위법하게 되는바, 이처럼 재량권 행사가 위법하게 되는 유형을 재량의 유월, 재량의 남용 및 재량의 해태로 나누어 살펴본다.

또한 경찰편의주의하에서도 일정한 요건하에 경찰개입청구권이 인정될 수 있다는 것과 근래 들어 경찰권 발동에 관한 한계로 논의되고 있는 과소금지의 원칙에 관하여도 간단히 언급하기로 한다.

한편 경찰권 발동의 요건이 갖추어져 경찰이 경찰책임자에 대한 조치를 취하는 경우에도, 과연 경찰이 어느 정도까지 경찰권을 발동할 수 있는지의 문제는 여전히 남게 된다. Chapter 2. 「경찰비례의 원칙」에서는 이러한 문제를 경찰권 발동의 정도를 결정하는 원리로서의 경찰비례의 원칙으로 설명한다. 이러한 설명방식은 경찰권 발동과 관련하여 경찰이 재량권 행사의 한계를 넘어서서 위법하게 되는 경우 중 가장 대표적인 것은 경찰이 (경찰)행정법의 일반원리를 이루는 법원칙에 위배하여 재량권을 행사하는 경우이고, 그러한 (경찰)행정법의 일반원리 가운데 경찰권 발동의 정도와 관련된 원칙이－전술한 과소금지의 원칙과－경찰비례의 원칙이라는 것을 전제로 한 것이다.

한편 경찰비례의 원칙은 광의와 협의로 나누어 설명하는 것이 일반적 경향이며, 통상적으로 경찰비례의 원칙이라고 하면 광의의 그것을 말한다. 오늘날에는 이러한 광의의 경찰비례의 원칙을 다시 적합성의 원칙, 필요성의 원칙 그리고 상당성의 원칙으로 나누어 설명하는 것이 일반적 경향인데, Chapter 2. 역시 이러한 경향에 따라 경찰비례의 원칙을 3가지의 파생원칙으로 나누어 설명하는 방식을 취한다. 경찰비례의 원칙은 경찰법 전역에 걸쳐 다양하게 적용되므로, 경찰비례의 원칙에 대한 충분한 이해는 다른 영역에서 발전된 경찰법이론을 효과적으로 이해하기 위한 절대적 전제조건이 된다. 예컨대 다수의 경찰책임자 중에서 누구에게 경찰권을 발동할 것인가의 문제는 경찰비례의 원칙에 대한 이해가 선행되지 않으면 사실상 이해가 불가능하다고 할 수 있다.

Chapter 1.
경찰편의주의와 재량

§ 1. 경찰편의주의

참고문헌: Mayer, *Das Opportunitätsprinzip in der Verwaltung*, 1963; Schmatz, "Die Grenzen des Opportunitätsprinzips im heutigen deutschen Polizeirecht", Diss. München, 1966.

1. (제3편에서 설명한) 경찰권 발동의 전제조건이 충족된 경우, 경찰은 그에 개입하여야만 하는 것일까?

경찰권 발동의 전제조건이 충족되어 있는 경우에도 경찰은 반드시 그에 개입하여야만 하는 것은 아니고, 경찰권 발동을 통하여 그에 개입할지의 여부는 원칙적으로 경찰의 재량에 맡겨져 있다. 이처럼 "경찰권발동의 전제조건이 충족되어 있는 경우에도 그에 대한 개입여부는 원칙적으로 경찰의 의무적합적 재량에 따른다"는 원칙을 경찰편의주의(警察便宜主義, Opportunitätsprinzip)라고 한다.

이는 형사소추의 영역에서 발전되어 온 합법주의(合法主義, Legalitätsprinzip)와는 확연히 대비되는 개념인데, 여기서 합법주의란 "범죄의 혐의가 있는 경우에 경찰에게는 고유한 결정권한이 인정되지 않으며, 경찰은 그에 대한 수사를 하여야 할 법적 의무를 부담한다"는 것을 그 내용으로 한다.

2. 형사소추의 영역에서와 달리 경찰법의 영역에서 경찰편의주의가 인정될 필요성은 어디에서 찾을 수 있을까?

경찰편의주의의 필요성을 가장 먼저 학문적으로 설명한 학자는 프란츠 마이어(F. Mayer)를 들 수 있는데, 그는 "경찰편의주의는 법치국가의 이념과 국가현실과의 필요적 타협의 산물이다. 만일에 법치국가의 원리가 모든 행정법규의 집행을 행정의 의무로 정하게 되면 행정권은 법의 기계적인 집행기관으로 화함으로써 독자적인 존재의의를 잃고 말 것이다. 그러나 법치국가의 이상은 결코 결과를 고려하지 않는 기계적인 법의 적용에 의하여 달성될 수 있는 것은 아니다. 그것은 행정의 책무의 실현을 지향한 법률의 적용을 통하여서만 실현될 수 있는 것은 아니다"(Mayer, Allgemeines Verwaltungsrecht, 4. Aufl., 1977, S. 49)라는 서술을 통하여 경찰편의주의의 필요성을 역설한 바 있다. 이러한 경찰편의주의는 법치주의가 지배하는 오늘날에도 여전히 통용될 수 있는 것으로 이해되고 있다.[70)]

§ 2. 경찰의 재량권 행사에 대한 통제

1. 경찰편의주의에 따를 때 경찰의 개입 여부는 경찰의 재량에 속한다고 한다. 그렇다면 경찰의 이러한 재량권 행사에는 아무런 제한도 따르지 않는 것일까?

경찰편의주의에 따를 때 경찰권 발동의 전제조건이 충족되어 있는 경우에도 경찰권 발동을 통하여 그에 개입할 수 있는지 여부는 경찰의 재량에 속하는 것이 원칙

70) 예전의 독일의 경찰행정법 교과서들은 거의 예외 없이 경찰편의주의의 필요성을 역설하고 있었다(예컨대 Götz, *Allgemeines- und Ordnungsrecht*, 8. Aufl., 1985, S.130). 그러나 근래에는 후술하는 바와 같이 경찰편의주의하에서 경찰권 발동 여부에 관한 경찰의 재량이 인정된다고는 하지만, 그러한 재량에도 한계가 있음을 강조하는 추세에 있다. 그리고 이러한 추세가 반영되어서인지 근래의 독일의 경찰행정법 교과서들에서는 경찰편의주의의 필요성에 관한 설명을 찾아보기 어렵다.
참고로 경찰편의주의의 필요성에 관하여 Götz는 다음과 같이 설명하고 있었다. 즉,
① 구체적인 직무가 시간적 · 공간적으로 충돌되거나 인적 · 물적 수단이 한정된 경우에 있어서 경찰은 보다 중요한 직무를 수행할 수 있어야 한다.
② 경찰은 공공의 안녕 또는 질서의 유지가 자신이 개입하는 것 이외의 다른 방법으로 보장되거나 보장될 수 있을 때에는 개입하지 않을 수 있어야 한다.
③ 사소한 것은 무시될 수 있어야 한다.

이며, 이러한 경찰의 재량은 내용을 기준으로 다시 결정재량(Entschließungsermessen)과 선택재량(Auswahlermessen)으로 구분된다. 여기서 결정재량이란 어떠한 행정작용을 할 수도 안 할 수도 있는 자유가 인정되어 있는 경우를 의미하며, 선택재량이란 다수의 행정작용 중 어느 것을 해도 괜찮은 자유가 인정되어 있는 경우를 의미한다.

그러나 경찰편의주의하에서 경찰에게 인정되는 재량이 무제한의 것은 아니다. 즉, 경찰에 의한 재량행사에도 일정한 한계가 뒤따르는바, 이러한 점을 고려하여 독일의 학자들은 경찰의 재량을 설명함에 있어 '의무적합적(pflichtgemäß)' 재량이라는 용어를 사용하고 있다. 한편 경찰의 재량행사가 그 한계를 넘어서게 되면, 그 경우에 있어서의 경찰의 재량행사는 위법하다는 판단을 받게 된다.

2. 경찰의 재량행사가 재량권의 한계를 넘어서는 것이 되어 위법하다는 판단을 받게 되는 경우로는 어떠한 것이 있을까?

경찰이 재량을 그르친 경우라고 하여도 그것은 원칙적으로 '부당(不當)'에 그치며, 따라서 행정소송의 대상이 될 수 없다. 그러나 재량에도 한계가 있으며, 그 한계를 넘어서는 경우에는 위법하게 된다. 「행정소송법」이 "행정청의 재량에 속하는 처분이라도 재량권의 한계를 넘거나 그 남용이 있는 때에는 법원은 이를 취소할 수 있다"(제27조)고 규정한 것도 같은 취지로 이해할 수 있다. 한편 재량의 한계를 넘어서서 재량행사가 위법하게 되는 유형으로는 다음과 같은 것이 있다.

(1) 재량의 유월

재량의 유월(踰越)이란 경찰의 재량결정이 경찰에게 부여된 재량권의 외적 한계를 넘어서는 경우로서, 재량의 일탈(逸脫)이라고도 한다. 경찰이 법률이 전혀 규정하고 있지 않은 결정을 행하는 경우 등이 그에 해당한다.

(2) 재량의 남용

재량권을 수여한 법률의 목적이나, 비례의 원칙·평등의 원칙과 같은 법원칙(조리)에 위배하여 행사하는 경우처럼 경찰의 재량결정이 재량권의 내적 한계를 벗어난 경우를 재량의 남용(濫用)이라고 한다.

(3) 재량의 흠결

재량의 흠결(欠缺)이란 재량행위를 기속행위로 오인하여 복수행위 간의 형량을 전혀 행사하지 않은 경우로서, 재량의 해태(懈怠)라고도 한다.

3. 경찰의 개입 여부가 경찰의 의무적합적 재량에 달려 있음에도 불구하고, 경찰개입청구권이 인정될 수 있을까?

(1) 무하자재량행사청구권

경찰편의주의가 지배하는 결과 경찰권 발동의 전제조건(공공의 안녕 또는 질서에 대한 위험)이 존재하는 경우에도 경찰의 개입의무는 원칙적으로 인정되지 아니하며, 경찰의 개입여부는 그의 의무적합적 재량에 달려 있다. 따라서 원칙적으로 관련된 개인은 경찰권을 발동해 줄 것을 청구할 권리(경찰개입청구권)를 갖지는 못하며, 단지 형식적(formell) 권리로서의 무하자재량행사청구권만을 갖는다(무하자재량행사청구권 및 경찰개입청구권에 관하여 자세한 것은 서정범/박상희, 65쪽 아래 참조).

(2) 재량권의 영으로의 수축

그러나 경찰이 개입할지 여부 또는 개입한다면 어떠한 조치를 취할 것인지에 관한 결정을 함에 있어 경찰의 재량이 결코 무제한적인 것은 아니다. 즉, 다른 결정을 행할 사실상의 전제조건이나 법적 근거가 전혀 존재하지 않는 경우라면 단지 하나의 결정만이 의무적합적 재량행사의 요구를 충족시키는 적법한 것으로 간주되고, 다른 모든 결정은 위법한 것이 된다. 이러한 경우를 '재량권의 영으로의 수축(Ermessensschrumpfung auf Null)'이라고 한다.

(3) 경찰개입청구권

재량권이 영으로 수축된 결과 경찰이 개입하는 것만이 단지 유일한 허용되는 재량결정인 경우에는 경찰의 개입의무가 인정되는바, 이러한 경우에는 경찰개입청구권이 인정될 수 있다. "노숙의 상태를 제거하기 위한 행정청의 개입에 관한 결정에 있어서 만약 경찰의 재량이 임박한 위험의 범위와 강도로 인하여 영으로 축소되어 경찰의 개입의무가 인정된다면 개인의 무하자재량행사청구권은 경찰개입청구권으로 전환된다"라는 판례(VGH Kassel, NJW 1984, 2305 ff.)는 이러한 사정을 잘 반영하고 있다.

4. 미국에서 '깨어진 창이론'과 연계되어 발전된 무관용 경찰활동은 경찰활동과 관련하여 신선한 바람을 일으켰는데, 이러한 무관용 정책은 경찰행정법적 관점에서 어떤 문제를 야기할 수 있을까

참고문헌: 이기춘, "깨어진 창이론(Broken－Window－Theory)과 무관용 경찰활동(Zero－Tolerance－Policing)의 경찰법적 문제점에 관한 고찰", 토지공법연구 제34집(2006), 167쪽 아래; 장석헌, "무관용 경찰활동(Zero Tolerance Policing)에 대한 비판적 검토", 한국경찰학회보 제4권(2002), 21쪽 아래; Volkmann, "Broken Windows, Zero Tolerance und das deutsche Ordnungsrecht", NVwZ 1999, 225 ff.

(1) 깨어진 창이론

깨어진 창이론(Broken-Window-Theory)은 건물 내의 깨진 유리창 하나를 수리하지 않은 채로 방치하게 되면 다른 유리창이 깨어지게 되고 그 건물은 황폐화되어 청소년들이 약물을 복용하거나 패싸움을 하는 등 범죄의 소굴이 되며, 나아가 지역사회의 규범기준의 쇠퇴를 초래하게 되고 결국에는 건전한 지역공동체의 삶의 질을 저해한다는 것을 그 내용으로 한다.

(2) 무관용 경찰활동

경찰법상의 위해가 경미하다고 하여 그를 방치하게 되면 장래에 더 중대한 위해가 발생하게 된다는 것을 내용으로 하는 깨어진 유리창 이론은, 경찰은 공공의 안녕 질서에 대한 모든 위해에 대하여 즉각적으로 조치를 취해야 한다는 무관용 경찰활동(Zero－Tolerance－Policing)을 낳게 되었다. 그리고 이러한 무관용 경찰활동은 무질서나 경미한 범죄에 대한 경찰의 강력대응을 설명하기 위한 기제로 원용되기도 하였다.

그러나 이러한 무관용 경찰활동은 적어도 경찰행정법적 차원에서는 그대로 받아들이기 곤란한 면을 안고 있다. 즉, 경찰편의주의가 지배하는 경찰행정법 이론에 따를 때, 경찰의 활동은 경찰의 재량에 맡겨져 있다. 그런데 무관용 경찰활동은 자

칫 재량권이 영으로 수축하기 위한 전제조건이 존재하지 않음에도 불구하고, 재량이 인정되는 경찰활동을 사실상 기속행위로 전환시키는 문제점을 안고 있다(이러한 시각에 대하여는 vgl. Knemeyer/Schmidt, S. 50; Schenke, Rn. 99).

5. 근래 들어 경찰권 발동의 정도와 관련되어 많이 논의되기 시작한 과소금지의 원칙은 무엇을 뜻하는 것일까?

참고문헌: 이부하, "비례성 원칙과 과소보호원칙", 헌법학연구 제13권 제2호(2007), 275쪽 아래.

경찰의 재량행사가 위법하게 되는 유형 가운데 가장 일반적인 것은 재량이 평등의 원칙이나 비례의 원칙 등과 같은 법의 일반원칙에 위배하여 행사되는 경우이다. 이들 원칙 가운데 제5편에서 다루는 경찰권 발동의 정도에 관한 원칙으로는 과소금지(過少禁止, Untermaßverbot)의 원칙과 과잉금지(Übermaßverbot)의 원칙을 들 수 있다.

과소금지의 개념은 일반적으로 사용되고 있지는 않지만 그의 의미는 경찰의 직무가 갖는 특성에서 도출할 수 있는데, 과소금지의 원칙은 "경찰의 직무는 효과적으로 달성되어야만 하므로 만일 위험방지가 '불충분한' 경우라면 경찰의 직무를 이행하였다고 할 수 없다"는 것을 그 핵심적 내용으로 한다. 한편 과잉금지의 원칙은 Chapter 2. 비례의 원칙에서 상세하게 설명한다.

Chapter 2.
경찰비례의 원칙

§ 1. 경찰비례의 원칙의 의의

참고문헌: Grabitz, "Der Grundsatz der Verhältnismäßigkeit in der Rechtsprechung des Bundesverfassungsgerichts", AöR 98, 568 ff.; Jakobs, "Der Grundsatz der Verhältnismäßigkeit", DVBl. 1985, 97 ff.; Jaestaedt/Lepsius, *Verhältnismäßigkeit. Zur Tätigkeit eines verfassungsrechtlichen Schlüsselkonzepts*, 2015; Ossenbühl, "Der Grundsatz der Verhältnismäßigkeit", Jura 1997, 617 ff.

1. 비례의 원칙은 경찰법에서 발전되기 시작한 법원칙이라고 설명되는데, 이처럼 경찰법의 영역에서 비례의 원칙이 발달하게 된 연유는 어디에 있을까?

경찰이 공공의 안녕 또는 질서의 유지라는 그의 직무를 수행함에 있어 개인에게 명령·강제를 행하는 방식으로 개인의 권리를 침해하는 것이 필요한 경우가 있다. 여기에서 공공의 안녕 또는 질서의 유지라는 경찰의 직무와 개인의 권리보장이라는 문제를 어떻게 조화롭게 달성할 것인가의 문제가 대두된다. 한편 이 문제의 해결을 위하여서는 결국 경찰에게 개인의 권리를 침해할 권한은 인정하는 한편, 그 경우에도 경찰은 그의 직무수행을 위하여 절대적으로 필요한 것 이외에는 행하지 않을 의무를 부담한다는 것 또한 인정되어야 한다. 이것이 경찰법의 영역에서 비례의 원칙이 발달하게 된 이유이다.

2. (1) 경찰비례의 원칙은 어떻게 정의할 수 있으며, (2) 그와 구별되어야 할 개념으로는 어떤 것이 있을까?

(1) (경찰)비례의 원칙의 의의

전통적 견해에 따를 때 (경찰)비례의 원칙[71](Grundsatz der Verhältnismäßigkeit)이란 경찰행정청이 실현하고자 하는 경찰의 목적과 그 목적달성을 위한 수단 사이에는 합리적인 비례관계가 유지되어야 한다는 것을 말하는바, 이를 과잉금지의 원칙(Grundsatz der Übermaßverbot)이라고도 한다.

다만 비례의 원칙을 이처럼 목적과 수단의 관계로 파악하는 전통적 견해에 대하여는 그러한 방식으로는 비례의 원칙을 분명하게 규정하기 곤란하다는 비판이 가해지기도 한다. 한편, 이러한 비판론자들은 비례의 원칙은 '문제가 되는 특정한 행위에 의하여 침해되는 모든 법익과 그에 의하여 증진되는 모든 법익과의 비교'라고 이해하여야 한다는 점을 강조하고 있다(Jakobs, a.a.O., 98)

(2) 비례의 원칙과 구분되어야 할 개념

비례의 원칙의 개념적 틀은 그와 유사한 의미를 가진 다른 원칙과의 구분을 통해 분명해질 수 있는바, 비례의 원칙과 구분하여야 원칙 중 특히 주목할 만한 것은 다음의 두 가지 원칙이다.

가) 보충성의 원칙: 경찰법에 있어서 보충성의 원칙(Subsidiaritätsprinzip)이라고 하면 주로 사법(私法)상의 권리와 이익의 보호는 원칙적으로 법원과 그의 집행기관에 맡겨져 있으며, 예외적으로 경찰의 개입이 없이는 그 권리의 실현이 불가능하거나 현저하게 곤란한 경우에만 경찰에게 사법상의 권리와 이익을 보호할 권한이 있다는 것을 의미한다. 이러한 보충성의 원칙은 권한분배에 관한 규율, 즉 누가 직무를 수행할 수 있는가를 내용으로 하는 원칙이다. 이에 반하여 비례의 원칙은 권한행사에 관한 규율, 즉 어떻게 활동할 것인가를 내용으로 하는 원칙으로, 이러한 점에서 보충성의 원칙과는 그 성질을 달리 한다.

나) 수인가능성의 원칙: 수인가능성의 원칙(Zumutbarkeitsgrundsatz)은 구체적인 개별적 상황에 근거하여 개인의 희생의 한계를 확정하는 기능을 갖는바, 이러한 점

---

71) (경찰)비례의 원칙은 이하에서는 비례의 원칙이라고 한다.

에서 수인가능성의 원칙은 비례의 원칙과 상당히 유사한 면이 있다. 이런 까닭에 종래의 학설과 판례들은 수인가능성의 원칙을 비례의 원칙과 동일시하거나, 적어도 양자가 관련이 있다는 것을 인정하여 왔다(BGH, JZ 1974, 291 ff.; BVerwGE 38, 68 ff.)

그러나 양자를 완전히 동일시하는 것은 타당하지 않다고 생각한다. 왜냐하면 비례의 원칙을 준수하는 것이 언제나 수인가능성의 원칙을 충족시키는 결과를 가져오지는 않기 때문이다. 즉, 보다 고차원의 법익의 증진을 가져오는 침해는 비록 그것이 중대하다고 하더라도 비례의 원칙에는 합치하지만, 더 이상 수인가능한 것은 아니기 때문이다(Jakobs, a.a.O., 100).

§ 2. 비례의 원칙의 지위 등

1. 우리나라에서도 비례의 원칙을 헌법적 차원의 지위를 갖는 법원칙이라고 할 수 있을까?

비례의 원칙은 법치국가의 원리와 기본권 자체의 본질로부터 파생된 것으로 법치국가의 원리를 채택하고 있는 나라에서는 헌법차원의 법원칙으로서의 성질과 효력을 갖는다. 물론 우리나라의 헌법에는 독일 기본법과 같이 법치국가의 원리를 명시하고 있는 규정은 없다. 그러나 법치국가의 원리가 우리 헌법의 기본원리를 이룬다는 것은 명백하므로, 우리나라에서도 헌법적 차원의 법원칙으로의 비례의 원칙의 존재는 승인될 필요가 있다[동지: 김남진/김연태(Ⅰ), 52쪽].

2. 비례의 원칙의 적용영역과 관련하여 주목할 것으로는 어떤 것이 있을까?

(1) 비례의 원칙은 주로 경찰법에서 발전하였지만 오늘날에는 행정의 모든 영역에서, 그리고 나아가서 입법 활동 자체에도 적용되는 것으로 이해되고 있다. 그러나 경찰작용과 관련하여 경찰권이 발동될 경우 및 정도에 관한 법률 규정이 명확하지 않은 경우가 많은 점을 고려할 때, 비례의 원칙의 적용은 여전히 경찰작용과

관련하여 특히 중요한 의미를 갖는다.

(2) 비례의 원칙은 개괄적 수권조항에 근거하여 경찰권을 발동하는 경우는 물론 개별적 수권조항에 근거하여 경찰권을 발동하는 경우에도 적용된다. 이 점에서 개괄적 수권조항의 존재를 전제로 한 법원칙인 경찰공공의 원칙[72]이나 경찰책임의 원칙과 구별된다.

3. 우리나라에서 비례의 원칙의 실정법적 근거로 볼 수 있는 규정은 어떤 것이 있을까?

(1) 우리나라의 경우 비례의 원칙의 내용을 모두 포함하여 명문으로 인정하고 있는 법률은 존재하지 않았으며, 단지 비례의 원칙의 내용을 단편적으로 규정한 것으로 볼 수 있는 규정을 가진 법률들이 있었을 뿐이다. 그리고 그러한 규정의 대표적 예로는 "이 법에 규정된 경찰관의 직권은 그 직무수행에 필요한 최소한도에서 행사되어야 하며 남용되어서는 아니 된다"라고 규정하고 있는 「경찰관 직무집행법」 제1조 제2항이 들어져 왔다. 한편 학설상으로는 "국민의 모든 권리와 자유는 … 필요한 경우에 한하여 법률로써 제한할 수 있으며…"라고 규정하고 있는 「헌법」 제37조 제2항 역시 비례의 원칙의 근거조항으로 볼 수 있다는 해석이 행해지고 있었다.

(2) 그러나 2021년 3월에 시행된 「행정기본법」 제10조는 비례의 원칙이란 제하에 동 원칙의 내용을 이루는 적합성의 원칙, 필요성의 원칙, 상당성의 원칙을 모두 명문으로 규정하고 있다.

---

72) 우리나라의 경찰법 문헌에서 경찰권 발동의 조리상의 한계에 관한 원칙의 하나로 설명되고 있는 경찰공공의 원칙은 "경찰권은 '사회공공'의 안녕 · 질서를 유지하기 위해서만 발동될 수 있으므로 사회공공의 안녕질서와 직접적 관련이 없는 생활관계에 대해서는 경찰권이 관여할 수 없다"는 것을 의미한다. 한편 경찰공공의 원칙은 다시 ① 사생활 불가침의 원칙, ② 사주소 불가침의 원칙, ③ 민사관계 불간섭의 원칙으로 나누어 설명되고 있다.

참고 「행정기본법」 제10조(비례의 원칙): 행정작용은 다음 각 호의 원칙에 따라야 한다.

1. 행정목적을 달성하는 데 유효하고 적절할 것
2. 행정목적을 달성하는 데 필요한 최소한도에 그칠 것
3. 행정작용으로 인한 국민의 이익 침해가 그 행정작용이 의도하는 공익보다 크지 아니할 것

§ 3. 비례의 원칙의 내용

1. 비례의 원칙의 구체적 내용은 어떠한 요소들로 이루어져 있을까?

비례의 원칙은 공공의 안녕 또는 질서에 대한 위험의 방지를 목적으로 하는 경찰조치에 대한 가장 중요한 법적 한계를 이루고 있다. 한편 비례의 원칙을 광의로 이해하게 되면, 그것은 경찰에 의한 모든 조치에 적용되는 다음과 같은 3가지의 요소를 그 내용으로 하고 있다. 즉,

(1) 적합성의 원칙(Grundsatz der Geeignetheit)

(2) 필요성의 원칙(Grundsatz der Erforderlichkeit, 최소침해의 원칙)

(3) 상당성의 원칙(Grundsatz der Angemessenheit, 협의의 비례의 원칙)

한편 비례의 원칙은 오늘날 경우에 따라서 광의로 또는 협의로 사용되고 있는데, 이하에서 비례의 원칙이라고 하면 – 특별히 '협의의' 비례의 원칙이라고 하지 않는 한 – 광의의 그것을 뜻하는 것으로 사용하기로 하겠다.

2. 적합성의 원칙은 어떠한 것을 내용으로 하는 것일까?

(1) 적합성의 원칙의 의의

적합성의 원칙이란 경찰이 사용하는 수단은 공공의 안녕 또는 질서에 대한 위

험을 방지하기에 적합하여야만 한다는 것을 말하는바, 행정작용은 행정목적을 달성하는 데 유효하고 적절할 것을 요구하는「행정기본법」제10조 제1호는 이러한 적합성의 원칙을 규정한 것으로 볼 수 있다. 이 경우 경찰이 사용하는 수단이 공공의 안녕 또는 질서에 대한 위험을 완전히 방지할 가능성이 있을 것까지 요구되지는 않으며, 위험을 감소시킬 수 있는 것으로 충분하다. 또한 경찰이 취하는 조치 하나만으로 목적을 달성할 수 있는 것이 아니고 다른 조치와 합쳐져서만 목적을 달성할 수 있는 경우에도 동 원칙은 충족되는 것으로 보아야 한다.

(2) 부적합함이 판명된 경우의 처리

이미 취해진 경찰의 조치가 부적합함이 판명된 경우에는 경찰은 동 조치를 취소하여야만 하며, 이미 취해진 조치의 원상회복에 노력하여야 한다. 그리고 완전한 원상회복이 이루어질 수 없는 경우에는 최소한 이미 취해진 조치로 발생한 결과를 완화시키도록 힘써야 한다.

3. 적합성의 원칙에 위반되어 허용될 수 없는 조치로는 어떤 것이 있을까?

경찰의 어떤 조치가 적합성의 원칙을 준수하였는지의 여부는 구체적인 경우에 있어서의 사실 상태에 따라서 결정되는바, 적합성의 원칙에 위반되어 허용될 수 없는 조치의 유형은 다음과 같다.

(1) 경찰의 직무수행에 적합하지 않거나 무용(無用)한 조치

예컨대 홍수로 물이 불어나고 유속(流速) 또한 빨라진 경우에 나룻배의 사공에게 단지 한 사람씩만 태우고 다니라는 부담을 내용으로 하는 경찰의 조치는 적합하지 못하다. 왜냐하면 위와 같은 경우 나룻배의 운행으로부터 발생하는 위험은 단지 한 사람씩만 그를 이용하게 함으로써는 방지될 수 없고, 운행을 금지시킴으로써만 방지할 수 있기 때문이다. 또한 금지처분이 그것에 따를 필요가 없는 자에게 발하여진 경우 역시 적합한 조치라고 볼 수 없다.

(2) 사실적으로 또는 법적으로 불가능한 조치

가) 이미 멸실된 물건의 인도를 요구하는 것과 같이 사실적으로 불가능한 조치

는 적합한 조치로 볼 수 없다.

나) 법적으로 불가능한 것도 사실적으로 불가능한 것과 동일하게 다루어져야 한다. 따라서 경찰처분이 그의 수범자가 부과된 의무를 수행하는 과정에서 타인의 권리를 침해하게 되는 것을 내용으로 하거나, 수범자가 사법적(私法的)으로 그를 이행할 수 없는 명령(예컨대 임차인에 발하여진 건물의 철거명령)을 내용으로 하는 것이라면 그 조치는 적합하다고 볼 수 없다.

4. (1) 필요성의 원칙은 어떠한 것을 내용으로 하며,
(2) 필요성은 어느 시점을 기준으로 판단하여야 할까?

(1) 필요성의 원칙의 의의

필요성의 원칙이란 경찰의 조치는 설정된 목적을 위해 필요한 것 이상으로 행해져서는 안 된다는 것, 즉 공공의 안녕 또는 질서의 유지라는 경찰목적을 달성할 수 있고 또한 그 목적달성에 적합한 다수의 조치가 있는 경우에는 경찰은 그중에서 공중과 경찰권 발동의 대상이 되는 자에게 가장 적은 피해를 줄 것이라고 예견되는 조치를 선택하여야만 한다는 것을 말한다. 이런 의미에서 필요성의 원칙을 최소침해의 원칙(Grundsatz des geringsten Eingriffs)이라고도 한다. 행정작용은 행정목적을 달성하는 데 필요한 최소한도에 그칠 것을 요구하는 「행정기본법」 제10조 제2호는 이러한 필요성의 원칙을 규정한 것으로 볼 수 있다.

한편 이 경우 최소침해의 원칙을 충족시켰는지의 여부는 조치의 방법, 기간의 계속(Dauer) 및 대상의 관점에서 파악되어야 한다. 따라서 붕괴의 위험이 있는 건물에 대하여 개수명령으로도 목적을 달성할 있음에도 불구하고 철거명령을 발하거나, 또는 소방도로의 입구에 위법하게 주차되어 있는 자동차를 그로부터 20여 미터 떨어진 주차장에 주차시킬 수 있음에도 불구하고 경찰이 그를 차량보관소로 견인해 가는 것 등은 필요성의 원칙에 위반하는 것이 된다.

(2) 필요성의 판단시점

경찰이 행하는 조치의 필요성은 위험방지의 시점, 즉 조치가 행해지는 시점의 사실상태와 인식상태에 따라서 결정되어야 한다. 이 경우 경찰이 취한 조치가 필요성의 원칙을 준수하였는지의 여부는 경찰의 재량의 문제가 아니라 법적 문제이다.

따라서 어떤 조치가 필요한지에 대한 경찰의 결정은 법원의 무제한적인 심사의 대상이 된다.

5. 필요성의 원칙에서 파생되는 법원리로서 당연한 법원리라고 이해되는 '대체수단의 제공의 법리'는 어떤 것을 그 내용으로 하는 것일까?

(1) 대체수단의 제공의 법리의 내용

필요성의 원칙에서 파생되는 당연한 법원리로 경찰책임자 등에 의한 '대체수단의 제공(Angebot des Austauschmittels)'이 인정되어 있는데, 이는 경찰책임자는 경찰에 의하여 자신에게 부과된 위험방지를 위한 수단 대신에 다른 수단을 사용하여 줄 것을 청구할 수 있다는 것을 내용으로 한다. 물론 이러한 대체수단의 제공이 인정되기 위하여서는 그것이 원래 경찰이 의도하였던 결과를 얻기에 적합하고, 공중에게 더 많은 부담을 과하지 않아야 한다. 이처럼 신청된 수단이 명령된 것만큼이나 효과적이고, 또한 그것이 명령된 것보다 공중에게 많은 부담을 과하지 않는다면 그것은 허가되어야 한다. 따라서 제공된 효과적인 대체수단의 거절은 경찰처분을 위법하게 만들 수도 있다(Drews/Wacke/Vogel/Martens, S. 428; Schenke, Rn. 336).

한편 경찰상 조치의 수범자는 경찰이 비례의 원칙에 반한다고 생각하여 요구하지 않은, 즉 객관적으로 보아 수범자에게 원안(경찰이 명한 조치)보다 더 강도의 부담을 과하는 수단을 제공할 수도 있는바, 이 경우에도 수범자의 의사가 존중되어야 한다고 새겨지고 있다(Götz/Geis, § 11 Rn. 28; Schenke, Rn. 336). 예컨대 가옥의 소유권자는 경찰의 개수명령(改修命令) 대신에 붕괴의 위험이 있는 건물을 개수에 소요되는 비용보다 많은 비용을 들여 재축할 것을 신청할 수 있다.

(2) 대체수단의 제공시점

신청은 처분의 시행을 위하여 수범자 등에게 허여된 기일 내에서만 가능하다. 그와 같은 기일이 정하여지지 않은 경우에는 처분이 불가쟁력(不可爭力)을 발생하기 전까지, 즉 당해 처분에 대하여 행정쟁송을 제기할 수 있을 때까지만 그와 같은 신청이 가능하다[동지: 김남진/김연태(I), 52쪽].

6. 상당성의 원칙이란 무엇을 말하는 것일까?

(1) 의 의

상당성의 원칙이란 어떤 조치가 설정된 경찰목적의 실현에 적합하고 필요한 경우라고 하더라도 그 조치를 취함에 따른 불이익이 그것에 의해 초래되는 이익보다 큰 경우에는 그 조치를 취해서는 안 된다는 것을 말하는바, 이를 협의의 비례의 원칙(Grundsatz der Verhältnismäßigkeit i.e.S.)이라고도 한다. 행정작용은 행정작용으로 인한 국민의 이익 침해가 그 행정작용이 의도하는 공익보다 크지 아니할 것을 요구하는「행정기본법」제10조 제3호는 이러한 필요성의 원칙을 규정한 것으로 볼 수 있다. "경찰은 대포로 참새를 쏘아서는 안 된다. 그것이 비록 유일한 수단일지라도"라는 법언으로 대변되는 이 원칙은 경찰은 그의 직무인 공공의 안녕 또는 질서에 대한 위험의 방지를 필요한 모든 수단에 의해, 즉 어떤 희생을 치르더라도 행해야 되는 것은 아니라는 것을 의미한다(Götz/Geis, § 11 Rn. 29).

(2) 이익형량

상당성의 원칙에 따를 때 경찰은 위험방지를 위한 조치를 취하기에 앞서 제 이익 간의 형량을 하여야 할 의무를 부담한다. 이 경우 이익형량을 함에 있어서는, 그때그때에 위협을 받는 보호법익의 가치(효과)와 경찰의 개입으로 인하여 경찰책임자 또는 공중에게 발생할 것이 예견되는 손해(불이익)의 중요도 및 손해발생의 개연성의 정도가 고려되어야만 한다.

형량의 결과 그때그때 위협을 받는 보호법익보다 더 고차원의 불이익이 존재하는 경우에는 경찰의 개입이 부적당한 것으로 간주될 수도 있다. 그러나 그 불이익이 경찰이 의도한 결과보다 아주 미미하게(geringfügig) 크다고 평가될 때에는 상당성의 원칙에 위반하는 것이 아니다. 즉, 효과와 불이익이 비례하지 않는 것이 현저할 때에만 상당성의 원칙에 대한 침해가 존재하는 것이다. 예컨대, 공장에 그 공장자체의 가격을 넘어서는 방화시설의 설치를 요구하는 것은 상당성의 원칙에 반하는 것이다. 그러나 공장의 화재로 인하여 사람의 생명도 위협을 받을 염려가 있다면 방화시설의 설치를 명하는 처분은 상당성의 원칙에 반하지 않는다.

7. 비례의 원칙의 요소를 이루고 있는 적합성의 원칙, 필요성의 원칙 그리고 상당성의 원칙은 어떤 관계에 있을까?

비례의 원칙의 요소를 이루고 있는 적합성의 원칙, 필요성의 원칙 그리고 상당성의 원칙은 이른바 단계구조를 이루고 있다. 이는 행정은 다수의 적합한 수단 중에서 필요한 수단을, 필요한 수단 중에서도 상당성 있는 수단을 선택해야 한다는 것을 의미한다.

제 6 편

경찰작용법

제6편

개 관

제6편 「경찰작용법」은 경찰이 그의 책무인 공공의 안녕 또는 질서에 대한 위험방지를 위하여 사용하는 수단에 대해 알아보는 것을 주된 내용으로 하는바, 경찰이 그의 책무를 수행함에 있어서 전통적으로 사용하여 왔던 여러 수단 중 가장 중요한 2가지 수단은 '경찰상의 행정행위'와 '경찰명령'이다. 그런데 '경찰상의 행정행위'와 '경찰명령'은 그의 요건, 효과, 쟁송방식 등에 현저한 차이가 있기는 하지만, 양자는 모두 '규율'로서의 성격을 갖는 등 공통성을 갖고 있으며, 이로 인하여 양자의 구별이 쉽지 않다. 이에 Chapter 1. 「경찰상의 행정행위와 경찰명령」에서는 경찰상의 행정행위와 경찰명령의 구분실익, 구분기준 등에 관하여 고찰한 후, 그러한 구분기준에 관한 논의를 독일에서 있었던 실제 사례를 중심으로 적용시켜 보는 연습을 해 보기로 한다. 한편 이러한 연습은 2020년에 전 세계를 강타한 코로나 사태와 관련하여 경찰이 출입제한이나 집회의 금지 등을 내용으로 하는 규율을 발함에 있어 어떠한 형식을 취하여야 하는지의 문제를 고찰함에 있어 많은 도움이 될 수 있을 것이다.

다음으로 Chapter 2. 「경찰상의 행정행위」에서는 경찰의 여러 행위형식 가운데 가장 중요한 행위형식인 경찰상의 행정행위에 관하여 탐구해 보고자 한다. 다만 경찰상의 '행정행위'라고는 하지만 행정법총론에서 행정행위의 종류로 열거되는 모든 행정행위를 Chapter 2.에서 다루지는 않으며, 그 가운데 실제로 경찰이 가장 많이 사용하는 경찰처분(행정행위 형식에 의한 경찰하명)과 경찰허가 및 경찰면제를 중심으로 고찰을 행한다. 한편 경찰면제는 해제되는 의무의 종류만 다를 뿐 의무의 해제라는 점에서는 경찰허가와 기본적 성질을 같이 하며, 따라서 경찰허가에 관한 설명은 경찰면제에도 그대로 타당하다. 결국 경찰상의 행정행위 가운데 경찰처분과 경찰허가가 Chapter 2.의 핵심내용을 이룬다.

이어서 Chapter 3. 「경찰명령」에서는 경찰의 행위형식 가운데 두 번째로 중요하다는 평가를 받는 경찰명령, 즉 경찰목적을 위하여 발해지는 법규명령에 관하여 고찰을 행한다. 이 부분에 대한 서술에 있어서는 행정법총론에서 논해지는 법규명령에 관한 일반적 논의를 바탕으로, 그 가운데 경찰명령과 관련하여 의미 있는 부분에 중점을 두어 서술하는 방식을 택하기로 한다.

마지막으로 Chapter 4.「경찰의 그 밖의 행위형식」에서는 경찰상의 행정행위와 경찰명령 이외에 경찰이 그의 책무를 수행하기 위하여 사용하는 행위형식에 관하여 간단히 언급해 두기로 한다. 오늘날의 세계는 급변하고 있으며, 그로 인하여 치안환경 또한 급속히 변화와 발전을 거듭하고 있다. 이로 인하여 경찰의 행위형식 또한 실로 다양해지고 있는 것이 사실이다. 다만 이들 새로운 행위형식에 관하여 자세히 언급하는 것은 행정법총론의 과제로 생각되어 본서에서는 그러한 내용에 관한 상세한 서술은 생략하기로 한다.

Chapter 1.
경찰상의 행정행위와 경찰명령

§ 1. 개 관

1. 경찰은 공공의 안녕 또는 질서에 대한 위해의 방지 및 제거를 그의 책무로 하고 있는바, 이러한 책무를 수행하기 위하여 경찰행정청이 취할 수 있는 중요한 수단으로는 어떤 것이 있을까?

공공의 안녕 또는 질서에 대한 위해의 방지 및 제거를 위하여 경찰행정청이 취할 수 있는 수단은 실로 다양하며, 또한 끊임없이 새로운 수단들이 등장하고 있다. 이러한 사정을 저자는 "경찰의 행위형식에 정원(定員)이란 있을 수 없다"라고 표현하고 있다. 그러나 이처럼 다양한 행위형식이 존재하지만 경찰이 경찰상의 목적을 달성하기 위하여 사용하는 행위형식 중 가장 중요한 수단을 꼽으라고 한다면, 그것은 '경찰상의 행정행위(Der polizeiliche Verwaltungsakt)'라고 할 수 있다. 한편 그러한 경찰의 책무는 경찰명령(Polizeiverordnung)을 통해서도 달성될 수 있는바, 이러한 경찰명령에 대해서는 경찰행정청이 행하는 활동 가운데 두 번째로 중요한 형식이라는 평가가 행해지고 있다(Drews/Wacke/Vogel/Martens, S. 357).

2. (1) 경찰상의 행정행위란 무엇을 의미하며,
(2) 경찰상의 행정행위의 종류에는 어떤 것이 있을까?

(1) 의 의

경찰상의 행정행위란 공공의 안녕 또는 질서의 유지라는 경찰목적을 위하여 경찰행정청이 발하는 행정행위를 말한다. 본서에서 사용하는 경찰상의 행정행위를

'경찰처분'이라고 부르는 경우도 있지만(정하중, 1133쪽), 본서에서는 이러한 용어례는 받아들이지 않기로 하겠다. 왜냐하면 경찰처분(警察處分, Polizeiverfügung)이란 용어를 탄생시킨 독일의 경우 경찰처분은 '행정행위의 형식에 의한 경찰하명'을 의미하는 것으로 이해되고 있으며, 저자 역시 그러한 독일에서의 용어례와 마찬가지로 경찰처분을 행정행위의 형식에 의한 경찰하명을 의미하는 것으로 이해하고 있기 때문이다. 한편 우리나라에서도 근래 들어 저자와 같은 입장을 취하는 견해가 점차 유력해지고 있는 것으로 보인다[이러한 입장에 따르고 있는 대표적 견해로는 김남진/김연태(II), 339쪽].

(2) 종 류

경찰상의 행정행위는 그 용어에서 보듯이 '행정행위'이다. 따라서 경찰상의 행정행위의 종류는 행정행위에 관한 일반론을 참고하면 될 것이다(행정행위의 종류 일반에 관하여 자세한 것은 서정범/박상희, 135쪽 아래 참조). 다만 경찰이 주로 사용하는 경찰상의 행정행위로서 특히 주목을 요하는 것으로는 경찰처분, 경찰허가(및 예외적 승인), 그리고 경찰면제가 있다.

3. (1) 경찰명령이란 무엇을 말하며, (2) 경찰명령이 수행하는 기능으로는 어떤 것을 들 수 있을까?

(1) 경찰명령의 의의

경찰행정청은 공공의 안녕 또는 질서에 대한 위험방지를 위하여 법규명령을 발할 수 있는바, 이러한 경찰상의 법규명령을 경찰명령(警察命令, Polizeiverordnung)이라고 한다. 이처럼 경찰명령은 '법규명령'의 성질을 갖는 것만을 의미하므로 (경찰행정청이 공공의 안녕 또는 질서에 대한 위험방지를 위하여 발하지만) 원칙적으로 법규의 성질을 갖지 않는 행정규칙인 경찰규칙(警察規則)은 여기서의 경찰명령에 포함되지 않는다.

(2) 경찰명령의 기능

경찰명령은 종래 공공의 안녕 또는 질서에 대한 위험방지를 위하여 시간적·공간적으로 탄력적인 법을 정립할 가능성을 경찰행정청에 부여해 주는 기능을 갖는다는 점에서 중요한 의의를 가졌었다.

다만 경찰명령이 갖는 이러한 기능은 오늘날 점차 반감되어 가고 있는데, 그 이유는 무엇보다도 종래 경찰명령으로 규율되던 사항들을 이제는 법률 스스로 규율하고 있는 경우가 많다는 것에서 찾을 수 있다. 그러나 그럼에도 불구하고 일부영역에서는 여전히 경찰명령이 발급될 여지가 남아 있다.

§ 2. 경찰상의 행정행위와 경찰명령의 구분

기본사례 1: 화력발전소의 냉각탑에서 나오는 수증기로 인하여 화력발전소 주변의 도로가 일정한 기온 아래에서 결빙될 가능성이 존재한다. 이에 경찰행정청은 전적으로 냉각탑에서 나오는 수증기로 인하여(즉, 자연적인 기상의 영향에 관계없이) 결빙이 되는 날에는 그로 인하여 야기되는 경찰위반의 상태를 제거할 의무를 화력발전소의 경영주에게 부과하였다(Vgl. OVG Münster, OVGE 16, 289 ff.).

기본사례 2: 유행성 감염병인 장티푸스가 발생하여 행정당국이 조사해 본 결과 꽃상추 샐러드(Endivien-Salat)가 감염병원일 개연성이 높다는 것이 밝혀졌다. 이에 경찰행정청은 라디오와 TV를 통한 공표를 통하여 꽃상추 샐러드의 판매를 금지하였다(Vgl. BVerwGE 12, 87 ff.).

1. 경찰상의 행정행위(특히 일반처분)와 경찰명령을 구분하는 실익은 어디에서 찾을 수 있을까?

경찰상의 행정행위와 경찰명령을 구분하는 이유는 이들 양자는 성립요건·효력요건이나, 취하여야 할 형식, 위법성의 효과 및 권리구제의 방식 등과 관련하여 이하에서 보듯이 확연히 성질을 달리하기 때문이다.

(1) 성립요건·효력요건

경찰상의 행정행위와 경찰명령은 그것이 성립하여 효력을 발생하기 위한 요건, 즉 그의 성립요건이나 효력요건 면에서 차이가 있다. 즉,

가) 법규명령의 형식을 취하는 경찰명령은 성립에 있어 반드시 조문의 형식에 의할 것이 요구되며, 효력을 발생하기 위하여서는 공포될 것이 요구된다.

나) 경찰상의 행정행위는 문서에 의하는 것이 원칙이기는 하지만 신속을 요하는 경우 등에는 예외적으로 구술 기타의 방법으로도 행할 수 있으며(「행정절차법」 제24조 참조), 그 효력발생을 위하여 특별히 공포와 같은 절차가 요구되지는 않는다.

(2) 효 력

가) 경찰명령은 법규명령이므로 그를 구체화하는 행정행위를 통해서 개인에 대해 구체적인 법적 효과를 발생함이 원칙이며, 경찰명령의 실효성은 경찰벌을 통해 확보하는 것이 보통이다. 즉, 경찰명령을 직접적으로 강제하는 것은 허용되지 않는다[김남진/김연태(II), 338쪽].

나) 경찰상의 행정행위, 특히 경찰처분에 포함되어 있는 의무가 이행되지 않는 경우에는 경찰행정청은 강제집행에 의하여 그의 실현을 강제할 수 있다.

(3) 하자(위법성)의 효과

가) 경찰명령이 그의 성립요건 내지 효력요건을 결하고 있을 때 경찰명령에 하자가 있다고 한다. 한편 하자 있는 경찰명령의 효력에 관하여는 예전에는 경찰명령의 하자가 중대하고 명백한 경우에만 무효(그런 정도에 이르지 않으면 취소)로 보는 견해도 있었으나, 오늘날에는 경찰명령에 하자가 있는 경우에는 언제나 무효라고 보는 견해[김남진/김연태(II), 338쪽; 서정범/박상희, 108쪽]가 지배적이다. 판례 또한 후자의 입장에 따르고 있는 것으로 보인다(대판 1988. 5. 24, 88누1703; 대판 1979. 2. 27, 77누86 등).

생각건대 우리나라의 경우 경찰명령에 대하여는 취소소송이 원칙적으로 인정되지 않는 점을 고려할 때 경찰명령의 경우에는 유효와 무효의 중간단계인 '취소할 수 있는 법규명령'이란 존재하지 않으며, 따라서 하자 있는 법규명령은 언제나 무효라고 보아야 할 것이다.

나) 경찰상의 행정행위에 하자가 있을 때에는 그 하자가 중대하고 명백할 때에는 무효, 그 정도에 이르지 아니하면 취소할 수 있는 것이 된다. 이 점에 관한 한 사실상 학설이 일치되어 있는 것으로 보인다.

(4) 권리구제의 방식

가) 법규명령에 대한 사법적 통제와 관련하여 우리 헌법은 "명령·규칙이 헌법이나 법률에 위반되는 여부가 재판의 전제가 된 경우에는 대법원은 이를 최종적으로 심사할 권한을 가진다"(제107조 제2항)고 하여 구체적 규범통제제도를 취하고 있으며, 「행정소송법」은 취소소송의 대상을 처분 등에 한정하고 있다(제19조). 따라서 우리나라의 경우 경찰명령의 위법여부가 구체적으로 재판의 전제가 되는 경우에 한하여 간접적으로 그 위법여부에 대한 심사가 허용될 뿐, 직접 경찰명령의 효력을 취소소송을 통하여 다투는 것은 허용되지 않는다.

나) 경찰상의 행정행위에 하자가 있는 경우라면 직접 경찰상의 행정행위의 효력을 취소소송 등의 방식을 통하여 다투는 것이 허용된다.

2. 경찰상의 행정행위(특히 일반처분)와 경찰명령의 구분을 어렵게 만드는 원인은 어디에서 찾을 수 있을까?

경찰상의 행정행위(특히 일반처분)와 경찰명령의 구분은 경찰행정법학에 있어 오래전부터 다루어져 왔던 테마였다. 그러나 아직까지도 양자의 구분에 관한 명확한 해결책은 제시되어 있지 못한 실정인데, 이처럼 양자의 구분을 어렵게 만드는 원인은 다음과 같다. 즉,

(1) 경찰상의 행정행위(특히 일반처분)와 경찰명령의 공통성

경찰상의 행정행위와 경찰명령은 양자 모두 경찰행정청에 의하여 발해지고, 또한 외부효(外部效)를 가지는 규율(規律, 여기서의 규율에 관해 자세한 것은 서정범/박상희, 130쪽)을 내용으로 한다는 점에서 공통의 성질을 갖는다. 이러한 양자 간의 공통성이 양자의 구분을 어렵게 만들 것이라는 것은 쉽게 예견할 수 있다.

(2) 새로운 행위형식의 등장

종래 경찰상의 행정행위는 개개 사안에 대한 규율의 성격을 가지며, 이 점에서 일반적 규율의 성질을 갖는 경찰명령과 구분된다고 설명되어 왔다. 그러나 오늘날에는 경찰상의 행정행위와 경찰명령을 이러한 기준에 따라 구분하는 것이 점점 어려워지고 있는바, 이는 전통적인 양자의 구분(기준)에 정확히 들어맞지 않는 다양한

법적 행위들이 등장하고 있기 때문이다.

3. 그렇다면 경찰상의 행정행위와 경찰명령은 무엇을 기준으로 구분하여야 할까?

경찰상의 행정행위와 경찰명령의 구분이 어렵다고는 하지만 (전술한 바와 같이) 양자를 구분할 실익은 엄존한다. 이러한 점을 고려할 때 양자의 구분을 포기할 수는 없다. 따라서 논의의 중심은 결국 과연 무엇을 기준으로 하여 경찰상의 행정행위와 경찰명령을 구분할 것인가의 문제, 즉 양자의 구분기준에 놓여지게 된다.

한편 경찰상의 행정행위와 경찰명령을 구분함에 있어서는 종래 경찰상의 행정행위와 대비되는 개념인 경찰명령의 개념적 요소에 착안하여 설명하는 것이 일반적 경향이었다. 그리고 그에 따르면 경찰명령이 존재한다고 하기 위하여서는 다음의 두 가지 요소가 필요하다. 즉,

① 먼저 규율대상이 불특정 다수의 경우이어야 하며(추상적 규율),

② 다음으로 규율의 상대방이 불특정 다수인이어야 한다(일반적 규율).

4. 경찰명령의 개념적 요소인 '추상적 규율'은 무엇을 의미하는 것이며, 또한 그에 대비되는 개념인 '구체적 규율'은 무엇을 의미하는 것일까?

(1) 추상적 규율과 구체적 규율의 의의

경찰명령은 추상적 규율(abstrakte Regelung), 즉 불특정 다수의 경우에 반복하여 적용되는 것을 그 개념적 요소로 한다. 그리고 바로 이 점에서 구체적 규율(konkrete Regelung), 즉 시간적·공간적으로 특정한 사안에 적용되는 것을 개념적 요소로 하는 경찰상의 행정행위와 구분된다.

한편 구체적 규율의 존재를 판단함에 있어서는 관계인의 범위가 처음부터 특정되었는지의 여부는 기준이 되지 못한다(Schenke, Rn. 617). 따라서 예컨대 특정한 날, 특정한 장소에서의 집회금지는 이에 관련된 사람의 수가 처음부터 특정되었는지의 여부와 상관없이(따라서 불특정 다수인에 대한 것일지라도) 언제나 구체적 경우를 규율하는 것으로 평가되어야 한다. 이에 반하여 모든 집회를 전반적으로 금지시키고 있

다면 그에 의하여 규율되는 사실관계는 원래 시간적으로도 공간적으로도 구체화될 수 없기 때문에 불특정 다수의 경우를 규율하는 규범, 즉 경찰명령이 존재하는 것이다.

(2) 추상적 규율과 구체적 규율의 구분

추상적 규율과 구체적 규율의 구분에 있어서는 전적으로 그것이 구체적 경우에 국한되어 적용된다는 것이 어느 정도까지 규율 속에 포함되어 있는지가 기준이 된다. 다만 특정한 상황하에서 어떠한 규율이 구체적인 경우를 규율하고 있는지 여부를 판단하는 것은 상당히 어렵다. 왜냐하면 기초가 되는 관점에 따라서 구체적인 경우에 관한 규율로도, 불특정 다수의 경우에 관한 규율로도 규정될 수 있기 때문이다. 결국 어떤 규율이 구체적인 경우를 규율하고 있는지 여부를 판단함에 있어 어떠한 관점을 기준으로 삼아야 할 것인가는 그때그때의 규율의 설정목적을 고려하여 결정할 수밖에 없게 된다.

(3) 구체적 사례의 해결

지금까지의 논의를 구체적 사례와 결부시켜 설명하면 다음과 같이 된다. 즉,

가) 먼저 기본사례 1의 경우는 '빙판이 질 때마다, 언제나'라는 시간적 관점에서 볼 때는 불특정 다수의 경우에 관한 규율이지만, 이를 '의무가 이행되어야 할 장소'라는 공간적 관점에서 보게 되면 구체적 경우에 관한 규율이 된다. 다만, 이 경우는 위험상황이 빙판이 질 때마다 야기되는 점에 중점을 두어야 할 것이므로 불특정 다수의 경우에 관한 규율로 보는 것이 타당하다(私見).

나) 다음으로 기본사례 2의 경우는 앞으로도 다수의 꽃상추 샐러드가 판매될 것이 예상된다는 관점에서 보면 불특정 다수의 경우에 관한 규율이지만, 장티푸스의 감염이라는 구체적 위험상황이라는 관점에서 보게 되면 구체적 경우에 관한 규율이 존재하는 것이 된다. 그러나 이 경우는 이미 발생한 장티푸스의 확산을 방지하기 위한 것으로 단지 1회적인 사실상의 사건을 그 대상으로 하는 것에 중점을 두어야 할 것이므로 구체적 규율의 성격을 갖는 것으로 보아야 할 것이다(私見). 한편 이러한 논의는 코로나 사태에 대한 대처방안으로 '상당한 사유가 없는 한' 출입금지를 명하는 경우와 관련하여 시사하는 바 크다고 할 수 있다.

5. 경찰명령의 개념적 요소인 '일반적 규율'은 무엇을 의미하는 것이며, 또한 그에 대비되는 개념인 '개별적 규율'은 무엇을 의미하는 것일까?

(1) 일반적 규율과 개별적 규율의 의의

경찰명령은 일반적 규율(generelle Regelung), 즉 수범자(受範者)가 불특정 다수인이라는 것을 그 내용으로 한다. 이처럼 경찰명령은 일반적 규율을 내용으로 한다는 점에서, 개별적 규율(individuelle Regelung)을 내용으로 하는 경찰상의 행정행위와 대비된다.

(2) 일반적 규율과 개별적 규율의 구분

일반적 규율과 개별적 규율을 단지 사람의 수(數)만을 기준으로 구분하여서는 안 된다. 왜냐하면 어떤 규율이 한 사람에 대한 경우뿐만 아니라, 특정된 또는 특정될 수 있는 인적 범위에 관한 것일 때에도 개별적 규율이 존재한다고 설명되기 때문이다. 이렇게 볼 때 일반적 규율과 개별적 규율은 어떤 규율을 발하는 시점에 있어서 그와 관련된 인적 범위가 적어도 객관적으로 특정될 수 있는지 여부를 기준으로 구분하여야 한다. 그러므로 경찰목적을 위한 조치의 인적 범위가 특정될 수 없다면 그것은 불특정 다수인과 관련된 것으로서 경찰명령이 된다.

6. 경찰상의 행정행위와 경찰명령, 과연 종국적으로 어떻게 구분하여야 하는 것일까?

경찰상의 행정행위와 경찰명령의 구분에 관한 지금까지의 논의를 종합해 보면 경찰상의 행정행위와 경찰명령은 다음과 같은 기준에 의하여 구분할 수 있을 것이다.

(1) 시간적·공간적으로 특정된 경우에 적용되는 것, 즉 구체적 규율은 개별적인지, 일반적인지 여부를 불문하고 모두 경찰상의 행정행위의 성격을 가진다.

(2) 추상적 규율을 내용으로 하는 경우에도 개별적 규율은 경찰상의 행정행위의 성격을 가진다.

(3) 결국 추상적·일반적 규율의 성격을 모두 가지고 있는 것만이 경찰명령이 된다.

Chapter 2.
경찰상의 행정행위

일러두기 경찰상의 행정행위의 서술범위

경찰상의 행정행위는 공공의 안녕 또는 질서의 유지라는 경찰목적을 위하여 경찰행정청이 발하는 '행정행위'를 말한다. 따라서 경찰상의 행정행위의 내용은—275쪽의 표에서 보는 것과 같은—행정법총론에서 다루는 행정행위의 내용을 참고하면 된다(이들 행정행위의 내용에 관하여 자세한 것은 서정범/박상희, 147쪽 아래). 이러한 점을 고려하여 본서에서는 행정행위의 내용 전반에 관하여 상세히 서술하지는 않기로 한다.

한편 경찰상의 행정행위 가운데 종래 경찰행정청이 사용해 온 전형적인 행위형식은 경찰처분(행정행위 형식에 의한 경찰하명), 경찰허가, 경찰면제였다. 이런 이유로 Chapter 2. 「경찰상의 행정행위」에서는 이들 3가지에 대하여서만 서술하기로 한다. 또한 경찰면제는 근본적으로 의무의 해제를 내용으로 한다는 점에서 경찰허가와 근본적 구조를 같이하며, 이 때문에 경찰허가에 관한 설명은 경찰면제에도 그대로 적용된다. 따라서 경찰면제에 관하여는 경찰허가와 다른 점에 관하여 언급하는 정도에서만 서술하도록 하겠다.

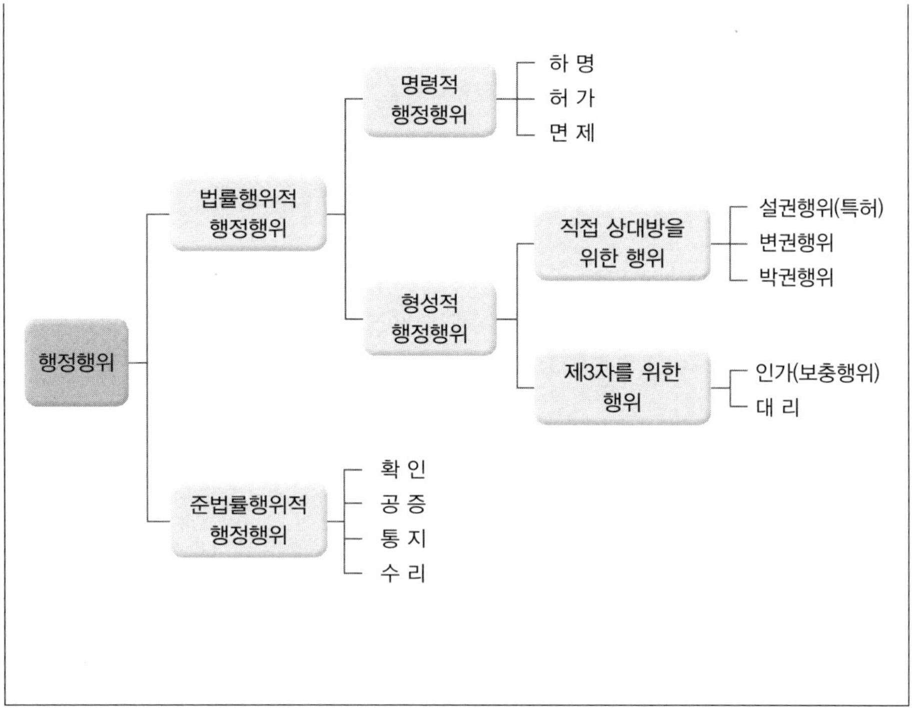

§ 1. 경찰처분

1. 경찰처분이란 무엇을 말하는 것일까?

경찰처분(Polizeiverfügung)이란 경찰목적의 달성을 위하여 특정인 또는 특정된 범위의 다수인에게 작위·부작위·급부·수인의 의무를 명하는 행정행위, 즉 행정행위의 형식에 의한 경찰하명을 말한다[김남진/김연태(II), 339쪽 등].

우리나라의 경우 종래 경찰목적을 위하여 국민에게 의무를 명하는 행정행위를 경찰하명이라고 정의하고, 경찰하명에는 ① 행정행위에 의해 경찰의무가 부과되는 경우와 ② 법률 또는 법규명령에 의해 경찰의무가 부과되는 경우의 2가지가 있다고 설명해 왔다(김동희, 230쪽 아래). 그러나 법률 또는 법규명령에 의해 경찰의무가 부과되는 경우는 행정행위가 아니므로 이를 경찰하명이라고 부르는 것은 문제가 있다. 따라서 엄격한 의미에서의 경찰하명은 경찰처분만을 가리킨다.

한편 여기서의 경찰처분은 「행정소송법」에 정의되어 있는 취소소송의 대상을 의미하는 처분과 일치하는 개념은 아니라는 것을 유의하여야 한다.

2. 경찰처분은 무엇을 기준으로 어떻게 분류될 수 있을까?

(1) 내용(법률효과)에 의한 분류

경찰처분은 그 내용을 기준으로 할 때 작위(도로청소의무), 부작위(통행금지), 급부(수수료 납부의무), 수인(대집행의 수인)의 의무를 부과하는 것으로 나누어진다.

(2) 기 타

한편 경찰처분은 내용을 기준으로 분류하는 것 이외에도 여러 가지를 기준으로 분류될 수 있는바, 대표적인 분류방법은 다음과 같다. 즉, 경찰처분은

가) 경찰처분을 발급할 당시에 고려하는 대상을 기준으로 대인적 처분·대물적 처분·혼합적 처분으로 나뉘어지며,

나) 대인적 처분은 다시 규율의 범위를 기준으로 대상자가 특정인인 개별처분과 대상자가 불특정 다수인인 일반처분(Allgemeinverfügung)으로 나뉘어진다.

다) 한편 독일의 경우에는 경찰처분을 개괄적 수권조항에 근거한 경찰처분을 말하는 독립처분(selbständige Verfügung)과, 개별적 수권조항에 근거한 경찰처분을 말하는 비독립처분(unselbständige Verfügung)으로 구분하는 것이 오랜 전통이었다.

3. 경찰처분이 적법하게 성립하여 효력을 발생하기 위해서는 어떤 요건을 갖추어야 하는 것일까?

경찰처분이 적법하게 성립하여 효력을 발생하기 위해서는 주체·내용·절차 및 형식에 관한 요건(성립요건)을 갖추고, 그 내용이 상대방에게 고지되어야 하는바(효력요건), 그 구체적 내용은 다음과 같다.

(1) 주체에 관한 요건

경찰처분은 그를 행할 정당한 권한을 가진 경찰기관이 자신에게 부여된 권한

범위내에서 행하여야 한다.

(2) 내용에 관한 요건

경찰처분은 ① 무엇보다도 헌법과 법률에 적합하여야 하며, ② 실현가능하고, ③ 명백하여야 한다. ④ 또한 공서양속에 위반하는 것을 내용으로 하여서는 아니 된다.

(3) 절차에 관한 요건

경찰처분은 법률이 정한 일정한 절차를 거쳐 행하여져야 하는데, 그러한 절차적 요건 가운데 오늘날 가장 많이 강조되는 것으로는 청문(「행정절차법」 제28조 이하)과 이유제시(동법 제23조)를 들 수 있다.

(4) 형식에 관한 요건

경찰처분은 구술, 문서에 의하는 것 이외에 각종의 표시(수동에 의한 교통신호 등)를 통하여 행해진다. 다만 법이 문서 등 일정한 형식을 요구하는 경우에는 그에 따라야 한다.

(5) 고 지

경찰처분 또한 상대방에게 고지되어야 효력을 발생하는 것이 원칙이다.

4. 경찰처분의 효력과 구속력의 관계는 어떻게 설명할 수 있을까?

경찰처분이 위에서 본 것과 같은 요건을 갖추게 되면 적법하게 성립되어 효력(Wirksamkeit)을 발생하게 되며, 그렇게 효력이 발생한 경찰처분은 다시 상대방, 제3자, 처분청 및 처분청 이외의 국가기관에 대하여 각각 상이한 내용의 구속력(Verbindlichkeit)을 발생시키게 된다. 한편 경찰처분의 구속력은 협의의 구속력(내용적 구속력), 공정력, 구성요건적 효력, 불가쟁력, 불가변력 및 규준력을 그 내용으로 한다(이들 구속력의 내용에 관하여는 서정범/박상희, 185쪽 아래 등 행정법총론 교과서 중 행정행위의 효력 내지 구속력에 관한 부분 참조).

5. 경찰처분의 효과 중 특히 주목을 요하는 것으로는 어떤 것이 있을까?

(1) 경찰의무의 발생

경찰처분은 그 내용에 따라 상대방(특정인 또는 불특정 다수인)에게 그 내용을 이행할 의무를 발생시키는바, 이 같은 의무를 특히 경찰의무라고 한다. 한편 이러한 경찰의무는 행정주체에 대하여 부담하는 것이지 제3자에 대하여 부담하는 것은 아니다. 따라서 의사에게 위급한 환자의 진료의무가 부과된 경우에 그러한 의무는 환자에 대한 것이 아니므로 환자의 의사에 대한 '진료청구권'을 발생시키지는 않는다.

(2) 경찰의무와 법률행위

경찰처분은 단지 경찰위반상태의 방지·제거를 목적으로 직접 상대방에게 일정한 의무를 부과할 뿐이므로 그 의무에 위반된 상대방의 법률적 행위의 효력을 부인한다든가, 어떤 법률관계의 발생·변경·소멸의 효과를 직접 초래하지 않는 것이 원칙이다. 따라서 경찰기관이 총포·도검 등의 무단양도를 금지시킨 경우에 그러한 금지에 위반한 양도(총포 등의 매매)가 행하여져도 그 행위의 법률적 효력까지 부인되는 것은 아니다.

(3) 경찰처분의 효과가 미치는 범위

가) 대인적 범위: 경찰처분의 효과가 미치는 대인적 범위는 경찰처분의 효과가 그 상대방에게만 미치는지, 아니면 타인에게 이전될 수 있는지의 문제이다. 대인적 처분의 효과는 그 수명자에게만 발생하는 것에 대하여, 대물적 처분의 효과는 그 물건의 양수인에게 승계됨이 보통이다.

나) 지역적 범위: 경찰처분은 그를 발한 경찰행정청의 관할구역 내에서만 효력을 갖는 것이 원칙이다. 그러나 성질상 관할구역에 국한시킬 것이 아닌 경우에는 관할구역 외에까지 경찰처분의 효과가 미치게 된다.

6. 경찰처분의 실효성확보수단 및 경찰처분에 대한 행정구제의 문제는 어느 곳에서 설명하는 것이 좋을까?

국내 경찰법 문헌들은 경찰처분과 관련하여 경찰처분의 실효성확보수단 및 경찰처분에 대한 행정구제의 문제를 언급하는 경향에 있는바[대표적인 것으로는 김남진/김연태(II), 348쪽 아래], 경찰허가나 경찰면제 등과 같은 수익적 행정행위의 경우에는 사실상 이들 문제가 발생하지 않는 점을 고려할 때 충분히 설득력있는 서술방법이라고 생각한다. 그러나 오늘날 경찰의 행위형식이 다양해지고 있음을 고려할 때, 이들 문제가 반드시 경찰처분에만 국한하여 나타나는 것은 아니며, 정도의 차이가 있을 뿐 경찰작용 전반에 걸쳐 나타나고 있다. 이러한 점을 고려하여 본서에서는 경찰의무의 실효성 확보수단은 제8편에서, 경찰구제에 대하여는 (손실보상과 비용상환을 중심으로 하여) 제9편에서 별도로 논하는 방식을 취하고자 한다.

§ 2. 경찰허가

1. (1) 경찰허가란 무엇을 말하며,
   (2) 경찰허가와 개념상 구별되어야 할 것으로는 어떤 것이 있을까?

(1) 경찰허가의 의의

경찰허가란 일반적·상대적 경찰금지를 특정한 경우에 해제하여 적법하게 일정한 행위를 할 수 있게 하는 경찰상의 행정행위를 말한다.

(2) 예외적 승인과의 구별

경찰허가와 (경찰상) 예외적 승인은 양자 모두 구체적인 경우에 있어서 법률이 정한 금지를 특정한 경우에 해제하여 특정한 행위를 할 수 있게 한다는 점에서는 그 성질을 같이한다. 그러나 경찰허가가 그 행위가 일반적으로 금지되어야 하기 때문이 아니라 구체적인 경우에 그 행위가 실정법규정에 충돌하는지 여부를 사전에 심사하도록 하여야 하기 때문에 금지되는 것을 해제해 주는 것임에 반하여, 예외적 승인(Ausnahmebewilligung)은 '사회적으로 유해한(sozialschädlich)' 행위이기 때문에 법률이 일반적으로 금지한 행위를 특별히 예외적인 경우에 금지를 해제하여 그를 적법하게 할 수 있게 해 주는 것이라는 점에서 양자는 구별된다(이러한 설명에 관하여 보다 자세한 것은 vgl. Maurer, Allgemeines Verwaltungsrecht, 19. Aufl., 2017, § 9 Rn. 51 ff.).

(3) 경찰명령 등과의 구별

경찰허가는 개별적·구체적 규율의 성격을 가진다는 점에서 일반적·추상적 규율의 성격을 갖는 경찰명령이나 직접적으로는 법적 효과를 발생하지 않는 사실행위와 구별된다. 또한 경찰허가는 위해방지를 위한 경찰금지를 해제하여 개인의 자연적 자유를 회복시켜 주는 행위인 점에서, 특정인에게 권리 등을 설정하여 주는 특허와도 구별된다.

2. 경찰허가의 종류에는 어떤 것이 있을까?

경찰허가는 그 구분 기준에 따라 여러 가지 방법으로 분류해 볼 수 있는데, 그 가운데 중요한 구분으로는 다음과 같은 것이 있다.

(1) 기속허가와 재량허가

경찰허가는 경찰허가를 발급하는 행정청에게 재량이 인정되는지 여부를 기준으로 기속허가와 재량허가로 구분된다. 여기서 기속허가란 경찰허가의 발급요건이 충족된 경우에 허가청이 허가를 발급할 의무를 지는 경우의 경찰허가를 말하며, 재량허가란 경찰허가의 발급요건이 충족된 경우에도 경찰허가의 발급여부 등과 관련하여 허가청에게 결정재량 및 선택재량이 인정되는 경우의 경찰허가를 말한다.

이처럼 경찰허가에는 기속허가와 재량허가가 모두 있을 수 있지만, 일반적으로 경찰허가는 기속허가의 성질을 갖는다고 할 수 있다.

(2) 대인적 허가·대물적 허가·혼합적 허가

경찰허가는 허가를 발급함에 있어서 '사실적인 고려대상'이 무엇인지를 기준으로 대인적 허가·대물적 허가 및 혼합적 허가로 구분된다.

여기서 대인적 허가란 오로지 상대방의 기능·학식·경험 등과 같은 주관적 사정에 착안하여 발급되는 허가를 말하며, 대물적 허가란 오로지 물건의 구조·성질·설비 등의 객관적 사정을 표준으로 발급되는 허가를 말한다. 한편 혼합적 허가란 인적 요소와 물적 요소를 모두 고려하여 행해지는 허가를 말한다. 이러한 경찰허가의 구분은 허가의 효과가 타인에게 이전될 수 있는지의 여부와 관련하여 중요한 의미를 갖는다.

3. 경찰허가의 성립요건 및 효력요건과 관련하여 특히 주목을 요하는 것으로는 어떤 것이 있을까?

경찰허가도 경찰처분과 마찬가지로 주체·내용·절차·형식 등에 관한 일정한 요건을 갖추어야 성립하며, 고지 등의 요건을 갖추어야 효력이 발생하는데, 이에 관하여는 이미 서술한 바 있다. 따라서 이하에서는 경찰허가와 관련된 특히 중요한 요건에 관하여만 고찰하기로 한다.

(1) 신청(출원)

경찰허가는 상대방의 신청에 의하여 행하여지는 것이 보통이며, 이러한 의미에서 경찰허가는 이른바 '동의에 의한 행정행위'에 해당한다. 한편 신청(출원) 없이 행하여진 경찰허가는 당연무효인 것으로 보는 견해도 있으나, 신청(출원) 없이 행하여진 경찰허가는 그의 효력이 일정기간 부동(浮動) 상태에 있다가 상대방의 동의가 있음으로써 그의 효력이 완성되는 것이라고 생각된다[동지: 김남진/김연태(II), 353쪽; Wolff/Bachof(I), S. 403]. 따라서 신청(출원) 없이 행하여진 경찰허가가 언제나 당연무효가 되는 것은 아니다.

(2) 시험·검사 등

경찰허가를 함에 있어서는 일정한 시험을 치르게 하거나(운전면허), 물건·설비 등의 검사를 받게 하는 경우가 있다.

(3) 형 식

경찰허가는 경찰허가의 유무 및 그 내용을 명백히 하기 위하여 면허증의 교부, 장부에의 등록과 같은 형식을 취하도록 하고 있는 경우도 있다(「도로교통법」 제69조 등).

(4) 수수료·조세 등의 납부

수수료·조세 등의 납부(면허증교부 등의 수수료)를 경찰허가의 요건으로 열거하는 견해도 있다. 그러나 수수료나 조세 등의 납부는 경찰허가 자체의 요건으로 보기는 곤란하며, 경찰허가와는 별개의 행위로 보아야 한다[동지: 김남진/김연태(II),

355쪽].

(5) 기 타

(1) ~ (4)에서 열거한 것들 외에도 다음과 같은 것들이 경찰허가의 요건으로 설명되고 있다.

① 타 기관의 협력(예: 건축허가에 소방서장의 동의를 얻도록 하는 경우),

② 타인의 동의(예: 건축허가에 인근주민의 동의를 얻도록 하는 것),

③ 거리제한 등

4. (1) 경찰허가의 부관이란 무엇을 말하며, (2) 경찰허가의 부관에는 어떠한 것이 있을까?

(1) 경찰허가의 부관의 의의

경찰허가는 경찰처분과 달리 수익적 행정행위로서 부관(附款, Nebenbestimmung)이 붙여지는 경우가 많이 있는데, 여기서 부관이란 "주된 행정행위(경찰허가)의 효과를 제한 또는 보충하기 위하여 붙여진 종된 규율"을 의미한다.

(2) 경찰허가의 부관의 종류

경찰허가의 부관에는 조건, 기한, 부담, 철회권의 유보, 법률효과의 일부배제, 경찰허가의 사후변경의 유보 및 수정부담 등이 있다. 이러한 경찰허가의 부관의 종류에 관하여는 행정행위의 부관에 관한 일반적 논의가 그대로 타당한데, 행정행위의 부관에 관한 일반론 전반에 관하여 자세한 것은 서정범/박상희, 169쪽 아래 참조.

5. 어떠한 경찰허가에 부관을 붙일 수 있는 것일까?

경찰허가는 경찰허가를 발급하는 행정청에게 재량이 인정되는지 여부를 기준으로 기속허가와 재량허가로 구분되는데, 종래의 다수설은 "기속허가에는 부관을 붙일 수 없으나, 재량허가에는 부관을 붙일 수 있다"라고 설명하여 왔다. 그러나 근래에는 기속허가에도 요건충족을 확보하는 목적하에서는 부관을 붙일 수 있다는 것이 인정되는 추세에 있다.

한편 부관을 붙일 수 있는 경우라고 하여도, 그 부관은 경찰목적을 위하여 필요한 한도 내의 것에 그쳐야 한다.

6. 경찰허가의 효과와 관련하여 경찰허가로 인해 상대방이 누리는 이익의 다면성(多面性)을 강조하는 견해는 어떤 논리에 입각하고 있는 것일까?

(1) 금지의 해제－반사적 이익

경찰허가의 효과와 관련하여 과거에는 경찰허가는 일반적 금지를 해제하여 자연적 자유를 회복시켜 주는 것에 그치고, 그 점에서 적극적으로 배타적 권리·능력이나 포괄적 법률관계를 설정하여 주는 특허와 구별된다는 점이 강조되었다. 이러한 설명에 입각하면 경찰허가로 인해 상대방이 사실상 독점적인 이익을 얻는 경우라 하여도 그것은 반사적 이익에 지나지 않으므로, 법적으로 아무런 보호를 받지 못하게 된다.

(2) 기본권의 회복

경찰허가를 통해 누리는 이익이 반사적 이익이라고 하는 종래의 설명은 적어도 기존업자와 신규업자의 관계의 경우에는 타당한 면이 있다. 그러나 경찰허가가 일반적 금지를 해제하여 자유를 회복시키는 것인데, 이 경우 회복되는 개인의 자유는 헌법상의 기본권에 해당하는 경우가 대부분이라는 점을(예: 영업허가에 의하여 회복되는 영업의 자유) 고려하면 이러한 개인의 자유가 법의 보호를 받아야 한다는 것은 너무도 자명하다고 할 것이다.

(3) 결 어

결론적으로 경찰허가의 효과는 권리로서의 측면과 반사적 이익으로서의 측면을 모두 갖고 있다(경찰허가의 효과의 다면성). 따라서 경찰허가의 효과와 관련하여 종래의 설명방법에 따라 반사적 이익의 측면만을 강조하는 것은 바람직하지 못하다.

7. 경찰허가의 효과와 관련된 그 밖의 중요 쟁점들로는 어떤 것이 있을까?

(1) 경찰허가와 타 법률상의 제한과의 관계

경찰허가는 그 근거가 된 법령상의 경찰금지만을 해제할 뿐이지, 타법(他法)에 의한 금지까지 해제하는 것은 아니다. 예컨대, 공무원이 음식점영업과 관련된 경찰허가를 받은 경우, 동 경찰허가는 「식품위생법」상의 금지만을 해제할 뿐, 공무원법상의 영리업무금지(「국가공무원법」 제64조 제2항)까지 해제해 주는 것은 아니다.

(2) 경찰허가와 법률행위의 효력

경찰허가는 특정행위를 사실상 적법하게 할 수 있도록 하는 데 지나지 않으므로 허가없이 행한 법률행위의 효력과는 관계가 없다. 따라서 경찰허가를 받고 해야 할 행위를 허가 없이 행한 경우에도 경찰상의 강제집행이나 경찰벌의 대상은 되지만, 행위 자체는 유효함이 원칙이다.

(3) 경찰허가의 효과가 미치는 범위

가) 대인적 범위: ① 대인적 경찰허가의 효과는 허가를 받은 자의 일신에 전속되며, 따라서 타인에게 이전·상속될 수 없다. 이에 반하여 ② 대물적 경찰허가의 효과는 허가를 받은 자에 대해서뿐만 아니라 허가의 대상이 된 물건의 상속인 또는 양수인에게도 미치는 것이 원칙이다. 한편 ③ 혼합적 경찰허가에 있어서는 물적 시설의 양도·상속이 있는 경우에는 양수인·상속인으로 하여금 새로운 허가를 받도록 함이 보통이며, 이 경우 심사의 대상은 양수인 등의 주관적 사정에 국한되어야 한다.

나) 지역적 범위: 경찰허가는 허가를 발급하는 경찰행정청의 관할구역 내에서만 효력을 갖는 것이 원칙이다. 그러나 성질상 관할구역에 국한시킬 것이 아닌 경우에는(예: 운전면허) 관할구역 외에까지 허가의 효과가 미치게 된다.

8. 경찰허가의 갱신을 인정하는 취지는 어디에서 찾을 수 있으며, 경찰허가의 갱신의 성격은 어떻게 이해하여야 할까?

경찰허가에 종기(終期)가 붙어 있는 경우에는 그 종기의 도래로 인하여 허가의 효력이 소멸함이 원칙이나, 법령이 관계인의 이익보호나 거래관계의 안정을 도모하기 위하여 허가의 갱신제도를 두고 있는 경우가 있다.

한편 이 경우 허가의 갱신은 새로운 경찰허가가 아니라 종전의 허가에 붙여진 종기의 변경, 즉 기한의 연장으로 이해되고 있다.

9. 종기가 도래하기 이전에 경찰허가 갱신의 신청을 하였는데, 종기가 도래한 이후에 경찰허가 갱신이 거부된 경우 당해 경찰허가의 효력은 어떻게 되는 것일까?

설문과 같은 경우와 관련하여서는 종래 ① 경찰허가의 갱신이 없으면 당해 경찰허가의 효력은 당연히 소멸된다는 견해와 ② 경찰허가의 갱신 거부는 장래에 향하여서만 경찰허가의 효력을 소멸시킨다는 견해가 대립하여 왔다. 생각건대 이 문제는 일률적으로 결정되어야 할 문제는 아니며, 신의칙에 비추어 개별적으로 판단되어야 한다[동지: 김남진/김연태(II), 362쪽; 정하중, 1140쪽].

10. 경찰허가가 그의 성립요건과 효력요건을 갖추지 못하고 있는 경우, 경찰허가의 효력은 어떻게 될까?

경찰허가가 그의 성립요건과 효력요건을 갖추지 못하고 있는 경우를 경찰허가에 하자가 있다고 한다. 이 경우 경찰허가의 성립에 중대하고 명백한 하자가 있는 경우에는 무효로서 처음부터 당연히 효력이 발생하지 아니하며, 취소의 원인이 있는 경우에는 취소의 대상이 된다.

11. 경찰허가의 취소와 경찰허가의 철회는 어떠한 점에서 서로 구별될 수 있을까?

(1) 경찰허가의 취소와 경찰허가의 철회의 의의

경찰허가의 취소는 성립 당시의 중대하고 명백한 하자 이외의 하자, 즉 '원시적 하자'를 이유로 경찰허가의 효력을 소멸시키는 행정행위를 말한다. 한편 경찰허가의 철회는 아무런 하자 없이 성립한 경찰허가를 그 효력을 존속시킬 수 없는 새로운 사정, 즉 후발적 사정을 이유로 장래에 향하여 소멸시키는 행정행위를 말한다.

(2) 경찰허가의 취소와 경찰허가의 철회의 구분

경찰허가의 취소와 경찰허가의 철회의 차이점으로는 다음과 같은 것이 들어진다.

가) 경찰허가의 철회는 처분청만이 할 수 있다는 점에서, 처분청 및 상급감독청에 의해 행해지는 경찰허가의 취소와 구별된다.

나) 경찰허가의 철회는 언제나 장래에 향하여서만 효과를 발생한다는 점에서, 경찰허가의 효력을 소급해서 상실시키기도 하는 경찰허가의 취소와 구별된다.

다) 경찰허가의 철회는 경찰허가의 효력을 더 이상 존속시킬 수 없는 새로운 사정의 발생을 이유로 하는 점에서, 성립 당시의 중대하고도 명백한 하자 이외의 하자를 이유로 하는 경찰허가의 취소와 구별된다.

12. 경찰허가의 취소(철회)와 경찰허가의 실효는 어떠한 점에서 구별될 수 있을까?

경찰허가의 실효는 아무런 하자없이 유효하게 성립한 경찰허가가 일정한 실효사유를 이유로 '당연히' 그 효력을 상실하는 경우를 말한다. 경찰허가의 실효는 이처럼 실효사유가 발생하면 별도의 의사표시를 기다릴 것 없이 당연히 효력이 소멸된다는 점에서, 경찰허가의 효력을 소멸시키는 행정청의 별도의 의사표시에 의하여 비로소 경찰허가의 효력이 소멸되는 경찰허가의 취소나 철회와 구별된다.

§ 3. 경찰면제

경찰면제란 법령에 의하여 과하여진 작위·급부·수인의 의무를 특정한 경우에 해제하여 주는 행정행위를 말한다. 경찰면제는 해제되는 의무의 종류가 경찰허가와 다를 뿐 의무를 해제한다는 면에서는 경찰허가와 같은 성질을 가지며, 따라서 경찰허가에 대한 설명은 경찰면제에도 그대로 적용된다. 이런 이유로 경찰면제에 대하여는 설명을 약하기로 한다.

Chapter 3.
경찰명령

§ 1. 경찰명령의 의의 및 성질

1. (1) 경찰명령은 무엇을 말하며,
   (2) 경찰명령과 개념상 구분해야 될 것에는 어떤 것이 있을까?

(1) 경찰명령의 의의

경찰명령(Polizeiordnung)이란 경찰행정청이 공공의 안녕 또는 질서에 대한 위험방지를 위하여 발하는 법규명령을 말한다. 이처럼 경찰명령은 법규명령으로서 '법규'의 성질을 갖는 것만을 의미하므로,[73] 원칙적으로 법규의 성질을 갖지 않는 경찰상의 행정규칙인 경찰규칙(警察規則)은 여기서의 경찰명령에 포함되지 않는다.

(2) 경찰상의 행정행위 등과의 구분

경찰명령은 법규명령이므로 일반적·추상적 규율의 성질을 갖는다. 그리고 이 점에서 경찰행정청의 개별적·구체적 규율을 내용으로 하는 구체적 조치, 특히 경찰상의 행정행위와 구별된다.

2. 경찰명령에 위반한 행위의 효력은 어떻게 되는가?

경찰명령은 법규의 성질을 가지므로 경찰명령에 위반한 행위는 위법한 것이

73) 여기서 법규라고 함은 "법령의 위임에 의하여 또는 법률의 시행을 위해 제정되는 것으로서, 국가기관은 물론 국민에 대해서도 직접 구속력을 가지는 법규범"을 의미한다.

되며 따라서 그러한 행위로 자신의 권익을 침해당한 자는 행정소송을 제기할 수 있다.

한편 경찰규칙은 법규가 아니므로 경찰규칙에 위반한 행위라고 하더라도 위법한 것이 되지 않음이 원칙이다. 이처럼 경찰규칙 위반이 바로 위법의 문제를 발생하지는 않으나, 경찰규칙의 위반이 궁극적으로 신뢰보호의 원칙이나 평등의 원칙에 위반되는 결과를 가져옴으로써 위법하다는 판단을 받게 되는 경우가 있을 수 있다.

§ 2. 경찰명령의 종류

1. 법률과의 관계 내지 효력을 기준으로 경찰명령을 구분하면, 경찰명령에는 어떤 것이 있을까?

경찰명령은 법률과의 관계 내지 효력을 기준으로 ① 법률에 종속하지 않고 헌법에 의하여 독자적인 권한의 발동으로 제정되는 것으로서 법률의 효력을 가지는 명령인 법률대위명령(예: 긴급명령)과 ② 법률의 범위 내에서 제정되어 법률보다 하위의 효력을 가지는 법률종속명령으로 구분된다.

2. 법률종속명령을 다시 수권의 근거 내지 제정범위를 기준으로 구분하면, 어떻게 구분할 수 있을까?

법률종속명령은 다시 수권의 근거 내지 제정범위를 기준으로 ① 상위법령에 의해 개별적·구체적으로 위임된 사항에 관하여 발하는 명령인 위임명령과 ② 상위법령의 규정범위 안에서 그 시행에 관한 세부적 사항을 정하는 집행명령으로 구분된다.

§ 3. 경찰명령의 성립요건과 효력요건

1. 경찰명령이 적법하게 성립하기 위하여서는 어떤 요건을 갖추어야 하는 것일까?

경찰명령이 적법하게 성립하기 위하여서는 주체, 내용, 절차, 형식면에서 다음과 같은 일정한 요건을 갖추어야 한다.

(1) 주체에 관한 요건

경찰명령 역시 헌법 또는 법률에 의하여 수권을 받은 정당한 기관이 제정하여야 한다.

(2) 내용에 관한 요건

경찰명령은 법령에 근거하여 발해져야 하며, 상위법령에 직·간접으로 저촉되지 않아야 한다. 또한 경찰명령은 그 내용이 실현가능하고 명백하여야 한다.

(3) 절차에 관한 요건

경찰명령 가운데 대통령령은 법제처의 심사와 국무회의의 심의를 거쳐야 하며, 총리령 및 부령은 법제처의 심사를 거쳐야 한다(「헌법」 제89조 제3호, 「정부조직법」 제20조 제1항).

(4) 형식에 관한 요건

경찰명령은 조문의 형식을 갖추어야 하며, 대통령령·총리령 및 부령은 각각 그 번호를 붙여 공포한다(「법령 등 공포에 관한 법률」 제10조).

2. 경찰명령이 효력을 발생하기 위하여서는 어떤 요건을 갖추어야 하는 것일까?

경찰명령은 특별한 규정이 없는 한 공포한 날로부터 20일이 경과함으로써 효력이 발생한다(「법령 등 공포에 관한 법률」 제13조). 여기서 공포란 경찰명령의 내용을 외부에 표시하는 것을 말하며, 공포는 관보에 게재하는 방법에 의한다.

§ 4. 경찰명령의 하자 등

1. 하자 있는 경찰명령은 당연 무효가 되는 것일까?

경찰명령이 전술한 성립 및 효력요건을 갖추지 못한 경우에는 하자 있는 경찰명령이 된다. 이 경우 하자 있는 경찰명령의 효력에 관하여는 ① 하자 있는 경찰명령은 그 하자가 중대하고 명백한 경우에는 무효, 그 정도에 이르지 않는 경우에는 취소할 수 있는 것이 된다는 견해와 ② 경찰명령에 흠이 있는 경우에는 무효이며, 무효와 유효의 중간단계인 취소할 수 있는 경찰명령은 존재하지 않는다는 견해의 대립이 있다.

생각건대 경찰명령 자체에 대한 취소소송이 인정되지 않는 점을 고려할 때, 후자의 견해가 타당하다.

2. 하자 있는 경찰명령의 효력 자체를 다투는 취소소송은 허용될 수 있는 것일까?

우리나라의 경우 경찰명령 자체에 대하여 직접적으로 취소소송을 제기하여 다투는 것은 허용되지 않으며, 단지 경찰명령의 위법여부가 구체적 사건에서 재판의 전제가 된 경우에 간접적으로 그 위법여부에 대한 심사가 가능할 뿐이다(구체적 규범통제).

다만, 경찰명령의 형식으로 발하여졌으나, 그것이 실질적으로 처분의 성질을 가지는 것인 때에는 예외적으로 취소소송의 대상이 될 수 있다.

Chapter 4. 경찰의 그 밖의 행위형식

현대 행정은 나날이 복잡해지고 다양해지고 있으며, 이러한 행정현상의 변화로 인하여 행정의 행위형식 또한 실로 다양해지고 있다. 즉, 가장 고전적인 행위형식인 행정행위 이외에 공법상 계약이나 행정계획이 행정의 주요 행위형식으로 자리잡은 지 이미 오래이며, 근래에 들어서는 확약(확언), 행정지도, 비공식적 행정작용 등에 이르는 다양한 수단이 행정목적 달성을 위하여 사용되고 있다. 그리고 이런 사정을 가리켜 학자들은 "행정의 행위형식에 정원이란 있을 수 없다"라고 표현하고 있다.

한편 이러한 사정은 경찰행정 또한 마찬가지라고 할 수 있으며, 따라서 그러한 새로운 (경찰)행정의 행위형식에 대해서도 경찰행정법적 관점에서 고찰을 하여야 한다. 그러나 그들 내용을 모두 서술하는 것은 분량상의 한계가 있으므로, 본서에서는 서술을 생략하기로 한다. 왜냐하면 이들 (경찰)행정의 새로운 수단에 관한 보다 자세한 논의는 국내에 이미 출간되어 있는 행정법총론의 내용을 참고하면 될 것이기 때문이다.

제 7 편

정보와 관련된 경찰의 권한 및 임무

제7편

개 관

예로부터 경찰은 그의 권한행사 및 임무수행을 위하여 정보를 수집하고 처리하여 왔지만, 정보의 문제가 경찰활동과 관련하여 경찰행정법적 관점에서 주요한 테마로 떠오른 것은 비교적 근래의 일이다. 한편 경찰행정법적 관점에서 정보의 문제를 접근함에 있어서는 경찰에 의한 (개인)정보의 수집·처리에 관한 논의를 토대로 하여 ① 개인정보의 보호와 ② 경찰정보의 공개라는 두 가지 관점에 주목하여야 한다. 제7편에서는 이러한 문제인식에 기초하여 경찰의 정보활동에 관해 고찰해 보고자 한다.

먼저 Chapter 1. 「경찰의 정보활동에 관한 일반이론」에서는 경찰에 의한 (개인)정보의 수집·처리에 관한 논의를 이해하기 위하여 필요한 경찰의 정보활동에 관한 기초이론을 서술한다. Chapter 1.에서는 경찰의 정보상의 침해(Informationseingriffe)라는 용어의 개념을 이해한 후, 그것을 행하기 위해서는 (직무규범 이외에) 별도의 권한규범이 필요하다는 것을 확인한다. 그리고 경찰정보에 관한 모든 논의에 있어 코페르니쿠스적인 전환을 가져온 독일 연방헌법재판소의 인구조사판결(Volkszählungs-Urteil)의 내용과 동 판결을 통해 정립된 '정보의 자기결정권'이 갖는 의미를 알아본다. 그런 연후에 마지막으로 우리나라에서 경찰의 개인정보수집의 법적 근거를 어디에서 찾을 수 있을지의 문제를 비판적 시각에서 검토해 본다.

다음으로 Chapter 2. 「경찰에 의한 개인정보 수집 및 처리」에서는 경찰에 의한 개인정보의 수집·처리의 문제를 다음과 같은 순서로 종합적으로 고찰해 보기로 한다. 먼저 경찰에 의한 개인정보의 수집의 문제는 주로 그의 수단을 중심으로 서술하는데, 이 경우 수단을 ① 전통적인 수단인 「경찰관 직무집행법」상의 표준적 직무조치와 ② 사진의 촬영 및 저장, 비디오 감시, 온라인 수색 등과 같은 특별한 정보상의 침해조치로 나누어 살펴본다. 이어서 경찰에 의한 개인정보의 처리의 문제를 「개인정보보호법」의 규정 내용을 중심으로 고찰해 본다. 아울러 경찰에 의한 개인정보 수집·처리의 과정에서 개인이 예측하지 못한 불이익을 입는 일이 없도록 하기 위하여 「개인정보보호법」이 개인정보의 보호에 관하여 어떠한 내용을 규정하고 있는지에 관하여 서술하기로 한다.

마지막으로 Chapter 3. 「경찰정보의 공개」에서는 경찰공개의 문제를 다룬다. 경찰공개는 내용적으로 ① 경찰이 보유하고 있는 정보의 공개와 ② 경찰의 의사결정과정을 공개하는 회의의 공개로 나누어 볼 수 있는데, 경찰공개는 회의공개까지 이루어져야 비로소 그 목적이 달성된다. 그러나 Chapter 3.에서는 이 가운데 경찰정보의 공개에 중점을 두어 설명을 한다. 왜냐하면 회의공개는 이론상 논의되고 있는 수준에 그치고 있고, 아직 그에 관한 실정법이 마련되어 있지 않기 때문이다. 한편 구체적 내용의 서술에 있어서는 정보공개의 의의 및 필요성 등과 같은 경찰정보의 공개에 관한 일반이론을 먼저 다룬 후에, 경찰기관의 정보공개에도 적용되는 「공공기관의 정보공개에 관한 법률」의 내용을 서술하는 방식을 취하기로 하겠다.

Chapter 1.
경찰의 정보활동에 관한 일반이론

§ 1. 정보상의 침해와 법적 근거

1. 경찰의 활동방식과 관련하여 최근에 많이 사용되고 있는 '정보상의 침해'란 용어는 무엇을 의미하는 것일까?

경찰은 종래 그의 임무수행을 위한 수단으로 보호조치, 임시영치, 위험발생 방지조치 등과 같은 물리적 접촉에 기반한 활동을 행하여 왔다. 그러나 근래 들어 경찰은 공공장소에서의 비디오 감시(Videoüberwachung), 온라인 수색(Online-Durchsuchung) 등과 같은 정보관련 활동을 통하여 그의 역할을 수행하고 있다. 한편 경찰의 이 같은 정보관련 활동은 정보의 자기결정권 등의 기본권 침해 문제를 야기하는바, 이러한 점에 착안하여 그를 '정보상의 침해(Informationseingriffe)'라고 부르고 있다. 한편 오늘날 경찰활동과 관련된 논의의 중점 역시 물리적 접촉에 기반한 경찰활동으로부터 정보상의 침해로 옮아가고 있다.

2. 경찰의 정보수집과 처리로 대표되는 정보상의 침해가 중요한 문제로 대두되게 된 배경은 어디에서 찾을 수 있을까?

정보와 관련된 경찰의 활동은 예로부터 경찰의 임무수행에 있어 중심적 지위를 차지하고 있었다. 「경찰관 직무집행법」 제3조에 따른 불심검문 또한 경찰이 정보를 수집하는 중요 수단으로 기능하여 왔다. 그러나 오늘날 경찰의 정보수집과 처리가 법적으로 중요한 문제로 떠오르게 된 것은 1970년대 이후부터 광범위하게 진행되어 온 정보(처리)기술의 비약적 발전에서 그 원인을 찾아야 할 것이다.

한편 경찰이 이러한 정보기술을 사용하기 시작하면서 경찰의 활동방식에 커다란 변화가 일어나게 되었으며, 오늘날 정보기술을 사용한 경찰활동은 양적으로도 또한 질적으로도 증대하고 있다. 그리고 이러한 현상은 경찰의 정보활동에 대한 새로운 법적 평가를 필요하게 만들었다.

3. 정보와 관련된 경찰의 활동을 직무규범에만 근거하여 할 수 있는 것일까?

1983년 12월 15일의 독일 연방헌법재판소의 인구조사판결(Volkszählungs-Urteil)이 있기 전까지는 “경찰에 의한 개인정보의 수집과 처리는 침해적 활동이 아니며, 따라서 경찰은 위험방지와 범죄수사를 위하여 개인정보의 수집·처리를 직무규범(Aufgabennorm)에만 근거하여서도 할 수 있다”고 하는 것이 일반적으로 승인되어 있었다. 그러나 인구조사판결에서 독일 연방헌법재판소가 “개인정보의 수집·처리는 ‘정보의 자기결정권(Rechr auf informationelle Selbstbestimmung)’에 대한 침해를 가져오므로 그를 위하여는 형식적 법률에 의한 법적 근거가 필요하다”고 판시함으로써(BVerfGE 65, 1 ff.) 개인정보의 수집·처리는 직무규범에만 근거하여 할 수 없으며, 반드시 직무규범과는 별도의 권한규범(Befugnisnorm)에 근거하여야 한다는 것이 인정되기에 이르렀다.[74]

4. 개인정보의 수집·처리의 법적 근거에 관한 문제와 관련하여 코페르니쿠스적 방향전환을 가져온 인구조사판결은 어떤 내용을 담고 있었을까?

개인정보의 수집·처리의 법적 근거 문제에 관하여 근본적인 인식변화의 전환점을 가져온 인구조사판결의 내용은 다음과 같다. 즉,

---

74) 인구조사판결이 나오게 된 배경은 다음과 같다. 즉, 1982년 3월 25일 독일 연방의회는 인구조사계획과 수행, 인구조사계획에 따라 조사된 정보의 사용과 제공에 관한 내용을 규정하고 있는 「인구조사법(Volkszählungsgasetz)」을 통과시키게 된다. 이에 독일 국민들은 동법이 국민의 인격권을 충분히 존중하지 않고 있다는 것을 이유로 동법에 대해 헌법소원을 제기하기에 이르렀던 것이다(인구조사판결의 경위에 대하여 자세한 것은 김일환, 『개인정보보호법제의 정비에 관한 연구』, 한국법제연구원, 1997, 78쪽 아래 참조.

(1) 정보의 자기결정권의 의의 및 근거

정보의 자기결정권이란 개인은 자신에 관한 정보공개 및 사용에 대해 스스로 결정할 권리를 말하며, 그 근거는 기본법 제2조 제1항의 일반적 인격권에서 찾을 수 있다. 즉, 무제한적인 개인관련 정보의 수집, 저장, 사용, 제공으로부터 개인을 보호하는 것은 기본법상 일반적 인격권에 포함된다.

(2) 정보의 자기결정권의 한계

그러나 정보의 자기결정권이 절대적이고 무제한적인 것은 아니며, 중대한 공익이 있는 경우에는 개인은 정보의 자기결정권에 대한 제한을 받아들여야만 한다.

(3) 정보의 자기결정권에 대한 제한의 근거

정보의 자기결정권에 대한 제한은 합헌적이며, 규범명확성의 원칙에 부합하는 법률의 근거가 있어야 한다. 또한 그러한 규율을 행함에 있어서는 비례의 원칙을 준수하여야 한다.

5. (독일의) 인구조사법을 직접적 대상으로 했던 인구조사판결의 내용은 경찰법에도 적용될 수 있는 것일까?

인구조사판결의 직접적 대상은 독일에서 1983년에 제정되었던 '인구조사법(Volkszählungsgesetz)'이기 때문에 인구조사판결에 담겨 있는 독일 연방헌법재판소의 요구가 경찰법의 영역에서도 그대로 타당할 수 있는지에 대해서는 별도의 검토를 요한다. 이 문제에 대해서는 우리나라에서는 논의가 활발하지 않은 관계로, 이하에서는 독일에서의 논의를 소개하는 선에서 서술하기로 한다. 독일의 경우 인구조사판결은 통계목적의 정보수집과 처리의 영역을 넘어서서 모든 공행정작용의 영역에서 준수되어야 할 원칙을 내포하고 있다는 점이 인정되고 있으며[Hufen, "Das Volkszählungsurteil des Bundesverfassungsgerichts und das Grundrecht auf informationelle Selbstbestimmung – eine juristische Antwort auf 1984?", JZ 1984, 1072 ff. (1075)], 특히 공공의 안녕 또는 질서유지와 관련하여 중요한 의미를 갖는 원칙들을 포함하고 있다는 것이 긍정되어 있다. 결국 이 같은 점을 고려할 때 정보의 자기결정권은 아무런 제한 없이 경찰법영역에도 적용된다고 보아야 할 것이다[동지: Knemeyer,

"Datenerhebung und Datenverarbeitung im Polizeirecht", NVwZ 1998, 193 ff. (196)].

§ 2. 우리나라에서의 경찰의 개인정보 수집·처리의 법적 근거

1. 종래 경찰에 의한 개인정보 수집·처리의 법적 근거로 기능할 수 있는 것으로 제시되었던 것들로는 어떠한 것이 있었을까?

(1) 「경찰관 직무집행법」

가) 경찰에 의한 개인정보[75] 수집·처리의 법적 근거로 「경찰관 직무집행법」, 특히 경찰의 직무범위에 '치안정보의 수집·작성 및 배포'를 규정하고 있는 동법 제2조 제4호가 경찰의 개인정보 수집·처리의 법적 근거로 제시되곤 하였다. 그러나 「경찰관 직무집행법」 제2조 제4호는 규정의 방식이나 조문의 위치 등을 고려할 때 단지 직무규범의 성격을 가질 뿐이며, 따라서 경찰에 의한 개인정보 수집·처리의 법적 근거규정이 될 수는 없다.

나) 「경찰관 직무집행법」은 경찰의 직무인 공공의 안녕 또는 질서에 대한 위험의 방지를 위한 구체적 수단들로 불심검문(제3조)·보호조치(제4조)·위험발생방지조치(제5조)·범죄의 예방과 제지(제6조) 등을 규정하고 있는데, 이들 경찰작용과 관련하여서도 물론 정보의 수집·처리가 행해질 수 있다. 그러나 「경찰관 직무집행법」의 해당 조항들은 그들 수단과 관련하여 정보의 수집·처리에 대한 구체적이고 명확한 규정을 두고 있지 않으며, 따라서 이들 조항에 근거한 경찰의 개인정보 수집·처리를 인정하는 것에 대하여서는 부정적 시각이 존재하였다.

(2) 개별적 경찰작용법

「집회 및 시위에 관한 법률」, 「풍속영업의 규제에 관한 법률」, 「총포·도검·화약류 등 단속법」 등 개별적인 경찰작용을 규율하는 법률에 경찰에 의한 개인정보 수집과 처리에 관한 규정이 있다면, 그것은 경찰에 의한 개인정보의 수집·처리의

---

75) 여기서 "개인정보"란 살아 있는 개인에 관한 정보로서 성명, 주민등록번호 및 영상 등을 통하여 개인을 알아볼 수 있는 정보(해당 정보만으로는 특정 개인을 알아볼 수 없더라도 다른 정보와 쉽게 결합하여 알아볼 수 있는 것을 포함한다)를 말한다(「개인정보보호법」 제2조 제1호).

근거가 될 수 있다. 그러나 이들 법률 역시 대부분 개인정보의 수집·처리의 절차, 한계 등에 대하여 특별한 규정을 두고 있지 않은 실정이다.

(3) 「개인정보보호법」 및 「공공기관의 정보공개에 관한 법률」

가) 「개인정보보호법」: 2011년에 제정되어 시행되고 있는 「개인정보보호법」 제6조에 따르면 경찰작용에 관하여도 개인정보에 관하여는 동법의 적용을 받게 된다. 그러므로 「개인정보보호법」은 경찰에 의한 개인정보의 수집·처리의 중요한 법적 근거가 될 수 있다. 그러나 「개인정보보호법」은 경찰작용 중 국가정보기관으로서의 작용과 범죄수사 분야의 활동을 동법의 통제영역 밖에 놓고 있다고 할 수 있으며, 따라서 그러한 작용과 관련하여서는 동법은 경찰에 의한 개인정보 수집·처리의 법적 근거가 되기 곤란하다는 문제점을 안고 있다. 결론적으로 「개인정보보호법」을 경찰의 개인정보 처리에 관한 일반적인 법적 근거로 볼 수는 없다.[76)]

나) 「공공기관의 정보공개에 관한 법률」: 1996년에 제정되어 시행되고 있는 「공공기관의 정보공개에 관한 법률」은 공공기관의 정보공개에 관하여 일반법적 지위에 있다. 따라서 경찰이 보유한 정보 역시 이 법에 의하여 공개되어야 하며, 그 한도에서 동법을 경찰의 개인정보 처리에 관한 근거규정으로 생각해 볼 수 있다. 그러나 「공공기관의 정보공개에 관한 법률」은 국가안전보장에 관련되는 정보 및 보안업무를 관장하는 기관에서 국가안전보장과 관련된 정보 분석을 목적으로 수집되거나 작성된 정보 등에 대하여는 적용되지 않도록 되어 있으므로, 동법을 경찰의 개인정보 수집·처리에 관한 일반적인 법적 근거로 볼 수는 없다.[77)]

2. 그렇다면 경찰의 개인정보 수집·처리는 도대체 무엇을 법적 근거로 하여 행해졌던 것일까?

위에서 본 바와 같이 우리나라의 경우 경찰의 개인정보 수집·처리에 관한 실정법적 근거는 사실상 전무했다고 해도 과언이 아니다. 이처럼 경찰의 정보수집·처

---

76) 개인정보보호법이 경찰에 의한 개인정보의 수집 · 처리의 법적 근거가 될 수 없는 이유에 관하여 상세한 것은 서정범/김연태/이기춘, 565쪽 아래 참조.

77) 「공공기관의 정보공개에 관한 법률」이 경찰에 의한 개인정보의 수집 · 처리의 법적 근거가 될 수 없는 이유에 관하여 상세한 것은 서정범/김연태/이기춘, 566쪽 아래 참조.

리에 관한 개별법적 근거가 없는 경우 마지막으로 개괄적 수권조항을 경찰의 정보수집·처리에 관한 법적 근거로 생각해 볼 수 있으나, 그에 대하여는 학설상으로도 일치를 보지 못하고 있는 실정이었다.[78] 그렇다고 하면 결국 과거 경찰에 의해 행해지는 개인정보의 수집·처리활동은 「개인정보보호법」이나 「공공기관의 정보공개에 관한 법률」에 의하여 커버되지 않는 한 (지금까지 전개해 온 이론에만 의한다면) 모두 법률에 근거조차 없는 불법적 활동이라고 판단될 수밖에 없었다.

이러한 점을 고려하여 저자는 1990년대부터 경찰의 개인정보 수집·처리에 관한 입법의 필요성을 역설해 왔으며, 국민들의 정보에 관한 관심이 높아져 가는 오늘날의 현실을 감안하면 경찰의 개인정보 수집·처리에 관한 근거규정을 마련하는 것은 더 이상 늦출 수 없는 시급한 입법과제임을 강조하여 왔다.

3. 정보의 자기결정권을 침해하는 경찰의 개인정보 수집·처리는 여전히 법률에 근거도 없는 불법의 영역에 방치되어 있는가?

경찰의 개인정보 수집·처리에 관한 법적 근거의 부재에 관한 문제는 2020년 12월에 「경찰관 직무집행법」 제8조의2 제1항에 "경찰관은 범죄·재난·공공갈등 등 공공안녕에 대한 위험의 예방과 대응을 위한 정보의 수집·작성·배포와 이에 수반되는 사실의 확인을 할 수 있다"라는 규정이 신설되면서 일단락되었다. 즉, 동조는 의문의 여지없는 경찰의 개인정보 수집·처리에 관한 법적 근거라고 할 수 있으며, 이제 경찰은 동조에 근거하여 적법하게 개인정보의 수집·처리를 할 수 있게 되었다.

4. 경찰의 개인정보 수집·처리와 관련된 구체적 내용은 무엇으로 정해지는가?

「경찰관 직무집행법」 제8조의2 제2항은 "제1항에 따른 정보의 구체적인 범위와

---

78) 왜냐하면 우리나라의 경우에는 아직까지도 개괄적 수권조항에 근거한 경찰권발동 자체를 부정시하는 견해가 엄존하며, 또한 (개괄적 수권조항에 근거한 경찰권발동을 인정하는 경우에도 무엇을 개괄적 수권조항으로 볼 것인가에 대하여 학설 대립이 심각한 것에서 알 수 있듯이) 현행법상 정확히 개괄적 수권조항에 해당한다고 볼 수 있는 것조차 없기 때문이다.

처리 기준, 정보의 수집·작성·배포에 수반되는 사실의 확인 절차와 한계는 대통령령으로 정한다"고 규정하고 있는바, 이에 관한 것을 규정하고 있는 것이 바로「경찰관의 정보 수집 및 처리 등에 관한 규정」이다.

5.「경찰관의 정보 수집 및 처리 등에 관한 규정」은 경찰의 개인정보 수집·처리와 관련하여 어떠한 내용을 담고 있을까?

「경찰관의 정보 수집 및 처리 등에 관한 규정」의 구체적 내용은 다음과 같다.

(1) 수집 등 대상 정보의 구체적인 범위(제3조)

경찰관이「경찰관 직무집행법」제8조의2 제1항에 따라 수집·작성·배포할 수 있는 정보의 구체적인 범위는 다음과 같다.

① 범죄의 예방과 대응에 필요한 정보

②「형의 집행 및 수용자의 처우에 관한 법률」제126조의2 또는「보호관찰 등에 관한 법률」제55조의3에 따라 통보되는 정보의 대상자인 수형자·가석방자의 재범방지 및 피해자의 보호에 필요한 정보

③ 국가중요시설의 안전 및 주요 인사(人士)의 보호에 필요한 정보

④ 방첩·대테러활동 등 국가안전을 위한 활동에 필요한 정보

⑤ 재난·안전사고 등으로부터 국민안전을 확보하기 위한 정보

⑥ 집회·시위 등으로 인한 공공갈등과 다중운집에 따른 질서 및 안전 유지에 필요한 정보

⑦ 국민의 생명·신체·재산의 보호와 공공안녕에 대한 위험의 예방과 대응을 위한 정책에 관한 정보[해당 정책의 입안·집행·평가를 위해 객관적이고 필요한 사항에 관한 정보로 한정하며, 이와 직접적·구체적으로 관련이 없는 사생활·신조(信條) 등에 관한 정보는 제외한다]

⑧ 도로 교통의 위해(危害) 방지·제거 및 원활한 소통 확보를 위한 정보

⑨「보안업무규정」제45조 제1항에 따라 경찰청장이 위탁받은 신원조사 또는「공공기관의 정보공개에 관한 법률」제2조 제3호에 따른 공공기관의 장이 법령에 근거하여 요청한 사실의 확인을 위한 정보

⑩ 그 밖에 제1호부터 제9호까지에서 규정한 사항에 준하는 정보

(2) **정보의 수집 및 사실의 확인 절차**(제4조)

가) 경찰관은 「경찰관 직무집행법」 제8조의2 제1항에 따라 정보를 수집하거나 정보의 수집·작성·배포에 수반되는 사실을 확인하려는 경우에는 상대방에게 자신의 신분을 밝히고 정보 수집 또는 사실 확인의 목적을 설명해야 한다. 이 경우 강제적인 방법을 사용해서는 안 된다.

나) 다만 다음과 같은 경우에는 그러한 절차를 생략할 수 있다.

① 국민의 생명·신체의 안전이나 국가안보에 긴박한 위험이 발생할 우려가 있는 경우

② 범죄의 대응을 위한 정보활동에 현저한 지장을 초래할 우려가 있는 경우

다) 경찰관은 정보를 제공하거나 사실을 확인해 준 자가 신분이나 처우와 관련하여 불이익을 받지 않도록 비밀유지 등 필요한 조치를 해야 한다.

(3) **정보 수집 등을 위한 출입의 한계**(제5조)

경찰관은 다음과 같은 장소에 상시적으로 출입해서는 안 되며, 정보활동을 위해 필요한 경우에 한정하여 일시적으로만 출입해야 한다.

① 언론·교육·종교·시민사회 단체 등 민간단체

② 민간기업

③ 정당의 사무소

(4) **정보의 작성**(제6조)

경찰관은 수집한 정보를 작성할 때 객관적 사실에 기초해 중립적으로 작성해야 하며, 정치에 관여하는 등 특정한 목적을 가지고 그 내용을 왜곡해서는 안 된다.

(5) **수집·작성한 정보의 처리**(제7조)

가) 경찰관은 수집·작성한 정보를 그 목적 외의 용도로 사용해서는 안 된다.

나) 경찰관은 공공안녕에 대한 위험의 예방과 대응을 위해 필요한 경우에는 수집·작성한 정보를 관계 기관 등에 통보할 수 있다.

다) 경찰관은 수집·작성한 정보가 그 목적이 달성되어 불필요하게 되었을 때에는 지체 없이 그 정보를 폐기해야 한다. 다만, 다른 법령에 따라 보존해야 하는 경우는 제외한다.

(6) 위법한 지시의 금지 및 거부(제8조)

가)누구든지 정보활동과 관련하여 경찰관에게 이 영과 그 밖의 법령에 반하여 지시해서는 안 된다.

나) 경찰관은 명백히 위법한 지시라고 판단되는 경우에는 그 집행을 거부할 수 있다.

다) 경찰관은 명백히 위법한 지시를 거부했다는 이유로 인사·직무 등과 관련한 어떠한 불이익도 받지 않는다.

Chapter 2.
경찰에 의한 개인정보 수집 및 처리[79)]

§ 1. 경찰에 의한 개인정보 수집

1. 경찰에 의한 정보획득, 특히 개인정보 수집을 위한 수단으로는 어떠한 것이 있을까?

경찰의 임무수행을 위하여 개인정보가 필요한 경우 경찰은 개인정보를 수집하게 되는바, 이러한 개인정보 수집의 수단(조치)에는 ① 전통적인 수단인 「경찰관 직무집행법」상의 표준적 직무조치(예: 불심검문 등)와 ② 사진의 촬영 및 저장, 비디오 감시, 전화통신감청, 온라인 수색 등과 같은 특별한 정보상의 침해조치가 있다.

2. 「경찰관 직무집행법」상의 표준적 직무조치 가운데 개인정보 수집을 위한 수단으로 활용될 수 있는 것으로는 어떤 것이 있을까?

(1) 불심검문

불심검문은 경찰에 의한 정보수집의 가장 전통적인 유형으로 경찰의 임무수행을 위하여 필요한 진술을 획득하는 것을 그 목적으로 하는바, 이러한 불심검문은 「경찰관 직무집행법」 제3조가 정하는 요건을 갖추었을 때에 허용된다. 따라서 동조(同條)에 따를 때 불심검문은 "수상한 행동이나 그 밖의 주위 사정을 합리적으로 판

79) 「개인정보보호법」 제2조 제2호에 따르면 개인정보의 수집 또한 개인정보의 처리의 한 유형에 해당하지만, 개인정보의 수집과 개인정보를 수집한 이후의 처리는 나누어 고찰할 필요가 있다. 이런 이유에서 본서는 개인정보의 수집과 개인정보의 처리를 구분하여 서술하는 방식을 택하기로 하겠다.

단하여 볼 때 어떠한 죄를 범하였거나 범하려 하고 있다고 의심할 만한 상당한 이유가 있는 사람"에 대해서는 물론, "이미 행하여진 범죄나 행하여지려고 하는 범죄행위에 관한 사실을 안다고 인정되는 사람"에 대해서도 허용된다.

불심검문 역시 우선적으로는 당사자, 특히 경찰상 위험을 야기한 자에 대하여 행해져야 한다(Drews/Wacke/Vogel/Martens, S. 445). 그러나 당사자에 대한 질문이 가능하지 않거나 그를 통하여서는 목적을 달성할 수 없는 경우에는 제3자에 대한 질문 등을 통하여 필요한 정보를 수집할 수 있다.

(2) 사실의 확인 등

「경찰관 직무집행법」 제8조에 따르면 경찰관서의 장은 직무 수행에 필요하다고 인정되는 상당한 이유가 있을 때에는 국가기관이나 공사(公私) 단체 등에 직무 수행에 관련된 사실을 조회할 수 있고, 긴급한 경우에는 소속 경찰관으로 하여금 현장에 나가 해당 기관 또는 단체의 장의 협조를 받아 그 사실을 확인할 수 있다. 그리고 이러한 과정에서 경찰에 의한 정보의 수집이 이루어질 수 있다.

(3) 정보의 수집·작성·배포

「경찰관 직무집행법」 제8조의2 제1항에 따르면 경찰관은 범죄·재난·공공갈등 등 공공안녕에 대한 위험의 예방과 대응을 위한 정보의 수집·작성·배포를 할 수 있다.

3. 심화학습: 독일의 경우 각 주의 경찰법에 표준적 직무조치로서 신원확인 및 감식조치가 규정되어 있는데, 이들은 어떤 것을 그 내용으로 할까?

(1) 독일 경찰법상의 신원확인

독일의 연방경찰법 및 각 주의 경찰법은 경찰의 개인정보 수집 수단으로 신원확인(Identitätsfeststellung)을 예외없이 규정하고 있다.[80] 신원확인은 당사자 자신으로부터 인적 사항을 공개적으로 수집하는 방법으로 행해지는바, 많은 경우에 있

---

80) § 23 BPolG; § 26 PolG BW; Art. 13 BayPAG; § 21 ASOG Bln; BremPolG; § 13 NdsSOG; § 12 PolG NW usw.

어서 신원확인은 그 조치의 상대방이 (경찰)책임자인지 여부를 확인하는 것을 목적으로 한다(Götz/Geis, § 8 Rn. 12). 한편 신원확인은 종종 경찰이 취하는 최초의 조치이며, 따라서 그에 기초한 다른 조치의 근거가 되는 것으로 설명되고 있다(Kugelmann, 7. Kap. Rn. 63). 독일에서의 신원확인에 관한 내용에 관하여 보다 자세한 것은 vgl. Götz/Geis, § 8 Rn. 12 ff.; Gusy, Rn. 228 ff.; Kugelmann, 7. Kap. Rn. 63 ff.; Schenke, Rn. 119 ff.

(2) 독일 경찰법상의 감식조치

독일의 연방경찰법 및 각주의 경찰법은 경찰의 개인정보 수집 수단으로 (경찰)책임자에 대한 감식조치(鑑識措置, Erkennungsdienstliche Maßnahmen)를 규정하고 있다.[81] 감식조치로는 특히 지문(指紋)과 장문(掌紋)의 채취, 사진촬영, 신체의 외관상 특징의 확인 및 신장이나 체중의 측정이 열거된다. 그러나 '유전자 지문(遺傳子 指紋, genetische Fingerabdruck)', 즉 개인의 DNA는 외관상 지표가 아니므로 그를 확인하는 것은 여기서의 감식조치에 해당하지 않는다(Knemeyer, Rn. 178; Schenke, Rn. 125). DNA분석은 일반적으로 형사소추를 위한 것으로, 특별한 법적 근거에 기초하여 행해진다. 다만 최근에 개정된 몇몇 경찰법은 DNA 확인을 위하여 체세포를 채취하는 방식의 신체조사에 대한 경찰의 권한을 규정하고 있다.[82] 그러나 이러한 방식의 신체조사는 죽은 사람이나 자유로운 의사형성을 할 수 없는 개인의 신원확인을 목적으로 하는 경우에 한하여 허용된다.

감식조치는 일반적으로 개인의 신원확인을 그 목적으로 하며, 다른 방법으로 신원이 확인되지 않거나 현저하게 곤란한 경우에 한하여 행해질 수 있다.[83] 한편 감식조치에 관한 경찰법 규정은 신원확인에 관한 규정을 준용하도록 되어 있으므로 감식조치를 행하기 위해서는 신원확인의 전제조건이 존재하여야 한다. 이는 적법한 신원확인만이 적법한 감식조치의 출발점이 될 수 있다는 것을 의미한다(Kugelmann, 7. Kap. Rn. 63). 독일에서의 감식조치에 관한 내용에 관하여 보다 자

---

81) § 24 BPolG; § 36 PolG BW; Art. 14 BayPAG; § 23 ASOG Bln; BremPolG; § 15 NdsSOG; § 14 PolG NW usw.

82) § 21a ASOG Berlin; § 15a NdsSOG; § 14a PolG NW; § 12a POG RP usw.

83) 독일 각 주의 경찰법들 가운데는 이러한 점을 명문으로 규정하고 있는 경우도 있는데, 예컨대 § 14 Abs. 1 Nr. 1 PolG NW; § 11 Abs. 1 Nr. 1 POG RP 등이 그러하다.

세한 것은 vgl. Gusy, Rn. 236 ff.; Kugelmann, 7. Kap. Rn. 98 ff.; Schenke, Rn. 125 ff.

4. 경찰에 의한 개인정보 수집의 특별한 수단으로 설명되는 특별한 정보상의 침해조치로는 어떠한 것이 있을까?

(1) 개인정보 수집의 특별한 수단의 의미

독일의 경찰행정법 문헌들은 경찰에 의한 개인정보의 수집을 설명함에 있어 일반적인 정보수집, 즉 표준적 직무조치를 통한 전통적인 수단과 개인정보 수집의 특별한 수단인 '특별한 정보상의 침해조치'를 구분하여 설명하고 있다. 한편 여기서 개인정보 수집의 '특별한' 수단이라고 할 때, 그 특별성은 이른바 위험의 전 단계에서 정보수집이 이루어지고 그로 인하여 개인의 기본권을 강하게 침해할 가능성이 있다는 것을 의미한다.

(2) 개인정보 수집의 특별한 수단

개인정보수집의 특별한 수단으로 고려되는 것으로는 관찰(Observation), 자동차 번호판의 자동인식 및 판독, 사진촬영과 저장 및 비디오 감시(Videoüberwachung)를 위한 기술적 수단의 투입, 신분을 위장한 수사관(verdeckter Ermittler: VE)의 투입, 주거에 대한 감청(akustische Wohnraumüberwachung),[84] 전화통신감청(電話通信監聽, Überwachung der Telekommunikation: TKÜ), 원천전화통신감청(源泉電話通信監聽, Quellen-Überwachung der Telekommunikation: QuellenTKÜ), 통신사실확인자료의 예비적 저장(Vorratsdatenspeicherung), 온라인 수색(Online-Durchsuchung) 등이 있다.[85] 독일의 경우 몇몇 주의 경찰법들은 이와 같은 특별한 개인정보 수집의 수단을 나열하여 규정하고 있기도 하다.[86]

---

84) 이를 흔히 '대감청(大監聽, Großer Lauschangriff)'이라고 한다

85) 이러한 수단들은 그들 하나하나가 모두 중요한 테마로서 많은 법적 문제를 내포하고 있으므로 여기서 그러한 문제를 모두 설명하는 것은 불가능하다. 한편 독일의 경찰법 교과서들 가운데 위에 열거한 수단들 모두에 대하여 가장 상세히 설명하고 있는 것으로는 Kugelmann, 7. Kap. Rn. 129 ff.

86) 예컨대 § 28 Abs. 2 BPolG; § 22 Abs. 1 PolG BW; Art. 33 Abs.1 BayPAG; § 33 Abs. 1 SOG

(3) 인터넷을 통한 개인정보 수집

경찰에 의한 개인정보 수집의 특별한 수단을 논할 때 빼놓을 수 없는 것은 바로 인터넷이며, 오늘날 인터넷은 경찰에 의한 개인정보 수집의 특별한 수단으로 점차 그 의미가 커지고 있다. 다만 인터넷을 통한 정보의 수집은 정보의 휘발성(揮發性, Flüchtigkeit)[87]과 정보의 신뢰도 결여로 인한 많은 문제를 안고 있음을 유의하여야 한다.

한편 사물인터넷(Intrenet of thing: IoT)의 등장은 사물인터넷을 통한 정보 수집, 그리고 그렇게 얻어진 정보를 기초로 한 경찰활동과 관련하여 경찰행정법 이론상 많은 논의를 불러일으키고 있다[이러한 문제에 관하여 자세한 것은 박민지/서정범, "사물인터넷을 활용한 경찰활동에 관한 연구 – 그 현황과 허용성에 관한 논의를 중심으로", 경찰학연구 제19권 재3호 (2019), 91쪽 아래 참조].

5. 「개인정보보호법」은 개인정보 수집의 특별한 수단인 영상정보처리기기의 설치·운영에 관하여 어떠한 내용을 규율하고 있을까?

(1) 영상정보처리기기의 설치·운영의 제한

누구든지 다음 각 호의 경우를 제외하고는 공개된 장소에 영상정보처리기기를 설치·운영하여서는 아니 된다.

① 법령에서 구체적으로 허용하고 있는 경우

② 범죄의 예방 및 수사를 위하여 필요한 경우

③ 시설안전 및 화재 예방을 위하여 필요한 경우

MV; § 30 Abs. 2 Nds. SOG; § 28 Abs. 2 POG RP; § 28 Abs. 2 SaarlPolG; § 36 Abs. 2 SächsPolG; § 34 Abs. 1 ThürPAG.

87) '정보의 휘발성'이란 용어는 학문적으로 정착된 용어는 아니다. 그럼에도 불구하고 저자가 이러한 용어를 사용하는 이유는 예컨대 인터넷상에서 채팅 등을 할 경우 '로그 기록'이 주기억장치인 하드디스크에 저장되는 것이 아니라 일시적으로 컴퓨터의 작업선반이라 할 수 있는 RAM(random access memory)에 잠시 저장되었다가 RAM의 용량이 초과되면 날아가 버린다는 사실에서 찾을 수 있다. 실제로 RAM의 이러한 성질 때문에 RAM을 '휘발성 메모리(Volatile Memory)'라고 한다거나, 법률적인 이유로 로그기록이 애초부터 RAM에도 저장되지 않고 날아가 버리는 경우도 있다는 것 또한 저자가 정보의 휘발성이란 용어를 사용하는 이유가 될 것이다.

④ 교통단속을 위하여 필요한 경우

⑤ 교통정보의 수집·분석 및 제공을 위하여 필요한 경우(「개인정보보호법」 제25조 제1항).

(2) 목욕실 등에 관한 규정

누구든지 불특정 다수가 이용하는 목욕실, 화장실, 발한실(發汗室), 탈의실 등 개인의 사생활을 현저히 침해할 우려가 있는 장소의 내부를 볼 수 있도록 영상정보처리기기를 설치·운영하여서는 아니 된다. 다만, 교도소, 정신보건 시설 등 법령에 근거하여 사람을 구금하거나 보호하는 시설로서 대통령령으로 정하는 시설에 대하여는 그러하지 아니하다(동조 제2항).

(3) 안내판의 설치 등

영상정보처리기기를 설치·운영하는 자(이하 '영상정보처리기기운영자'라고 한다)는 정보주체가 쉽게 인식할 수 있도록 다음 각 호의 사항이 포함된 안내판을 설치하는 등 필요한 조치를 하여야 한다(동조 제4항).

① 설치 목적 및 장소

② 촬영 범위 및 시간

③ 관리책임자 성명 및 연락처

④ 그 밖에 대통령령으로 정하는 사항

(4) 녹음기능의 사용금지 등

영상정보처리기기운영자는 영상정보처리기기의 설치 목적과 다른 목적으로 영상정보처리기기를 임의로 조작하거나 다른 곳을 비춰서는 아니 되며, 녹음기능은 사용할 수 없다(동조 제5항).

(5) 안정성 확보조치

영상정보처리기기운영자는 개인정보가 분실·도난·유출·위조·변조 또는 훼손되지 아니하도록 안전성 확보에 필요한 조치를 하여야 한다(동조 제6항).

§ 2. 경찰에 의한 개인정보 처리

1. 「개인정보보호법」에 따를 때 정보의 '처리'는 무엇을 의미하는 것일까?

(1) 「개인정보보호법」상 정보의 '처리' 개념

「개인정보보호법」 제2조 제2호는 정보의 처리에 관한 개념규정을 갖고 있는바, 그에 따르면 개인정보의 "처리"란 개인정보의 수집, 생성, 연계, 연동, 기록, 저장, 보유, 가공, 편집, 검색, 출력, 정정(訂正), 복구, 이용, 제공, 공개, 파기(破棄), 그 밖에 이와 유사한 행위를 말한다.

(2) 학문적 의미의 정보의 처리 개념과의 이동(異同)

독일의 경찰행정법 문헌들은 거의 예외없이 정보의 수집(Erhebung)과 정보의 처리(Verarbeitung)를 구분하고 있으며, 이 경우 시간적으로 볼 때 정보의 수집이 정보의 처리에 선행하는 것으로 이해하고 있다. 또한 '수집된 정보의 처리'와 같은 표현을 통하여 이러한 점을 분명히 하고 있는 경우도 있으며(Kugelmann, 7. Kap. Rn. 217), 우리나라의 학자들 또한 이러한 개념을 기초로 논의를 전개하고 있는 것으로 보인다.

그러나 「개인정보보호법」은 개인정보의 '수집'을 개인정보의 '처리'에 속하는 것으로 규정함으로써 일반적인 학문상의 용어례와는 다른 입장을 보이고 있다.

2. 「개인정보보호법」은 개인정보의 이용 및 변경에 관하여 어떠한 내용을 규정하고 있을까?

「개인정보보호법」은 제15조 제1항에서 '경찰기관 등 개인정보처리자'(이하 개인정보처리자라고 한다)는 수집한 개인정보를 그 수집 목적의 범위에서 이용할 수 있음을 규정하고 있으며, 동법 제18조 제1항은 개인정보를 제15조 제1항에 따른 범위를 초과하여 이용하여서는 아니 된다고 규정하고 있다. 이들 조항은 이른바 목적구속의 원칙의 표현으로 볼 수 있다.

또한 동법 제15조 제2항은 개인정보의 이용목적이나 이용기간 등을 변경하고자 하는 때에는 정보주체에게 이를 알리고 동의를 받아야 할 것을 규정하고 있다.

3. 「개인정보보호법」상 개인정보의 처리제한(Ⅰ)－민감정보의 처리제한:
(1) 민감정보란 무엇을 말하며,
(2) 민감정보 처리에 관한 기준은 어떻게 설명할 수 있을까?

(1) 민감정보의 의의

「개인정보보호법」 제23조 제1항에 따르면 "민감정보"란 사상·신념, 노동조합·정당의 가입·탈퇴, 정치적 견해, 건강, 성생활 등에 관한 정보, 그 밖에 정보주체의 사생활을 현저히 침해할 우려가 있는 개인정보로서 대통령령으로 정하는 정보를 말한다.

(2) 민감정보의 처리기준

개인정보처리자는 민감정보를 처리하여서는 아니 된다. 다만 ① 정보주체에게 제15조 제2항 각 호 또는 제17조 제2항 각 호의 사항을 알리고 다른 개인정보의 처리에 대한 동의와 별도로 동의를 받은 경우와 ② 법령에서 민감정보의 처리를 요구하거나 허용하는 경우에는 그러하지 아니하다.

한편 개인정보처리자가 민감정보를 처리하는 경우에는 그 민감정보가 분실·도난·유출·위조·변조 또는 훼손되지 아니하도록 동법 제29조에 따른 안전성 확보에 필요한 조치를 하여야 한다(동법 제23조 제2항).

4. 「개인정보보호법」상 개인정보의 처리제한(Ⅱ)－고유식별정보의 처리제한:
(1) 고유식별정보란 무엇을 말하며,
(2) 고유식별정보 처리에 관한 기준은 어떻게 설명할 수 있을까?

(1) 고유식별정보의 의의

「개인정보보호법」 제24조 제1항에 따르면 "고유식별정보"란 법령에 따라 개인을 고유하게 구별하기 위하여 부여된 식별정보로서 대통령령으로 정하는 정보를 말한다.

(2) 고유식별정보의 처리기준

개인정보처리자는 ① 정보주체에게 제15조 제2항 각 호 또는 제17조 제2항 각 호의 사항을 알리고 다른 개인정보의 처리에 대한 동의와 별도로 동의를 받은 경우와 ② 법령에서 구체적으로 고유식별정보의 처리를 요구하거나 허용하는 경우를 제외하고는 고유식별정보를 처리할 수 없다(동법 제24조 제1항).

한편 개인정보처리자가 고유식별정보를 처리하는 경우에는 그 고유식별정보가 분실·도난·유출·위조·변조 또는 훼손되지 아니하도록 대통령령으로 정하는 바에 따라 암호화 등 안전성 확보에 필요한 조치를 하여야 한다(동조 제2항).

5. 「개인정보보호법」상 개인정보의 처리제한(Ⅲ)—주민등록번호의 처리제한: 주민등록번호의 처리기준은 어떻게 설명할 수 있을까?

(1) 개인정보처리자는 다음 중 어느 하나에 해당하는 경우를 제외하고는 주민등록번호를 처리할 수 없다(「개인정보보호법」 제24조의2 제1항).

① 법률·대통령령·국회규칙·대법원규칙·헌법재판소규칙·중앙선거관리위원회규칙 및 감사원규칙에서 구체적으로 주민등록번호의 처리를 요구하거나 허용한 경우

② 정보주체 또는 제3자의 급박한 생명, 신체, 재산의 이익을 위하여 명백히 필요하다고 인정되는 경우

③ 제1호 및 제2호에 준하여 주민등록번호 처리가 불가피한 경우로서 보호위원회가 고시로 정하는 경우

(2) 개인정보처리자는 주민등록번호가 분실·도난·유출·위조·변조 또는 훼손되지 아니하도록 암호화 조치를 통하여 안전하게 보관하여야 하며, 주민등록번호를 처리하는 경우에도 정보주체가 인터넷 홈페이지를 통하여 회원으로 가입하는 단계에서는 주민등록번호를 사용하지 아니하고도 회원으로 가입할 수 있는 방법을 제공하여야 한다(동조 제2항 제3항).

6. 민감정보, 고유식별정보, 주민등록번호의 처리제한에 관한 규정 이외에 「개인정보보호법」이 개인정보의 (수집 및) 처리에 관하여 규율하고 있는 내용으로는 어떠한 것이 있을까?

(1) 업무위탁에 따른 개인정보의 처리제한 등

「개인정보보호법」은 제26조에서 업무위탁에 따른 개인정보의 처리제한, 제27조에서 영업양도 등에 따른 개인정보의 이전제한을 규정하고 있다. 그러나 이러한 문제는 경찰활동과 관련하여서는 발생하는 경우가 거의 없으므로 본서에서는 설명을 생략하였다.

(2) 영상정보처리기기의 설치·운영 제한

「개인정보보호법」은 제25조에서 영상정보처리기기의 설치·운영 제한에 관한 사항도 규율하고 있는데, 이는 경찰에 의한 정보의 수집과 더 밀접한 관련이 있다고 생각되어 § 1. 경찰에 의한 개인정보의 수집 부분에서 서술하였다.

(3) 가명정보의 처리 등

2020년 2월 4일의 법률개정을 통해 「개인정보보호법」에 가명정보(假名情報)에 관한 규정이 신설되었다. 동법 제28조의2(가명정보의 처리 등), 제28조의3(가명정보의 결합 제한), 제28조의4(가명정보에 대한 안전조치의무 등), 제28조의5(가명정보 처리 시 금지의무 등), 제28조의6(가명정보 처리에 대한 과징금 부과 등) 및 제28조의7(적용범위)과 같은 조항이 그것이다.

7. 심화학습: 독일 각주의 경찰법들이 규정하고 있는 정보의 비교 및 비교검색은 어떠한 것을 내용으로 할까?

독일 각 주의 경찰법들은 예외 없이 경찰에 의한 개인정보 처리의 한 유형으로 정보의 비교(Datenabgleich)를 규정하고 있을 뿐만 아니라,[88] 몇몇 주의 경찰법은 정보비교의 특수한 형태인 정보의 비교검색(프로파일링, Rasterfahndung)에 관한 명문의 규정을 갖고 있기도 하다.[89]

---

88) 예컨대 § 25 Abs. 1 Satz 2 PolG NW; § 30 Abs. 1 Satz 2 SOG LSA.

89) 예컨대 § 31 PolG NW.

(1) 정보의 비교

정보의 비교란 현존 자료를 일정한 목적을 위하여 만들어진 어떤 사람이나 사실에 관한 징표들과 비교하는 것을 말한다(Kugelmann, 7. Kap. Rn. 235).

(2) 정보의 비교검색

정보의 비교검색(프로파일링)은 정보비교의 특수한 형태로 경찰기관이 수집한 정보를 확인된 범죄지표, 소위 카테고리(Raster)에 따라 매칭(matching)시켜 보는 것을 말한다. 이러한 프로파일링은 원칙적으로 형사소추를 위한 수단으로 발전해 왔던 것인데, 2001년의 9.11 테러공격 이후에 처음으로 예방경찰적 영역에서도 사용되기 시작하였다[Kugelmann, “Der polizeiliche Gefahrenbegriff in Gefahr?”, DÖV 2003, 781 (786)]. 한편 경찰기관이 프로파일링을 수행하기 위하여 다른 공공기관 또는 국가기관에게 자료의 제공을 요구하는 경우, 그 조치의 적법성에 대하여는 경찰기관이 책임을 지게 된다.

§ 3. 개인정보의 보호

경찰에 의한 개인정보 수집·처리의 과정에서 개인이 예측하지 못한 불이익을 입어서는 안 될 것이다. 이에 「개인정보보호법」은 경찰에 의한 개인정보 수집·처리의 전 과정에서 경찰이 개인정보를 소홀히 취급함으로 인하여 개인이 피해를 입는 일이 발생하지 않도록 하기 위한 규정을 마련하고 있는바, 이곳에서 동법의 규정 내용을 알아보기로 한다.

1. 「개인정보보호법」은 개인정보의 보호를 위한 원칙으로 어떠한 것을 규정하고 있을까?

(1) OECD의 개인정보 보호에 관한 기본원칙

경제개발협력기구(OECD)는 1980년에 「프라이버시 보호와 개인정보의 국제적 유통에 관한 지침(Guideline on the Protection of Privacy and Trans-Border Flows of Personal Date)」을 통하여 개인정보보호에 관한 8개의 기본원칙을 제시한 바 있는데, 「개인정보보호법」은 이들 원칙을 거의 모두 받아들여 규정하고 있다.

(2) 「개인정보보호법」상의 개인정보 보호의 원칙

「개인정보보호법」은 제3조에서 다음과 같은 개인정보 보호의 원칙을 규정하고 있다. 즉,

① 개인정보처리자는 개인정보의 처리 목적을 명확하게 하여야 하고(목적구체성의 원칙) 그 목적에 필요한 범위에서 최소한의 개인정보만을 적법하고 정당하게 수집하여야 한다(수집제한의 원칙).

② 개인정보처리자는 개인정보의 처리 목적에 필요한 범위에서 적합하게 개인정보를 처리하여야 하며, 그 목적 외의 용도로 활용하여서는 아니 된다(사용제한의 원칙).

③ 개인정보처리자는 개인정보의 처리 목적에 필요한 범위에서 개인정보의 정확성, 완전성 및 최신성이 보장되도록 하여야 한다[데이터 질(質)의 원칙, 또는 정보정확성의 원칙].

④ 개인정보처리자는 개인정보의 처리 방법 및 종류 등에 따라 정보주체의 권리가 침해받을 가능성과 그 위험 정도를 고려하여 개인정보를 안전하게 관리하여야 한다(안전성확보의 원칙).

⑤ 개인정보처리자는 개인정보 처리방침 등 개인정보의 처리에 관한 사항을 공개하여야 하며(공개의 원칙), 열람청구권 등 정보주체의 권리를 보장하여야 한다(개인참여의 원칙).

⑥ 개인정보처리자는 정보주체의 사생활 침해를 최소화하는 방법으로 개인정보를 처리하여야 한다.

⑦ 개인정보처리자는 개인정보의 익명처리가 가능한 경우에는 익명에 의하여 처리될 수 있도록 하여야 한다.

⑧ 개인정보처리자는 이 법 및 관계 법령에서 규정하고 있는 책임과 의무를 준수하고 실천함으로써 정보주체의 신뢰를 얻기 위하여 노력하여야 한다.

2. 「개인정보보호법」은 개인정보의 이용·제공의 제한에 관하여 어떤 내용을 규정하고 있을까?

(1) 원 칙

개인정보처리자는 개인정보를 제15조 제1항에 따른 범위를 초과하여 이용하거나 제17조 제1항 및 제3항에 따른 범위를 초과하여 제3자에게 제공하여서는 아니된다(「개인정보보호법」 제18조 제1항).

(2) 예 외

「개인정보보호법」 제18조 제1항에도 불구하고 개인정보처리자는 다음 중 어느 하나에 해당하는 경우에는 정보주체 또는 제3자의 이익을 부당하게 침해할 우려가 있을 때를 제외하고는 개인정보를 목적 외의 용도로 이용하거나 이를 제3자에게 제공할 수 있다. 다만, ④~⑧까지의 경우는 공공기관의 경우로 한정한다.

① 정보주체로부터 별도의 동의를 받은 경우

② 다른 법률에 특별한 규정이 있는 경우

③ 정보주체 또는 그 법정대리인이 의사표시를 할 수 없는 상태에 있거나 주소불명 등으로 사전 동의를 받을 수 없는 경우로서 명백히 정보주체 또는 제3자의 급박한 생명, 신체, 재산의 이익을 위하여 필요하다고 인정되는 경우

④ 개인정보를 목적 외의 용도로 이용하거나 이를 제3자에게 제공하지 아니하면 다른 법률에서 정하는 소관 업무를 수행할 수 없는 경우로서 보호위원회의 심의·의결을 거친 경우

⑤ 조약, 그 밖의 국제협정의 이행을 위하여 외국정부 또는 국제기구에 제공하기 위하여 필요한 경우

⑥ 범죄의 수사와 공소의 제기 및 유지를 위하여 필요한 경우

⑦ 법원의 재판업무 수행을 위하여 필요한 경우

⑧ 형(刑) 및 감호, 보호처분의 집행을 위하여 필요한 경우[90)]

---

90) 구 「개인정보보호법」은 개인정보를 목적 외의 용도로 이용하거나 이를 제3자에게 제공할 수 있는 경우로 이들 외에 "통계작성 및 학술연구 등의 목적을 위하여 필요한 경우로서 특정 개인을 알아볼 수 없는 형태로 개인정보를 제공하는 경우"를 규정하고 있었지만, 2020년 2월 4일의 법개정으로 삭제되었다.

3. 「개인정보보호법」은 개인정보를 제공받은 자의 이용·제공 제한에 대해서도 규정하고 있는데, 그 내용은 어떠한 것일까?

「개인정보보호법」 제19조에 따르면 개인정보처리자로부터 개인정보를 제공받은 자는 다음 각 호의 어느 하나에 해당하는 경우를 제외하고는 개인정보를 제공받은 목적 외의 용도로 이용하거나 이를 제3자에게 제공하여서는 아니 된다.

① 정보주체로부터 별도의 동의를 받은 경우

② 다른 법률에 특별한 규정이 있는 경우

4. 「개인정보보호법」이 규정하고 있는 (1) 개인정보 파기의 요건 및 (2) 파기하는 경우에 있어서의 방법과 절차는 어떻게 되어 있을까?

(1) 개인정보 파기의 요건

경찰기관의 장 등 개인정보처리자는 보유기간의 경과, 개인정보의 처리 목적 달성 등 그 개인정보가 불필요하게 되었을 때에는 지체 없이 그 개인정보를 파기하여야 한다. 다만, 다른 법령에 따라 보존하여야 하는 경우에는 해당 개인정보 또는 개인정보파일을 다른 개인정보와 분리하여서 저장·관리하여야 한다(「개인정보보호법」 제19조 제1항 및 제3항). 한편 개인정보처리자가 개인정보를 파기할 때에는 복구 또는 재생되지 아니하도록 조치하여야 한다(동조 제2항).

(2) 개인정보의 파기방법 및 절차

「개인정보보호법」은 개인정보의 파기방법 및 절차 등에 필요한 사항을 대통령령으로 정하도록 규정하고 있는바(동조 제4항), 「개인정보보호법 시행령」 제16조는 개인정보의 파기방법으로 ① 전자적 파일 형태인 정보는 복원이 불가능한 방법으로 영구 삭제를, ② 전자적 파일 형태 외의 기록물, 인쇄물, 서면, 그 밖의 기록매체는 파쇄 또는 소각하도록 규정하고 있다.

Chapter 3.
경찰정보의 공개

§ 1. 개 설 – 경찰공개

1. 근래 들어 경찰공개가 제도적으로 정착되어 가는 추세에 있는바, 이러한 경찰공개가 요구되는 이유는 어디에서 찾을 수 있을까?

행정의 민주화나 부패방지를 위해서는 필연적으로 행정기관이 보유하고 있는 정보와 행정기관의 의사결정과정이 공개되어야 한다(행정공개). 이러한 행정공개, 특히 정보의 공개는 행정의 민주화를 위해 채택된 청문제도의 실효성 확보를 위해 반드시 필요하다. 왜냐하면 행정은 행정조사를 통하여 상대방에 대한 방대한 양의 개인정보를 확보하고 있는 데 반하여, (만일에 정보의 공개가 부정되어) 개인은 행정이 보유하고 있는 정보를 알 수 없게 된다고 하면 정보 면에서의 무기의 평등성이 보장될 수 없기 때문이다. 이러한 설명은 경찰의 경우에도 그대로 적용된다. 따라서 경찰 또한 경찰이 보유하고 있는 정보와 경찰의 의사결정과정을 공개하여야 하는 문제가 발생하는데, 이를 경찰공개라고 한다.

2. 경찰공개는 어떠한 것을 그 핵심적 내용으로 할까?

경찰공개는 내용적으로 ① 경찰이 보유하고 있는 '정보의 공개'와 ② 경찰의 의사결정과정을 공개하는 '회의의 공개'로 나누어볼 수 있다. 경찰공개를 이렇게 정보공개와 회의공개로 구분하는 이유는 전자가 기록의 공개를 목적으로 하고 있는 것에 반하여, 후자는 의사결정과정의 공개를 목적으로 하는 점에서 양자는 제도의 취지를 달리하기 때문이다. 한편 경찰공개는 회의공개까지 이루어져야 비로소 그 목적이 달성된다고 할 수 있다.

다만 본서에서는 이 가운데 경찰정보의 공개에 대하여서만 상세히 논하고자 한다. 이는 경찰정보의 공개에 대하여는 「공공기관의 정보공개에 관한 법률」이 규율하고 있는 것에 반하여, 경찰회의의 공개는 이론상 논의될 뿐 아직 그를 규율하는 실정법이 없기 때문이다. 이런 점에서 볼 때 미국의 정부일조법(政府日照法, Government in the Sunshine Act)[91]과 같은 법률이 우리나라에서도 하루빨리 제정되어야 한다고 생각한다[이러한 점을 강조하고 있는 것으로는 김남진/김연태(II), 379쪽].

§ 2. 경찰정보의 공개에 관한 일반이론

1. 경찰정보의 공개 및 경찰정보 공개청구권은 어떤 것을 그 내용을 할까?

(1) 경찰정보의 공개

경찰정보의 공개란 경찰기관이 보유·관리하고 있는 정보를 국민의 청구에 의하여 공개하는 것을 말하는바, 이는 전술한 바와 같이 행정의 공정성 확보 및 민주화의 실현을 그 이념으로 한다.

(2) 경찰정보 공개청구권

경찰정보 공개청구권이란 개인이 경찰기관에 대하여 그 보유·관리하고 있는 정보를 열람 또는 복사하게 하는 등의 방법으로 공개할 것을 청구하는 권리를 말하는바, 국민의 경찰정보 공개청구권은 법률상 보호되는 구체적인 권리의 성격을 갖는 것으로 이해되고 있다.

2. 경찰정보 공개청구권의 법적 근거가 될 수 있는 것으로는 어떤 것이 있을까?

---

91) 회의공개법이라고 번역되기도 한다.

(1) 「공공기관의 정보공개에 관한 법률」

경찰정보 공개청구권의 법적 근거로 가장 중요한 것은 1996년에 제정되고 2004년에 전면 개정된 「공공기관의 정보공개에 관한 법률」이다.

(2) 경찰정보 공개청구권의 헌법직접권리성

경찰정보 공개청구권의 법적 근거와 관련하여 과거에는 (알 권리 및 그의 본질적 요소로서의) 경찰정보 공개청구권이 헌법으로부터 직접 도출될 수 있는지 여부를 둘러싸고 학설의 대립이 있었으며, 헌법재판소는 그를 긍정한 바 있다(헌재결 1991. 5. 13, 90헌마133 참조). 다만 이러한 논의는 「공공기관의 정보공개에 관한 법률」이 제정된 1996년 이전에는 커다란 의미가 있었으나, 동법이 제정되어 시행되고 있는 오늘날에는 사실상 논의의 실익이 반감되었다고 할 수 있다.

3. 우리나라에서 경찰정보의 공개는 어떠한 법제화의 과정을 거쳐 인정되기에 이르렀을까?

우리나라에서 정보공개의 법제화는 직접적으로 경찰정보를 그 대상으로 하여 발전된 것이 아니라, 행정정보공개의 법제화와 관련되어 다음과 같은 단계를 거쳐 발전해 왔다. 즉, 정보공개는 그의 필요성이 인식되면서 ① 먼저 토지수용법(제36조) 등 개별법에 정보공개에 관한 규정이 도입되었고, 이후 ② 1991년 청주시 조례를 기점으로 지방자치단체의 조례로 정보공개에 관한 일반적 내용이 규정되기에 이르렀다. 이어서 ③ 1994년 국무총리훈령으로 「행정정보공개 운영지침」의 제정이 뒤따랐고, ④ 드디어 1996년 12월에 「공공기관의 정보공개에 관한 법률」이 제정되었는바, 동법이 현재 경찰정보의 공개에 관한 근거법으로 기능하고 있다.

§ 3. 「공공기관의 정보공개에 관한 법률」의 주요내용

「공공기관의 정보공개에 관한 법률」 제4조 제1항은 정보의 공개에 관하여는 다른 법률에 특별한 규정이 있는 경우를 제외하고는 동법이 적용된다고 규정하고 있다. 따라서 「공공기관의 정보공개에 관한 법률」은 경찰정보의 공개에도 원칙적으로 적용되므로 동법의 주요내용을 알아 두어야 한다.

1. 「공공기관의 정보공개에 관한 법률」에 따를 때 '정보공개'는 어떻게 정의될 수 있을까?

(1) 정보의 의의

「공공기관의 정보공개에 관한 법률」에 따를 때 '정보'란 공공기관이 직무상 작성 또는 취득하여 관리하고 있는 문서(전자문서를 포함한다)·도면·사진·필름·테이프·슬라이드 및 그 밖에 이에 준하는 매체 등에 기록된 사항을 말한다. 물론 정보공개의 대상이 되는 정보는 공개청구의 시점에서 경찰기관이 보유·관리하고 있는 정보에 국한되며, 따라서 대상정보가 폐기되었거나 경찰기관이 더 이상 그 정보를 보유·관리하지 않게 된 경우에는 공개를 청구할 수 없다. 한편 이 경우 그 문서 등이 반드시 원본일 필요는 없다(대판 2006.5.25, 2006두3049 참조).

(2) 정보'공개'의 의의

「공공기관의 정보공개에 관한 법률」에 따를 때 정보의 '공개'란 경찰기관이 이 법에 따라 정보를 열람하게 하거나 그 사본·복제물을 제공하는 것 또는 「전자정부법」 제2조 제10호에 따른 정보통신망을 통하여 정보를 제공하는 것 등을 말한다.

2. 「공공기관의 정보공개에 관한 법률」은 정보공개의 원칙을 채택하면서도 일정한 정보는 비공개대상정보로 규정하고 있는데, 동법에 따를 때 비공개대상정보로 분류된 것은 어떤 것이 있을까?

경찰기관이 보유·관리하는 정보는 국민의 알권리 보장 등을 위하여 「공공기관의 정보공개에 관한 법률」이 정하는 바에 따라 적극적으로 공개하여야 하는 것이 원칙이다(동법 제3조). 다만 동법 제9조는 다음 중 어느 하나에 해당되는 정보에 대하여는 이를 공개하지 아니할 수 있음을 규정하고 있다(다만 ⑦⑧은 경찰정보와는 사실상 무관하므로 경찰정보의 공개와 관련하여서는 특별히 언급할 실익은 없다고 생각한다).

① 다른 법률 또는 법률에서 위임한 명령(국회규칙·대법원규칙·헌법재판소규칙·중앙선거관리위원회규칙·대통령령 및 조례로 한정한다)에 따라 비밀이나 비공개 사

항으로 규정된 정보

② 국가안전보장·국방·통일·외교관계 등에 관한 사항으로서 공개될 경우 국가의 중대한 이익을 현저히 해칠 우려가 있다고 인정되는 정보

③ 공개될 경우 국민의 생명·신체 및 재산의 보호에 현저한 지장을 초래할 우려가 있다고 인정되는 정보

④ 진행 중인 재판에 관련된 정보와 범죄의 예방, 수사, 공소의 제기 및 유지, 형의 집행, 교정(矯正), 보안처분에 관한 사항으로서 공개될 경우 그 직무수행을 현저히 곤란하게 하거나 형사피고인의 공정한 재판을 받을 권리를 침해한다고 인정할 만한 상당한 이유가 있는 정보

⑤ 감사·감독·검사·시험·규제·입찰계약·기술개발·인사관리에 관한 사항이나 의사결정 과정 또는 내부검토 과정에 있는 사항 등으로서 공개될 경우 업무의 공정한 수행이나 연구·개발에 현저한 지장을 초래한다고 인정할 만한 상당한 이유가 있는 정보

⑥ 해당 정보에 포함되어 있는 성명·주민등록번호 등 개인에 관한 사항으로서 공개될 경우 사생활의 비밀 또는 자유를 침해할 우려가 있다고 인정되는 정보

⑦ 법인·단체 또는 개인(이하 "법인등"이라 한다)의 경영상·영업상 비밀에 관한 사항으로서 공개될 경우 법인 등의 정당한 이익을 현저히 해칠 우려가 있다고 인정되는 정보

⑧ 공개될 경우 부동산 투기, 매점매석 등으로 특정인에게 이익 또는 불이익을 줄 우려가 있다고 인정되는 정보[92]

3. 「공공기관의 정보공개에 관한 법률」 제5조에 따를 때 누가 정보공개청구권자가 될 수 있을까?

(1) 모든 국민

'모든' 국민은 경찰정보의 공개를 청구할 권리를 가진다. 따라서 경찰정보의 공개에 대하여 구체적이고 개별적인 이익이 존재하여야만 정보공개를 청구할 수 있

---

92) 여기서의 비공개대상정보에 해당하는지 여부가 다투어졌던 많은 사례에 관하여는 서정범/박상희, 331쪽 아래 참조.

는 것은 아니다. 한편 여기에서 말하는 국민에는 자연인은 물론 법인, 권리능력 없는 사단·재단도 포함되고, 법인, 권리능력 없는 사단·재단 등의 경우에는 설립목적을 불문한다(대판 2003.12.12., 2003두8050 참조).

(2) 외국인

「공공기관의 정보공개에 관한 법률」 제5조 제2항은 외국인의 정보공개청구에 관하여는 대통령령으로 정하도록 하고 있는바, 동법 시행령 제3조는 정보공개를 청구할 수 있는 외국인으로 ① 국내에 일정한 장소를 두고 거주하거나 학술·연구를 위하여 일시적으로 체류하는 사람과 ② 국내에 사무소를 두고 있는 법인 또는 단체를 규정하고 있다.

4. 「공공기관의 정보공개에 관한 법률」상 (1) 정보공개의 청구는 어떠한 방법에 의하여야 하며, (2) 정보공개 여부의 결정은 어떻게 이루어질까?

(1) 정보공개 청구방법

정보공개청구인은 해당 정보를 보유하거나 관리하고 있는 경찰기관에 대하여 일정한 사항을 적은 정보공개청구서를 제출하거나 말로써 정보의 공개를 청구할 수 있다(동법 제10조).

(2) 정보공개여부의 결정

경찰기관은 정보공개의 청구를 받으면 그 청구를 받은 날부터 10일 이내에 공개여부를 결정하여야 한다. 다만, 부득이한 사유로 이 기간 이내에 공개 여부를 결정할 수 없는 때에는 그 기간이 끝나는 날의 다음 날부터 기산(起算)하여 10일의 범위에서 공개 여부 결정기간을 연장할 수 있다(동법 제11조).

5. 「공공기관의 정보공개에 관한 법률」에 따를 때 정보의 공개에 소요되는 비용은 누가 부담하여야 할까?

정보의 공개 및 우송 등에 소요되는 비용은 실비의 범위에서 청구인의 부담으로 한다. 다만, 공개를 청구하는 정보의 사용목적이 공공복리의 유지·증진을 위하여 필요하다고 인정되는 경우에는 비용을 감면할 수 있다(동법 제17조).

6. 「공공기관의 정보공개에 관한 법률」은 정보의 비공개결정에 대한 청구인의 불복절차에 관하여 어떻게 규율하고 있는가?

(1) 이의신청

청구인이 정보공개와 관련한 공공기관의 비공개 결정 또는 부분 공개 결정에 대하여 불복이 있거나 정보공개 청구 후 20일이 경과하도록 정보공개 결정이 없는 때에는 공공기관으로부터 정보공개 여부의 결정 통지를 받은 날 또는 정보공개 청구 후 20일이 경과한 날부터 30일 이내에 해당 공공기관에 문서로 이의신청을 할 수 있다(동법 제18조 제1항). 이의신청은 임의적 절차이다.

(2) 행정심판

청구인이 정보공개와 관련한 공공기관의 결정에 대하여 불복이 있거나 정보공개 청구 후 20일이 경과하도록 정보공개 결정이 없는 때에는 「행정심판법」에서 정하는 바에 따라 행정심판을 청구할 수 있다. 행정심판 역시 임의적 절차이며, 따라서 청구인은 행정심판을 거치지 않고 행정소송을 제기할 수 있다(동법 제19조 제1항).

(3) 행정소송

청구인이 정보공개와 관련한 공공기관의 결정에 대하여 불복이 있거나 정보공개 청구 후 20일이 경과하도록 정보공개 결정이 없는 때에는 「행정소송법」에서 정하는 바에 따라 행정소송을 제기할 수 있다(제20조 제1항).

제 8 편

경찰의무의 이행확보 수단

제8편

개 관

경찰은 공공의 안녕·질서에 대한 위험방지를 그의 책무로 하는바, 경찰이 이러한 경찰의 책무를 수행함에 있어서는 원칙적으로 경찰책임자에게 경찰권을 발동하여야 한다. 그리고 이 경우 경찰은 경찰상의 행정행위를 통하여 경찰책임자 등에게 의무를 부과하여 왔으며, 이것이 경찰의 가장 중요한 행위형식이었다. 문제는 실제에 있어서 경찰책임자 등이 경찰상의 행정행위, 특히 경찰처분을 통하여 자신에게 부과된 경찰의무를 스스로 이행하지 않는 경우가 많다는 점이다. 그런데 이처럼 경찰책임자 등이 자발적으로 경찰의무를 이행하지 않는 경우에 그러한 경찰의무의 이행을 확보하기 위한 수단이 마련되어 있지 않다면, 경찰작용의 실효성은 현저히 침해받을 수밖에 없다. 이러한 점을 고려하여 이론적으로는 물론 실무차원에서도 경찰의무를 효율적으로 이행하기 위한 수단을 강구하여 왔는바, 제8편에서는 「경찰의무의 이행확보수단」이라는 제하에 그러한 수단들에 관하여 알아보고자 한다.

제8편 경찰의무의 이행확보수단은 다음과 같이 구성되어 있다.

먼저 Chapter 1. 「경찰의무의 이행확보 수단 개관」에서는 경찰의무의 이행확보를 위한 개개의 수단을 논하기에 앞서 경찰의무의 이행확보 수단을 전반적으로 개관하여 제8편에서 다룰 내용을 조망할 수 있는 기회를 부여한다.

다음으로 전통적인 경찰의무의 이행확보 수단들인 경찰상의 강제집행, 경찰상의 즉시강제 및 경찰벌을 차례대로 논하고자 한다. 즉,

먼저 Chapter 2. 「경찰상의 강제집행」에서는 경찰상의 강제집행의 의의와 법적 근거를 살펴본 후 경찰상의 강제집행의 수단들인 대집행, 이행강제금, 직접강제, 강제징수 등에 대해 간단하게 알아보기로 한다.

이어서 Chapter 3. 「경찰상의 즉시강제와 경찰조사」에서는 경찰상의 의무부과 없이 직접 개인의 신체 또는 재산에 실력을 가함으로써 경찰상 필요한 상태를

실현시키는 경찰상의 즉시강제에 관하여 알아본다. 한편 경찰조사는 비록 오늘날은 경찰상의 즉시강제와 구분하여 논하는 것이 일반적 경향이기는 하지만, 종래 경찰상의 즉시강제에 포함시켜 다루어 왔던 점을 고려하여 Chapter 3.에서 경찰상의 즉시강제와 함께 다루기로 한다.

그리고 Chapter 4.「경찰벌」에서는 경찰법상의 의무위반에 대하여 일반통치권에 근거하여 과하는 제재로서의 처벌을 말하는 경찰벌을 경찰형벌과 경찰질서벌로 나누어 고찰을 행한다.

마지막으로 Chapter 5.「경찰의무의 이행확보를 위한 그 밖의 수단」에서는 경찰의무의 이행확보를 위한 그밖의 (새로운) 수단에 관하여 간단히 언급해 두기로 한다. 이처럼 새로운 종류의 경찰의무 이행확보수단이 등장하게 된 배경은 전통적 수단들인 경찰상의 강제집행, 경찰상의 즉시강제, 경찰벌 등만으로는 경찰의무의 이행을 효과적으로 확보할 수 없게 되는 문제가 발생한 것에서 찾아볼 수 있다.

제8편은 행정법총론에서 다루는 '행정의 실효성 확보수단'을 경찰의무와 결부시켜 서술하는 것을 그 내용으로 한다. 따라서 경찰의무와 관련된 약간의 특수한 문제를 제외하면 거의 모든 내용이 행정법총론에서 다루는 '행정의 실효성 확보수단'과 유사하기 때문에 내용이 중복되는 부분의 경우 본서의 제8편에서는 상세한 설명을 생략하였다. 그러하니 독자들 가운데 경찰의무의 이행확보 수단에 관심이 많으신 분들이 있다면, 행정법총론 교과서의 '행정의 실효성 확보수단' 부분을 읽어 볼 것을 권한다.

Chapter 1.
경찰의무의 이행확보 수단 개관

§ 1. 경찰강제론의 신경향

1. 우리나라에서 경찰의무의 이행확보를 위한 전통적인 경찰강제론은 어떠한 이론적 체계에 입각하여 발전해 왔을까?

(1) 경찰강제와 경찰벌의 구분

우리나라의 전통적 경찰강제론은 경찰의무의 이행확보를 위한 수단을 일단 경찰강제와 경찰벌로 구분하는 것을 기본적 체계로 발전하여 왔다. 또한 (경찰강제와 경찰벌의 구분을 전제로) 경찰강제는 장래의 의무이행을 확보하기 위한 수단의 성격을 갖는 반면, 경찰벌은 과거의 의무위반에 대한 제재의 성격을 갖는다는 점에서 양자는 그 성질을 달리 한다는 점에 주목하여 왔다.

(2) 경찰상의 강제집행과 경찰상의 즉시강제의 구분

전통적 경찰강제론은 경찰강제를 경찰목적을 실현하기 위하여 사람의 신체 또는 재산에 실력을 가하여 경찰상 필요한 상태를 실현하는 사실작용이라고 정의하고, 이를 다시 경찰상의 강제집행과 경찰상의 즉시강제로 나누어 설명하여 왔다. 이 경우 경찰상의 강제집행과 경찰상의 즉시강제의 차이점으로는 '경찰의무의 존재와 그의 불이행'을 드는 것이 일반적이었다.

2. 근래 들어 전통적 경찰강제론에 변화가 일어나고 있는바, 이러한 새로운 경향의 경찰강제론은 어떠한 것을 그 내용으로 하고 있을까?

(1) 경찰상의 즉시강제론에 대한 재검토

전통적 경찰강제론의 변화는 먼저 경찰상의 즉시강제론과 관련하여 일어났는바, 그 핵심적 내용은 다음과 같다.

가) 경찰상의 즉시강제 개념의 재구성: 전통적 경찰강제론은 경찰상의 즉시강제의 개념을 정의함에 있어 '경찰의무의 부과 및 그의 불이행을 전제함이 없이'라는 개념적 징표를 사용하고 있었다. 그런데 근래 들어 이러한 경찰상의 즉시강제 개념에 변화가 일어나고 있는바, 경찰상의 즉시강제를 정의함에 있어 '사전에 의무를 명함이 없이'라는 개념적 징표를 사용함이 타당하다는 견해[대표적 견해로는 김남진/김연태(II), 383쪽]의 등장을 그 대표적 예로 볼 수 있다. 아울러 경찰상의 '즉시강제(Sofortiger Zwang)'라는 용어 대신에 경찰상의 '즉시집행'(Sofortiger Vollzug)이란 용어를 사용하는 것이 바람직하다는 견해도 나타나고 있다.

나) 경찰조사 개념의 독립: 전통적 경찰강제론에서는 경찰상의 즉시강제에 포함시켜 다루어지기도 했던 경찰에 의한 질문·검사 등과 같은 작용이 '경찰조사'라는 이름으로 독립하여 다루어지고 있다.

(2) 새로운 경찰의무 이행확보수단의 등장

전통적인 경찰의무 이행확보수단이 그 기능을 제대로 발휘하지 못하거나 약화됨에 따라 새로운 경찰의무 이행확보수단이 등장하고 있다(가산금·과징금 등 금전적 제재, 공급거부, 위반사실의 공표 등).

§ 2. 경찰의무의 이행확보수단

1. 경찰의무의 이행을 확보하기 위하여 민사상 강제집행 수단을 사용할 수 있을까?

경찰의무의 이행 확보라는 목적을 경찰상의 강제집행이란 수단으로는 달성할 수 없는 경우, 그에 대한 대안으로 경찰의무의 이행을 확보하는 수단으로 민사상 강제집행을 활용할 수 있는지의 문제에 대한 논란이 있다. 이에 대해 지배적 견해는 현행법이 경찰상 강제수단을 제공하고 있음에도 불구하고 우회적인 민사상 강제집행수단에 의존하는 것은 법의 취지에 어긋나므로 인정하기 곤란한 것으로 보고 있으며, 판례 역시 같은 취지로 이해되고 있다.

관련판례: "토지에 관한 도로구역 결정이 고시된 후 구 토지수용법 제18조의 2 제2항에 위반하여 공작물을 축조하고 물건을 부가한 자에 대하여 관리청은 이러한 위반행위에 의하여 생긴 유형적 결과의 시정을 명하는 행정처분을 하여 이에 따르지 않는 경우에는 행정대집행의 방법으로 그 의무내용을 실현할 수 있는 것이고, 이러한 행정대집행의 절차가 인정되는 경우에는 따로 민사소송의 방법으로 공작물의 철거, 수거 등을 구할 수는 없다."(대판 2000.5.12., 99다18909).

2. 경찰의무의 이행확보수단으로 열거되어 온 것은 어떤 것들이 있을까?

경찰의무의 이행확보수단은 크게 ① 직접적 강제수단과 ② 간접적 강제수단으로 구분된다. 이 경우 직접적 강제수단은 다시 경찰상의 강제집행과 경찰상의 즉시강제로, 간접적 강제수단은 경찰벌과 그 밖의 수단으로 구분될 수 있다. 일단 전통적 논의에 따라 경찰의무의 이행확보수단을 개관하면 다음과 같이 된다.

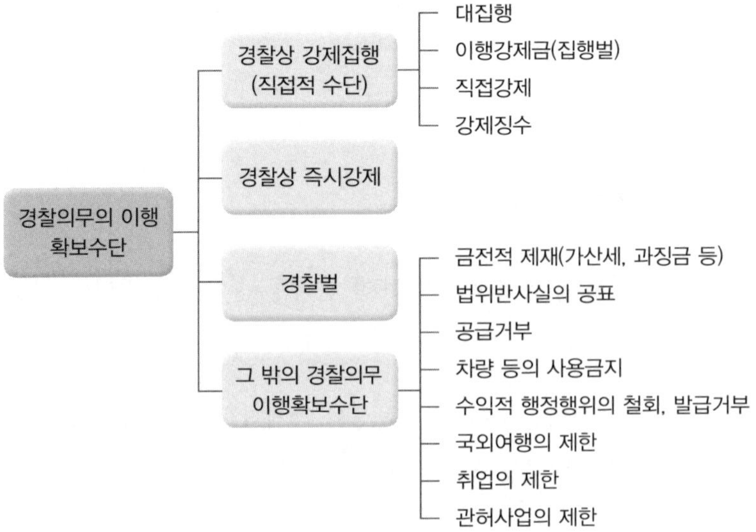

Chapter 2.
경찰상의 강제집행

§ 1. 경찰상의 강제집행의 의의

1. 경찰상의 강제집행이란 무엇을 의미하며, 어떤 것을 그 특색으로 하고 있을까?

경찰상의 강제집행이란 "(경찰행정청의) 경찰하명에 의해 부과된 의무의 불이행이 있는 경우에 경찰행정청이 의무자의 신체·재산에 실력을 가함으로써 장래에 향하여 의무를 이행시키거나, 이행이 있은 것과 동일한 상태를 실현하는 경찰작용"을 말한다.

한편 경찰상의 강제집행은 법원의 힘을 빌리지 않고 경찰 스스로의 힘으로 경찰의무의 이행을 강제하는 자력집행의 체계를 갖추고 있다는 점에 그 특색이 있다.

2. 경찰상의 강제집행과 경찰상의 즉시강제는 어떠한 점에서 구분될 수 있을까?

(1) 전통적 경찰강제론에 따른 양자의 구분

전통적 경찰강제론에서는 경찰상의 강제집행과 경찰상의 즉시강제를 '의무의 존재와 그의 불이행'을 전제로 하는지 여부를 기준으로 구별하여 왔으며, 그러한 입장이 아직도 우리나라 학계의 다수설로 보인다.

(2) 새로운 경찰강제론에 따른 양자의 구분

근래 들어 경찰상의 강제집행과 경찰상의 즉시강제를 '사전에 (경찰하명을 통해서) 의무를 명함이 있었는지 여부'를 기준으로 구분하여야 한다는 견해가 등장하고 있다[김남진/김연태(II), 380쪽]. 이러한 견해는 전통적 경찰강제론이 경찰상의 즉시강제로 분류하고 있는 것들의 상당수는 (묵시적으로나마) 의무의 존재를 전제로 하고 있다는 것, 그 결과 전통적 경찰강제론이 경찰상의 즉시강제로 설명해 온 것들 역시 그러한 논리에 따르면 경찰상의 강제집행에 해당하게 된다는 것을 이론적 논거로 한다.

생각건대 전통적 경찰강제론은 치유되기 어려운 문제점을 갖고 있어 지지하기 곤란하다. 한편 새로운 경찰강제론에 따르면 경찰상의 강제집행은 미리 경찰하명을 통해서 의무를 부과하였음에도 불구하고 상대방이 그 경찰의무를 이행하지 않은 경우에 행해진다는 점에서, 사전에 의무를 명하지 않고 행해지는 경찰상의 즉시강제와 구별된다.

§ 2. 경찰상의 강제집행의 근거와 수단

1. 경찰의무의 불이행을 이유로 경찰상의 강제집행을 하기 위해서는 반드시 별도의 법적 근거가 필요한 것일까?

경찰상의 강제집행을 하기 위해서는 경찰의무를 부과하는 경찰하명의 근거가 되는 법률 이외에 경찰상의 강제집행을 위한 '별도의' 법적 근거가 있어야 한다는 것에 학설은 사실상 완전히 일치되어 있다.

2. 경찰상의 강제집행의 실정법적 근거가 될 수 있는 것으로는 어떠한 것이 있으며, 경찰상의 강제집행 수단에는 어떠한 것이 있을까?

경찰상의 강제집행의 실정법적 근거로는 경찰활동에 관한 일반적 내용을 담고 있는 「경찰관 직무집행법」 이외에도 「행정대집행법」 등과 같은 개별법을 들 수 있다. 한편 개괄적 수권조항이 (개별적 수권조항이 없는 경우에는) 경찰권 발동의 제2차적·보충적 수권조항이 될 수 있는 것으로 보는 본서의 입장에 따르면, 「경찰관 직무집행법」에 따른 경찰상의 강제집행의 수단 역시 개괄적 수권조항에 따른 것과 개별적 수권조항에 따른 것으로 나누어 고찰할 필요가 있다.

(1) 「경찰관 직무집행법」상의 개괄적 수권조항에 따른 수단

경찰행정청이 위해방지를 위한 경찰하명을 발하였음에도 불구하고 경찰의무자가 경찰의무를 이행하지 않는 경우에는 – 개별적 수권조항이나 기타 개별법에 별도의 규정이 없는 경우에는 – 경찰관은 「경찰관 직무집행법」상의 개괄적 수권조항에 근거하여 경찰상의 강제집행을 할 수 있다.

(2) 「경찰관 직무집행법」상의 개별적 수권조항에 따른 수단

「경찰관 직무집행법」 제3조 이하에 규정되어 있는 이른바 표준적 직무행위에는 – 경찰상의 즉시강제 이외에 – 경찰하명을 통하여 부과된 의무의 불이행을 개념적 전제로 하는 경찰상의 강제집행이 포함되어 있다고 생각한다. 범인 등이 무기 등을 소지하고 경찰관으로부터 3회 이상의 투기명령 또는 투항명령을 받고도 이에 불응하면서 계속 항거함을 이유로 경찰관이 무기를 사용하는 경우(동법 제10조의4) 등이 그 대표적 예이다.

(3) 기타 개별법상의 수단

경찰상의 강제집행의 수단으로는 전술한 「경찰관 직무집행법」상의 개괄적 수권조항 및 개별적 수권조항에 근거한 수단 이외에도 기타 개별법에 의한 수단을 들 수 있다. 그러한 개별법에 의한 수단으로는 대집행, 이행강제금, 직접강제(이들에 관하여는 후술 참조) 및 강제징수가 있다.

한편 강제징수란 금전급부의무의 불이행이 있을 때 행하는 강제집행을 말하는바, 경찰관련 법률에서 경찰법상 금전급부의무의 불이행을 이유로 (「국세징수법」과 별도로) 강제징수에 관한 특별한 절차 등을 규정하고 있는 예는 찾아볼 수 없다. 즉, 경찰법상 금전급부의무의 불이행이 있는 경우에도 「국세징수법」에 따른 강제징수가 행해질 뿐이므로 강제징수를 특히 경찰상의 강제집행의 수단으로 논할 실익이 크지 않다. 따라서 여기에서는 강제징수에 관하여는 설명을 생략하기로 한다.

3. (1) 대집행이란 무엇을 말하며,
(2) 그 유형에는 어떠한 것이 있을까?

참고문헌: 김아름, "국민의 권익보장을 위한 행정대집행에 관한 연구", 고려대학교 대학원 박사논문, 2015.

(1) 대집행의 의의

대집행(代執行, Ersatzvornahme)이란 의무자가 타인이 대신하여 행할 수 있는 작위의무(대체적 작위의무)를 이행하지 않은 경우에 ① 당해 행정청이 스스로 의무자가 하여야 할 행위를 대신 행하거나 ② 제3자로 하여금 의무자가 하여야 할 행위를 하게 함으로써 의무의 이행이 있은 것과 동일한 상태를 실현시킨 후, 그 비용을 의무자로부터 징수하는 것을 말한다(「행정대집행법」 제2조 참조).[93] 대집행에 관한 일반적 사항은 「행정대집행법」이 규율하고 있다.

한편 「도로교통법」 등과 같은 경찰관련 개별법에서 이러한 대집행을 할 수 있음을 규정하고 있는 경우는 물론이고, 개별법에 그러한 규정이 없어도 「행정대집행법」이 정한 요건이 충족되면 경찰행정청은 대집행을 할 수 있다.

(2) 대집행의 유형

우리나라의 「행정대집행법」은 ① 당해 행정청이 스스로 의무자가 하여야 할 행위를 대신 행하는 경우와 ② 제3자로 하여금 의무자가 하여야 할 행위를 대신 행하게 하는 경우를 모두 대집행으로 보고 있는데, 전자를 자기집행(自己執行, Selbstvornahme), 후자를 타자집행(他者執行, Fremdvornahme)이라고 한다.

한편 학설상으로는 타자집행만을 대집행으로 보아야 하며, 자기집행은 후술하는 직접강제로 보아야 한다는 견해가 유력하다. 독일의 「연방 행정집행법」과 일부 주의 「행정집행법」 및 경찰법 등이 그러한 예에 따르고 있다.

4. (1) 이행강제금이란 무엇을 말하며,
(2) 실정법상 이행강제금 제도의 예로는 어떤 것이 있을까?

93) 행정대집행의 개념을 규정하고 있는 행정기본법 제30조 제1항 제1호 또한 그 표현방식에 있어 약간의 차이를 보일 뿐, 기본적으로는 여기서의 대집행의 개념과 동일한 개념구조를 취하고 있다.

참고문헌: 서정범, "이행강제금 제도에 관한 고찰", 경찰대학 논문집 제29집(2009), 3쪽 아래; 이동찬, "이행강제금에 관한 연구: 일반법제정을 중심으로", 토지공법연구 제69권(2015), 73쪽 아래.

(1) 이행강제금의 의의

이행강제금이란 의무자가 행정상 의무를 이행하지 아니하는 경우 행정청이 적절한 이행기간을 부여하고, 그 기한까지 행정상 의무를 이행하지 아니하면 금전급부의무를 부과하는 것을 말한다(행정기본법 제30조 제1항 제2호). 과거에는 이를 '집행벌'이라고도 불렀으나, 오늘날은 학문적으로는 물론 실정법상으로도 이행강제금이란 용어가 정착되어 있는 것으로 보인다.

한편 우리나라의 경우 과거에는 이행강제금을 '비대체적 작위의무 또는 부작위의무'의 불이행이 있는 경우에만 적용될 수 있는 것으로 이해하기도 하였으나, 오늘날은 대체적 작위의무나 수인의무의 불이행이 있는 경우에도 이행강제금을 사용할 수 있는 것으로 보고 있다[헌재결 2004. 2 .26. 2001헌바80, 84, 102, 103, 2002헌바26(병합) 참조]. 행정기본법상의 이행강제금의 정의 또한 이런 사정을 고려한 것이라고 생각된다.

(2) 실정법적 근거

이행강제금 제도는 (건축)허가권자는 시정명령을 받은 후 시정기간 내에 시정명령을 이행하지 아니한 건축주 등에 대하여는 그 시정명령의 이행에 필요한 상당한 이행기한을 정하여 그 기한까지 시정명령을 이행하지 아니하면 이행강제금을 부과할 수 있음을 규정한 「건축법」(제80조)에 처음으로 도입되었다. 그 후 이행강제금은 「농지법」(제65조), 「장애인·노인·임산부 등의 편의증진보장에 관한 법률」(제28조), 「옥외광고물 등 관리법」(제20조의2), 「교통약자의 이동편의증진법」(제34조) 등에 계속하여 도입되고 있다. 한편 행정기본법은 제31조에서 이행강제금의 부과요건, 부과기준 및 절차 등에 관하여 상세하게 규율하고 있다.

5. 직접강제란 무엇을 말하며, 실정법상 직접강제의 예로 볼 수 있는 것은 어떤 것이 있을까?

직접강제(Unmittelbare Zwang)란 의무자가 행정상 의무를 이행하지 않는 경우에 행정청이 의무자의 신체나 재산에 실력을 행사하여 그 행정상 의무의 이행이 있었던 것과 같은 상태를 실현하는 작용을 말한다(행정기본법 제30조 제1항 제3호). 직접강제의 예로는 영업소의 폐쇄조치(「식품위생법」 제79조), 외국인의 강제퇴거(「출입국관리법」 제59조) 등을 들 수 있다.

Chapter 3.
경찰상의 즉시강제와 경찰조사

§ 1. 경찰상의 즉시강제의 의의

1. 경찰상의 즉시강제는 무엇을 말하는 것일까?

경찰상의 즉시강제(sofortiger Zwang)란 "(하명을 통한) 경찰상의 의무부과 없이 직접 개인의 신체 또는 재산에 실력을 가함으로써 경찰상 필요한 상태를 실현시키는 작용"을 말한다. 본서에서 설명하는 경찰상의 즉시강제의 정의는 전통적인 경찰상의 즉시강제의 개념과는 그 개념적 징표를 약간 달리하고 있는데, 이에 대하여는 Chapter 2에서 경찰상의 강제집행의 의의와 관련하여 이미 서술한 바 있다.

2. '경찰상의 의무부과' 없이 실력이 행사되는 경찰상의 즉시강제는 어떠한 경우에 행해질 수 있는 것일까?

경찰상의 즉시강제는 다음과 같은 2가지 경우에 행해질 수 있다. 즉,
① 목전에 급박한 경찰상의 위해를 방지·제거하기 위하여 필요한 경우 또는
② 그 성질상 미리 의무를 명하는 것에 의해서는 목적을 달성할 수 없는 경우

한편 독일의 경우는 이러한 구분을 전제로 ①의 경우를 즉시집행(卽時執行, sofortiger Vollzug), ②의 경우를 직접시행(直接施行, unmittelbare Ausführung)이라고 부르는 것이 일반적인 것으로 보인다(이들 문제에 관한 독일에서의 논의에 관하여는 vgl. Kugelmann, "Unmittelbare Ausführung und sofortige Anwendung von Verwaltungszwang durch die Polizei", DÖV 1997, 153 ff.).

§ 2. 경찰상의 즉시강제의 근거와 수단

1. 경찰상의 즉시강제를 행하기 위하여서는 반드시 실정법적 근거를 필요로 하는 것일까?

과거에는 "공공의 안녕 또는 질서에 대한 급박한 위해가 존재하는 경우에 국가는 그 같은 위해를 방지·제거하여 공공의 안녕과 질서를 유지할 자연법적 권리와 의무를 가지며, 따라서 특별한 법률적 근거가 없더라도 경찰상의 즉시강제가 가능하다"고 하여 경찰상의 즉시강제의 이론적 근거를 국가의 일반긴급권에서 찾기도 했었다.

그러나 오늘날은 위와 같은 견해는 찾아보기 어렵다. 즉, 경찰상의 즉시강제는 국민의 권리에 대한 중대한 침해를 가져오는 것이므로 오늘날과 같은 실질적 법치국가에 있어서는 경찰상의 즉시강제는 반드시 실정법적 근거를 필요로 한다.

2. 경찰상의 즉시강제의 실정법적 근거가 될 수 있는 것으로는 어떠한 것이 있으며, 그들 법에 근거한 경찰상의 즉시강제 수단에는 어떠한 것이 있을까?

경찰상의 즉시강제의 실정법적 근거로는 경찰작용에 관한 일반적 내용을 규정하고 있는 「경찰관 직무집행법」 외에 「식품위생법」 등과 같은 개별법이 있다. 한편 개괄적 수권조항이 (개별적 수권조항이 없는 경우에는) 경찰권 발동의 제2차적·보충적 수권조항이 될 수 있는 것으로 이해하는 저자의 입장에 따르면, 「경찰관 직무집행법」에 따른 경찰상의 즉시강제의 수단 역시 개괄적 수권조항에 따른 것과 개별적 수권조항에 따른 것으로 나누어 고찰할 필요가 있다.

(1) 「경찰관 직무집행법」상의 개괄적 수권조항에 따른 수단

목전에 급박한 경찰상의 위해를 방지·제거하기 위하여 필요한 경우 또는 그 성질상 미리 의무를 명함에 의해서는 경찰목적을 달성할 수 없는 경우에 – 개별적 수권조항이나 기타 개별법에 별도의 규정이 없다면 – 경찰관은 개괄적 수권조항에 근거하여 보충적으로 경찰상의 즉시강제를 할 수 있다.

(2) 「경찰관 직무집행법」상의 개별적 수권조항에 따른 수단

「경찰관 직무집행법」은 제3조(불심검문) 이하에서 이른바 '표준적 직무행위'에 관하여 규정하고 있는데, 종래의 통설은 이들 조치 전부가 여기서 말하는 경찰상의 즉시강제에 해당하는 것으로 보았었다. 그러나 동법 제3조 이하에 규정되어 있는 조치들 전부를 경찰상의 즉시강제에 해당하는 것으로 보는 것은 곤란하다고 생각한다. 왜냐하면 그들 조치들 가운데에는 (경찰상의 즉시강제의 성격을 갖는 것이 아니라) 경찰상의 강제집행 또는 경찰조사에 해당하는 것들이 있기 때문이다.[94]

「경찰관 직무집행법」 제3조 이하가 규정하고 있는 표준적 직무행위에 관하여는 이하에서 별도로 서술한다.

(3) 기타 개별법상의 수단

가) 대인적 강제: 대인적 강제란 사람의 신체에 실력을 가하여 경찰상 필요한 상태를 실현시키는 작용을 말하는바, 공중위생에 관계되는 법률에서 그 예를 많이 볼 수 있다. 강제격리(「감염병의 예방 및 관리에 관한 법률」 제42조), 강제건강진단(동법 제9조), 수난구호를 위한 원조강제(「수상에서의 수색·구조 등에 관한 법률」 제29조), 치료보호(「마약류관리에 관한 법률」 제40조) 등이 그에 해당한다.

나) 대물적 강제: 대물적 강제란 물건에 실력을 가하여 경찰상 필요한 상태를 실현시키는 작용을 말한다. 물건의 폐기(「식품위생법」 제56조; 「약사법」 제65조 제2항 ; 「형의 집행 및 수용자의 처우에 관한 법률」 제25조), 물건의 영치(「형의 집행 및 수용자의 처우에 관한 법률」 제25조), 물건의 파괴(「옥외광고물 등 관리법」 제10조 제2항), 교통장애물의 제거(「도로교통법」 제66조 제2항, 제67조 제2항) 등이 그에 해당한다.

다) 대가택적 강제: 대가택적 강제란 타인의 가택 또는 영업소에 실력을 가하여 경찰상 필요한 상태를 실현시키는 작용을 말한다. 임검·검사 및 수색(「조세범처벌절차법」 제2조 ~ 제5조 ; 「총포·도검·화약류 등 단속법」 제44조 ; 「농산물검사법」 제19조) 등이 그 예이다. 다만 종래 대가택적 강제로 설명되었던 이들 수단들은 오늘날은 주로 경찰조사의 영역에서 논의되고 있다.

---

94) 「경찰관 직무집행법」상의 표준적 직무행위를 권력적 행정조사에 해당하는 것, 경찰상 즉시강제에 해당하는 것, 하명의 성질을 가지는 것 및 국민에게 불이익을 줄 수 있는 비권력적인 것으로 나누어 설명하는 견해(박균성/김재광, 343쪽 아래) 또한 저자와 동일한 문제의식을 가지고 있는 것으로 볼 수 있다.

§ 3. 「경찰관 직무집행법」상의 표준적 직무행위

1. 불심검문(Ⅰ)-「경찰관 직무집행법」 제3조에 따른 불심검문:
(1) 불심검문은 무엇을 말하며,
(2) 불심검문의 성격은 어떻게 규정지을 수 있을까?

(1) 불심검문의 의의

경찰관은 수상한 행동이나 그 밖의 주위 사정을 합리적으로 판단하여 볼 때 어떠한 죄를 범하였거나 범하려 하고 있다고 의심할 만한 상당한 이유가 있는 사람, 또는 이미 행하여진 범죄나 행하여지려고 하는 범죄행위에 관한 사실을 안다고 인정되는 사람을 정지시켜 질문할 수 있는바(제1항), 이를 불심검문이라고 한다.[95] 한편 경찰관은 불심검문을 할 때에 그 사람이 흉기를 가지고 있는지를 조사할 수 있다.[96]

(2) 불심검문의 성격

불심검문의 성격에 대하여는 종래 행정경찰작용으로 보는 견해와 사법경찰작용으로 보는 견해의 대립이 있었다. 그러나 불심검문의 성격은 검문의 유형에 따라 달리 판단되어야 한다. 즉, 불심검문이 이미 어떠한 죄를 범하였다고 의심할 만한 경우에 행하여지는 경우에는 사법경찰작용의 성격을 가지며, 어떠한 죄를 범하려 하고 있다고 의심할 만한 경우에 행해지는 경우에는 위해를 예방하는 차원에서 행해지는 행정경찰작용의 성격을 갖는다(동지: 정하중, 1110쪽. 한편 불심검문의 성격 전반에 관하여는 서정범, 「경찰관 직무집행법」 제3조, 불심검문의 내용과 문제점, 수사연구

---

95) 불심검문이란 용어가 일본에서 유래했을 뿐만 아니라 일반인의 언어 감정에 있어서도 문제점이 있음을 고려할 때, 불심검문이란 용어 대신에 '(직무)질문'이란 용어를 사용하는 것이 바람직하다고 생각한다.

96) 불심검문을 할 때 행해질 수 있는 불심검문의 대상자가 흉기를 가지고 있는지 여부를 조사하는 행위의 성질에 관하여는 실로 다양한 견해가 대립하고 있는바, 이러한 견해 대립의 핵심은 이를 「헌법」 제12조 제3항의 수색으로 볼 수 있는지 여부의 문제에 관한 것이다. 또한 이를 헌법상의 수색에 해당하지는 않는다고 보는 입장은 다시 이를 권력적 행정조사로 보는 견해와 비권력적 행정조사로 보는 견해로 나뉘어져 있다. 이러한 견해의 대립에 관하여 상세한 것은 박균성/김재광, 344쪽 아래 참조.

2004. 10 참조).

(3) 특수문제: 자동차검문

자동차검문을 여기서의 불심검문으로 볼 수 있는지, 즉 「경찰관 직무집행법」의 불심검문 조항을 근거로 하여 자동차검문을 할 수 있는지 여부에 관하여는 논란이 있다. 물론 자동차검문을 불심검문의 한 형태로 볼 수 있다고 보는 견해도 있다(박균성/김재광, 388쪽). 그러나 경찰 실무에 있어 현장 경찰관들에 의해 자동차검문에 관한 규정의 도입이 필요하다는 주장이 나타나고 있음을 고려하면, 이를 불심검문의 한 형태라고 단언하기는 곤란한 면이 있다.

2. 불심검문(II)－임의동행:
(1) 불심검문에 수반하여 행해질 수 있는 임의동행이란 무엇을 말하며,
(2) 어떠한 절차를 거쳐 행하는 것일까?

(1) 임의동행의 의의

경찰관은 불심검문의 대상이 되는 사람을 정지시킨 장소에서 질문을 하는 것이 그 사람에게 불리하거나 교통에 방해가 된다고 인정될 때에는 질문을 하기 위하여 가까운 경찰서·지구대·파출소 또는 출장소(지방해양경찰관서를 포함하며, 이하 "경찰관서"라 한다)로 동행할 것을 요구할 수 있다(제2항). 이 경우 동행을 요구받은 사람은 그 요구를 거절할 수 있는바, 이런 이유로 이를 임의동행이라고 한다.

(2) 임의동행의 절차 등

경찰관은 불심검문을 하거나 동행을 요구할 경우 자신의 신분을 표시하는 증표(경찰공무원증)를 제시하면서 소속과 성명을 밝히고 질문이나 동행의 목적과 이유를 설명하여야 하며, 동행을 요구하는 경우에는 동행 장소를 밝혀야 한다(제4항).

또한 경찰관은 동행한 사람의 가족이나 친지 등에게 동행한 경찰관의 신분, 동행 장소, 동행 목적과 이유를 알리거나 본인으로 하여금 즉시 연락할 수 있는 기회를 주어야 하며, 변호인의 도움을 받을 권리가 있음을 알려야 한다(제5항).

임의 동행의 경우 경찰관은 동행한 사람을 6시간을 초과하여 경찰관서에 머물게 할 수 없다(제6항).

관련판례: "임의동행은 상대방의 동의 또는 승낙을 그 요건으로 하는 것이므로 경찰관으로부터 임의동행 요구를 받은 경우 상대방은 이를 거절할 수 있을 뿐만 아니라 임의동행 후 언제든지 경찰관서에서 퇴거할 자유가 있다 할 것이고, 경찰관직무집행법 제3조 제6항이 임의동행한 경우 당해인을 6시간을 초과하여 경찰관서에 머물게 할 수 없다고 규정하고 있다고 하여 그 규정이 임의동행한 자를 6시간 동안 경찰관서에 구금하는 것을 허용하는 것은 아니다"(대판 1997. 8. 22, 97도1240).

한편 불심검문의 대상자로 질문을 받거나 동행을 요구받은 사람은 형사소송에 관한 법률에 따르지 아니하고는 신체를 구속당하지 아니하며, 그 의사에 반하여 답변을 강요당하지 아니한다(제7항).

3. 보호조치(Ⅰ)-「경찰관 직무집행법」 제4조에 따른 보호조치:
(1) 보호조치는 어떠한 요건이 갖추어져 있는 경우에
(2) 어떠한 절차를 거쳐 행할 수 있는 것일까?

(1) 보호조치의 요건

경찰관은 수상한 행동이나 그 밖의 주위 사정을 합리적으로 판단해 볼 때 ① 정신착란을 일으키거나 술에 취하여 자신 또는 다른 사람의 생명·신체·재산에 위해를 끼칠 우려가 있는 사람, ② 자살을 시도하는 사람, ③ 미아, 병자, 부상자 등으로서 적당한 보호자가 없으며 응급구호가 필요하다고 인정되는 사람(다만, 본인이 구호를 거절하는 경우는 제외한다) 중 어느 하나에 해당하는 것이 명백하고 응급구호가 필요하다고 믿을 만한 상당한 이유가 있는 사람(이하 "구호대상자"라 한다)을 발견하였을 때에는 보건의료기관이나 공공구호기관에 긴급구호를 요청하거나 경찰관서에 보호하는 등 적절한 조치를 할 수 있다(제1항). 이 경우 긴급구호를 요청받은 보건의료기관이나 공공구호기관은 정당한 이유 없이 긴급구호를 거절할 수 없다(제2항).

한편 경찰관서에서의 보호는 24시간을 초과할 수 없는바(동조 제7항), 24시간 이내라할지라도 보호조치의 요건이 없게 된 경우에는 보호를 계속할 수 없음은 물론이다.

(2) 보호조치의 절차

경찰관은 긴급구호요청이나 보호조치를 하였을 때에는 지체 없이 구호대상자의 가족, 친지 또는 그 밖의 연고자에게 그 사실을 알려야 하며, 연고자가 발견되지 아니할 때에는 구호대상자를 적당한 공공보건의료기관이나 공공구호기관에 즉시 인계하여야 한다(제4항). 경찰관이 구호대상자를 공공보건의료기관이나 공공구호기관에 인계하였을 때에는 즉시 그 사실을 소속 경찰서장이나 해양경찰서장에게 보고하여야 한다(제5항). 이 경우 보고를 받은 소속 경찰서장이나 해양경찰서장은 대통령령으로 정하는 바에 따라 구호대상자를 인계한 사실을 지체 없이 해당 공공보건의료기관 또는 공공구호기관의 장 및 그 감독행정청에 통보하여야 한다(6항).

4. 보호조치(II)－임시영치:
(1) 보호조치에 수반하여 행해지는 임시영치는 어떠한 성질을 가지며,
(2) 어떠한 요건과 어떠한 절차에 따라 행하여지는 것일까?

(1) 임시영치의 의의 및 성질

임시영치란 물건의 소지가 경찰상 위험을 발생케 할 만한 상당한 이유가 있다고 인정되는 경우에 일시적으로 그 소지를 박탈하여 경찰관이 보관하는 것을 말하는바, 이러한 임시영치는 '공법상의 임치(任置, Verwahrung)'의 성질을 갖는다(공법상의 임치에 관하여는 서정범/박상희, 525쪽 아래 참조).

(2) 임시영치의 요건 등

경찰관은 보호조치를 하는 경우에 구호대상자가 휴대하고 있는 무기·흉기 등 위험을 일으킬 수 있는 것으로 인정되는 경우 그 물건을 경찰관서에 임시로 영치(領置)하여 놓을 수 있으며, 이 경우 임시로 영치하는 기간은 10일을 초과할 수 없다.

5. 위험발생방지조치(I)－「경찰관 직무집행법」 제5조에 따른 위험발생방지조치:
(1) 위험발생방지조치는 어떠한 요건하에서
(2) 어떠한 절차를 거쳐 행해지는 것일까?

(1) 위험발생방지조치의 요건

경찰관은 "사람의 생명 또는 신체에 위해를 끼치거나 재산에 중대한 손해를 끼칠 우려가 있는 천재(天災), 사변(事變), 인공구조물의 파손이나 붕괴, 교통사고, 위험물의 폭발, 위험한 동물 등의 출현, 극도의 혼잡, 그 밖의 위험한 사태가 있을 때에는"「경찰관 직무집행법」 제5조 제1항 각호가 정하는 조치를 할 수 있다(제1항).

(2) 위험발생방지조치의 절차

경찰관이 위험발생방지조치를 하였을 때에는 지체 없이 그 사실을 소속 경찰관서의 장에게 보고하여야 하며(제3항), 그러한 조치를 하거나 보고를 받은 경찰관서의 장은 관계 기관의 협조를 구하는 등 적절한 조치를 하여야 한다(제4항).

6. 위험발생방지조치(II)–위험발생방지를 위한 구체적 수단: 위험발생방지조치는 구체적으로 어떠한 것을 내용으로 할까?

(1) 위험발생방지를 위한 구체적 수단

① 그 장소에 모인 사람, 사물(事物)의 관리자, 그 밖의 관계인에게 필요한 경고를 하는 것

② 매우 긴급한 경우에는 위해를 입을 우려가 있는 사람을 필요한 한도에서 억류하거나 피난시키는 것

③ 그 장소에 있는 사람, 사물의 관리자, 그 밖의 관계인에게 위해를 방지하기 위하여 필요하다고 인정되는 조치를 하게 하거나 직접 그 조치를 하는 것(제1항)

(2) 대간첩작전 등에서의 특례

경찰관서의 장은 대간첩 작전의 수행이나 소요(騷擾) 사태의 진압을 위하여 필요하다고 인정되는 상당한 이유가 있을 때에는 대간첩 작전지역이나 경찰관서·무기고 등 국가중요시설에 대한 접근 또는 통행을 제한하거나 금지할 수 있다(제2항).

7.「경찰관 직무집행법」 제6조에 따른 '범죄의 예방과 제지'는 어떠한 요건하에서 행해질 수 있는 것일까?

경찰관은 범죄행위가 목전(目前)에 행하여지려고 하고 있다고 인정될 때에는 이를 예방하기 위하여 관계인에게 필요한 경고를 하고, 그 행위로 인하여 사람의 생명·신체에 위해를 끼치거나 재산에 중대한 손해를 끼칠 우려가 있는 긴급한 경우에는 그 행위를 제지할 수 있다.

한편 「경찰관 직무집행법」에 따라 범죄를 예방하기 위한 경찰관의 제지 조치가 적법한 직무집행으로 평가되기 위한 요건에 관하여는 이하의 관련판례 참조.

관련판례: "구 경찰관직무집행법은 제2조 제1호(현행법 제2조 제2호)에서 경찰관이 수행하는 직무 중 하나로 '범죄의 예방'을 정하고 있고, 제6조 제1항에서 "경찰관은 범죄행위가 목전에 행하여지려고 하고 있다고 인정될 때에는 이를 예방하기 위하여 관계인에게 필요한 경고를 하고, 그 행위로 인하여 인명·신체에 위해를 끼치거나 재산에 중대한 손해를 끼칠 우려가 있어 긴급을 요하는 경우에는 그 행위를 제지할 수 있다."라고 정하고 있다. 위 법률에 따라 범죄를 예방하기 위한 경찰관의 제지 조치가 적법한 직무집행으로 평가될 수 있기 위해서는 형사처벌의 대상이 되는 행위가 눈앞에서 막 이루어지려고 하는 것이 객관적으로 인정될 수 있는 상황이고, 그 행위를 당장 제지하지 않으면 곧 생명·신체에 위해를 미치거나 재산에 중대한 손해를 끼칠 우려가 있는 상황이어서, 직접 제지하는 방법 외에는 위와 같은 결과를 막을 수 없는 절박한 사태가 있어야 한다"(대판 2017.3.15, 2013도2168).

8. 「경찰관 직무집행법」 제7조에 따른 '위험방지를 위한 출입'에는 어떠한 유형이 있을까?

(1) 긴급출입

경찰관은 제5조 제1항·제2항 및 제6조에 따른 위험한 사태가 발생하여 사람의 생명·신체 또는 재산에 대한 위해가 임박한 때에 그 위해를 방지하거나 피해자를 구조하기 위하여 부득이하다고 인정하면 합리적으로 판단하여 필요한 한도에서 다른 사람의 토지·건물·배 또는 차에 출입할 수 있는데, 이를 긴급출입이라고 한다(제1항).

(2) 예방출입

홍행장(興行場), 여관, 음식점, 역, 그 밖에 많은 사람이 출입하는 장소의 관리자나 그에 준하는 관계인은 경찰관이 범죄나 사람의 생명·신체·재산에 대한 위해를 예방하기 위하여 해당 장소의 영업시간이나 해당 장소가 일반인에게 공개된 시간에 그 장소에 출입할 수 있는바, 이를 예방출입이라고 한다. 이 경우 경찰관이 출입하겠다고 요구하면 정당한 이유 없이 그 요구를 거절할 수 없다(제2항). 한편 경찰관은 대간첩 작전 수행에 필요할 때에는 작전지역에서 위의 장소를 검색할 수 있다.

(3) 출입절차 등

경찰관이 필요한 장소에 출입할 때에는 그 신분을 표시하는 증표를 제시하여야 하며, 함부로 관계인이 하는 정당한 업무를 방해해서는 아니 된다.

9.「경찰관 직무집행법」 제8조에 따를 때
(1) 경찰관서의 장은 어떤 경우에 직무수행에 관련된 사실을 조회할 수 있으며, (2) 경찰관은 어떤 경우에 관계인에게 출석을 요구할 수 있을까?

(1) 사실의 확인 등

경찰관서의 장은 직무 수행에 필요하다고 인정되는 상당한 이유가 있을 때에는 국가기관이나 공사(公私) 단체 등에 직무 수행에 관련된 사실을 조회할 수 있다. 다만, 긴급한 경우에는 소속 경찰관으로 하여금 현장에 나가 해당 기관 또는 단체의 장의 협조를 받아 그 사실을 확인하게 할 수 있다(제1항).

(2) 출석요구

경찰관은 ① 미아를 인수할 보호자 확인, ② 유실물을 인수할 권리자 확인, ③ 사고로 인한 사상자(死傷者) 확인 및 ④ 행정처분을 위한 교통사고 조사에 필요한 사실 확인을 위하여 필요하면 관계인에게 출석하여야 하는 사유·일시 및 장소를 명확히 적은 출석 요구서를 보내 경찰관서에 출석할 것을 요구할 수 있다(제2항). 다만 출석요구서를 통한 출석요구는 전화, 인터넷, SNS 등이 발달한 현대사회에서는 더 이상 유지되기 곤란한 것이 되어 사실상 이미 사문화(死文化)되었다고 할 수 있다.

10. 경찰관의 정보의 수집 등에 관하여 「경찰관 직무집행법」 제8조의2는 어떻게 규정하고 있는가?

경찰관은 범죄·재난·공공갈등 등 공공안녕에 대한 위험의 예방과 대응을 위한 정보의 수집·작성·배포와 이에 수반되는 사실의 확인을 할 수 있다. 한편 경찰관에 의한 정보의 구체적인 범위와 처리 기준, 정보의 수집·작성·배포에 수반되는 사실의 확인 절차와 한계는 대통령령으로 정한다.

11. 경찰장비의 사용－「경찰관 직무집행법」 제10조에 따를 때
(1) 경찰장비란 무엇을 말하며,
(2) 경찰장비를 사용함에 있어 따라야 할 준칙으로는 어떠한 것이 있을까?

(1) 경찰장비의 개념

“경찰장비”란 무기, 경찰장구(警察裝具), 최루제(催淚劑)와 그 발사장치, 살수차, 감식기구(鑑識機具), 해안 감시기구, 통신기기, 차량·선박·항공기 등 경찰이 직무를 수행할 때 필요한 장치와 기구를 말한다(제1항).

(2) 경찰장비의 사용기준

가) 위해성 경찰장비의 사용: "위해성 경찰장비", 즉 사람의 생명이나 신체에 위해를 끼칠 수 있는 경찰장비를 사용할 때에는 필요한 안전교육과 안전검사를 받은 후 사용하여야 한다(제2항).

나) 불법개조의 금지 등: 경찰관은 경찰장비를 함부로 개조하거나 경찰장비에 임의의 장비를 부착하여 일반적인 사용법과 달리 사용함으로써 다른 사람의 생명·신체에 위해를 끼쳐서는 아니 된다(제3항).

다) 필요한 최소한도: 위해성 경찰장비는 필요한 최소한도에서 사용하여야 한다(제4항).

(3) 위해성 경찰장비의 안전성 확보

경찰청장은 위해성 경찰장비를 새로 도입하려는 경우에는 대통령령으로 정하

는 바에 따라 안전성 검사를 실시하여 그 안전성 검사의 결과보고서를 국회 소관 상임위원회에 제출하여야 한다. 이 경우 안전성 검사에는 외부 전문가를 참여시켜야 한다(제5항).

> 12.「경찰관 직무집행법」 제10조의2에 따를 때
> (1) 경찰장구란 무엇을 말하며,
> (2) 경찰관은 어떠한 요건하에서 경찰장구를 사용할 수 있을까?

(1) 경찰장구의 개념

"경찰장구"란 경찰관이 휴대하여 범인 검거와 범죄 진압 등의 직무 수행에 사용하는 수갑, 포승(捕繩), 경찰봉, 방패 등을 말한다(제2항).

(2) 경찰장구의 사용요건

경찰관은 ① 현행범이나 사형·무기 또는 장기 3년 이상의 징역이나 금고에 해당하는 죄를 범한 범인의 체포 또는 도주 방지, ② 자신이나 다른 사람의 생명·신체의 방어 및 보호, ③ 공무집행에 대한 항거(抗拒) 제지를 위하여 필요하다고 인정되는 상당한 이유가 있을 때에는 그 사태를 합리적으로 판단하여 필요한 한도에서 경찰장구를 사용할 수 있다(제1항).

> 13.「경찰관 직무집행법」 제10조의3에 따르면
> (1) 분사기란 무엇을 말하며,
> (2) 경찰관은 어떤 요건하에서 분사기를 사용할 수 있을까?

(1) 분사기의 개념

"분사기"란 「총포·도검·화약류 등의 안전관리에 관한 법률」에 따른 분사기를 말하며, 그에 사용하는 최루 등의 작용제를 포함한다.

(2) 분사기의 사용요건

경찰관은 ① 범인의 체포 또는 범인의 도주 방지 ② 불법집회·시위로 인한 자신이나 다른 사람의 생명·신체와 재산 및 공공시설 안전에 대한 현저한 위해의 발생 억제를 위하여 부득이한 경우에는 현장책임자가 판단하여 필요한 최소한의 범위에서 분사기 또는 최루탄을 사용할 수 있다.

14. 무기의 사용(Ⅰ)－무기의 개념 및 무기사용의 유형:
(1)「경찰관 직무집행법」 제10조의4에 따를 때 무기란 무엇을 말하며,
(2) 무기사용의 유형은 크게 어떻게 구분해 볼 수 있을까?

(1) 무기의 개념

"무기"란 사람의 생명이나 신체에 위해를 끼칠 수 있도록 제작된 권총·소총·도검 등을 말한다(제2항).

(2) 무기사용의 유형

「경찰관 직무집행법」 제10조의4는 경찰관의 무기사용의 유형을 다음의 2가지, 즉 ① 사람의 신체에 대한 위해를 수반하지 아니하는 무기사용과 ② 사람의 신체에 대한 위해를 수반하는 무기사용으로 구분하여 규정하고 있다(제1항).

15. 무기의 사용(Ⅱ)－신체에 대한 위해를 수반하지 아니하는 무기사용: 「경찰관 직무집행법」 제10조의4에 따를 때, 사람의 신체에 대한 위해를 수반하지 아니하는 무기사용은 어떠한 경우에 허용될까?

경찰관은 ① 범인의 체포, 범인의 도주 방지, ② 자신이나 다른 사람의 생명·신체의 방어 및 보호, ③ 공무집행에 대한 항거의 제지를 위하여 필요하다고 인정되는 상당한 이유가 있을 때에는 그 사태를 합리적으로 판단하여 필요한 한도에서 (사람의 신체에 대한 위해를 수반하지 아니하는) 무기를 사용할 수 있다.

16. 무기사용(Ⅲ)－신체에 대한 위해를 수반하는 무기사용: 「경찰관 직무집행법」 제10조의4에 따를 때, 사람의 신체에 대한 위해를 수반하는 무기사용은 어떠한 경우에 허용될까?

(1) 「형법」에 규정된 정당방위와 긴급피난에 해당할 때

(2) 다음 중 어느 하나에 해당하는 때에 그 행위를 방지하거나 그 행위자를 체포하기 위하여 무기를 사용하지 아니하고는 다른 수단이 없다고 인정되는 상당한 이유가 있을 때

① 사형·무기 또는 장기 3년 이상의 징역이나 금고에 해당하는 죄를 범하거나 범하였다고 의심할 만한 충분한 이유가 있는 사람이 경찰관의 직무집행에 항거하거나 도주하려고 할 때

② 체포·구속영장과 압수·수색영장을 집행하는 과정에서 경찰관의 직무집행에 항거하거나 도주하려고 할 때

③ 제3자가 ①②에 해당하는 사람을 도주시키려고 경찰관에게 항거할 때

④ 범인이나 소요를 일으킨 사람이 무기·흉기 등 위험한 물건을 지니고 경찰관으로부터 3회 이상 물건을 버리라는 명령이나 항복하라는 명령을 받고도 따르지 아니하면서 계속 항거할 때

§ 4. 경찰상의 즉시강제의 한계

1. 경찰상의 즉시강제에 적용되는 (법규상의 한계 이외의) 실체적 한계로는 어떤 것이 있을까?

경찰상의 즉시강제를 위해서는 반드시 법적 근거가 있을 것을 요하며, 그 내용 또한 법규의 내용에 적합하여야 한다. 한편 경찰상의 즉시강제는 이러한 법규상의 한계 이외에도 일정한 실체적 한계 내에서만 행할 수 있음을 유의하여야 한다. 즉, 경찰상의 즉시강제는 (특히 즉시집행의 경우) 경찰상의 위해가 목전에 급박하고, 다른 수단으로는 경찰목적을 달성할 수 없을 때에 한하여 행할 수 있다. 경찰비례의 원칙이 경찰상의 즉시강제의 경우에도 적용됨은 물론이다.

2. 헌법상의 영장주의는 경찰상의 즉시강제에도 적용될 수 있는 것일까?

(1) 문제의 소재

헌법은 개인의 신체·재산 및 가택에 대한 침해에 법관의 영장을 얻도록 규정하고 있는데(영장주의, 제12조·제16조), 이와 관련하여 영장주의가 경찰상의 즉시강제에도 적용되는지 여부가 문제된다.

(2) 학설 및 판례

예전에는 헌법상의 영장주의는 '형사사법권'의 행사로부터 국민의 기본권을 보장하기 위한 것이므로 경찰상의 즉시강제에는 영장주의의 적용이 없다는 견해(令狀不要說)도 있었으나, 오늘날은 헌법규정의 취지를 고려할 때 영장주의는 경찰상의 즉시강제에도 당연히 적용된다는 것이 지배적 견해이다. 다만, 즉시집행의 경우, 즉 목전에 급박한 위해의 방지 및 제거를 위하여 법관의 영장을 사전에 발급받을 수 없는 경우에는 헌법상의 영장주의에 대한 예외를 인정할 수밖에 없다[동지: 김남진/김연태(II), 393쪽]. 헌법재판소 역시 같은 취지의 결정을 행한 바 있다.

관련판례: "구 음반·비디오물 및 게임물에 관한 법률 제24조 3항에 따른 음반·비디오물 및 게임물의 수거와 폐기는 급박한 상황에 대처하기 위한 것으로서 그 불가피성과 정당성이 충분히 인정되는 경우이므로, 이 사건 법률조항이 영장 없는 수거를 인정한다고 하더라도 이를 두고 헌법상 영장주의에 위배되는 것으로는 볼 수 없다"(헌재결 2002. 10. 31, 2000헌가12).

§ 5. 경찰상의 즉시강제에 대한 구제

1. 경찰상의 즉시강제와 관련하여 그에 대한 구제를 논할 필요성은 어디에서 찾을 수 있을까?

경찰상의 즉시강제는 (하명을 통한 의무부과도 없이) 경찰목적을 위하여 국민의 신체나 재산에 직접적으로 실력을 가하는 권력작용으로서 다른 어떤 작용보다도 국민의 권익을 침해할 가능성이 상당히 높다. 따라서 경찰상의 즉시강제로 인한 국민의 권익침해에 대하여는 구제수단의 필요성이 강하게 요청되며, 그로 인하여 경찰상의 즉시강제에 대한 구제수단에 대한 관심이 높아지고 있다.

2. 적법한 경찰상의 즉시강제에 대한 구제수단으로는 어떠한 것이 있을까?

(1) 손실보상

경찰상의 즉시강제가 법률에 근거하여 적법하게 행하여졌으나, 그로 인해 제3자(또는 경찰책임자)에게 수인의 한도를 넘는 특별한 희생(Sonderopfer)을 가한 경우에는 그에 대한 적절한 손실보상이 행해져야 한다.

(2) 손실보상의 근거

한편 「헌법」 제23조 제3항의 취지를 고려할 때 손실보상은 법률에 보상규정이 있는 경우에 한하여 인정될 수 있는바, 이에 따라 「소방기본법」 등의 개별법에서 손실보상을 규정하는 경우도 있다. 그러나 종래 「경찰관 직무집행법」에는 손실보상에 관한 규정이 없었으며, 그 결과 (경찰상의 즉시강제를 포함한) 경찰작용으로 특별한 희생을 입은 경우에도 손실보상을 청구할 수 없는 문제가 있었다. 이처럼 「경찰관 직무집행법」에 손실보상 규정이 없음으로 인하여 발생하는 문제의 해결을 위하여 「경찰관 직무집행법」에 손실보상 규정의 설치를 주장하는 견해들이 나타났으며, 이러한 주장이 받아들여져 2013년에 드디어 「경찰관 직무집행법」에 손실보상 규정(제11조의2)이 도입되기에 이르렀다.

3. 위법한 경찰상의 즉시강제에 대한 구제수단으로는 어떠한 것이 고려될 수 있을까?

(1) 행정쟁송

위법 또는 부당한 경찰상의 즉시강제로 인해 권리·이익을 침해당한 자는 행정심판이나 행정소송을 통해 그의 취소 또는 변경을 구할 수 있다. 다만, 경찰상의 즉시강제는 성질상 단기간에 행해지는 조치여서 행정쟁송으로 그의 취소·변경을 구할 법률상 이익이 없는 경우가 많다. 따라서 경찰상의 즉시강제에 대한 행정쟁송은 경찰상의 즉시강제가 비교적 장기간에 걸쳐서 행해지는 경우(예: 강제격리)에만 생각할 수 있다.

(2) 손해배상의 청구

경찰상의 즉시강제가 국가배상법상의 공무원의 직무상 불법행위에 해당하는 경우에는 동법에 따라 손해배상을 청구할 수 있는바(「국가배상법」 제2조), 이것이 위법한 즉시강제에 대한 가장 적절한 구제수단이다.

(3) 정당방위

위법한 경찰상의 즉시강제에 대한 저항이 형법상의 정당방위에 해당하는 경우에는 공무집행방해죄가 성립하지 않게 된다. 따라서 이러한 한도에서 위법한 경찰상의 즉시강제에 대한 구제수단으로 정당방위를 생각할 수도 있다. 다만, 국가적 행위는 일반적으로 적법성의 추정을 받으므로 정당방위를 위법한 즉시강제에 대한 구제수단으로 보는 데에는 문제가 있다.

(4) 기 타

과거에는 공무원의 형법상 책임, 「경찰공무원법」이나 「경찰관 직무집행법」상의 책임을 위법한 경찰상의 즉시강제에 대한 구제수단으로 열거하기도 했지만, 이를 개인의 권리구제수단으로 보는 것은 무리라고 생각한다.

§ 6. 경찰조사

1. (1) 경찰조사란 무엇을 말하며,
(2) 경찰상의 즉시강제와는 어떤 면에서 구분될 수 있을까?

(1) 경찰조사의 개념

경찰조사란 "경찰기관이 경찰상 필요한 자료·정보를 얻기 위하여 행하는 조사작용"을 의미한다. 이 경우 '권력적 수단에 의한 조사'뿐만 아니라 '비권력적 수단에 의한 조사' 또한 포함된다.[95]

(2) 경찰상의 즉시강제와의 구별

경찰조사는 종래 경찰상의 즉시강제에 포함시켜 다루어져 왔으나, 근년에는 양자를 분리하여 고찰하는 경향에 있는데 그 이유는 다음과 같다.

첫째, 경찰조사는 경찰상 필요한 자료를 얻기 위하여 행하는 '준비적·보조적 수단'으로서의 성질을 갖는 점에서, 경찰상 필요한 상태의 실현 그 자체를 목적으로 하는 경찰상의 즉시강제와 구분될 수 있다.

둘째, 경찰조사는 (권력적 작용보다는) 비권력적 작용을 주로 하며 그의 실효성 확보 또한 경찰벌을 통해 행해지는 반면, 경찰상의 즉시강제는 직접적인 실력행사를 통하여 경찰목적을 실현한다.

2. (1) 경찰조사의 실정법적 근거가 되는 것으로는 어떤 법률이 있으며,
(2) 그들 법률이 규정하는 경찰조사의 수단으로는 어떤 것이 있을까?

(1) 「경찰관 직무집행법」

「경찰관 직무집행법」은 경찰조사의 근거로 볼 수 있는 규정을 갖고 있는바, 치안정보의 수집과 작성에 관한 동법 제2조 4호가 대표적 예가 된다. 이 밖에 불심검문(동법 제3조), 사실의 확인(동법 제8조) 등도 경찰조사의 수단으로 활용될 수 있다.

(2) 「행정조사기본법」 외

「행정조사기본법」은 행정조사에 관하여 다른 법률에 특별한 규정이 있는 경우를 제외하고는 동법이 적용된다는 것을 분명히 하고 있으며, 그 결과 경찰조사의 경우에도 동법이 적용된다. 따라서 「행정조사기본법」이 정하고 있는 출석·진술요구, 보고와 자료제출의 요구, 현장조사, 시료채취 등 또한 경찰조사를 위한 수단으로 활용될 수 있다. 그 밖에 개별법에 경찰조사에 관한 규정이 존재한다.

97) 한편 경찰 실무에 있어서는 이러한 의미의 경찰조사(행정조사)와 수사와의 구분 내지 경계획정이 많이 논의되고 있는바, 이러한 문제에 관하여 자세한 것은 김용주, "행정조사와 특별사법경찰관리의 수사의 경계획정—특별사법경찰관리의 직무를 중심으로", 경찰학연구 제14권 제4호(2014), 77쪽 아래 참조.

3. 경찰조사를 이해함에 있어서 중요한 의미를 갖는 경찰조사의 분류방법으로는 어떤 것이 있을까?

경찰조사는 보는 관점에 따라 여러 가지로 분류할 수 있는데, 경찰조사의 분류방법 중 가장 중요한 것은 다음의 2가지이다. 즉, 경찰조사는

(1) '성질(수단)'을 기준으로 권력적 경찰조사와 비권력적 경찰조사로 구분되며,

(2) '대상'을 기준으로 ① 대인적 조사(예: 불심검문, 질문, 신체의 수색), ② 대물적 조사(예: 장부의 검사, 물건의 수거) 및 ③ 대가택적 조사(예: 가택출입 및 수색, 임검)로 구분된다.

4. 경찰조사의 절차법적 한계와 관련하여 어떤 것이 문제가 될까?

(1) 영장주의의 적용 여부

헌법상의 영장주의가 경찰조사에도 적용되는지의 문제에 관하여는 근본적으로 경찰상의 즉시강제에 관한 논의가 그대로 적용된다. 따라서 원칙적으로는 경찰조사에도, 특히 형사책임의 추급과 관련되는 경우에는 영장주의가 적용된다.

(2) 증표의 제시 등

경찰조사에 있어 최소한 조사를 행하는 자의 증표 제시가 있어야 한다는 것이 강조되어 왔는바, 「행정조사기본법」(제13조) 및 기타 개별법(「재해구호법」 제10조 제2항 등)은 경찰조사, 특히 현장조사를 하는 조사원은 그 권한을 나타내는 증표를 지니고 이를 조사대상자에게 내보여야 할 것을 명문으로 규정하고 있다.

5. 경찰조사가 위법하게 행해진 경우 그를 기초로 한 경찰작용, 특히 경찰상의 행정행위는 당연히 위법한 것이 되는 것일까?

위법한 경찰조사에 기초하여 행해진 경찰상의 행정행위의 위법성을 일반적으로 인정할 수는 없다. 그러나 경찰조사가 (일정한 요건을 갖추어 행하도록 되어 있음에도 불구하고) 법이 요구하는 요건을 무시하였기 때문에 경찰조사로 볼 수 없을 정도의 것이라면, 그러한 위법한 경찰조사에 기초하여 행해진 경찰상의 행정행위는 위법성이 인정될 수도 있다.

6. 경찰관의 적법한 경찰조사 목적을 위한 출입·검사를 상대방이 거부하는 경우 경찰관은 실력을 행사하여 필요한 경찰조사를 강행할 수 있을까?

설문과 같은 경우 실정법에 명시적 규정이 존재하지 않는 이상, 경찰관은 상대방의 신체 등에 대한 직접적 실력행사를 통하여 강제로 출입·검사를 할 수는 없다. 그 대신 간접적 강제(예: 영업허가의 철회)를 할 수 있을 뿐이다.

Chapter 4.
경찰벌

§ 1. 경찰벌 개관

1. (1) 경찰벌이란 무엇을 말하며,
(2) 어떠한 기능을 수행하는 것일까?

(1) 경찰벌의 의의

경찰벌(警察罰)이란 경찰법상의 의무위반에 대하여 일반통치권에 근거하여 과하는 제재로서의 처벌을 말한다.

(2) 경찰벌의 기능

경찰벌은 ① 직접적으로는 과거의 (경찰) 의무위반에 대한 제재를 가함으로써 경찰법규의 실효성을 확보하는 것을, ② 간접적으로는 경찰의무자에게 심리적 압박을 가함으로써 장래의 의무이행을 확보하는 것을 그의 기능으로 한다.

2. 경찰벌은
(1) 경찰상 강제집행과는 어떤 점에서 구별되며,
(2) 또한 징계벌 등과는 어떤 점에서 구별될 수 있을까?

(1) 경찰상 강제집행과의 구별

경찰벌은 과거의 경찰의무의 위반에 대한 제재로서 경찰의무자에게 심리적 압박을 가하여 의무이행을 확보하는 기능을 갖는다는 점에서, 경찰의무의 불이행이 있는 경우 직접 상대방의 신체나 재산에 실력을 행사하여 의무이행을 확보하는 경찰상의 강제집행과 구별된다.

(2) 징계벌 등과의 구별

가) 징계벌과의 구별: 경찰벌은 '일반통치권'에 근거하여 과하는 제재라는 점에서, 특별권력관계 내부 질서를 유지하기 위하여 '특별권력'에 근거하여 과하는 징계벌과 구별된다.

나) 이행강제금(집행벌)과의 구별: 경찰벌은 과거의 '의무위반'에 대한 제재로서 과하는 벌이란 점에서, 행정법상의 '의무불이행'이 있는 경우에 장래의 의무이행을 확보하기 위해 과하는 이행강제금(집행벌)과 구별된다.

다) 형사벌과의 구별: 경찰벌, 특히 경찰형벌과 형사벌은 피침해규범의 성질을 기준으로 구분된다. 즉, 형사벌이 과해지는 형사범이 법규를 기다리지 않고도 반사회성·반도덕성이 인정될 수 있는 행위(자연범)인 데 대하여, 경찰벌이 과해지는 행정범은 법규가 정한 명령·금지에 위반함으로써 비로소 반사회성·반도덕성을 띠게 되는 행위(법정범)인 점에서 양자는 구별된다. 다만 사회관·윤리관의 변화 내지 발달로 인하여 양자의 구별이 애매해지기도 하고, 때로는 양자가 서로 전화(轉化)될 수도 있다. 따라서 양자의 구별은 상대적이라고 할 수 있다.

3. 경찰벌을 부과하기 위해서는 반드시 법률에 근거하여야만 하는것일까?

죄형법정주의는 경찰벌에도 적용된다. 따라서 경찰벌의 부과를 위해서는 반드시 법률에 근거가 있어야 한다. 다만, 법률이 처벌의 대상과 벌칙의 종류 등을 구체적으로 범위를 정하여 경찰벌에 관한 사항을 경찰명령(특히 위임명령)에 위임한 경우에는 경찰명령(특히 위임명령)으로 경찰벌을 정할 수 있다. 또한 지방자치단체도 법률의 위임이 있는 경우에는 조례로써 경찰벌을 정할 수 있다.

§ 2. 경찰벌의 종류

1. 경찰벌은 그 수단 등을 기준으로 경찰형벌과 경찰질서벌로 구별되는데, 경찰형벌과 경찰질서벌은 각각 어떤 것을 그 내용으로 하는 것일까?

(1) 경찰형벌

경찰형벌은 경찰법상의 의무위반에 대한 제재로서 형법상의 형(사형·징역·금고·구류·자격정지·자격상실·벌금·과료·몰수)을 과하는 경찰벌을 말한다. 경찰형벌에 대해서는 특별한 규정이 없는 한 원칙적으로 형법총칙이 적용된다.

(2) 경찰질서벌

경찰질서벌은 경찰법상의 의무위반에 대한 제재로서 과태료가 과해지는 경찰벌이다. 경찰질서벌에 대하여는 형법총칙이 적용되지 않는 경우가 많다. 다만 「질서위반행위규제법」은 경찰질서벌인 과태료의 부과와 관련하여 형법총칙과 유사한 규정을 많이 만들어 놓고 있다.

2. 경찰형벌과 경찰질서벌은 어떤 점에서 구별될 수 있을까?

경찰형벌과 경찰질서벌은 그의 성질, 수단, 형법총칙의 적용여부 및 과벌절차 등에서 차이를 나타내는데, 이를 도표로 정리하면 다음과 같다.

구 분	경 찰 형 벌	행 정 질 서 벌
성 질	'직접적으로' 경찰목적 침해	'간접적으로' 경찰목적 침해
수 단	형법상 형벌 (사형, 징역, 금고, 구류, 자격정지, 자격상실, 벌금, 과료, 몰수)	과태료
형법 총칙	적 용	(원칙적으로) 적용 안됨
과벌 절차	형사소송법이 정하는 절차에 따라 법원이 부과 (예외 : 통고처분 등)	「질서위반행위규제법」에 따라 행정청이 부과

§ 3. 경찰벌의 과벌절차

1. 경찰형벌을 부과하기 위해서는 어떤 절차에 따라야 하는 것일까?

경찰형벌은 「형사소송법」이 정하는 절차에 따라 법원에서 부과하는 것이 원칙이지만, 다음과 같은 예외가 인정되어 있다.

(1) 통고처분

「출입국관리법」 위반행위 및 「도로교통법」 위반행위가 있는 경우에 출입국관리사무소장 또는 경찰서장은 형사소송절차에 대신하여 통고처분으로 벌금이나 과료에 상당하는 금액 또는 범칙금의 납부를 명할 수 있다. 통고처분을 받은 자가 통고된 내용을 법정기간 내에 이행한 때에는 일사부재리의 원칙이 적용되어 당해 범칙행위를 이유로 다시 처벌받지 아니한다(「출입국관리법」 제102조 이하; 「도로교통법」 제163조 이하).

(2) 즉결심판

20만원 이하의 벌금·구류 또는 과료의 경찰형벌은 「즉결심판에 관한 절차법」에 따라 즉결심판에 의해 과하여지며, 그 형은 경찰서장이 집행한다(동법 제18조 제1항). 즉결심판에 불복이 있는 피고인은 고지를 받은 날부터 7일 이내에 소관 지방법원 또는 지방법원지원에 정식재판을 청구할 수 있다.

2. 경찰질서벌은 「질서위반행위규제법」이 정하는 절차에 따라 부과하는 바, 동법상의 경찰질서벌(과태료) 부과절차는 어떻게 진행되는 것일까?

경찰질서벌인 과태료의 부과절차에 관하여는 「질서위반행위규제법」이 규율하고 있는바, 동법상의 과태료 부과절차를 약술하면 다음과 같다.

(1) (경찰)행정청에 의한 과태료부과

(경찰)행정청이 과태료를 부과하고자 하는 때에는 미리 당사자에게 통지하고 10일 이상의 기간을 정하여 의견을 제출할 기회를 주어야 하며, (경찰)행정청은 의

견제출 절차를 마친 후에 질서위반행위, 과태료 금액 등이 명시된 서면으로 과태료를 부과하여야 한다(동법 제17조).

(2) 과태료부과처분에 대한 불복－이의제기

(경찰)행정청의 과태료 부과에 불복하는 당사자는 과태료 부과통지를 받은 날부터 60일 이내에 해당 (경찰)행정청에 서면으로 이의제기를 할 수 있으며, 이의제기를 받은 행정청은 이의제기를 받은 날부터 14일 이내에 이에 대한 의견 및 증빙서류를 첨부하여 관할법원에 통보하고, 그 사실을 즉시 당사자에게 통지하여야 한다(동법 제21조).

(3) 과태료재판

가) 과태료재판의 절차: (경찰)행정청으로부터 이의제기 사실을 통보받은 법원은 이를 즉시 검사에게 통지하고 심문기일을 열어 당사자의 진술, 검사의 의견진술 혹은 서면의견을 들어야 하며, (경찰)행정청에게도 의견진술기회를 부여할 수 있다(동법 제31조·제32조).

다만 법원은 상당하다고 인정하는 때에는 심문 없이 과태료 재판을 할 수 있으며, 당사자와 검사는 약식재판의 고지를 받은 날부터 7일 이내에 이의신청을 할 수 있다(동법 제44조·제45조). 법원이 이의신청이 적법하다고 인정하는 때에는 약식재판은 그 효력을 잃는다. 이 경우 법원은 심문을 거쳐 다시 재판하여야 한다(동법 제48조·제50조).

나) 과태료 재판의 효력 등: 과태료 재판은 이유를 붙인 결정으로 하며, 이 결정은 당사자와 검사에게 고지함으로써 효력이 생긴다(동법 제36조·제37조). 당사자와 검사는 과태료 재판에 대하여 즉시항고를 할 수 있으며, 이 경우 항고는 집행정지의 효력이 있다(동법 제38조).

3. 과태료의 실효성 제고를 위하여 「질서위반행위규제법」은 어떠한 수단을 마련하고 있을까?

(1) 자진납부자에 대한 과태료 감경

(경찰)행정청은 당사자가 과태료부과에 대한 의견제출 기한 이내에 과태료를

자진하여 납부하고자 하는 경우에는 과태료를 감경할 수 있다(「질서위반행위규제법」 제18조).

(2) 자료제공의 요청

(경찰)행정청은 과태료의 부과·징수를 위하여 필요한 때에는 관계 행정기관, 지방자치단체, 그 밖에 대통령령으로 정하는 공공기관의 장에게 그 필요성을 소명하여 자료 또는 정보의 제공을 요청할 수 있다(동법 제23조).

(3) 가산금 징수

(경찰)행정청은 당사자가 납부기한까지 과태료를 납부하지 아니한 때에는 납부기한을 경과한 날부터 체납된 과태료에 대하여 100분의 5에 상당하는 가산금을 징수한다(동법 제24조).

(4) 관허사업의 제한

(경찰)행정청은 일정한 요건 하에서 허가·인가·면허·등록 및 갱신을 요하는 사업을 경영하는 자로서 과태료를 체납한 자에 대하여는 사업의 정지 또는 허가 등의 취소를 할 수 있다(동법 제52조).

(5) 신용정보의 제공 등

(경찰)행정청은 과태료 징수 또는 공익목적을 위하여 필요한 경우 신용정보업자 또는 신용정보 집중기관의 요청에 따라 체납 또는 결손처분자료를 제공할 수 있다(동법 제53조).

(6) 감치(監置)

과태료의 고액·상습체납자에 대하여는 법원은 검사의 청구에 따라 결정으로 30일의 범위 이내에서 과태료의 납부가 있을 때까지 체납자를 감치에 처할 수 있다(동법 제54조).

Chapter 5. 경찰의무의 이행확보를 위한 그 밖의 수단

1. 전통적인 경찰의무의 이행확보수단 이외에 새로운 수단들이 등장하게 된 배경은 어디에서 찾을 수 있을까?

경찰의무의 이행확보수단으로는 종래 경찰상의 강제집행, 경찰상의 즉시강제 그리고 경찰벌이 활용되어 왔다. 그러나 그러한 전통적인 수단만으로는 경찰의무의 이행을 효과적으로 확보할 수 없게 되는 문제가 발생하였다. 이처럼 종래의 경찰의무 이행확보수단 만으로는 오늘날의 다양한 경찰수요에 충분히 대응할 수 없게 되자, 새로운 종류의 경찰의무 실효성 확보수단이 등장하게 되었다.

2. 경찰의무의 이행확보를 위한 그밖의 수단으로는 어떠한 것이 있을까?

참고문헌: 김치환, "행정집행법제의 개선방안 연구 – 새로운 실효성 확보수단을 중심으로", 한국법제연구원 연구정책 세미나(2004), 1쪽 아래; 박광현, "범죄자 신상공개제도에 관한 비판적 고찰, 법학논총 제35권 제2호(2015), 307쪽 아래; 조성규, "과징금의 법적 성격에 대한 시론적 고찰", 행정법연구 제55집(2018), 57쪽 아래.

경찰의무의 이행확보를 위한 그밖의 (새로운) 수단으로는 ① 과징금이나 가산금 등과 같은 각종의 금전적 제재, ② 경찰관련 법위반사실(명단/내용)의 공표, ③ 공급거부, ④ 수익적 행정행위의 취소·철회 및 발급거부(관허사업의 제한), ⑤ 차량 등의 사용금지, ⑥ 국외여행의 제한 등이 열거되고 있다(이러한 경찰의무의 이행확보를 위한 그 밖의 수단에 관하여 상세한 것은 서정범/박상희, 421쪽 아래 참조).

제 9 편

경찰상의 손해전보와 비용상환

제9편

개 관

제9편은 서로 연관이 되어 있기도 하지만, 어찌 보면 별개의 논의로도 볼 수 있는 2가지 문제, 즉 경찰상의 손해전보와 비용상환의 문제를 다루고 있다.

(1) 경찰의 활동은 국민에게 명령·강제를 수반하는 경우가 많으며, 따라서 공공의 안녕 또는 질서에 대한 위험방지를 위한 경찰의 활동 과정에서 경찰의 적법 또는 위법한 경찰활동으로 인하여 개인이 불이익을 입게 되는 경우가 발생하는 경우가 많다. 이로부터 경찰활동으로 인하여 개인에게 발생한 불이익을 어떻게 메꾸어 줄 것인가?라는 법적 문제가 발생하게 되는바, 이것이 바로 '경찰상의 손해전보(損害塡補)'의 문제이다.

(2) 다른 한편 개인이 자신의 행위나 자신이 지배하는 물건의 상태로 인하여 경찰권 발동을 필요하게 만드는 경우가 있는데, 이러한 경우 경찰권 발동에는 필연적으로 많은 경비가 필요하게 된다. 이와 관련하여 국가가 그러한 경찰권 발동에 소요된 비용을 경찰권 발동을 필요하게 만든 개인에게 청구할 수 있는가?라는 법적 문제가 발생하게 되는바, 이것이 바로 경찰비용 상환청구의 문제이다. 제9편은 이러한 문제들을 다음과 같은 순서로 서술하고자 한다.

먼저 Chapter 1.「경찰상의 손해전보 개관」에서는 경찰구제 제도 전반을 개관하고, 그 가운데 금전적 구제 제도로서의 의의를 갖는 경찰상의 손해전보의 개념과 그 유형에 대해 알아보기로 한다.

경찰상의 손해전보는 경찰상의 손해배상과 경찰상의 손실보상을 포괄하는 개념이다. 그러나 Chapter 2.「경찰상의 손실보상」이라는 제목에서 알 수 있듯이 본서에서는 경찰상의 손해전보 가운데 경찰상의 손실보상에 관하여서만 다루기로 한다. 왜냐하면 경찰상의 손해배상에 관하여는 행정상의 손해배상에 관한 일반이론이 그대로 적용되기 때문에, 경찰행정법 교과서에서 그를 특별히 별도로 다룰 필요가 없다고 생각하기 때문이다(필요한 경우 행정상의 손해배상에 관한 행정법총론 교과서를 참고하면 될 것이다). 한편 경찰상의 손실보상을 이해하기 위하여서는 필연적으로 행정상의 손실보상 이론에 대한 이해가 요구되는데, 이런 점을 고려하여 Chapter 2.에서는 경찰상의 손실보상을 이해하기 위하여 필요한 최소한의 범위 내에서 행정상의 손실보상에 관한 이론을 먼저 간단히 설명한다. 그리고 이러한 손실보상에 관한 이론을 토대로 우리나라의 「경찰관 직무집행법」상의 규정에 따른 손실보상의 문제를 다루기로 한다. 한편 이와 관련하여 그동안 학설상으로 많이 다투어져 왔던 생명·신체에 관한 손실에 대해서도 보상이 가능한지의 문제와, 경찰책임자에게도 손실보상이 허용될 수 있는지의 문제를 중점적으로 고찰한다.

마지막으로 Chapter 3. 「경찰비용의 상환청구」에서는 근래 들어 경찰행정법학에서 중요한 테마로 떠오르고 있는 경찰비용 상환청구의 문제, 즉 경찰활동에 소요된 비용을 그러한 경찰활동을 필요하게 만든 원인을 제공한 개인에게 전가(轉嫁)시킬 수 있는지의 문제를 중점적으로 다룬다. 물론 이러한 문제에 접근하기 위하여서는 논의의 전제를 이루는 경찰비용의 개념과 유형을 잘 이해해 둘 필요가 있다. 그러나 경찰비용 상환청구에 관한 논의의 핵심은 역시 경찰비용의 국민에의 전가가능성 여부라고 할 수 있는데, 이러한 문제를 고찰함에 있어서는 경찰비용의 상환청구를 부정하는 논거로 기능해 왔던 이론 및 그들 이론의 논거에 대한 비판론을 이해할 것이 절대적으로 요구된다. 한편 경찰비용의 상환청구와 관련하여 근래에 가장 문제되고 있는 것은 바로 '거짓신고'의 문제인데, 거짓신고가 갖는 수많은 폐해를 고려할 때 그에 대한 효과적인 대처방안에 대해 고민하여야 할 때가 되었다고 생각한다. 이러한 사정을 고려하여 비용상환과 관련지어 거짓신고의 문제에 관해서도 상세히 서술하기로 하겠다.

Chapter 1. 경찰상의 손해전보 개관

1. 경찰구제의 수단으로서의 손해전보는 경찰구제 제도 중에서 어떤 의미를 갖는 것일까?

경찰구제란 경찰기관의 행위로 말미암아 자기의 권익을 침해당한 자가 경찰관청이나 법원에 대하여 그 경찰작용의 시정이나 손해의 전보를 구하는 절차를 총칭한다. 경찰상의 손해전보는 이하의 도표에서 보듯이 이러한 경찰구제 가운데 사후적 구제, 실체적 구제(금전적 구제) 수단으로서의 의미를 갖는다.

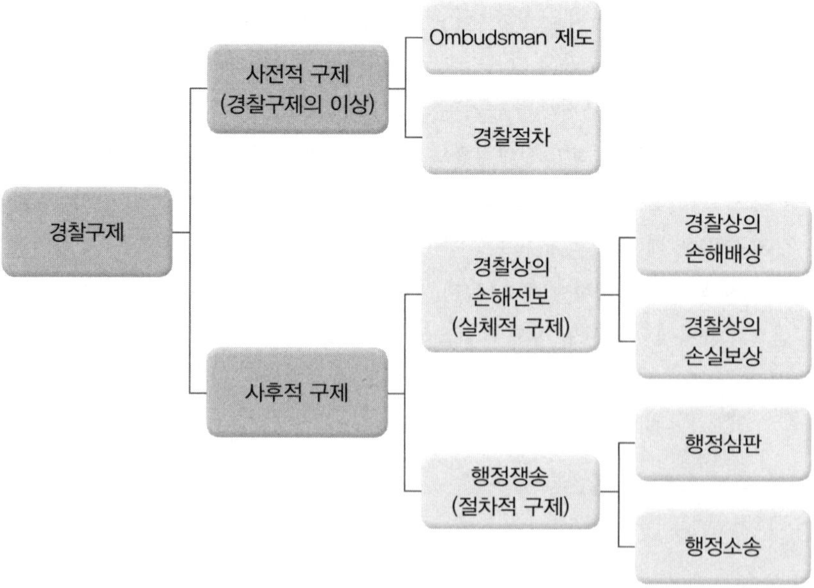

2. 경찰상의 손해전보라는 법적 문제는 어떤 경우에 논의되는 것일까?

경찰은 그의 책무인 공공의 안녕·질서에 대한 위험방지를 위하여 각종의 경찰활동을 행하는바, 이러한 과정에서 경찰의 적법 또는 위법한 경찰활동으로 인하여 개인이 불이익을 입게 되는 경우가 있다. 이 경우 그러한 불이익을 개인에게 영속적으로 귀속시킬 수는 없다. 따라서 경찰활동으로 인하여 개인이 불이익을 입은 경우 그러한 불이익을 (금전적으로) 어떻게 메꾸어 줄 것인가?라는 법적 문제가 발생하는바, 이것이 바로 '경찰상의 손해전보(損害塡補)'의 문제이다.

3. 경찰상의 손해전보의 유형으로는 어떤 것이 있을까?

경찰상의 손해전보의 유형으로는 다음의 두 가지를 생각해 볼 수 있다. 즉,

그 하나는 (1) 적법한 경찰활동으로 입은 손실에 대한 경찰상의 손실보상이고, 다른 하나는 (2) 위법한 경찰활동으로 입은 손해에 대한 경찰상의 손해배상이다.

한편 (경찰)공무원의 직무상 불법행위로 인하여 개인이 손해를 받은 경우, 개인이 국가 또는 지방자치단체에 대하여 (경찰상의) 손해배상을 청구할 수 있음은 물론이며(「국가배상법」 제2조), 이 또한 경찰상의 손해전보의 중요한 유형 중 하나이다. 다만 이 같은 손해배상의 문제는 국가배상 일반이론에 준하여 생각하면 될 것이므로, 본서에서는 경찰상의 손해배상에 관한 설명은 약하기로 한다. 국내외의 경찰법 교과서들 상당수가 경찰상의 손해배상에 관하여는 별도의 상세한 설명을 하지 않고 있는 것 또한 같은 맥락으로 이해할 수 있다.

Chapter 2.
경찰상의 손실보상

§ 1. 행정상의 손실보상 일반이론

경찰상의 손실보상은 기본적으로 행정상의 손실보상과 그 이론적 기초를 같이 한다. 따라서 경찰상의 손실보상에 관한 논의의 전제로서 행정상의 손실보상 일반론에 관하여 간단히 언급하기로 한다.

1. 행정상의 손실보상은 어떠한 개념구조를 갖고 있을까?

행정상의 손실보상은 「적법한 공권력행사로 인하여 사유재산에 가하여진 특별한 희생에 대하여, 사유재산권의 보장과 공평부담의 견지에서 행정주체가 행하는 조절적인 재산적 전보」를 말하는데, 그 개념적 요소는 다음과 같다.

(1) 행정상의 손실보상은 '적법한' 공권력 행사를 그 원인으로 하며, 이 점에서 '위법한' 공권력 행사를 원인으로 하는 행정상의 손해배상과 구별된다

(2) 행정상의 손실보상은 '재산상 손실'에 대한 보상의 성격을 가지며, 따라서 생명·신체에 대한 침해에 대해서는 손실보상이 행해지지 않음이 원칙이다.

(3) 행정상의 손실보상은 '특별한 희생(Sonderopfer)'에 대한 보상이며, 이 점에서 재산권 자체에 내재하는 사회적 제약(Sozialbindung)과 구분된다.

2. 행정상의 손실보상과 행정상의 손해배상의 구체적인 차이점으로는 어떤 것이 있을까?

행정상의 손해배상과 행정상의 손실보상은 양자 모두 행정작용으로 인한 손해

나 손실을 금전으로 전보하는 제도라는 점에서는 공통적인 성질을 갖는다. 그러나 이러한 공통점에도 불구하고 양자는 발전 연혁과 성질을 달리하는 별개의 법제도로 이해되어 왔는바, 양자의 구체적인 차이점을 열거하면 다음과 같다.

(1) 행정상의 손해배상은 개인주의적 사상과 도의적 책임주의를 기초원리로 하는 반면, 행정상의 손실보상은 단체주의적 사상과 사회적 공평부담주의를 기초이념으로 한다.

(2) 행정상의 손해배상은 위법행위를, 행정상의 손실보상은 적법행위를 원인으로 한다.

(3) 행정상의 손해배상의 경우 그에 관한 일반법으로 「국가배상법」이 존재하지만, 행정상의 손실보상에 관하여는 일반법이 존재함이 없이 개별법이 규율하고 있다(다만, 본서에서 다루고 있는 경찰상의 손실보상에 관하여는 「경찰관 직무집행법」 제11조의2가 사실상 일반법에 준하는 성질을 갖는다고 볼 수도 있다).

(4) 행정상의 손해배상은 재산적 손해뿐만 아니라 비재산적 손해에 대해서도 행해지는 반면, 행정상의 손실보상은 (원칙적으로) 재산적 손실에 대하여만 행해진다.

(5) 행정상의 손해배상의 경우 생명·신체에 대한 침해를 원인으로 하는 손해배상청구권은 양도 및 압류가 불가능한 반면, 행정상의 손실보상청구권은 양도 및 압류가 가능하다.

3. 행정상의 손실보상은 반드시 손실보상을 규정하고 있는 법률이 있는 경우에만 가능한 것일까?

「헌법」 제23조 제3항은 "공공필요에 의한 재산권의 수용·사용 또는 제한 및 그에 대한 보상은 법률로써 하되 정당한 보상을 지급하여야 한다"고 하여, 공용침해(公用侵害, Enteignung)를 규정하는 법률은 동시에 보상규정을 둘 것을 요구하고 있다. 이는 손실보상규정이 법률에 존재하여야 한다는 것 자체가 행정상의 손실보상의 요건이 된다는 것을 의미한다.

그런데 행정상의 손해배상에 관하여는 「국가배상법」이란 일반법이 있는 것과 달리, 행정상의 손실보상에 관하여는 일반법이 없다. 따라서 현실적으로 행정상의 손실보상을 청구하기 위해서는 문제시 되는 사안에 관하여 개별법이 보상규정을 갖고 있어야만 한다. 이로부터 공용침해의 근거가 되는 법률이 손실보상에 관한 규정을 두어야 함에도 불구하고 그렇지 않은 경우에는 행정상의 손실보상의 실정법적 근거가 무엇인지가 문제된다. 이는 헌법상의 공용침해 조항(제23조 제3항)이 어떤 법적 효력을 갖는가와 밀접한 관련이 있는데, 이 문제에 관하여는 학설의 일치를 보지 못하고 있다. 또한 판례 역시 일관된 내용을 보이지 못하고 있는 것으로 보인다(이에 관한 학설과 판례의 내용에 대해서는 서정범/박상희, 491쪽 아래 참조).

§ 2. 「경찰관 직무집행법」상의 손실보상

참고문헌: 김용주, "경찰손실보상심의사례의 경찰법적 검토", 공법학연구 제20권 제1호(2019), 265쪽 아래.

1. 경찰의 적법한 경찰활동으로 인하여 개인이 불이익을 입게 되는 경우, 현행 법체계 안에서 불이익을 받은 개인은 손실보상을 받을 수 있을까?

전술한 바와 같이 손실보상 규정이 법률에 존재하여야 한다는 것 자체가 손실보상의 요건이 된다고 하면, 경찰의 적법한 경찰활동으로 인하여 개인이 손실을 입었더라도 손실보상을 규정하고 있는 법률이 없는 경우에는 개인은 손실보상을 받을 길이 없다. 실제로 우리나라의 경우 오랫동안 적법한 경찰활동에 대한 손실보상 규정이 존재하지 않았기 때문에, 적법한 경찰활동으로 인하여 개인이 손실을 입은 경우에도 손실보상을 받을 수가 없었다.

그러나 (손실보상을 받을 수 있는 다른 요건들을 모두 갖추고 있음에도 불구하고) 단지 손실보상 규정이 존재하지 않는다는 것만을 이유로 손실보상을 받을 수 없는 것의 문제점은 학자들에 의해 오래전부터 지적되어 왔다. 그리고 이러한 문제의 해결을 위하여 2013년 4월 15일의 법개정을 통하여 「경찰관 직무집행법」 제11조의2에 "국가는 경찰관의 적법한 직무집행으로 인하여 다음 각 호의 어느 하나에 해당하는 손실을 입은 자에 대하여 정당한 보상[98]을 하여야 한다"라는 규정(동조 제1항)이 설

98) 「경찰관 직무집행법」은 「헌법」 제23조 제3항과 마찬가지로 '정당한 보상'을 지급할 것을 규정하고 있다. 이 경우 정당한 보상의 의미를 어떻게 이해할 것인가의 문제가 있는데, 원칙적으로 완전보상을 해 주어야 하지만 상황에 따라 완전보상을 하회할 수도 있고 또한 생활보

치되기에 이르렀다. 따라서 이제는 우리나라에서도 경찰관의 적법한 직무집행으로 인하여 손실을 입은 사람은 손실보상을 청구할 수 있게 되었다.

2. 현행 「경찰관 직무집행법」에 따를 때, 경찰관의 적법한 직무집행으로 생명·신체의 손실을 입은 개인 또한 손실보상을 받을 수 있을까?

(1) 문제의 소재

행정상의 손해배상과 달리 행정상의 손실보상은 재산적 손실에 대하여만 행해짐이 원칙이다. 따라서 적법한 경찰활동으로 인하여 비재산적 법익(생명·신체)에 대한 침해가 발생한 경우는 재산권에 대한 침해가 아닌 점에서 손실보상의 대상이 되지 않으며, 또한 적법한 경찰활동이 원인이 되기 때문에 위법한 직무행위로 인한 손해배상의 요건도 충족되기 어렵다. 그 결과 틀림없이 경찰활동으로 인하여 불이익을 입었음에도 불구하고, 피해자는 아무런 구제도 받지 못하게 되는 문제가 발생한다.

(2) 문제의 해결방안

독일의 경우에는 이러한 문제점을 자신들의 관습법에 기초한 희생보상청구권(犧牲補償請求權, Aufopferungsanspruch)의 인정을 통하여 해결하고 있다. 그러나 우리나라의 경우에는 독일식의 희생보상청구권의 인정여부가 학설상 다투어지는 수준에 그치고 있으므로, 독일과 같은 식의 문제해결은 곤란한 면이 있다. 따라서 경찰관의 적법한 경찰활동으로 인한 비재산적 법익 침해에 대한 손실보상이 인정되려면 개별 법률에서 보상규정을 마련하는 것 이외에는 사실상 다른 방법이 없다.

상까지 해 주어야 하는 경우도 있을 수 있다는 의미로 이해하여야 할 것이다[서정범/박상희, 505쪽. 동지: 김남진/김연태(Ⅰ), 700쪽]. 다만 판례는 여기서의 정당한 보상은 완전보상을 의미한다고 판시한 바 있다.

관련판례: "「헌법」 제23조 제3항이 규정하는 정당한 보상이란 원칙적으로 피수용재산의 객관적인 재산가치를 완전하게 보상하는 것이어야 한다는 완전보상을 의미한다"(헌재결 1995. 4. 20, 93헌바20·66, 94헌바4·9).

(3) 「경찰관 직무집행법」의 규정

2013년에 법개정을 통하여 「경찰관 직무집행법」에 손실보상규정이 설치되었지만, 당시의 「경찰관 직무집행법」 또한 단지 재산상의 손실에 대해서만 손실보상을 인정하고 있었다. 그러나 경찰활동의 경우 여타의 행정활동과 달리 (특히 무기사용 등과 관련하여) 비재산적 법익 침해의 문제가 빈발하는 것을 고려할 때 그러한 규정방식은 문제가 있다는 점이 지적되면서, 결국 2018년 12월 24일의 법 개정을 통하여 생명·신체의 손실에 대한 손실보상규정이 도입되었다(동법 제11조의2 제1항). 이로 인하여 우리나라에서도 경찰관의 적법한 경찰활동으로 인한 비재산적 법익 침해에 대한 손실보상의 길이 열리게 되었다.

3. 손실발생의 원인에 대하여 책임이 있는 자, 즉 경찰책임자에게도 손실보상이 인정될 수 있을까?

(1) 전통적 논의

전통적인 (독일의) 경찰행정법 이론은 경찰책임자의 위험방지의무 – 비용부담의무 – 무보상(無補償)의 원칙이 필연적으로 결합된다는 것을 내용으로 하는 연계원칙(連繫原則, Konnexitätsprinzip)에 기초하고 있었다. 그리고 이러한 연계원칙에 따라서 경찰책임자는 (경찰상의 위험방지를 위한 의무를 부담하고, 그러한 위험방지조치에 소요되는 비용을 모두 부담하여야 할 뿐만 아니라) 경찰권발동으로 인하여 자신에게 손실이 발생한 경우에도 손실보상을 청구할 수 없다는 것이 경찰행정법학에서 오랫동안 정설의 지위를 점하고 있었다.

(2) 「경찰관 직무집행법」의 규정

그러나 손실발생의 원인에 대하여 책임이 있는 자, 즉 경찰책임자가 자신의 책임의 정도를 초과하는 손실을 입은 경우에도 손실보상을 청구할 수 없도록 하는 것이 과연 타당한 것인지에 대하여는 계속하여 의문이 제기되었다. 한편 「경찰관 직무집행법」은 이러한 지적을 고려하여 손실발생의 원인에 대하여 책임이 있는 자라고 할지라도 자기 자신의 책임에 상응하는 정도를 초과하는 손실을 입은 경우에는 손실보상을 청구할 수 있음을 명문으로 규정하고 있다(동법 제11조의2 제1항).

4. 「경찰관 직무집행법」 규정에 따를 때, 손실보상이 행해지는 경우로는 어떤 유형이 있을까?

적법한 경찰활동에 대한 손실보상의 문제와 관련하여서는 손실보상을 입은 사람이 경찰책임자인지, 아니면 그렇지 않은 제3자(비책임자)인지를 고려하여야 한다. 「경찰관 직무집행법」 역시 이를 구분하여 규정하고 있는데, 동법에 따를 때 손실보상이 행해지는 유형에는 다음의 2가지가 있다.

(1) 비책임자에 대한 손실보상

비책임자, 즉 손실발생의 원인에 대하여 책임이 없는 자가 생명·신체 또는 재산상의 손실을 입은 경우(손실발생의 원인에 대하여 책임이 없는 자가 경찰관의 직무집행에 자발적으로 협조하거나 물건을 제공하여[99] 재산상의 손실을 입은 경우를 포함한다)

(2) 경찰책임자에 대한 손실보상

경찰책임자, 즉 손실발생의 원인에 대하여 책임이 있는 자가 자기 자신의 책임에 상응하는 정도를 초과하는 생명·신체 또는 재산상의 손실을 입은 경우

5. 「경찰관 직무집행법」은 손실보상의 지급절차를 대통령령인 「경찰관 직무집행법 시행령」에 위임하고 있는바, 그에 따르면 손실보상의 절차는 어떻게 진행될까?

(1) 보상금 지급 청구서의 제출

경찰관의 적법한 직무집행으로 인하여 발생한 손실을 보상받으려는 사람은 보상금 지급 청구서에 손실내용과 손실금액을 증명할 수 있는 서류를 첨부하여 손실보상청구 사건 발생지를 관할하는 국가경찰관서의 장에게 제출하여야 한다(시행령 제10조 제1항).

---

99) 경찰관의 직무집행에 자발적으로 협조하거나 물건을 제공하는 사람을 '경찰의 보조자'라고 하며 별도로 그에 대한 손실보상을 논하는 경우가 있는데[홍정선(하), 521쪽], 이를 특별히 따로 논할 필요는 없다고 생각한다. 「경찰관 직무집행법」 제11조의2 제1항 역시 양자를 구분하지 않고, 보상과 관련하여 동일한 원리가 지배하는 것을 전제로 하고 있다.

(2) 손실보상심의위원회가 설치된 경찰청장 등에의 이송

보상금 지급 청구서를 받은 국가경찰관서의 장은 해당 청구서를 손실보상청구 사건을 심의할 손실보상심의위원회가 설치된 경찰청, 해양경찰청, 지방경찰청 및 지방해양경찰청의 장(이하 "경찰청장 등"이라 한다)에게 보내야 한다(시행령 제10조 제2항).

(3) 보상 여부 및 보상금액의 결정

보상금 지급 청구서를 받은 경찰청장 등은 손실보상심의위원회의 심의·의결에 따라 보상 여부 및 보상금액을 결정한다. 다만 ① 청구인이 같은 청구 원인으로 보상신청을 하여 보상금 지급 여부에 대하여 결정을 받았거나 ② 손실보상 청구가 요건과 절차를 갖추지 못한 경우에는 그 청구를 각하하는 결정을 하여야 한다(시행령 제10조 제3항).

(4) 결정 내용의 통지

경찰청장 등은 위의 결정일부터 10일 이내에 통지서에 결정 내용을 적어서 청구인에게 통지하여야 한다(시행령 제10조 제4항).

6. 경찰청장 등이 보상결정을 행한 경우, 구체적인 보상금 지급절차 및 보상방법 등은 어떻게 될까?

(1) 보상금 지급절차

경찰청장 또는 지방경찰청장은 손실보상심의위원회의 심의·의결에 따라 보상금을 지급하고, 보상금이 지급된 경우 손실보상심의위원회는 대통령령으로 정하는 바에 따라 경찰위원회에 심사자료와 결과를 보고하여야 한다. 이 경우 경찰위원회는 손실보상의 적법성 및 적정성 확인을 위하여 필요한 자료의 제출을 요구할 수 있다(「경찰관 직무집행법」 제11조의2 제4항·제5항).

(2) 보상금 지급방법

보상금은 다른 법률에 특별한 규정이 있는 경우를 제외하고는 현금으로 지급하여야 한다. 또한 보상금은 일시불로 지급하되, 예산 부족 등의 사유로 일시금으로 지급할 수 없는 특별한 사정이 있는 경우에는 청구인의 동의를 받아 분할하여 지급할 수 있다(동법 시행령 제10조 제5항 · 제6항).

(3) 보상금의 회수

경찰청장 또는 지방경찰청장은 거짓 또는 부정한 방법으로 보상금을 받은 사람에 대하여는 해당 보상금을 환수하여야 하며, 환수절차는 대통령령으로 정한다(동법 제11조의2 제4항 · 제6항).

(4) 소멸시효

손실보상을 청구할 수 있는 권리는 손실이 있음을 안 날부터 3년, 손실이 발생한 날부터 5년간 행사하지 아니하면 시효의 완성으로 소멸한다(동법 제11조의2 제2항).

Chapter 3.
경찰비용의 상환청구

기본사례: 甲은 만취상태에서 스크린 경마장에 입장하려 했으나 술에 취하였다는 이유로 입장을 제지당하였다. 이에 화가 난 甲은 공중전화를 이용하여 경찰관서에 스크린 경마장에 폭발물을 설치했다는 내용의 신고를 하였고, 이에 경찰관들이 현장에 출동하여 약 2시간여에 걸쳐 스크린 경마장의 내·외부에 대한 대대적인 수색과 검거활동 및 사후조사를 실시하고 시민들을 대피시키는 등의 조치를 취하였으나 폭발물을 발견하지는 못하였으며, 甲의 신고가 허위였다는 것이 밝혀졌다. 경찰은 상황이 종료된 후에 이러한 경찰활동에 소요된 비용을 甲에게 부과할 수 있겠는가? (서울남부지방법원 2014. 4. 30 판결, 2013가소47769 참조).

§ 1. 문제의 소재

오늘날 사인이 경찰권 발동을 유발한 경우 당해 사인에게 경찰권 발동에 소요된 비용상환을 청구할 수 있는지 여부가 다투어지고 있는바, 이와 관련하여 다음과 같은 것에 유의하여야 한다.

1. 근래 들어 (경찰) 비용상환 청구에 관한 논의가 대두되게 된 배경은 어디에 있을까?

근래 들어 (경찰) 비용상환 청구의 문제가 경찰행정법 이론의 핫 이슈로 대두되게 된 배경은 오늘날의 경찰활동에는 필연적으로 많은 재원이 필요하다는 것, 특히 잔존유해물질(殘存有害物質, Altlasten)이나 공항·원자력발전소에 대한 테러 등과 같이 근래에 새롭게 논의되기 시작한 경찰법상의 위험을 효율적으로 방지하기 위하여서는 천문학적 비용이 소요된다는 것에 대한 인식 확대와 밀접한 관련이 있다. 즉, 경찰법상의 위험을 야기한 사람이 있음에도 불구하고 그러한 위험방지에 소요되는 비용을 국가가 전적으로 부담하는 것[100]은 문제가 있다는 인식이 국민들 사이에서 팽배해지면서 (경찰) 비용상환 청구의 필요성이 논의되기 시작한 것이다.

2. 우리나라의 경우 (경찰) 비용상환 청구에 대한 논의는 어느 정도 진행되고 있을까?

참고문헌: 김형훈, 『경찰비용법—경찰법의 완성으로서』, 좋은 땅, 2013; 서정범, "경찰비용의 국민에의 전가가능성", 홍익법학 제15권 제4호(2014), 499쪽 아래; 이성용, "경찰책임자의 비용상환에 관한 연구," 경찰학연구 제8권 제1호(2008), 59쪽 아래.

우리나라에서는 지금까지 경찰활동에 소요되는 비용을 어떻게 마련할 것인가의 문제, 즉 (경찰)비용 상환청구의 문제에 대한 논의는 그리 활발하지 못했다. 그리고 그 가장 커다란 이유는 경찰의 활동에 소요되는 비용은 전적으로 국가가 부담하는 것이 당연하다는 인식이 우리 사회를 광범위하게 지배하고 있었다는 것에서 찾을 수 있다.

그러나 근래에 들어 이러한 인식에 약간의 변화가 일어나고 있는데, 기본사례는 이러한 인식 변화를 감지할 수 있는 대표적 사례에 해당한다. 이러한 인식 변화는 (경찰)비용 상환청구의 문제가 독자적인 경찰행정법 테마로 논의될 수 있는 장을 제공하였으며, 근래에 들어 우리나라의 경찰행정법학계에서도 경찰비용 전반에 걸친 총론적 논의가 활발해지고 있다. 뿐만 아니라 최근에는 집회, 스포츠행사, 대형콘서트 등과 같이 (경찰)비용 상환청구가 문제되는 개개 사안에 대한 각론적 논의 또한 태동하고 있는 실정이다.

---

100) 여기서 경찰법상의 위험방지에 소요된 비용을 국가가 부담한다는 것은 결국 경찰법상의 위험 야기에 전혀 관여하지 않은 일반 납세자가 그 비용을 부담한다는 것을 의미한다.

3. 경찰상 위해를 직접 야기하지 않은 사람, 즉 비책임자에게도 경찰비용 상환청구를 할 수 있을까?

경찰상 위해를 직접 야기하지 않은 사람(비책임자)에게 경찰비용 상환청구를 하는 것은 전통적인 경찰행정법 이론, 특히 연계원칙에 반하는 것이 되어 원칙적으로 허용되기 곤란하다. 물론 법률이 명시적으로 비책임자에게 경찰비용 상환청구를 인정하는 경우는 예외인데, 운동경기나 콘서트같은 행사로 인하여 관할구역 밖으로부터 경찰응원이 필요한 경우 그에 대한 경찰비용의 상환청구를 인정하고 있는 독일의 바덴-뷔르템베르크주 경찰법 제81조 등이 그 예에 해당한다. 다만 이러한 규정이 직업선택의 자유나 집회의 자유 등과 같은 기본권을 제약할 우려가 있음을 고려할 때, 이러한 경우에도 경찰비용의 상환청구는 그 행사가 순전히 상업적인 경우에 한하여 허용되어야 할 것이다[동지: 김남진/김연태(II), 405쪽]. 이 밖에도 상업적 행사의 주최자와 공법상 계약을 통하여 해당 상업적 행사로 인해 특별한 경찰활동이 필요한 경우 그러한 경찰활동의 소요경비를 징수하는 것은 충분히 가능하다고 생각한다.

한편 민법상의 사무관리 규정의 유추적용을 통한 경찰비용의 상환청구를 고려할 수 있다는 주장이 있으나, 이는 받아들이기 곤란하다. 왜냐하면 경찰의 위해방지 및 제거는 경찰의 고유한 업무이므로 사무관리의 개념적 요소인 '법률상 의무 없이 타인의 사무를 관리한다'는 것을 충족하기 어렵기 때문이다.

§ 2. 경찰비용의 의의와 양태

1. 경찰비용이란 무엇을 말하는 것일까?

우리나라의 경우 경찰비용(Polizeikosten)의 개념은 법률에 규정되어 있지는 않다. 이에 비하여 독일의 경우에는 경찰비용의 개념 자체가 법률에 규정되어 있는 경우가 많은데, 경찰비용을 "일반 경찰행정청과 집행경찰을 위한 직접적 또는 간접적인 인적 지출과 물적 지출"이라고 정의하고 있는 바덴-뷔르템베르크주 경찰법 제82조 제3항이 그 대표적 예이다.

한편 우리나라의 경우 학문상 경찰비용은 "경찰의 위험방지작용으로 인해 발생되는 비용"이라고 정의되기도 하는데[홍정선(입문), 284쪽], 이는 경찰비용의 정의로서는 받아들이기 곤란하다. 왜냐하면 바덴-뷔르템베르크주 경찰법 제82조의 개념정의에서 볼 수 있듯이 경찰비용은 직접적 비용과 간접적 비용을 모두 포괄하는 개념인데, 경찰비용을 "경찰의 위험방지작용으로 인해 발생되는 비용"이라고 정의하게 되면 직접적 비용이 경찰비용의 개념에서 제외되는 문제가 있기 때문이다.

2. 경찰비용은 어떠한 기준을 가지고 구분하여 볼 수 있을까?

경찰비용의 상환청구 여부는 경찰비용의 양태에 따라 그 결론이 달라지는 측면이 있다. 따라서 경찰비용의 상환청구에 대한 이해를 위하여는 경찰비용의 양태를 알아두어야 할 것인데, 바덴-뷔르템베르크주 경찰법상의 경찰비용 개념 규정을 토대로 할 때 경찰비용의 양태는 다음과 같이 2개의 기준을 가지고 고찰할 것이 요구된다.

(1) 직접적 지출과 간접적 지출

가) 직접적 지출: 직접적 지출(비용)이란 경찰관의 봉급이나 업무용차량의 구입비 등처럼 구체적인 경찰의 업무와 무관하게 경찰조직의 유지를 위하여 기본적으로 지출되는 비용을 말한다. 그리고 이러한 점에 착안하여 이를 '기본적 비용(Grundkosten)'이라고 부르기도 한다. 한편 이러한 기본적 비용과 관련하여서는 처음부터 그러한 비용을 경찰책임자 등에게 부담시킬 수 있는지 여부에 관한 문제가 발생하지 않으며, 그러한 비용은 오직 조세수입을 통하여서만 충당될 수 있을 뿐이다.

나) 간접적 지출: 간접적 지출(비용)이란 교통법규에 위반하여 주차된 차량의 견인비용이나 감정(鑑定)비용처럼 경찰상의 평온상태를 창출하기 위해서 행해지는 경찰작용으로 인하여 야기되는 지출을 의미한다. 경찰비용 가운데 경찰책임자 등에게 비용상환을 청구할 수 있는지 여부에 관한 이하의 논의는 바로 이 간접적 지출(비용)을 중심으로 행해진다.

(2) 인적 지출과 물적 지출

'인적 지출'이란 경찰의 교육비나 봉급과 같은 것을 말하며, '물적 지출'이란 유니폼이나 자동차의 구입·유지를 위한 지출을 말한다.

(3) 소 결

지금까지의 논의를 토대로 하여 경찰비용의 양태를 도표화하면 다음과 같다.

	인적 지출	물적 지출
직접적 비용 = 경찰조직의 유지를 위한 비용	직접적 · 인적 지출 (봉급, 연금, 보조금, 교육비)	직접적 · 물적 지출 (장비나 제복의 구입 유지비 등)
간접적 비용 = 외부에 대한 경찰활동으로 인하여 발생한 비용	간접적 · 인적 지출 – 견인업체와 같이 계약을 통해 경찰의 업무를 수행하는 제3자에 대한 지출 – 경찰력 투입장소까지 이동에 소용된 경비	간접적 · 물적 지출 – 자동차검문 시에 행하는 혈액채취와 혈액검사에 소요되는 경비 – 경찰작용에 투입되는 차량의 유지비

§ 3. 경찰비용의 국민에의 전가가능성

참고문헌: 서정범, "경찰비용의 국민에의 전가가능성", 홍익법학 제15권 제4호(2014), 499쪽 아래; Sailer, Haftung für Polizeikosten, in: Lisken/Denninger, *Handbuch des Polizeirechts*, 4. Aufl., 2007, M; Würtenberger, "Erstattung von Polizeikosten", NVwZ 1983, 192 ff.

1. 우리나라에 경찰비용의 상환청구, 즉 경찰활동에 소요된 경찰비용의 국민에의 전가(轉嫁)를 인정하고 있는 법률 규정이 있을까?

우리나라의 경우 경찰비용의 국민에의 전가(轉嫁, Überwälzung)를 인정하고 있는 것으로 볼 수 있는 실정법적 규정은 그리 많지 않다. 그리고 이것이 우리나라에서 아직까지 경찰비용의 부담이란 문제, 특히 경찰비용의 국민에의 전가 가능성에 대한 논의가 그리 활발하지 못한 이유의 하나이다.

그러나 예컨대 불법 축조된 건축물에 대한 철거명령을 건물주가 이행하지 않는 경우 행정청이 스스로 의무자가 하여야 할 행위를 하거나 제3자로 하여금 하게 한 다음 그 비용을 의무자로부터 징수하는 경우(「행정대집행법」 제2조 참조) 또는 불법 주차되어 있는 차량의 견인비용을 자동차의 소유자나 운전자로부터 징수하는 경우(「도로교통법」 제35조) 등에서 볼 수 있듯이 경찰비용을 개인이 부담하는 것은 우리나라의 법제상으로도 이미 상당부분 확립되어 있으며, 국민들 역시 그러한 비용부담은 너무나도 당연한 것으로 받아들이고 있다. 단지 그러한 비용을 경찰비용으로 인식하지 못하고 있는 것이 문제될 뿐이다.

2. 경찰비용의 국민에의 전가가능성(Ⅰ): 수수료 개념에 내재하는 본질적 한계로 인하여 경찰활동에 소요된 비용을 국민으로부터 징수할 수 없다는 주장은 타당한 것일까?

(1) 행정법학에 있어 수수료는 '행정작용에 대한 대가(對價)'를 개념적 특징으로 하는 것으로 이해되어, 종래 "국가 또는 지방자치단체가 특정인에게 대하여 제공하는 인적 역무에 대한 반대급부로서 징수하는 요금"이라고 정의되어 왔다. 그리고 이러한 수수료 개념에 입각하면 경찰비용(특히 수수료)은 – 대가성(對價性)이 결여되어 있어 – 국민으로부터 징수할 수 없게 된다.

(2) 그러나 오늘날 통용되고 있는 '형식적 수수료 개념(formeller Gebührenbegriff)'은 더 이상 대가성을 그 개념적 특징으로 하지 않으며, 수수료 징수의 정당성을 이른바 '개인적 귀속가능성(individuelle Zuechenbarkeit)'에서 찾고 있다. 그리고 이러한 형식적 수수료 개념에 따르게 되면 수수료 징수는 공행정작용에 대한 반대급부와 필연적으로 결부될 필요가 없게 되고, 따라서 – 대가성이 결여되어 있는 – 경찰비용을 국민으로부터 징수할 가능성이 인정된다.

(3) 이상의 논의를 토대로 할 때 수수료의 징수가능성은 다음과 같이 말할 수 있다.

첫째, 개인적 귀속가능성이 있는 행정활동의 경우에는 설사 그것이 '주로' 공익을 위하여 행해지는 경우라 하여도 수수료를 징수할 수 있다.

둘째, 이에 반하여 '전적으로' 공익을 위하여 행해지는 경찰활동의 경우에는 수수료를 징수할 수 없다.

3. 경찰비용의 국민에의 전가가능성(II): 경찰의 위험방지 활동이 갖는 공익성으로 인하여 경찰활동에 소요된 비용을 국민으로부터 징수할 수 없다는 주장은 타당한 것일까?

(1) 경찰의 활동은 공공의 안녕 또는 질서의 유지라는 공익을 위한 것이므로 경찰활동의 비용은 국가가 부담하는 것이 원칙이라는 점만을 강조하면, 경찰비용을 개인으로 하여금 부담하도록 하는 것은 인정되기 곤란하다.

(2) 그러나 경찰의 조치가 공익을 위한 것이라는 사실 그 자체만으로 경찰비용을 경찰책임자 등이 부담하도록 하는 것이 절대적으로 허용될 수 없는 것은 아니다. 즉, 공익을 위한 경찰의 직무활동에 대하여 비용(특히 수수료)을 징수하는 것이 헌법 내지 법의 일반원칙에 의하여 금지되는 것은 아니며, 경찰활동에 소요된 비용을 개인이 부담하여야 하는지 여부는 그 경찰활동이 개인에게 귀속될 수 있는지(개인적 귀속가능성) 여부에 따라 결정되어야 한다.

(3) 이상의 논의를 토대로 하면 경찰비용의 징수가능성은 다음과 같이 말할 수 있다. 즉,

첫째, 경찰활동이 전적으로 공익을 위하여 이루어지는 경우에는 개인적 귀속가능성이 인정되기 곤란하며, 따라서 경찰활동에 소요된 비용을 국민으로부터 징수할 수는 없다.

둘째, 이와 달리 경찰활동이 주로 공익을 위하여 이루어지지만 동시에 사익을 위한 측면, 즉 사적 유용성(私的 有用性, Privatnützigkeit)도 아울러 갖고 있는 경우에는 개인적 귀속가능성이 인정될 수 있으며, 따라서 경찰활동에 소요된 비용을 국민으로부터 징수할 수 있다. 왜냐하면 그러한 경우까지 당해 경찰조치에 소요된 모든 비용을 조세를 통하여 충당하여야 한다면, 일반의 납세자와의 관계에 있어서 부담배분이 공평하지 못하게 되는 결과를 초래하기 때문이다.

4. 경찰비용의 국민에의 전가가능성(III): 조세국가의 원리로 인하여 경찰활동에 소요된 비용을 국민으로부터 징수할 수 없다는 주장은 타당한 것일까?

(1) 경찰비용의 부담에 대한 헌법적 제한은 조세국가(Steuerstaat)의 원리로부터도 도출될 수 있는바, 여기서 조세국가의 원리란 국가는 국가과제의 수행을 위하여 필요한 재원을 원칙적으로 조세로 충당하여야 한다는 원리를 말한다.

(2) 그러나 조세국가 원리하에서도 조세 이외의 다른 공조(公租, 예컨대 수수료 등)를 통하여 비용을 조달하는 것도 예외적으로 그를 정당화시키는 사유가 존재하는 경우에는 허용될 수 있다. 경찰의 조치가 필요하게 된 상황이 특정인에 의하여 야기된 경우가 그러한 경우에 해당한다.

5. 경찰비용의 국민에의 전가가능성(IV): 헌법상 국가의 자유권 보호의무가 인정됨으로 인하여 경찰활동에 소요된 비용을 국민으로부터 징수할 수 없다는 주장은 타당한 것일까?

(1) 국가의 자유권(Freiheitsrechte) 보호의무는 경찰작용과 관련하여서는 국가의 공공의 안녕보장의 의무로 나타나는바, 이러한 공공의 안녕의 보장을 위한 약속은 국가만이 할 수 있다는 점을 고려할 때 '공공의 안녕'은 시장경제에 맡겨질 수 없는 재화(財貨)이다. 그런데 이러한 공공의 안녕의 보장을 위한 경찰의 활동을 반대급부의 지급에 의존시키게 되면, 즉 경찰활동의 소요비용을 수수료 등의 형태로 징수하게 되면 지급능력을 갖지 못하고 있는 국민은 국가의 보호조치를 받을 수 없게 되는 결과를 가져오게 된다. 그러나 이는 헌법적으로 받아들일 수 없다고 할 것인바, 따라서 이러한 입장에 서면 경찰활동에 소요된 비용을 국민으로부터 징수할 수는 없게 된다.

(2) 그러나 위험방지라는 공적 과제의 수행은 지급능력이 없는 자가 필요로 하는 경우에도 보장되어야 한다는 것이 경찰비용을 국민으로 하여금 부담하는 것을 절대적으로 불가능하게 만드는 요소는 아니라고 생각된다. 그것은 결국 경찰비용의 부담이 인정되기 위하여는 그를 정당화시키는 엄격한 전제조건이 충족되어 있어야만 한다는 것을 의미할 뿐이다.

6. 경찰비용의 국민에의 전가가능성(V): 평등의 원칙이 경찰활동에 소요된 비용을 국민으로부터 징수할 수 없다는 주장은 타당한 것일까?

(1) 경찰활동과 유사한 다른 국가작용에 대하여는 비용을 징수하지 않는데, 특정한 경찰활동에 대하여만 비용을 징수하는 것은 평등의 원칙에 어긋나므로 허용될 수 없다는 주장이 있다.

(2) 그러나 비용(징수)에 관한 사항에 대하여 입법권을 가진 입법권자에게 광범위한 형성의 자유가 인정되어 있음을 고려할 때 적어도 특정한 경찰작용에 대한 수수료를 징수할 수 있는 요건을 입법자가 법률로 규정하는 것을 평등의 원칙에 위반하는 것으로 볼 수는 없다.

§ 4. 거짓신고에 관한 법적 문제

참고문헌: 서정범, "거짓신고에 관한 법적 문제", 경찰법연구, 제17권 제1호(2019), 121쪽 아래; Jung-Bum, Suh/Yeong Jin, Kim, "A Study on Countermeasures against False Report from the Perspective of Police (Administrative) Law", Dongguk Law Review, Volume 11 (2018), p. 1.

1. 거짓신고에 관한 법적 문제를 별도로 다루어야 할 필요성은 어디에서 찾을 수 있을까?

경찰비용의 상환청구와 관련하여 가장 문제시 되는 것이 기본사례에서 보는 것과 같은 거짓신고[101]의 문제이다. 거짓신고는 근래 들어 매년 급증하고 있는 추세

101) 본서에서는 종래 사용되던 허위신고라는 용어 대신에 '거짓신고'라는 용어를 사용하고자 한다. 이는 무엇보다도 「경범죄처벌법」이 제3조에서 거짓신고라는 용어를 사용하고 있는데, 그 내용이 종래의 허위신고를 의미하는 것으로 생각되기 때문이다. 한편 여기서의 거짓신고는 신고자 스스로 자신의 신고가 사실에 기초한 것이 아님을 인식하고 있다는 점에서, 신고자는 (적어도 신고할 당시에는) 자신의 신고가 사실과 부합된다고 믿고 있는 이른바 오인신고(誤認申告)와는 구별되어야 한다.

를 보이고 있으며, 거짓신고에 따른 출동으로 인한 경찰력의 낭비가 심각한 수준에 이르고 있다. 한편 거짓신고는 경찰력의 낭비 이외에도 – 다른 곳의 다른 사건과 관련하여 – '치안공백', 즉 정말로 위급한 상황에 처하여 경찰의 도움이 절실하게 필요한 사람이 제때 경찰력의 도움을 받지 못하게 되는 문제를 가져온다. 따라서 거짓신고를 억지하는 실질적 효과를 가져올 수 있는 경찰의 효율적 대처방안에 관한 논의가 본격화될 필요성이 있다.

2. 지금까지 경찰은 거짓신고에 대하여 어떻게 대처하여 왔을까?

(1) 형사법적 대처

경찰은 종래 거짓신고를 한 사람에게 「경범죄처벌법」 제3조에 따라 벌금 등의 형사처벌을 하거나 – 특히 악성적이라고 판단되는 경우에는 – 형법 제137조에 따라 '위계에 의한 공무집행방해죄'로 형사처벌을 하는 등과 같이 거짓신고를 한 사람에게 형사책임을 묻는 방법으로 대처해 왔다.

(2) 민사법적 대처

근래 들어 경찰의 거짓신고에 대한 대처방안에 약간의 변화가 일어났는바, 형사책임과는 별개로 민사상 손해배상청구를 통해 거짓신고자에 대해 민사책임을 묻는 방법을 경찰이 선택하기 시작했다는 것이다. 또한 기본사례와 같은 경우에 있어 법원 역시 거짓신고자의 민사상 손해배상책임을 인정한 바 있다(서울남부지방법원 2014.4.30, 2013가소477694 판결 참조).

3. 근래 들어 거짓신고에 대한 새로운 대처방안으로 경찰행정법 이론에 따른 대처방안이 등장하고 있는바, 이러한 현상은 어떤 사정을 배경으로 하는 것일까?

거짓신고자에 대한 민·형사책임을 묻는 방식 위주의 거짓신고에 대한 대처방안은 법학적 관점에서 여러 문제점을 갖고 있다(이러한 문제점에 관하여 자세한 것은 서정범, 앞의 글, 508쪽 아래 참조).

뿐만 아니라 거짓신고자에게 민·형사책임을 물어 왔음에도 불구하고 거짓신고는 줄어들기는커녕 오히려 날로 증대하고 있는 실정이다. 이는 거짓신고자에 대한 민·형사책임을 묻는 방식 위주의 대처방안으로는 거짓신고를 억지할 수 없게 되었다는 것을 여실히 보여 준다. 이러한 사정으로 인하여 거짓신고에 대한 경찰의 전통적 대처방안(형사법적 또는 민사법적 대처방안)의 한계를 극복할 수 있는 새로운 방안을 모색할 것이 요구되었는데, 그러한 새로운 방안으로 대두된 것이 경찰행정법이론, 특히 경찰비용법 이론에 따른 접근이다.

4. 거짓신고에 대한 새로운 대처방안으로 떠오른 경찰행정법적 대처방안은 어떤 것을 그 이론적 기본구조로 하고 있을까?

오랫동안 경찰행정법이론의 근간을 이루어 왔고, 오늘날에도 여전히 그 주도적 지위를 유지하고 있는 연계원칙(連繫原則, Konnexitätsprinzip)은 경찰책임자는 ① 위험방지의무를 부담하며, ② 위험방지에 소요된 비용을 부담하고, ③ 위험방지조치로 인하여 재산적 손실을 입은 경우에도 보상을 받지 못한다는 것을 그 내용으로 한다. 그리고 이러한 원칙을 여기서의 거짓신고에 적용하게 되면, 경찰책임자인 거짓신고자는 자신의 거짓신고를 원인으로 발생한 공공의 안녕 또는 질서에 대한 위험을 방지하기 위한 조치에 소요된 모든 비용을 부담하여야 된다는 결론에 달하게 된다. 이러한 논의에 입각하면 기본사례의 경우 거짓신고를 통해 경찰관의 출동과 폭발물 수색을 하게 만든 갑(甲)은 경찰관의 출동에 소요된 모든 비용을 부담하여야만 한다.

5. 거짓신고에 대하여 '비용의 부담'이란 경찰행정법적 관점에 따른 해결방안을 도입하는 것은 거짓신고자에 대한 민·형사사책임을 물어 왔던 전통적 대처방안에 비하여 어떤 면에서 보다 효율적인 대처방안이 될 수 있을까?

(1) 고의·과실에 대한 증명 불요

거짓신고자에게 민·형사책임을 묻기 위하여는 거짓신고자의 고의 내지 과실이 요구된다. 그런데 고의 내지 과실은 주관적 요소로서 그의 존재를 증명하는 것이 쉽지 않으며, 그 결과 거짓신고자의 책임이 인정되기 어려운 문제가 있다. 이와 달리 경찰책임은 본질적으로 단순한 '원인책임(Kausalhaftung)'의 성질을 가지며, 따라서 경찰책임은 행위자의 고의나 과실을 전제조건으로 하지 않는다. 결국 '경찰비용의 부담'이란 방식은 거짓신고자의 고의나 과실 여부를 묻지 않고 경찰의 위험방지 조치에 소요된 비용의 징수를 가능케 해 준다.

(2) 형사미성년자의 행위에 대한 책임

거짓신고자가 14살에 달하지 않은 경우에는, 형사책임을 물을 수가 없다. 그러나 경찰책임은 연령이나 행위능력 등을 불문하고 인정되는 것이므로 14살 미만의 아이도 시원적(始原的, originär) 경찰책임자가 될 수 있다. 다만 실제로는 14살 미만의 아이의 보호감독자인 친권자 등이 추가적(zusätzlich) 경찰책임자로서 비용을 부담하게 될 것이다

(3) 이형적 비용의 징수

민사상 손해배상책임은 가해행위와 '상당인과관계' 내에 있는 손해에 한하여 인정된다. 때문에 거짓신고에 기초한 경찰의 출동과정에서 이형적(異型的, atypisch)인 비용이 발생하는 경우에는 민사상 손해배상책임은 인정되기 곤란하다. 그러나 경찰비용의 부담이란 방식은 이러한 이형적 비용 또한 거짓신고자에 대한 비용부과처분을 통하여 징수할 수 있는 장점이 있다.

찾아보기

ㄱ

ㅇ

ㅈ

서정범

고려대학교 법학과 졸업
고려대학교 법학석사, 고려대학교 법학박사
독일 만하임대학교에서 Post Doc(국비유학)
독일 프라이부르크대학교 "법철학과 국가법연구소" 객원연구원
안암법학회 회장, 한국공법학회 부회장, 행정법학회 부회장
現 국립경찰대학 법학과 교수

『바이에른 집회법』(2010), 세창출판사
『경찰법연구』(2018), 세창출판사
『행정법총론』(2017), 세창출판사
『新정보공개법의 축조해설』(2012), 세창출판사
『쿠겔만의 독일경찰법』(2015), 세창출판사
『EU 경찰법』(2017), 세창출판사
『독일 집회법 모범초안』(2020), 세창출판사
『경찰실무에 있어서의 사법(私法)』(2021), 박영사
"경찰행정법의 새로운 이론적 체계 구축과 경찰행정법의 위상 재정립"(2021) 외 논문 다수

전정 제2판 경찰행정법

초판 1쇄 발행 2020년 7월 20일
전정 제2판 발행 2022년 2월 10일

–

지은이 서정범
펴낸이 이방원

–

펴낸곳 세창출판사
출판신고 제1990-000013호
주소 03736 서울시 서대문구 경기대로 58 경기빌딩 602호
전화 02-723-8660 **팩스** 02-720-4579
이메일 edit@sechangpub.co.kr **홈페이지** http://www.sechangpub.co.kr/
블로그 blog.naver.com/scpc1992 **페이스북** fb.me/scp1008 **인스타그램** @pc_sechang

–

ISBN 979-11-6684-074-6 93360